Adobe Photoshop CS Übungsbuch

HEICO NEUMEYER

Markt+Technik

KOMPENDIUM

Bibliografische Information Der Deutschen Bibliothek

Die Deutsche Bibliothek verzeichnet diese Publikation in der Deutschen Nationalbibliografie; detaillierte bibliografische Daten sind im Internet über <http://dnb.ddb.de> abrufbar.

Umwelthinweis:
Dieses Buch wurde auf chlorfrei gebleichtem Papier gedruckt.

10 9 8 7 6 5 4 3 2 1

07 06 05

ISBN 3-8272-6826-5

Coverkonzept: independent Medien-Design,
Widenmayerstraße 16, 80538 München
Coverlayout: adesso 21, Thomas Arlt, München
Titelfoto: IFA-Bilderteam
Motiv: Lagune Bora Bora, Französisch Polynesien
Lektorat: Cornelia Karl, ckarl@pearson.de
Herstellung: Elisabeth Prümm, epruemm@pearson.de
Satz: text&form GbR, Fürstenfeldbruck
Druck und Verarbeitung: Kösel, Krugzell (www.KoeselBuch.de)
Printed in Germany

Inhaltsverzeichnis

Guten Tag

Willkommen beim Übungsbuch zu Photoshop CS! Dieser Vorspann bietet einen ganz kurzen Überblick über das Buch und die beiliegende CD.

Rundgang durch das Buch

Dieses Buch enthält 43 Übungen zu Photoshop CS, insgesamt 500 Einzelschritte. Alle erforderlichen Dateien liegen auf der Buch-CD – und zwar für jeden einzelnen Schritt. Sie können bei jeder Übung in jeder Phase einsteigen und die Tipps nachvollziehen.

Und noch etwas: Viele dieser Übungen funktionieren nicht nur mit Photoshop CS. Auch ältere oder günstigere Photoshop-Versionen eignen sich, nämlich Photoshop 7, Photoshop Elements 2 und Photoshop Elements 3. Unsere Tabelle ab Seite 355 sagt genau, welches Programm für welche Übung taugt; wir nennen dort auch Einschränkungen oder Umwege.

Zum Aufbau

Vermutlich arbeiten Sie das Buch nicht am Stück durch, sondern Sie greifen sich hier und da Übungen heraus. Darum lesen Sie manches vielleicht doppelt – ein paar wichtige Beschreibungen erscheinen an mehreren Stellen. In anderen Fällen gibt es Querverweise; wichtige Hinweise zu Dateiformaten und andere Grundlagen stehen außerdem noch einmal hinten im »Service«-Teil.

Bei der schnellen Orientierung helfen das Inhaltsverzeichnis zu Beginn des Buchs, das sehr umfassende Stichwortverzeichnis am Buchende und farbige Randleisten.

Viele Funktionen in Photoshop erhalten Sie auf 17 verschiedenen Wegen – per Hauptmenü, per Kontextmenü, per Schaltfläche, per Tastaturkürzel und so weiter. Wir nennen immer nur einen oder zwei Wege; in der nächsten Übung erscheint dann aber vielleicht ein anderer Zugang.

Perfekter Auftritt: Statten Sie Ihre Bilder mit Rahmen aus, automatisieren Sie das Verfahren.

Die Themen im Überblick

Wir beginnen mit dem Dateibrowser. Photoshops »digitales Leuchtpult« erlaubt aufwändige Bildverwaltung – wenn man das nötige Know-how hat. Wir richten die Oberfläche ein, wir suchen und sortieren, wir statten die Bilder mit Markierungen , Stichwörtern und Beschreibungen aus.

Kontrastkorrektur: Holen Sie auch aus Unterbelichtungen alles heraus, nutzen Sie Photoshops Möglichkeiten gezielt aus.

Im zweiten Teil geht es um »Bildausschnitt & Dateigröße« – rechnen Sie Ihre Dateien gezielt so klein, dass Sie Speicherplatz sparen, ohne zu viel Qualität preiszugeben. Bereiten Sie die Aufnahmen für den Druckservice vor, korrigieren Sie schiefe Horizonte und unglückliche Proportionen mit verschiedenen Techniken. Und wenn Sie solche Aufgaben öfter zu meistern haben, dann lernen Sie am besten gleich, wie man mit Photoshop Befehlsfolgen aufzeichnet und wieder abspielt: Ganze Befehlsreihen wenden Sie mit der Aktionen-Palette auf komplette Bildsammlungen an – mit einem einzigen Klick. Wir erproben die Technik mit Copyright-Schriftzügen und Bildrahmen, die in komplette Fotosammlungen gerechnet werden.

Danach geht es um die Brot-und-Butter-Themen: »Kontrast & Farbton« korrigieren Sie auf unterschiedlichste Art, fast jede Aufnahme verträgt hier noch Nachbesserungen. Wir zeigen acht verschiedene Mittel gegen Unterbelichtung und Farbstiche; der »digitale Aufhellblitz« rettet auch schwierige Gegenlichtszenen. Im Abschnitt »Bildfehler retuschieren« wird dann nach Leibeskräften korrigiert und gefälscht: Wir glätten Poren, straffen Unterlider, färben Hemden um und tauschen Himmel aus; wir reparieren auch rotgeblitzte Augen und Unschärfe.

Wenn der Kontrast stimmt, kann das Motiv verbaut werden: Im Teil »Auswählen & Montieren« erproben wir Freisteller für Produktfotos, stellen schwierige Lockenköpfe frei, experimentieren aber auch mit weichen Überblendungen, Landschaftspanoramen und Doppelgängermontagen. Der »Effekte«-Abschnitt zeigt, wie Sie Text und Bild raffiniert mischen, wie Sie Ihr Bild in einem Formausschnitt zeigen und Kameraunschärfe gezielt ins Bild rechnen. Ein vielseitiger Nostalgie-Effekt sorgt für die besondere Note.

Immer wichtiger wird die »Präsentation am Monitor«, deshalb bekommt sie einen eigenen Teil: Die Übungen zeigen, wie einfach Ihre Bilder in einer maßgeschneiderten Internetgalerie oder als PDF-Diaschau erscheinen.

Der »Service«-Teil

Hinten im »Service«-Teil finden Sie die Tabelle »Was geht mit welcher Version?«. Falls Sie Photoshop 7, Photoshop Elements 2 oder 3 einsetzen – die Übersicht liefert Hinweise, ob und wie unsere Anleitungen mit diesen Programmen funktionieren.

Dann folgt der Abschnitt »Dieses Know-how brauchen Sie immer wieder«. Hier geht es kurz um ein paar Grundlagen, die für fast alle Übungen gleichermaßen wichtig sind: Wie machen Sie Photoshop flott für große Datenmengen, was ist beim Zoomen, beim Speichern und beim Neuberechnen von Bilddateien zu beachten?

Und wenn Ihnen etwas Englisch vorkommt – im Glossar steht die Erklärung. Danach folgt das ausführliche Stichwortverzeichnis; hier finden Sie schnell jede einzelne Funktion, die Sie interessiert.

Mac und Windows

Dieses Buch richtet sich gleichermaßen an Mac- und an Windows-Nutzer. Die Versionen für Mac und Windows gleichen sich weitestgehend, auf kleine Detailunterschiede gehen wir jeweils ein. Um uns nicht unentwegt zu wiederholen, verwenden wir in diesem Buch den Ausdruck »Strg-Taste« aus der Windows-Welt – wir erwähnen aber einmal pro Übung, dass Mac-Nutzer hier die ⌘-Taste benutzen. Ähnlich weisen wir auch regelmäßig darauf hin, dass Sie als Mac-Anwender statt der rechten Maustaste zusätzlich zur Mac-Maustaste die ctrl-Taste drücken. Die im Buch häufig erwähnte Alt-Taste kennen viele Mac-Nutzer auch unter den Bezeichnungen ⌥-Taste oder Optionen-Taste.

Internetadressen

Interessante Internetadressen mit weiterführenden Informationen und kostenlosen Programmen und Bildern nennen wir an mehreren Stellen im Buch. Alle Adressen wurden im Herbst 2004 überprüft. Bitte beachten Sie jedoch: Diese Adressen können kurzfristig verschwinden oder das Angebot unter einer bestimmten Adresse ändert sich dramatisch. Verlag und Autor übernehmen keine Verantwortung für Inhalt und Verfügbarkeit der genannten Seiten. Wir können Sie auch nicht zum Inhalt der im Buch erwähnten Webseiten beraten.

Wenn eine genannte Seite verschwindet: Geben Sie einfach das Stichwort oder den Produktnamen in einen Suchdienst wie Google ein, meist finden Sie dann eine aktuelle Alternativseite.

Auf der CD

Auf der CD zum Buch finden Sie über 200 Bilddateien für fast jeden einzelnen Übungsschritt: Spielen Sie also unsere Vorschläge sofort mit den Originalbildern nach – Sie können bei jedem beliebigen Schritt einsteigen. Der Dateiname steht jeweils unter dem Übungsschritt. Dazu kommen Dutzende weiterer Bilder in den Fotosammlungen, die wir für **Dateibrowser**, **Web-Fotogalerie** oder **PDF-Präsentation** benutzen, sie liegen in Unterverzeichnissen. Vielleicht möchten Sie das komplette Verzeichnis »Uebungen« auf Ihre Festplatte kopieren, es hat 440 Mbyte.

Die CD liefert natürlich auch die Aktionen (gespeicherte Befehlsfolgen), die im Teil »Befehle aufzeichnen & abspielen« Schritt für Schritt entstehen. Außerdem erhalten Sie die Ergebnisse aus dem Teil »Präsentation am Monitor«, also Internetgalerien und eine PDF-Diaschau.

Schöne Aussichten: Produzieren Sie perfekte Foto-Panoramen auch mit schlecht sitzenden Einzelbildern.

Bilder für Sie

Das »Uebungen«-Verzeichnis von der Buch-CD liefert Ihnen die Bilder aus dem Buch. Öffnen Sie also zu jedem Übungsschritt das passende Foto.

Als Dateiformate finden Sie vor allem:

- JPEG, das besonders wenig Platz auf der Festplatte benötigt und
- Photoshop-PSD für Dateien mit Ebenen und Alphakanälen.

Text und Bild: Schaffen Sie neue Ansichten mit verblüffenden Montagen.

Prüfen Sie, ob ein Bild Pfade oder Alphakanäle enthält, aus denen Sie Auswahlen laden können, oder ob eine Photoshop-PSD-Datei Ebenen – auch verborgene – enthält; Ebenenmasken, Schnittmasken und Vektormasken können Bildbereiche ausblenden.

Für den privaten Gebrauch

Zwei Agenturen stellten freundlicherweise den größeren Teil der Bilder für dieses Buch zur Verfügung:

- Digital Vision mit der Webadresse *www.digitalvisiononline.de*
- Getty Images, zu erreichen unter *www.gettyimages.de*

Weiteres Material stammt von Heico Neumeyer. Alle Originalmotive wurden heruntergerechnet, manche auch zu didaktischen Zwecken verschlimmbessert, bevor sie als Vorlage ins Buch gelangten. Die Bilddateien sind ausschließlich für Ihren privaten Gebrauch gedacht. Eine Veröffentlichung oder Weitergabe ist nicht zulässig. Wenn Sie die Bilder veröffentlichen möchten, prüfen Sie bitte die Quelle, dann kontaktieren Sie die jeweilige Agentur.

In den so genannten IPTC-Metadaten innerhalb der Bilddateien lesen Sie den Namen der Agentur, die das Bild zur Verfügung gestellt hat. Sie prüfen die DATEI-INFORMATION wie folgt:

- Laden Sie das Bild in Photoshop und wählen Sie **Datei: Datei-Information**. Oder:
- Öffnen Sie Photoshops **Dateibrowser** mit dem **Fenster**-Menü, klicken Sie das gewünschte Motiv einmal an und prüfen Sie innerhalb der METADATEN-Palette des Dateibrowsers den IPTC-Bereich (wie in Übung 4 ab Seite 30 beschrieben).

Mehr über Photoshop

Sie wollen Ihr Wissen über Photoshop CS und Photoshop 7 noch ausbauen? Vom Autor dieses Buchs gibt es noch mehr einschlägigen Lesestoff.

Wenn Sie das Programm systematisch erforschen und bis in die letzte Option kennen lernen möchten, prüfen Sie das »Photoshop CS Kompendium«, das sich an Windows- und Mac-Nutzer richtet. Dieses Buch wurde 2004 mit dem begehrten Deutschen Fotobuchpreis in der Kategorie Fotolehrücher ausgezeichnet. Es hat 1000 Seiten mit 2000 farbigen Abbildungen. Viele Infografiken erschließen die komplexen Dialogfelder besonders übersichtlich. Der Band enthält eine CD mit allen Beispielbildern sowie Fotosammlungen, mit denen Sie Dateibrowser, Internetgalerie oder PDF-Präsentation testen. Der Datenträger liefert zudem 20 Aktionen (Befehlsfolgen), die viele typische Photoshop-Jobs wie auch die Tipps aus dem Buch automatisieren.

Alle Funktionen werden grundlegend erläutert, dazu erhalten Sie übersichtliche Befehle-Tabellen und viele Profi-Tipps. Intensiver als im vorliegenden Band werden zum Beispiel Animationen, Rollover-Effekte und Slices abgehandelt – einfach alles, was es gibt. Mit gleich drei Lesebändchen halten Sie die wichtigsten Seiten im Schnellzugriff.

Digitalkamera.de urteilte: »Das Buch bietet alles, was zu einem Kompendium gehört sollte. Sachlich geschrieben, dennoch gut verständlich. Hier wird jede Wissenslücke geschlossen.«

Ähnlich üppig und informativ ist auch das »Photoshop 7 Kompendium«, das bei Erscheinen dieses Übungsbuchs noch in einer günstigen Jubiläumsausgabe lieferbar war. Die genauen Angaben:

Heico Neumeyer
Verlag Markt+Technik

Photoshop CS Kompendium
ISBN 3-8272-6674-2

Photoshop 7 Kompendium
ISBN 3-8272-6614-9

Über den Autor

Heico Neumeyer schreibt Testberichte und Praxistipps für PC- und Fotozeitschriften und gibt Schulungen. Er ist auf digitale Bildbearbeitung und Fotografie spezialisiert. Sein Photoshop-Kompendium im Verlag Markt+Technik gilt seit vielen Jahren als Standardwerk.

Der Autor experimentierte schon als Youngster in der Dunkelkammer mit Schwarzweiß- und Farbchemikalien, mit Diaprojektoren und Farbfolien und schleppte Spiegelreflexausrüstungen über Bergpässe. Neumeyer studierte Deutsch, Pädagogik und Politik in Berlin und Köln und war Redakteur bei einer Fotozeitschrift. Er ist bekannt für praxisnahe, gut lesbare Texte und maßgeschneiderte Schulungen. Er lebt in Oberbayern.

Feedback

Haben Sie Fragen oder Anmerkungen zu diesem Buch? Dann schreiben Sie uns. Bitte geben Sie gleich zu Beginn Ihres Schreibens so detailliert wie möglich an: Buchtitel und ISBN-Nummer, außerdem welche Photoshop-Version und welches Betriebssystem in welcher Version samt Hardware-Ausstattung verwendet wird.

Allerdings: Allgemeine Fragen zu Photoshop, die nichts mit dem Buch zu tun haben, können wir nicht beantworten. Bitte wenden Sie sich in solchen Fällen an den Photoshop-Hersteller Adobe. Gibt es Probleme mit Ihrer Hardware, so sind wir ebenfalls ratlos. Sind im Buch genannte Internetseiten verschwunden, können wir die vermissten Produkte oder Informationen auch nicht anders aufspüren als Sie – nämlich über einen Suchdienst wie Google. Für Kommentare und Fragen zum Buch gilt: Bitte schreiben Sie an *info@pearson.de*, wir freuen uns darauf!

Teil 1: Dateibrowser

Als Programm im Programm präsentiert sich der Dateibrowser – mit eigener Menüleiste und eigenen Paletten. Wir zeigen, wie Sie mit dem digitalen Leuchtpult Ihre Fotosammlung sichten, sortieren und umarrangieren.

Übung 1: Aussehen nach Maß

Wie ein Programm im Programm, mit eigener Menüleiste, so präsentiert Photoshop CS den Dateibrowser. In diesem komplexen Dialogfeld organisieren Sie Ihre Fotos mit Stichwörtern, neuen Dateinamen und raffinierter Suchtechnik. Zuerst richten wir die Oberfläche optimal ein.

Auf einen Blick

Sie lernen kennen:	Dateibrowser (Darstellung)
Aufwand:	gering; fünf Schritte
Siehe auch:	Sortieren & Umbenennen, Seite 26 Stichwörter & Beschreibungen, Seite 30 Diaschau, schnell und unkompliziert, Seite 318
Übungsdateien:	Verzeichnis »Urlaub_1«
Kommentar:	Sie richten den Dateibrowser nach Ihrem Geschmack ein und speichern diese Darstellung zum schnellen Wiederaufruf.

Schritt 1: Miniaturen nach Maß

Laden Sie den **Dateibrowser** per **Fenster**-Menü oder mit der Schaltfläche oben rechts in den Werkzeugeinstellungen. Steuern Sie links im ORDNER-Bereich das Verzeichnis »Urlaub_1« von der CD zu diesem Buch an. Photoshop präsentiert die Bilder als Miniaturen. Links oben zeigt jede Miniatur das Schreibschutzsymbol – denn Bilder auf CD können Sie natürlich nicht verändert auf CD zurückspeichern.

Die Ansichten wirken zunächst viel zu klein (hinteres Bild). Oben im Menü des Dateibrowsers gehen Sie auf **Ansicht**, dort wählen Sie eine Vorgabe wie **Große Miniatur**. Damit zeigt Photoshop die Minibildchen 128x128 Bildpunkte groß – das wirkt immer noch mickrig. Wählen Sie darum im **Ansicht**-Menü des Browsers die **Eigene Miniaturgröße**. Nun wachsen die Miniaturen immerhin auf doppelte Größe an.

Dateien: Verzeichnis »Urlaub_1«

Schritt 2: Die »Eigene Miniaturgröße«

Reicht Ihnen die **Eigene Miniaturgröße** für Miniaturen noch nicht? Dann öffnen Sie das **Bearbeiten**-Menü des Browsers und dort die **Voreinstellungen**. 1 Tragen Sie als EIGENE MINIATURGRÖSSE zum Beispiel üppige 400 Pixel ein.

Wenn Sie schon einmal hier sind, achten Sie auf ein paar weitere Dinge: 2 Schalten Sie die VORSCHAU MIT HOHER QUALITÄT ab. Sie bringt kaum zusätzlichen Augenschmaus, beansprucht aber bis zu 60 Prozent mehr Platz in Photoshops Miniaturenspeicher im Verzeichnis »Dokumente und Einstellungen/<benutzername>/Anwendungsdaten/Adobe/FileBrowser/PhotoshopCS« (am Mac in »Benutzer/Library/Application Support/Adobe/File Browser«). 3 Und Sie sollten eher nicht die HINTERGRUNDVERARBEITUNG ZULASSEN. Damit baut Photoshop Miniaturen auch auf, wenn Sie bei geöffneter Bildbearbeitung in andere Programme wechseln – das ganze System wird ausgebremst.

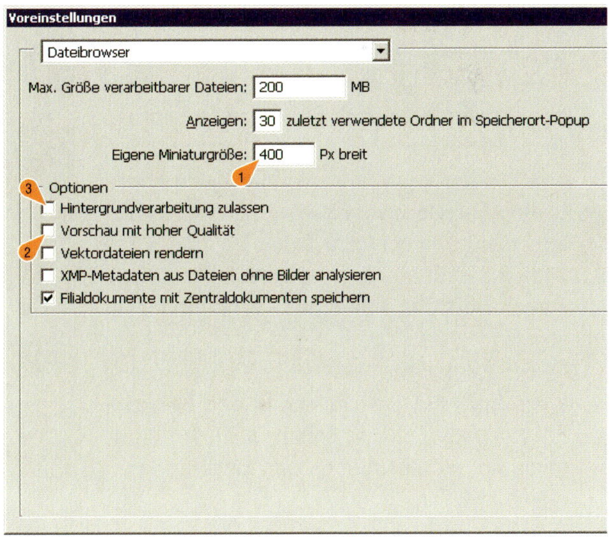

Schritt 3: Browser-Elemente ausblenden

Nicht immer brauchen Sie alle Browser-Elemente. Wir bleiben zum Beispiel in den nächsten Workshops dauerhaft im »Urlaub_1«-Ordner – folglich schluckt die eingebaute ORDNER-Palette links mit dem Verzeichnisbaum nur unnötig Platz. Lassen Sie Überflüssiges verschwinden: ① Klicken Sie doppelt auf den Reiter ORDNER, um diese eingebaute Palette zu verkleinern. So entsteht mehr Platz für andere Paletten. ② Ebenso verkleinern Sie bei Bedarf auch andere Paletten wie METADATEN oder VORSCHAU. Ein Doppelklick auf den selben Reiter und Photoshop zeigt die Palette wieder an. ③ Die Schaltfläche ERWEITERTE ANSICHT verbirgt die Palettenleiste links komplett. Das schafft zusätzliche Fläche für die Miniaturen, zu erkennen im hinteren Beispiel. Klicken Sie erneut, um den Palettenbereich wieder zu sehen.

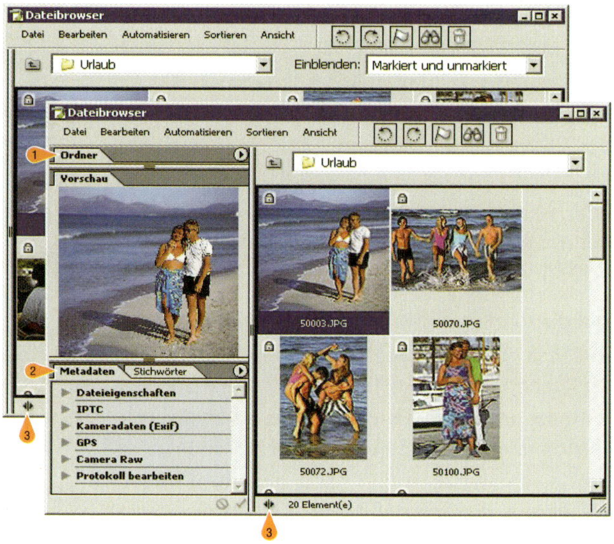

Schritt 4: Digikam-Aufnahmen optimal darstellen

Wir stellen hier eine Ansicht her, mit der Sie Ihre Digikam-Aufnahmen bequem Revue passieren lassen.

1. Durch einen Klick auf die MAXIMIEREN-Schaltfläche oben rechts dehnen wir den Dateibrowser über die gesamte Photoshop-Fläche aus.
2. Anschließend verbannen wir die vielen Photoshop-Paletten wie EBENEN oder PROTOKOLL durch Drücken der ⇥-Taste.
3. Ziehen Sie die Ränder der Palettenleiste so zurecht, bis das aktive Foto sehr groß erscheint.
4. In der Palette METADATEN öffnen Sie durch einen Klick auf das Dreieck ▶ den Bereich KAMERADATEN (EXIF); so behalten Sie Aufnahmedatum, Kameramodell und Belichtungswerte im Blick.

Mit den Pfeiltasten springen Sie nun von einer Miniatur zur nächsten, in der Vorschau-Palette erscheint eine großzügige Einzel-Ansicht.

Schritt 5: Speichern Sie die besten Darstellungsarten

Wir speichern diese nützliche Browser-Darstellung zum schnellen Wiederaufruf. Dabei sichern Sie allerdings nicht nur das Auftreten des Dateibrowsers, sondern auch die Position der üblichen Paletten wie Ebenen- oder Protokoll-Palette. Bringen Sie also diese Bildschirmelemente in die richtige Position oder lassen Sie die Paletten per ↹-Taste kurzerhand verschwinden.

Gehen Sie im Menü des Photoshop-Hauptprogramms auf **Fenster: Arbeitsbereich: Arbeitsbereich speichern** und tippen Sie einen passenden Namen ein, wir schreiben »Browser – Querformate«. Jetzt verändern Sie nach Belieben das Browser-Fenster; wollen Sie den gewohnten Browser-Aufbau wieder sehen, klicken Sie auf **Fenster: Arbeitsbereich: Browser – Querformate**.

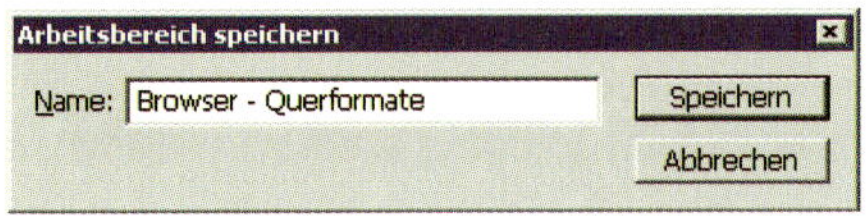

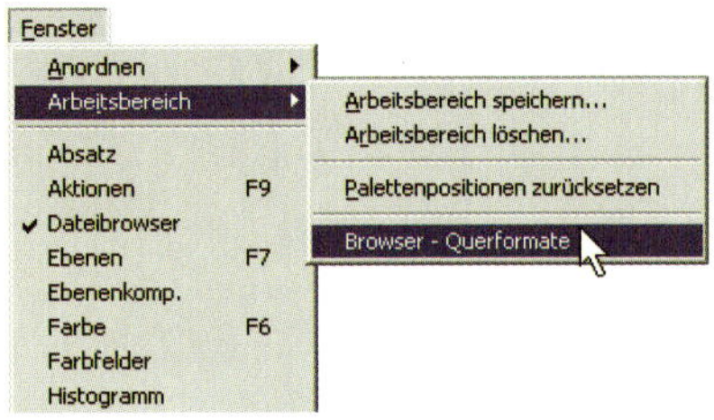

Tipps & Tricks

- Der Bereich KAMERADATEN (EXIF) innerhalb der METADATEN-Palette zeigt Kamerawerte wie Belichtungszeit oder Blende. Um das Aufnahmedatum – und nicht das Datum der letzten Änderung – zu sehen, prüfen Sie das Feld DATUM UHRZEIT DER DIGITALISIERUNG. Wenn Sie dieses Feld noch nicht sehen, öffnen Sie das Menü zur **Metadaten**-Palette mit dem Dreieckschalter ▶, gehen auf **Anzeigeoptionen für Metadaten**, öffnen den Bereich KAMERADATEN (EXIF) per Dreieck ▶ und setzen ein Häkchen ✔ neben DATUM UHRZEIT DER DIGITALISIERUNG.
- Sie haben die Paletten mit der ↹-Taste ausgeblendet? Drücken Sie diese Taste erneut – so bringen Sie die Paletten wieder her.

Übung 2: Rang, Markierung, Drehen, Kopieren

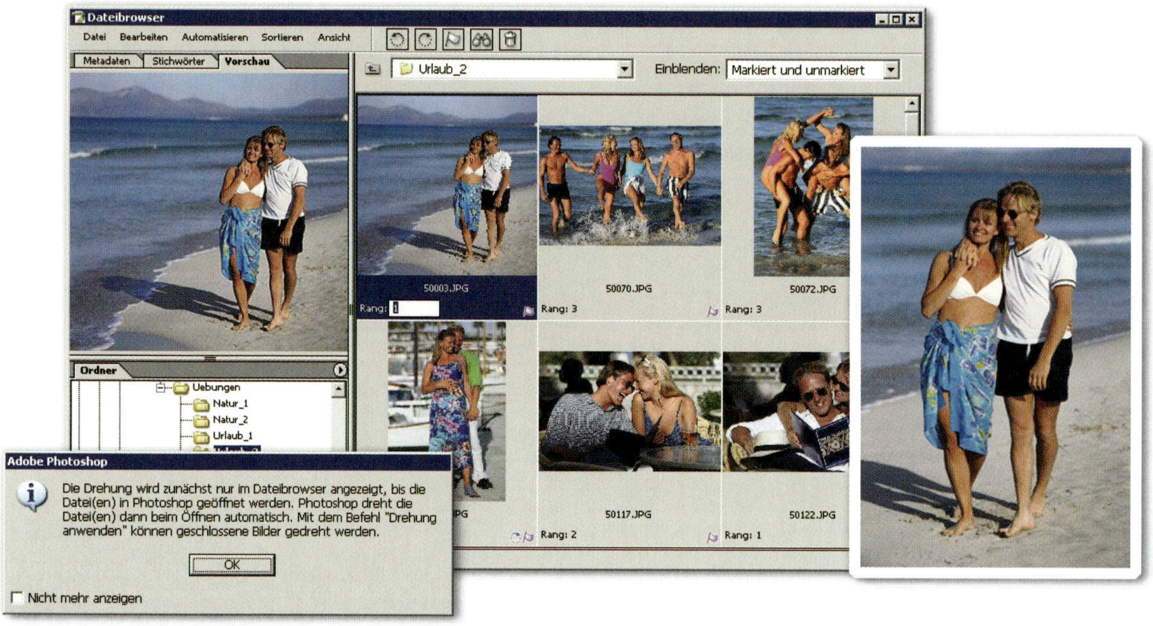

Wenn Sie große Bildmengen organisieren, geht schnell die Übersicht verloren. Der Dateibrowser hilft Ihnen jedoch nach Kräften beim Suchen und Sortieren: Arbeiten Sie mit Markierungen, Drehungen und Rängen. Später zeigen und kopieren Sie gezielt nur die gewünschten Bilder. So finden Sie gesuchte Motive ruckzuck wieder.

Auf einen Blick

Sie lernen kennen:	Dateibrowser; Bilder mit Markierungen und Rängen ausstatten; Dateien zwischen Dateibrowser und anderen Programmen kopieren; **Drehen**
Aufwand:	mittel; neun Schritte
Siehe auch:	Sortieren & Umbenennen, Seite 26 Stichwörter & Beschreibungen, Seite 30 Favoriten & Suchfunktion, Seite 38 Diaschau, schnell und unkompliziert, Seite 318
Übungsdateien:	Verzeichnis »Urlaub_1«, auf Festplatte kopiert
Kommentar:	Markierung und Ränge erlauben schnelle Orientierung in komplexen Sammlungen; diese Merkmale werden allerdings beim Kopieren nicht mit übertragen.

Schritt 1: Vorbereitungen

Laden Sie den Dateibrowser von Windows, den Mac-Finder oder ein anderes Programm zur Dateiverwaltung. Dort öffnen Sie das Verzeichnis »Urlaub_1« von der Buch-CD. Kopieren Sie die 20 Bilder in ein neues Verzeichnis »Urlaub_1« auf Ihrer Festplatte. Dieses Verzeichnis öffnen Sie in Photoshops Dateibrowser. Photoshop bietet Befehle wie das **Drehen** für schreibgeschützte Bilder wie etwa Dateien von CD nicht an.

Dateien: Verzeichnis »Urlaub_1«, auf Festplatte kopiert

Schritt 2: Drehen

Im **Ansicht**-Menü des Dateibrowsers verwenden wir zunächst einmal die Vorgabe **Große Miniatur**. Ein Klick auf die Schaltfläche ERWEITERTE ANSICHT schafft auch die Browser-Paletten vom Schirm (Seite 18).

1 Zwei Hochformatbilder müssen noch gedreht werden. Klicken Sie die Exponate bei gedrückter Strg-Taste an. 2 Dann klicken Sie oben auf die Schaltfläche IM UHRZEIGERSINN DREHEN (am Mac verwenden Sie wie immer die ⌘-Taste statt der Strg-Taste).

3 Photoshop produziert nun eine interessante Meldung mit dem Tenor: Das Programm merkt die Bilder nur zum Drehen vor; der endgültige Schwenk findet erst beim Öffnen in Photoshop oder mit dem Befehl **Drehung anwenden** statt. Einstweilen rotieren nur die Miniaturen. 4 Unter den Miniaturen prangt nun jeweils rechts unten das Rotierensymbol.

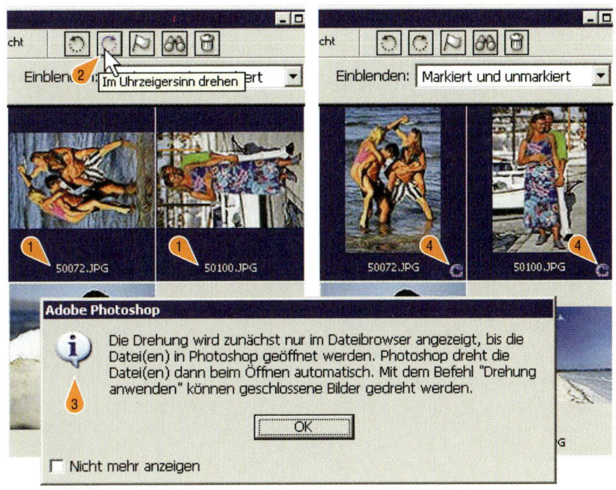

Schritt 3: Legen Sie »Markierungen« an

Sie wählen nun die Bilder mit Urlaubsbekanntschaften aus; die wollen Sie in einen anderen Ordner kopieren und später auf CD brennen. Zur Übersicht bekommen die Fotos eine Markierung zugewiesen.

Rein zufällig stehen diese sieben Motive im Browser nebeneinander. Klicken Sie die erste Miniatur links oben einmal an. Sie drücken die ⇧-Taste und klicken auf das letzte Motiv dieser Reihe – alle Bilder dazwischen sind nun ebenfalls ausgewählt.

1 Klicken Sie auf die Schaltfläche DATEI MARKIEREN, um die Markierung anzulegen. 2 Alle markierten Bilder zeigen das Markierungssymbol.

(Soll die Kennzeichnung wieder verschwinden? Klicken Sie erneut auf DATEI MARKIEREN.)

Schritt 4: So zeigen Sie nur die »markierten« Fotos

Sichten Sie die markierten Fotos auf einen Blick. Dazu klicken Sie oben rechts in das EINBLENDEN-Klappmenü. Es steht zunächst auf MARKIERT UND UNMARKIERT. Sie wechseln zu MARKIERTE DATEIEN.

Der Dateibrowser präsentiert jetzt nur noch die per Flagge markierten Bilder mit Leuten. Gehen Sie wieder auf MARKIERT UND UNMARKIERT, um alle Fotos zu sehen.

Schritt 5: Drehung anwenden

Wollen Sie die Bilder jetzt in einen anderen Ordner kopieren? Vorsicht: Die zwei Hochformate haben Sie zwar zum Drehen vorgemerkt – aber bisher hat Photoshop nur die Miniaturen geschwenkt, nicht jedoch das Originalbild. Wenn Sie die Dateien jetzt kopieren, haben sie noch die falsche Seitenlage.

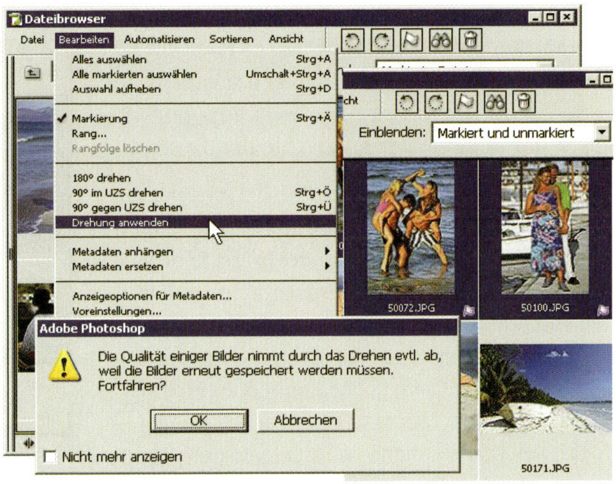

Wie von Photoshop in Schritt 2 empfohlen: Im Dateibrowser wählen Sie **Bearbeiten: Drehung anwenden** (bei schreibgeschützten Fotos nicht verfügbar). Photoshop meldet jetzt besorgt, dass die Bildqualität leiden könnte. Das Problem betrifft Dateiformate, die mit Qualitätsverlust Speicherplatz sparen – vor allem JPEG und JPEG 2000. Aber selbst übliche JPEG-Bilder können Sie meistens trotzdem unbesorgt drehen, der Qualitätsverlust zeigt sich schlimmstenfalls minimal.

Nun rotieren die Originale. Die Miniatur muss sich dagegen nicht mehr verändern. Der Vormerker für die Drehung verschwindet.

Schritt 6: Dateien kopieren

Öffnen Sie nun den Dateibrowser von Windows, den Mac-Finder oder eine andere Dateiverwaltung mit dem Zielverzeichnis »Leute«. Wechseln Sie zu Photoshops Dateibrowser und wählen Sie alle angezeigten Bilder mit [Strg]+[A] aus. Danach drücken Sie die [Strg]-Taste und ziehen die Fotos aus dem Dateibrowser in das Explorer-Fenster. Sofern sich beide Ordner auf demselben Laufwerk befinden, zum Beispiel auf Laufwerk C, entstehen Duplikate. Die Bilddateien im ursprünglichen Verzeichnis bleiben also erhalten.

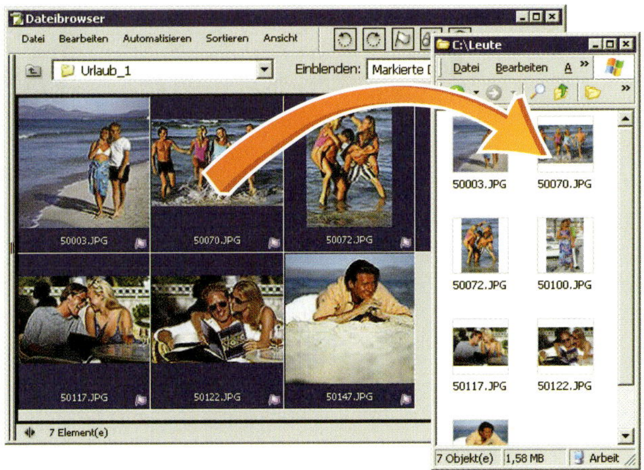

Schritt 7: Ränge zuteilen

Differenzierter als mit Markierungen arbeiten Sie mit den so genannten Rängen: Eine Ziffer, ein Buchstabe oder ein beliebiger Ausdruck – notierbar zu jedem einzelnen Bild, aber nur 15 Anschläge lang. Später nutzen Sie den RANG als Such- und Sortierkriterium.

Mit der Angabe MARKIERT UND UNMARKIERT zeigen Sie erst einmal wieder alle Bilder im Dateibrowser an. Eine geplante **PDF-Präsentation** soll mit den Bildern von Anna und Hans beginnen. Wir markieren darum diese drei Fotos bei gedrückter [Strg]-Taste. Dann klicken wir eins der Bilder mit der rechten Maustaste an (am Mac [ctrl]-Klick). Im Kontextmenü wählen Sie den **Rang** und tippen die »1« ein.

Schritt 8: Ränge anzeigen und weiterbearbeiten

Von den Rängen zeigt der Dateibrowser zunächst nichts. Öffnen Sie das **Ansicht**-Menü des Dateibrowsers und klicken Sie auf **Rang anzeigen**. Erst jetzt meldet Photoshop RANG 1 unter den Miniaturen. Diese Anzeige funktioniert jedoch nur mit den Vorgaben **Große Miniatur** und **Eigene Miniaturgröße** im **Ansicht**-Menü.

Den Rang »2« sollen die Fotos mit Mary und John erhalten. Ist der RANG direkt auf dem Bildschirm zu sehen, können Sie ihn auch direkt unter den Miniaturen eintippen: Klicken Sie einmal auf den RANG unter der Miniatur, dann tragen Sie Ihren Ausdruck ein. Wir verteilen anschließend weitere Ränge bis herunter zur »6«.

Schritt 9: Ränge und Markierungen exportieren

Nun sichern wir erst einmal auf CD. Sortiert wird dann in Übung 3 ab Seite 18.

Aber Vorsicht: Beim Kopieren wandern Ränge, Markierungen wie auch die Angaben zum Drehen nicht mit den Fotos mit. Diese Informationen befinden sich ja nicht in den Dateien, Photoshop hortet sie in seiner Datenbank. Ihre Vorarbeit geht also verloren, wenn die Bilder an einem anderen Speicherort auftauchen.

Die Lösung: Packen Sie Auszüge aus Photoshops Datenbank zu den Bildern. Klicken Sie im Browser auf **Datei: Cache exportieren.** Dabei entstehen drei neue Dateien, die der Dateibrowser später wieder verwendet. Kopieren Sie diese Dateien gemeinsam mit den Bildern in den Zielordner.

Die drei neuen Dateien mit Namen wie »AdobeP8M.md0« zeigt Photoshop zunächst nicht. Der Browser-Befehl **Ansicht: Unlesbare Dateien** bringt sie zum Vorschein.

Ergebnis: Verzeichnis »Urlaub_2«

Tipps & Tricks

- In Schritt 6 haben wir Dateien innerhalb des Laufwerks C kopiert. Wollen Sie jedoch unter Windows zwischen unterschiedlichen Laufwerken oder Datenträgern kopieren – zum Beispiel von D nach C –, verzichten Sie auf die [Strg]-Taste. Nur wenn Sie die Dateien von einem Laufwerk auf das andere verschieben möchten, nehmen Sie die [Strg]-Taste dazu; bei diesem Vorgehen verschwinden die Bilder am Ursprungsort.
- Beim Kopieren oder Verschieben kann es zu Namenskonflikten kommen – Sie ziehen die Datei Xyz in einen Ordner, der bereits eine Bilddatei Xyz enthält. Der Dateibrowser benennt dann verschobene oder kopierte Fotos um, wenn der Name im Zielverzeichnis bereits existiert. Photoshop präsentiert ein Dialogfeld, in dem Sie die AUTO-AUFLÖSUNG anklicken. Dabei erhält der ursprüngliche Name zusätzlich eine vierstellige Nummer.
- Sie wollen Stichwörter und Notizen direkt in der Bilddatei selbst – und nicht in Photoshops Datenbank – speichern? Dann verwenden Sie Stichwörter und Beschreibungen (Übung 4, Seite 30).
- Die Markierungen eignen sich auch gut, um Bilder für eine schnelle Diaschau aus Photoshop heraus zu sammeln (Übung 40, Seite 318).

Übung 3: Sortieren & Umbenennen

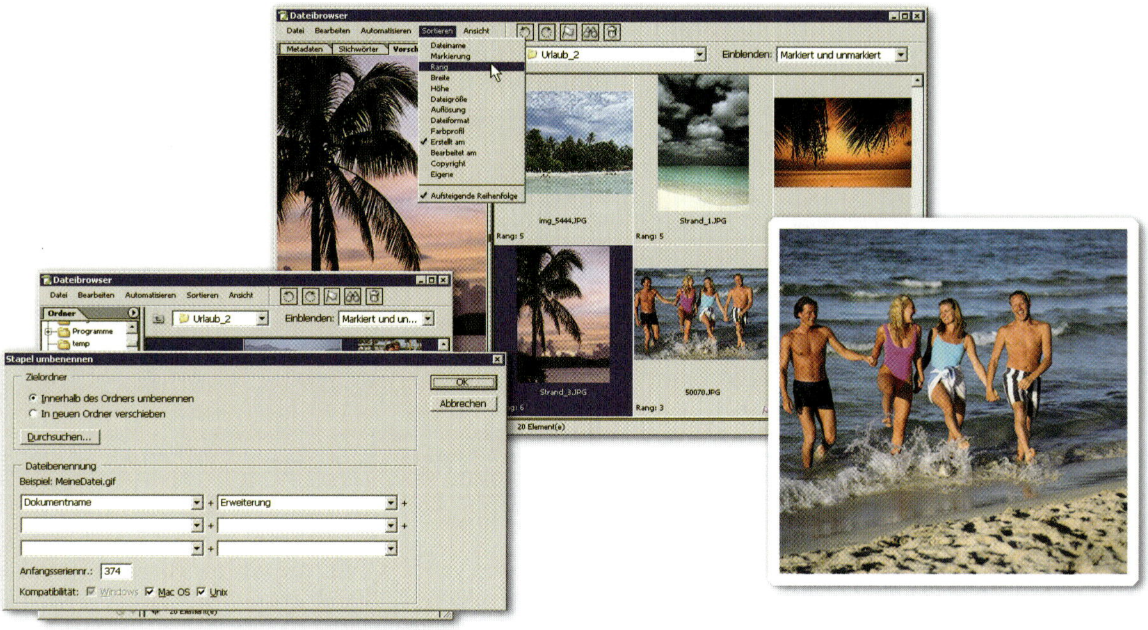

Zeigen Sie die Bilddateien nach Ihren eigenen Vorstellungen an. Sortieren Sie die Fotos zum Beispiel nach den Rangnummern, die Sie in Übung 2 vergeben haben. Bei Bedarf ziehen Sie die Motive von Hand auf Position. Sie erfahren auch, wie Sie Ihre Aufnahmen sinnvoll umbenennen – einzeln oder in Reihe.

Auf einen Blick

Sie lernen kennen:	im Dateibrowser: Bilder automatisch und von Hand sortieren; Bilder automatisch und einzeln umbenennen
Aufwand:	gering; fünf kurze Schritte
Siehe auch:	Rang, Markierung, Drehen, Kopieren, Seite 20 Stichwörter und Beschreibungen, Seite 30
Übungsdateien:	Verzeichnis »Urlaub_2«, auf Festplatte kopiert
Kommentar:	Ordnen Sie die Bilder in der gewünschten Reihenfolge an und vergeben Sie sinnvolle Dateinamen.

Schritt 1: Ein neues Verzeichnis

In der Übung 2 haben Sie die Bilder mit RANG-Nummern von 1 bis 6 versehen. Dieses Verzeichnis samt Rängen finden Sie auf der Buch-CD im Ordner »Urlaub_2«. Ziehen Sie das Ordnersymbol URLAUB_2 auf Ihre Festplatte. Dabei übertragen Sie auch die drei Dateien »AdobeP8T.tb0«, »AdobeP8P.tb0« und »AdobeP8M.md0«; sie enthalten Informationen über Ränge und Markierungen.

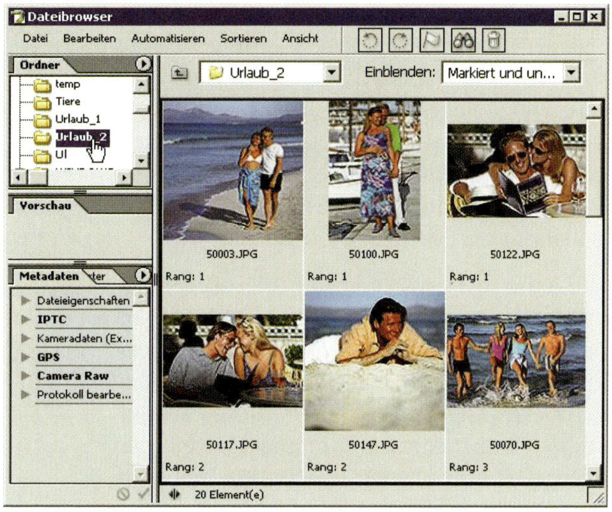

Machen Sie im **Ansicht**-Menü des Browsers nacheinander die Vorgaben **Große Miniatur** und **Rang anzeigen**. In der ORDNER-Palette suchen Sie Ihr neues Verzeichnis »Urlaub_2« – die Bilder erscheinen sofort mit Markierungen und Rängen. Der Dateibrowser zeigt die Dateien zunächst meist in alphabetischer Reihenfolge, wie etwa auf Seite 24 zu sehen; denn im **Sortieren**-Menü gilt die Vorgabe **Dateiname**.

Für die geplante Präsentation soll Photoshop die Fotos nun bereits nach RANG aufreihen. Klicken Sie im Dateibrowser auf **Sortieren: Rang;** die Fotos springen in die von Ihnen angelegte RANG-Folge.

Verzeichnis: »Urlaub_2«, auf Festplatte kopiert

Schritt 2: Ändern Sie die Reihenfolge von Hand

Zwar stehen jetzt alle Motive mit Rang 1 vorn, aber ganz überzeugt die Reihenfolge noch nicht: Die Bildserie soll mit dem Gruppenfoto 50070.jpg beginnen. Das erscheint derzeit allerdings erst in der zweiten Reihe, weil es RANG 3 hat. Macht aber nichts: Ziehen Sie das Bild einfach an die gewünschte Anfangsposition.

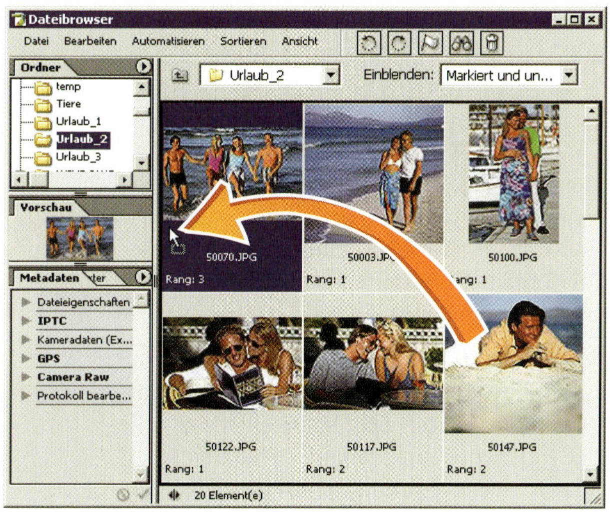

Durch dieses Verschieben erhalten Sie genau die gewünschte Anordnung für **PDF-Präsentation, Web-Fotogalerie** oder zum automatischen Umbenennen. Diese manuelle Anordnung geht übrigens auch dann nicht verloren, wenn Sie zwischendurch eine andere Sortierung wählen, das Verzeichnis wechseln oder das Programm schließen: Photoshop merkt sich die manuelle Aufreihung und stellt sie per **Sortieren: Eigene** wieder her.

Schritt 3: Bereiten Sie das Umbenennen vor

Die Bilder stammen aus verschiedenen Quellen und die meisten Dateinamen verraten nichts über den Bildinhalt. Wir benennen die Fotos darum jetzt einheitlich um. Dabei nummerieren wir die Dateinamen gleich in der Reihenfolge aus Schritt 2 durch – so stellen Sie die gewünschte Reihenfolge jederzeit einfach mit alphabetischer Sortierung wieder her.

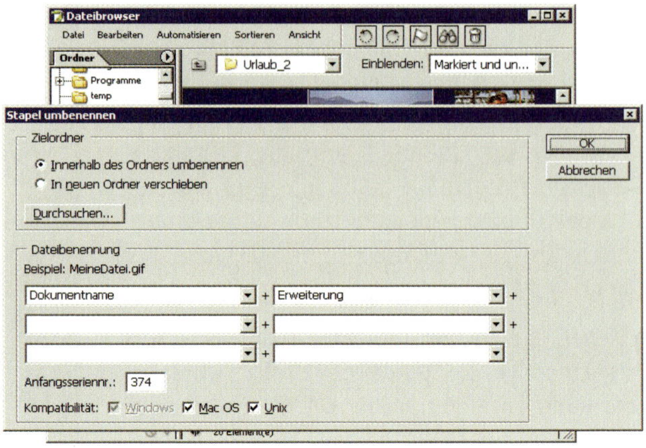

Alle Aufnahmen sollen einen neuen Namen erhalten, darum wählen Sie die Gesamtreihe im Dateibrowser mit [Strg]+[A] aus; danach erscheinen alle Bilder blau unterlegt. Im **Automatisieren**-Menü des Browsers klicken Sie auf **Stapel umbenennen**. Photoshop zeigt das Dialogfeld AUTOMATISCH UMBENENNEN mit den Grundeinstellungen.

Schritt 4: Einstellungen beim automatischen Umbenennen

Wir verwenden den Modus (1) INNERHALB DES ORDNERS UMBENENNEN. Dabei erhalten die vorhandenen Dateien neue Namen, es bleiben keine Exemplare mit altem Namen zurück. (2) Wir schalten hier unter Windows auch die KOMPATIBILITÄT mit MACOS und UNIX ein: Das verhindert sehr lange Dateinamen, Leerzeichen ersetzt Photoshop durch Bindestriche; die Dateien werden so auch am Mac oder von Unix-Internetservern gelesen.

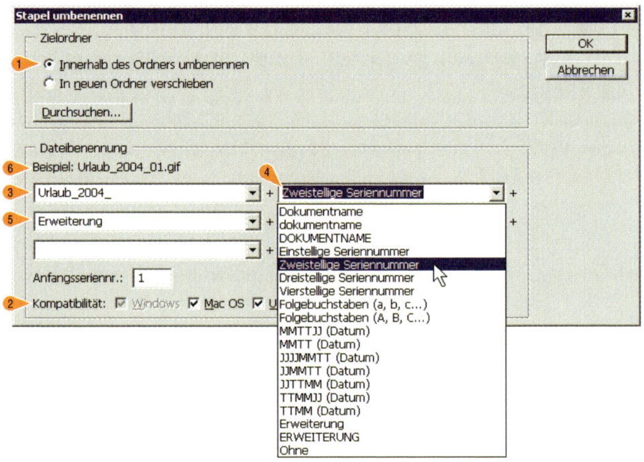

(3) Wir tippen »Urlaub_2004_« ins erste Feld – so sollen alle Dateien beginnen. (4) An diesen Namen hängen wir eine **Zweistellige Seriennummer** an. (5) Der letzte Baustein des Dateinamens sollte immer die Dateiendung sein. Nehmen Sie also eine **Erweiterung** für Namensendungen in Kleinbuchstaben oder **ERWEITERUNG** für große Lettern. Vermeiden Sie danach weitere Namensteile.

(6) Photoshop zeigt ein Beispiel für den ersten neuen Dateinamen. Die Erweiterung heißt dort allerdings stets »gif« oder »GIF«, auch wenn Sie JPEG-Dateien verarbeiten. Die Bilddaten selbst erhalten aber die tatsächlich passende Endung wie »jpg«.

Schritt 5: Dateinamen einfach eintippen

Ein Bild sticht aus der Sammlung heraus, weil es alle vier Darsteller enthält. Es bekommt darum einen völlig neuen Namen.

Sie könnten das Motiv jetzt einzeln anklicken und den Befehl **Stapel umbenennen** aufrufen. Doch für Einzelbilder lohnt sich der Aufwand nicht. Umbenennen geht auch einfacher: Klicken Sie einmal auf den vorhandenen Dateinamen und tippen Sie den neuen Namen ein.

Ergebnis: Verzeichnis »Urlaub_3«

Tipps & Tricks

- Sie sehen im **Sortieren**-Menü, dass Photoshop auch weitere interessante Sortierkriterien wie **Breite** oder **Dateigröße** im Programm hat. Mit der Vorgabe **Erstellt am** meint Photoshop das letzte Speicherdatum, nicht etwa das Aufnahmedatum aus den Exif-Werten der Digitalkamera.
- Wenn Sie **Innerhalb des Ordners umbenennen**, kann es zu Namenskonflikten kommen – eine vorhandene Datei trägt bereits eine Bezeichnung, die Photoshop noch vergeben will. In diesem Fall hält Photoshop das Verfahren an. Das Programm versucht nach einer Bestätigung, weitere Bilder umzubenennen, alternativ brechen Sie den Vorgang ab. Generell wird kein vorhandenes Bild überschrieben, Sie verlieren also kein Motiv.
- Damit Photoshop die Dateien nach einer Änderung schnell neu sortiert, drücken Sie F5.

Übung 4: Stichwörter & Beschreibungen

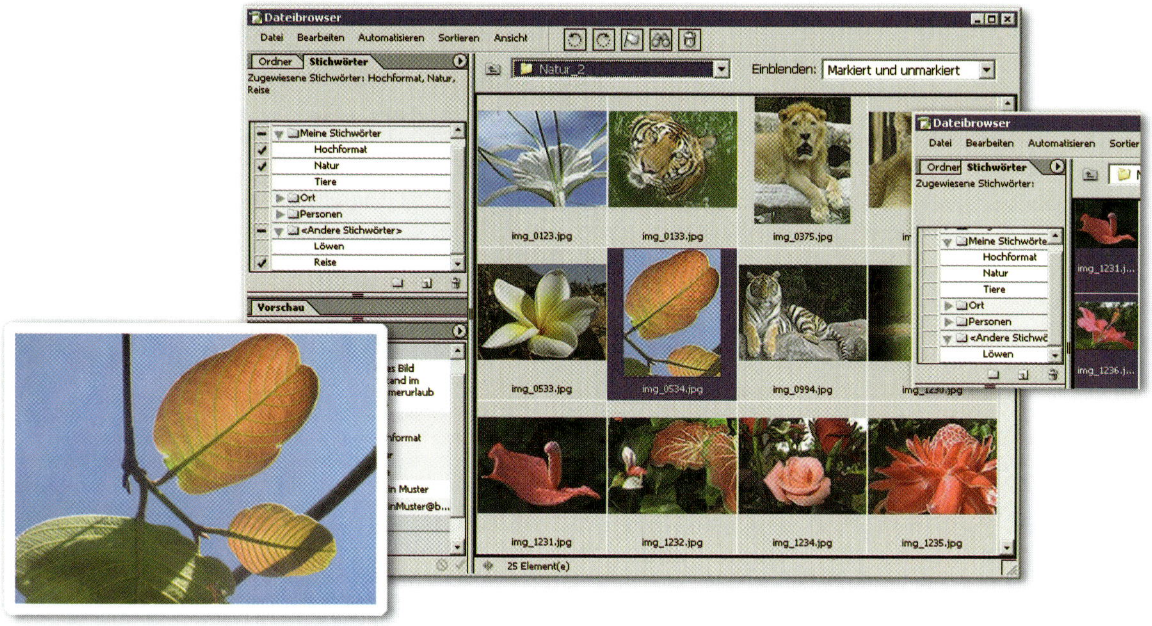

Wenn Sie Bilder kopieren, verschieben oder weitergeben, gehen die Ränge und Markierungen aus Photoshops Dateibrowser leicht verloren – wichtige Information kommt abhanden. Die Alternative: Speichern Sie Stichwörter und Beschreibungen direkt in den Fotos selbst. Die Notizen eignen sich zur Weitergabe, aber auch als Suchvorgabe oder als Bildunterschrift im Druck und beim Bildschirmauftritt.

Auf einen Blick

Sie lernen kennen:	Stichwörter und Beschreibungen nach IPTC-Standard im Dateibrowser; Befehl **Datei: Datei-Information**; Dateibrowser-Befehl **Bearbeiten: Metadaten anhängen**
Aufwand:	mittel; 13 leichte Schritte
Siehe auch:	Rang, Markierung, Drehen, Kopieren, Seite 20 Favoriten & Suchfunktion, Seite 38
Übungsdateien:	Verzeichnis »Natur_1«, auf die Festplatte kopiert
Kommentar:	Sie sichern Bildbeschreibungen und Copyright-Hinweise direkt in der Bilddatei.

Schritt 1: Zeigen Sie Stichwörter an

Legen Sie auf Ihrer Festplatte den Ordner »Natur_1« an. Dort hinein kopieren Sie die Bilder aus dem CD-Verzeichnis »Natur_1«.

Öffnen Sie das Festplattenverzeichnis »Natur_1« mit der Ordner-Palette des Dateibrowsers. Anschließend klappen Sie diese Ordner-Übersicht per Doppelklick auf den Ordner-Reiter zu. Ein weiterer Doppelklick verbannt die Vorschau. Ziehen Sie die Stichwörter-Palette nach oben neben den Ordner-Reiter. Jetzt öffnen Sie durch Doppelklicks auf ihre Namen die Paletten Metadaten und Stichwörter gleichzeitig. Reihen Sie die Fotos alphabetisch auf (**Sortieren: Dateiname** im Dateibrowser-Menü).

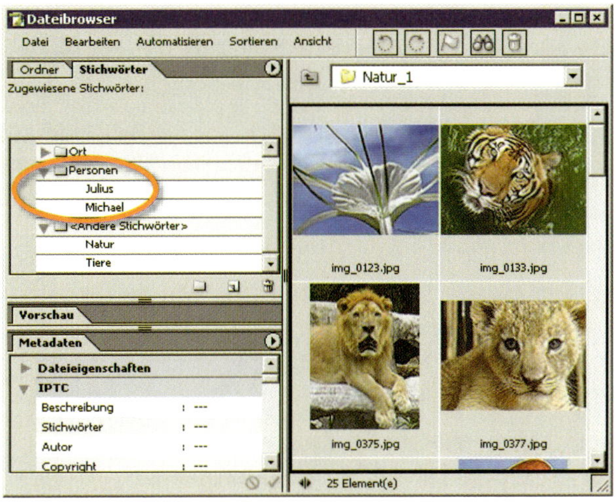

In der Palette Stichwörter präsentiert Photoshop die so genannten Stichwortsets Ereignis, Ort und Personen. Klicken Sie auf das graue Dreieck ▶ neben Personen; Sie erkennen, dass Photoshop bereits die reizenden Stichwörter Julius und Michael vorhält.

Dateien: Verzeichnis »Natur_1«, auf die Festplatte kopiert

Schritt 2: Einzelne Stichwörter prüfen

Klicken Sie die ersten zwei Miniaturen mit gedrückter [Strg]-Taste an. Unten taucht das ☐ Set <Andere Stichwörter> auf. Photoshop hat die Stichwörter Tiere und Natur in einer Datei entdeckt. Weil die Begriffe zu keinem Set gehören, erscheinen sie unter <Andere Stichwörter>.

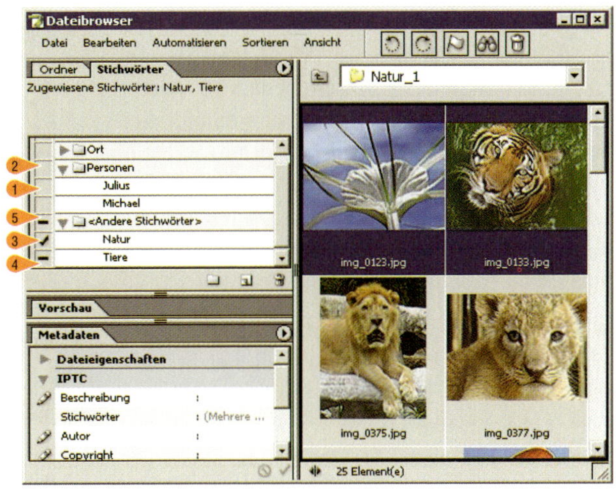

Die ① Kästchen ☐ neben Julius und Michael sind leer – denn keines der zwei gewählten Bilder enthält diese Stichwörter. Darum bleibt auch das ② Kästchen ☐ neben dem Stichwortset Personen leer.

Neben dem ③ Stichwort Natur sehen Sie einen Haken ✔: Beide aktivierten Bilder enthalten dieses Stichwort. ④ Neben Tiere steht ein Strich ▬ – also enthalten einige, aber nicht alle Bilder das Stichwort Tiere. ⑤ Und darum steht ebenfalls ein Strich ▬ neben <Andere Stichwörter>: Einige, aber nicht alle Begriffe dieses Sets finden sich in den ausgewählten Fotos.

Schritt 3: Weitere Bilder bearbeiten

Wir verteilen das vorhandene Stichwort TIERE auf weitere Fotos. Wir klicken zunächst die dritte und vierte Miniatur bei gedrückter [Strg]-Taste an. Alle Kästchen ☐ neben allen Stichwörtern bleiben hier leer: Offenbar haben diese Bilder noch kein Stichwort. Klicken Sie in das Kästchen ☐ neben TIERE. Damit sollen diese zwei Löwenmotive das Stichwort TIERE erhalten.

Photoshop warnt Sie zunächst: DIESER VORGANG KANN NICHT RÜCKGÄNGIG GEMACHT WERDEN. So problematisch ist das gar nicht, bestätigen Sie also mit JA.

Photoshop schreibt die Stichwörter dann in die Dateien. Die zwei gewählten Miniaturen zeigen danach ein Häkchen ✔ neben TIERE. Wählen Sie jetzt die anderen Tierfotos im Verzeichnis bei gedrückter [Strg]-Taste aus und teilen Sie das Stichwort TIERE zu. Photoshop muss Schreibzugriff haben – Dateien von CD oder mit Schreibschutz 🔒 nehmen keine Stichwörter an. Als Dateiformate eignen sich nur Photoshop (PSD), PDF, EPS, PNG, GIF, JPEG und TIFF.

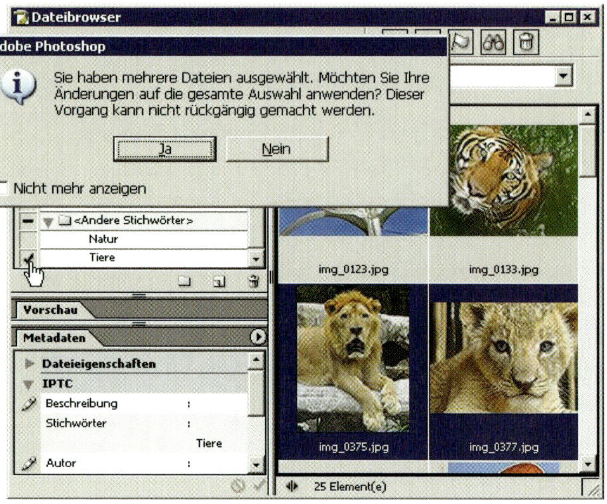

Schritt 4: Ein neues Stichwortset

Wir legen ein neues Stichwortset für vorhandene und neue Stichwörter an. ① Klicken Sie mit der rechten Maustaste auf ein beliebiges Stichwort oder Set. Im Kontextmenü nehmen Sie **Neues Stichwortset**. Photoshop produziert ein leeres, unbenanntes Stichwortset. Wir tippen »Meine Stichwörter« ein. ② Bestätigen Sie mit der [↵]-Taste. Photoshop ordnet das Stichwortset alphabetisch in die Liste ein.

③ Nun nehmen wir die Begriffe aus dem Bereich <ANDERE STICHWÖRTER> auf. Ziehen Sie das Stichwort NATUR nach oben, bis oberhalb von »Meine Stichwörter« eine schwarze Linie erscheint. Dann lassen Sie los – das Stichwort NATUR ordnet sich jetzt im Stichwortset MEINE STICHWÖRTER ein.

Ziehen Sie auch die TIERE nach oben. ④ Wenn Sie die TIERE eingeordnet haben, entfernt Photoshop <ANDERE STICHWÖRTER> automatisch.

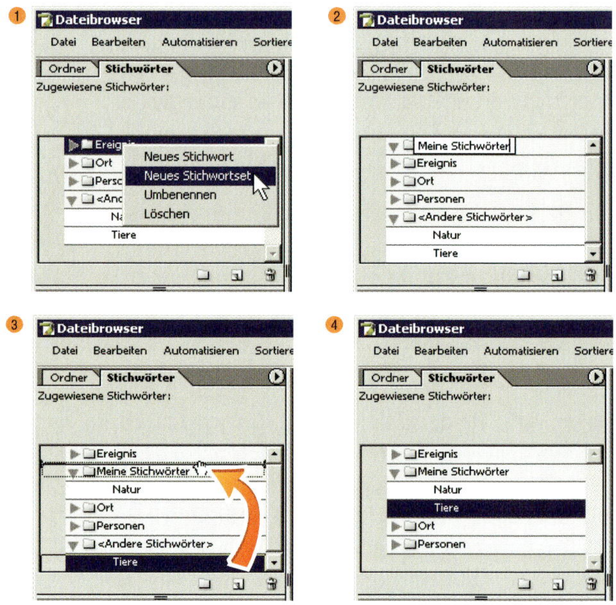

Schritt 5: Und jetzt zwei neue Stichwörter

Wir legen zwei neue Stichwörter an. ① Klicken Sie auf das Stichwortset MEINE STICHWÖRTER, damit Photoshop die neuen Stichwörter in diesem Bereich verstaut. Das ganze Stichwortset wird blau hervorgehoben.

② Unten in der Stichwörter-Palette bekommt das Symbol NEUES STICHWORT einen Klick ab. Damit entsteht ein leeres Stichwortfeld und hier tragen Sie das Stichwort LÖWEN ein. Bestätigen Sie mit der ↵-Taste. ③ Zur Abwechslung legen wir das zweite Stichwort anders an: Klicken Sie mit rechts in das Stichwortset MEINE STICHWÖRTER und nehmen Sie **Neues Stichwort**. ④ Photoshop liefert ein weiteres Blanko-Stichwortfeld, Sie tippen HOCHFORMAT ein.

Möchten Sie die Stichwortfunktion weiter ausnutzen und die Suchfunktion von Seite 41 ausführlicher testen, richten Sie noch »Querformat«, »Strand«, »Pflanzen«, »Blumen«, »Tiger«, »Hunde«, »Löwen« und »Katzen« ein.

1

2

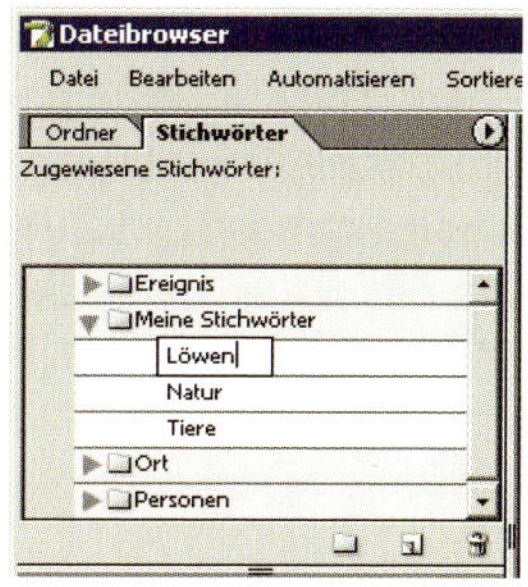

3

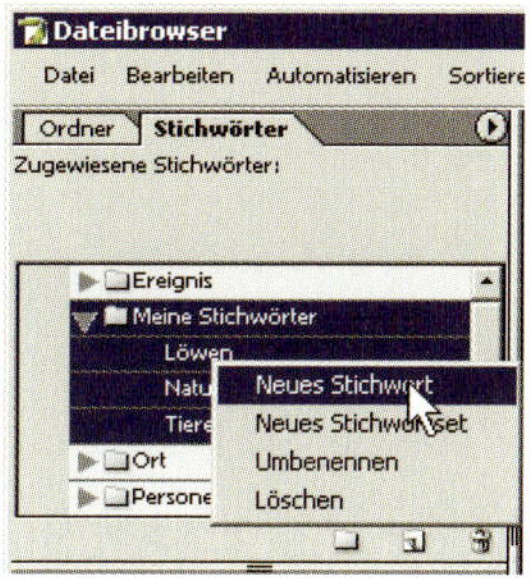

4

Schritt 6: Teilen Sie die Stichwörter zu

Um mehr Dateien auf einmal zu sehen, klicken Sie auf **Ansicht: Mittelgroße Miniatur**. Drücken Sie die Strg-Taste, dann klicken Sie alle Löwen-Fotos einmal an – insgesamt drei Aufnahmen. Nun klicken Sie in der STICHWÖRTER-Palette in das leere Kästchen neben LÖWEN – Photoshop beamt das Stichwort in die drei gewählten Dateien. Unsere Abbildung zeigt das nächste Manöver: Bei gedrückter Strg-Taste wählen wir die fünf hochformatigen Fotos aus und klicken in die Box neben HOCHFORMAT.

Der STICHWÖRTER-Palette entnehmen Sie nun: ① Alle momentan gewählten Fotos enthalten den Begriff HOCHFORMAT, denn neben diesem Stichwort zeigt Photoshop ein Häkchen ✓. ② Einige, aber nicht alle gewählten Fotos enthalten die Stichwörter LÖWEN und TIERE, dort erscheint der Strich ▬. ③ NATUR gehört momentan zu keinem der gewählten Exponate, daher das leere Kästchen (um die NATUR kümmern wir uns noch in Schritt 11).

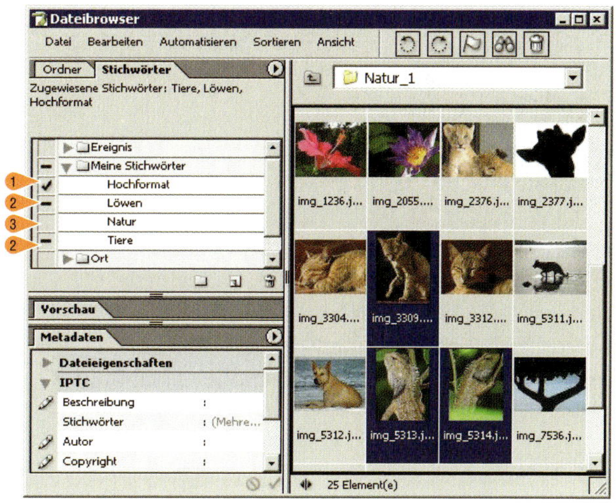

Schritt 7: Stichwort verschwindet aus dem Bild

Beim Check der einzelnen Bilder stoßen wir auf einen Fehler: Zwei Blumenfotos haben irrtümlich das Stichwort TIERE abbekommen. Das ist schnell korrigiert: Wählen Sie genau diese beiden Bilder aus und klicken Sie auf das Häkchen ✔ neben TIERE: Danach sehen Sie wieder ein leeres Feld ☐, Photoshop hat das Stichwort aus der Datei herausgerechnet.

Schritt 8: Stichwort verschwindet aus dem Stichwortset

Andere Situation: Sie wollen ein Stichwort nicht aus den Dateien, sondern aus dem Stichwortset entfernen – und zwar die LÖWEN. (1) Klicken Sie den Begriff LÖWEN einmal an, so dass Photoshop ihn blau unterlegt. (2) Danach klicken Sie auf den Mülleimer 🗑 unten in der STICHWÖRTER-Palette. Photoshop produziert eine Meldung, nach dem Klick auf JA verschwindet der Balken LÖWEN.

Allerdings: Ihr Klick löscht den Begriff aus keiner einzigen Datei. Das Stichwort existiert weiter in den Bildern. (3) LÖWEN rutscht lediglich in das Set <ANDERE STICHWÖRTER> – also ins Sammelbecken für alle Begriffe, die zu keinem Stichwortset gehören. Der aus dem Set gelöschte Begriff taucht dort unten jedoch erst auf, wenn Sie ein Bild mit LÖWEN-Stichwort anklicken.

Schritt 9: Bereiten Sie die »Beschreibung« vor

Wählen Sie mit Strg-Klicks die zwei Fotos mit Junglöwen aus. Achten Sie auf die STICHWÖRTER-Palette: 1 Sie sehen, das soeben aus dem Set gelöschte Stichwort LÖWEN bleibt vorhanden, es wechselt nur das Set.

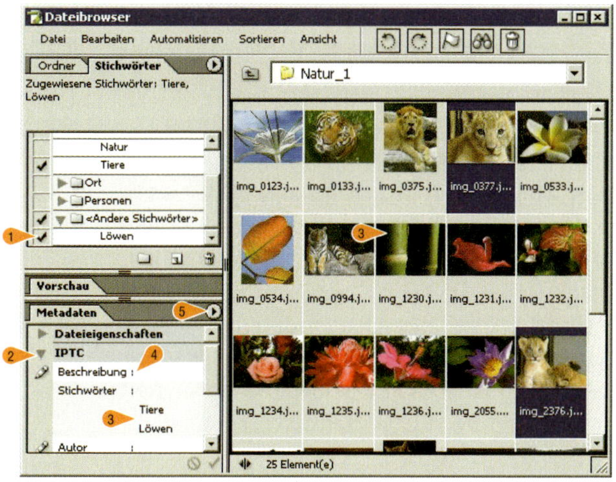

Öffnen Sie in der METADATEN-Palette mit dem 2 Dreieck ▶ den Bereich IPTC. Hier listet Photoshop übrigens auch 3 die Stichwörter auf; Sie können die Stichwörter in der METADATEN-Palette aber nicht verändern.

Wenn Ihnen dabei die Eingabespalte zu klein ist, ziehen Sie die 4 Doppelpunkte nach links. 5 Ist die Schrift zu klein, öffnen Sie das Palettenmenü mit der Schaltfläche ▶ und klicken Sie auf **Schriftgröße vergrößern** – auch mehrfach hintereinander, falls die zaghafte Änderung im ersten Anlauf nicht ausreicht. Welche IPTC-Felder Photoshop in der IPTC-Palette überhaupt auflistet, steuern Sie im selben Menü mit dem Befehl **Anzeigeoptionen für Metadaten**.

Schritt 10: Tippen Sie den Text ein

1 Klicken Sie neben BESCHREIBUNG ins Bild. 2 Photoshop warnt: Sie verändern mehrere Dateien, DIESER VORGANG KANN NICHT RÜCKGÄNGIG GEMACHT WERDEN. Halb so wild. Wir klicken unerschrocken auf JA und geben nun unseren Kommentar ab: »Löwenbabies, 1 Monat alt, im Zoo«. Klicken Sie auf das 3 Häkchen ✔ – nun schreibt Photoshop Ihr Statement in die Dateien.

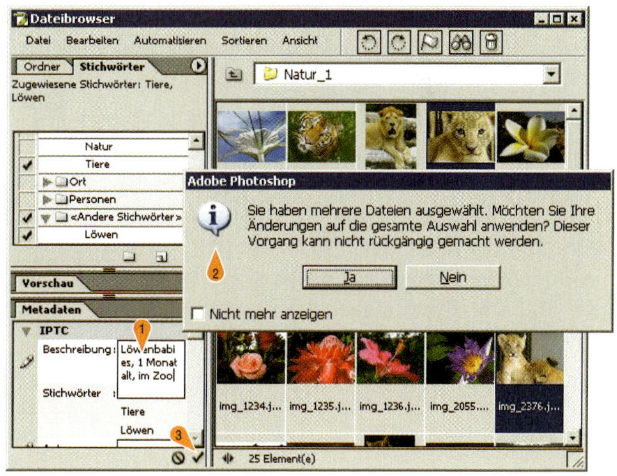

Diesen Text nutzen Sie vielseitig: Mit der Suchfunktion des Dateibrowsers (Seite 39) fahnden Sie nach Bildern mit bestimmten Wörtern in der Beschreibung. Photoshop verwendet die BESCHREIBUNG auf Wunsch im Ausdruck – beim **Bildpaket** oder beim **Drucken mit Vorschau.** Wir nutzen die Prosa zudem in unserer **Web-Fotogalerie** ab Seite 39. Auch andere Anwender mit IPTC-tauglichem Programm lesen Ihre Beschreibung. Allerdings: Nach Stichwörtern oder Beschreibung können Sie nicht sortieren – da müssen Sie RANG oder MARKIERUNG verwenden (Seite 20).

Schritt 11: Texte für eine Metadatenvorlage

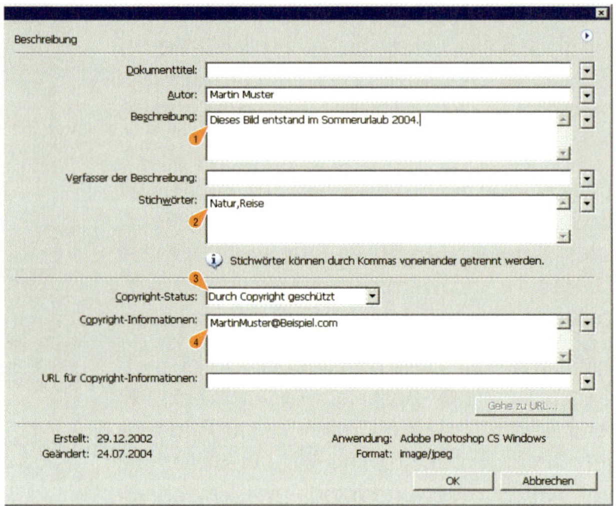

Die weiteren Fotos bearbeiten wir ökonomisch: Wir legen eine so genannte Metadatenvorlage an; sie wird pauschal in jedes Bild geschrieben.

Klicken Sie irgendein Foto im Dateibrowser einmal an, dann gehen Sie im Browser auf **Datei: Dateiinformation**. Tragen Sie eine 1 BESCHREIBUNG ein, die Sie in Bilder einfügen wollen – sie verdrängt allerdings stets schon vorhandene Texte. Tippen Sie bereits verwendete oder völlig neue 2 STICHWÖRTER ein, die später für alle gewählten Bilder gelten sollen (diese Stichwörter lassen sich an vorhandene Begriffe anhängen). Trennen Sie die Stichwörter durch Kommata.

Ändern Sie den 3 COPYRIGHT-STATUS, dann zeigt Photoshop ein Copyright-Zeichen © in der Titel- und in der Statusleiste. 4 Sie können auch Ihre E-Mail-Adresse oder Internetseite verewigen. Die 5 Dreieck-Schalter ▼ bieten ältere Einträge an, die Sie bereits einmal eingetippt haben.

Schritt 12: Die Vorlage speichern

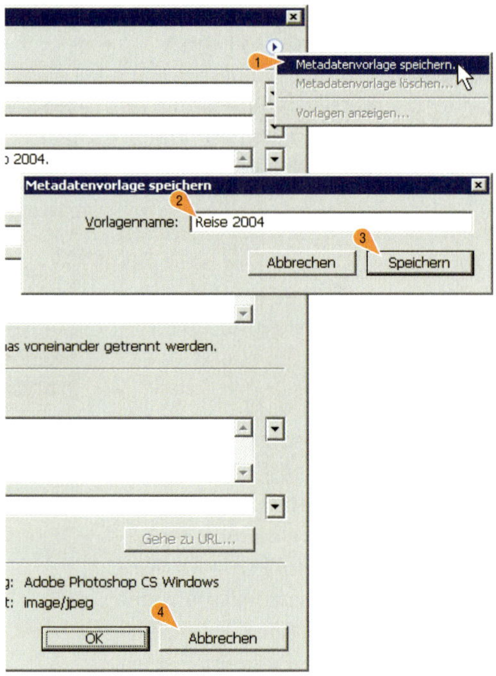

Stimmen Ihre Einträge? Speichern Sie den Datensatz zur Wiederverwendung. 1 Sie klicken auf das Menü-Dreieck ▶ und gehen auf **Metadatenvorlage speichern**. 2 Im neuen Eingabefeld sichern Sie die kompletten Informationen zum Beispiel als Metadatenvorlage »Reise 2004«. 3 Klicken Sie auf **Speichern**. Damit haben Sie den Datensatz bereits gesichert. 4 Sie wollen die Daten nicht in das aktuell geöffnete Bild schreiben; klicken Sie darum auf ABBRECHEN.

Schritt 13: Übertragen Sie die Vorlage

Wir wählen alle Fotos per [Strg]+[A] aus. Dann sperren wir die Junglöwen durch [Strg]-Klicks wieder aus; deren bereits vorhandene Beschreibung soll erhalten bleiben.

Im Dateibrowser wählen Sie **Bearbeiten: Metadaten anhängen**; Photoshop bietet unsere Vorlage **Reise 2004** an – klicken Sie darauf. Nach einer Warnung schreibt Photoshop die Daten in die gewählten Bilder. Alle Aufnahmen erhalten also den Copyright-Hinweis, die einheitliche Beschreibung und die zusätzlichen Stichwörter »Natur« und »Reise«.

Weil Sie **Metadaten anhängen** und nicht **ersetzen**, bleiben alte Stichwörter erhalten; neue Stichwörter kommen hinzu. Eine vorhandene BESCHREIBUNG wird aber auch beim **Anhängen** komplett ausgetauscht. Photoshop zeigt die neuen Werte in den Paletten für METADATEN und STICHWÖRTER. Das neue Stichwort REISE landet unter <ANDERE STICHWÖRTER> (siehe Seite 30).

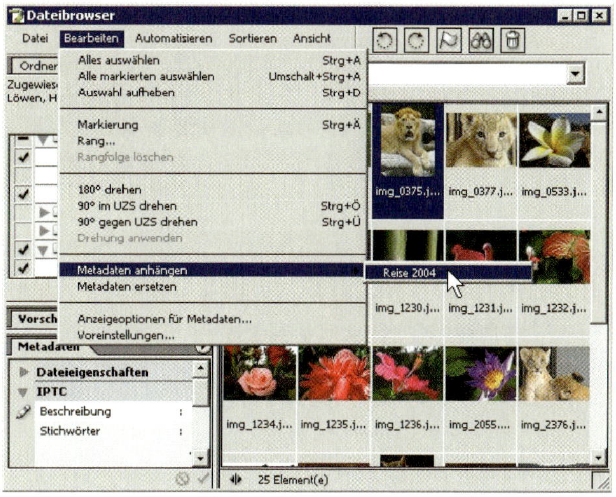

Ergebnis: Verzeichnis »Natur_2«

Tipps & Tricks

- Ziehen Sie Bilder direkt von der CD in einen Festplatten-Ordner des Photoshop-Dateibrowsers, bleibt der Schreibschutz erhalten. Sie können die Motive innerhalb des Dateibrowsers nicht löschen und der Schreibschutz lässt sich nicht abschalten. Sie können dann zwar noch Markierungen und Ränge anlegen; Stichwörter oder Beschreibungen erlaubt Photoshop jedoch nicht.
- Rechnen Sie Stichwörter oder Beschreibungen in ein Bild ein, erhalten die Bilder ein neues Änderungsdatum. Eine Sortiervorgabe wie »Geändert am« sortiert Ihre Aufnahmen dann nicht mehr nach dem Entstehungsdatum.
- Schade: Photoshop setzt Stichwörter, Beschreibung oder auch die Exif-Kameradaten nicht automatisch in den Dateinamen ein und sie werden auch nicht automatisch als Schriftzug ins Bild gesetzt. Diese Funktionen übernehmen unter anderem die Gratisprogramme Bildschutz pro (*www.bildschutz.de*) und Exifer (*www.exifer.friedemann.info*), die Shareware PhotoLine 32 (*www.pl32.de*) und weitere Programme.
- Wollen Sie mehrere IPTC-Metadaten wie Stichwörter und Beschreibung verschwinden lassen? Sie könnten die Einträge in den Paletten des Dateibrowsers oder mit dem Befehl **Dateiinformationen** löschen. Weitere Möglichkeit unter Windows: Speichern Sie die Fotos im BMP-Dateiformat (**Datei: Speichern unter** im Hauptmenü); dieser Dateityp nimmt keine Texte auf; dann wechseln Sie eventuell wieder zurück zum bisherigen Dateityp.
- Das Dialogfeld zur **Datei-Information** erhalten Sie nicht nur im Dateibrowser, sondern auch direkt in Photoshop per **Datei: Datei-Information**.

Übung 5: Favoriten & Suchfunktion

Fleißige Bildersammler und -jäger gebieten über Tausende von Fotos auf Festplatten und Silberscheiben. Dann brauchen Sie plötzlich hochformatige Tierbilder aus verschiedenen Jahren – und die Odyssee durch wuchernde Ordnerstrukturen beginnt. Oder auch nicht: Mit der Suchfunktion und FAVORITEN finden Sie die passenden Motive blitzschnell.

Auf einen Blick

Sie lernen kennen:	im Dateibrowser: LETZTE ORDNER, FAVORITEN, Suchfunktion, Ordner anlegen, Dateien kopieren, externe Ordner aufrufen
Aufwand:	mittel; neun Schritte
Siehe auch:	Aussehen nach Maß, Seite 16 Sortieren & Umbenennen, Seite 26 Stichwörter & Beschreibungen, Seite 30 Zu große Datei auf Druckgröße kleinrechnen, Seite 63
Übungsdateien:	Verzeichnis »Natur_2«
Kommentar:	Wie Sie blitzschnell genau zu den gewünschten Bildern und Verzeichnissen springen.

Schritt 1: Favoriten anlegen

In der Übung 4 auf Seite 30 haben wir »Stichwörter & Beschreibungen« in 25 Bilder eingefügt. Die so bearbeiteten Fotos finden Sie auf der Buch-CD im Verzeichnis »Natur_2«. Öffnen Sie dieses Verzeichnis mit der ORDNER-Palette im Dateibrowser. Wir wollen dort gezielt ein paar Motive aufspüren. Weil die Bilder auf CD liegen, zeigen sie das Schreibschutzsymbol.

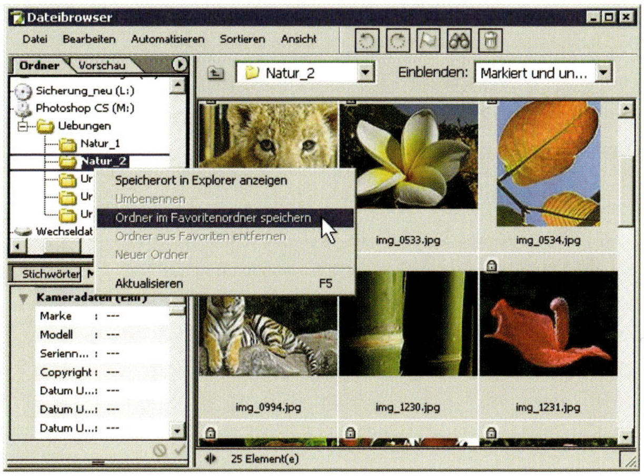

Allerdings werden wir sicher mehrfach das Verzeichnis wechseln. Darum legen wir »Natur_2« zunächst als Favoritenordner fest. So finden Sie den Ordner schnell wieder.

Klicken Sie in der ORDNER-Palette mit rechts auf »Natur_2«. Im Kontextmenü gehen Sie auf **Ordner im Favoritenordner speichern**.

Schritt 2: Die Suche nach dem Aufnahmedatum

Für den ersten Auftrag brauchen wir alle Digitalfotos, die im Jahr 2002 entstanden. Hilft hier nicht der Befehl **Sortieren: Erstellt am** schon weiter? Nein, der stellt die gewünschte Anordnung nicht her: Die Motive wurden bearbeitet, neu gespeichert – das Kriterium **Erstellt am** verrät nichts mehr über den Tag der Aufnahme.

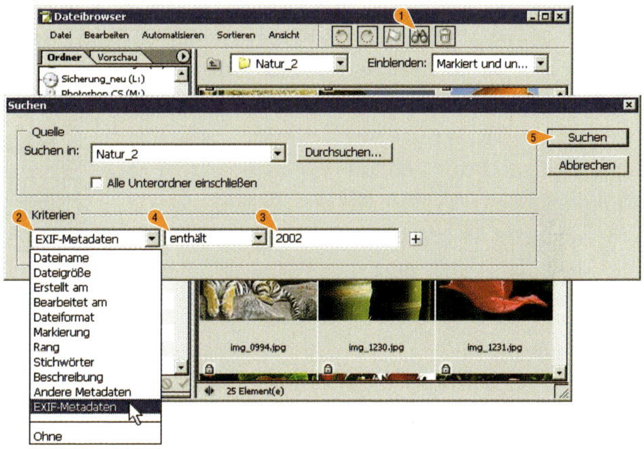

1 Klicken Sie darum auf die Schaltfläche SUCHEN. 2 Im Klappmenü KRITERIEN schalten Sie die EXIF-METADATEN ein. Sie durchsuchen also die Belichtungsinformationen nach EXIF-Standard; die schreibt die Kamera direkt in die Bilddatei – neben Blitz- oder Blendenwerten findet sich dort außerdem das tatsächliche Aufnahmedatum, unabhängig von späteren Änderungen.

3 Im Feld rechts verlangt Photoshop zunächst etwas rüde TEXT EINGEBEN. Hier tippen Sie ein, was Sie suchen: die Jahreszahl »2002«. 4 Belassen Sie es im zweiten Klappmenü bei ENTHÄLT. 5 Dann klicken Sie auf SUCHEN.

Schritt 3: Die EXIF-Werte überprüfen

Nach dem Klick auf SUCHEN durchstöbert Photoshop alle Bilder im Verzeichnis nach der Jahreszahl »2002« im EXIF-Bereich. Fünf Bilder von anno 2002 erfüllen die Vorgabe und sind im Dateibrowser noch sichtbar.

Aber stammen die Fotos wirklich aus diesem Jahr? 1 Klicken Sie ein beliebiges Bild einmal an. 2 Dann öffnen Sie in der METADATEN-Palette den Bereich KAMERADATEN (EXIF) mit dem grauen Dreieck. 3 Beachten Sie den Eintrag DATUM UHRZEIT DER DIGITALISIERUNG: Hier meldet Photoshop, dass die Kamera das Bild tatsächlich schon im gesuchten Jahr verarbeitet hat.

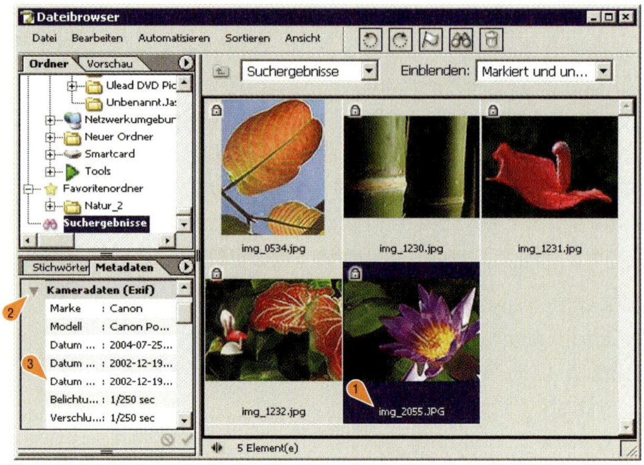

Schritt 4: Favoriten und Letzte Ordner nutzen

Die Fundstücke präsentiert Photoshop in einem scheinbaren Ordner 1 SUCHERGEBNISSE. Tatsächlich bleiben die Bilder am bisherigen Speicherort, nichts wird verschoben oder kopiert. Öffnen Sie nun das Klappmenü: 2 Im Bereich FAVORITENORDNER können Sie NATUR_2 aufrufen; dann sehen Sie wieder alle 25 Bilder des Ordners. Diesen Ordner hatten wir in Schritt 1 ja zum Favoriten erkoren. 3 Im Bereich LETZTE ORDNER bietet Photoshop die Verzeichnisse an, die Sie zuletzt mit dem Dateibrowser durchforstet haben.

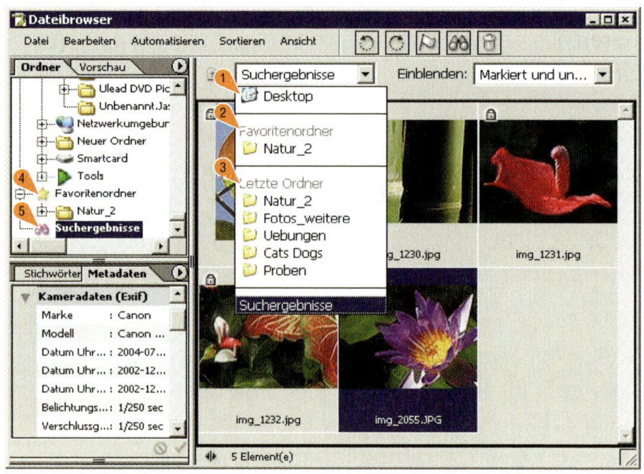

4 Der Verzeichnisbaum in der ORDNER-Palette liefert eventuell noch mehr Ordner und Listen als das Klappmenü, hier auch unseren Favoriten NATUR_2 und die SUCHERGEBNISSE. 5 Solange Sie keine neue Suche starten, rufen Sie die SUCHERGEBNISSE hier per Klick ab. Erst wenn Sie Photoshop schließen, verschwindet die Fundliste.

Springen Sie per Klick auf den Ordner NATUR_2 wieder zum Gesamtverzeichnis.

Schritt 5: Suchen Sie nach zwei Merkmalen

Wir spüren jetzt alle hochformatigen Tierfotos auf. Wieder gilt, das **Sortieren**-Menü hilft nicht wirklich weiter: Sie finden hier zwar das Sortierkriterium **Höhe** – aber ein großformatiges Querformat besitzt allemal mehr Bildpunkte in der Höhe als ein kleineres Hochformatfoto.

Zum Glück haben wir in der Übung 4 die Stichwörter TIERE und HOCHFORMAT vergeben. Danach fahnden wir.

Sind Sie wieder im Ordner »Natur_2«? Sie sehen also nicht nur die SUCHERGEBNISSE? Dann verpassen Sie dem Fernrohr einen weiteren Klick. 1 Im SUCHEN-Dialog nehmen Sie als Kriterium diesmal die STICHWÖRTER. 2 Tippen Sie »hochformat«.

Sie wollen jedoch nicht sämtliche Hochformate sehen, sondern nur die Hochformatfotos mit Tieren. Darum richten Sie ein zweites Kriterium ein. 3 Klicken Sie auf KRITERIUM HINZUFÜGEN [+].

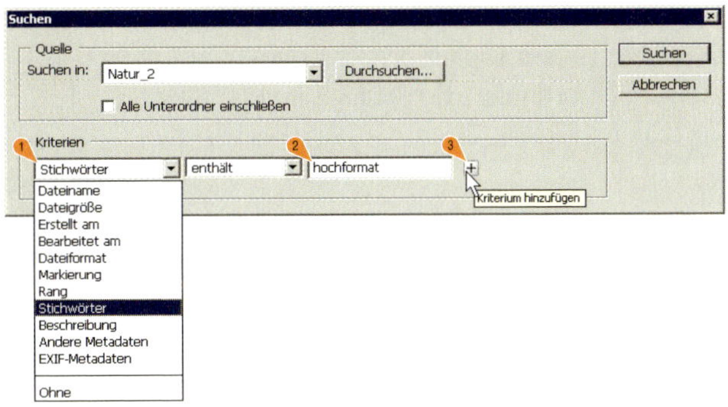

Schritt 6: Das zweite Suchkriterium

Nach dem Klick auf KRITERIUM HINZUFÜGEN [+] präsentiert Photoshop eine zweite Zeile, in der Sie weitere Suchkriterien nennen – von Wortteilen im Dateinamen bis zu Zeiträumen ist alles möglich.

1 Wir suchen wieder bestimmte Stichwörter. Hieß unser Stichwort »Tier« oder »Tiere«? 2 Egal, tippen Sie einfach »tier« ein. Diese Angabe reicht Photoshop bereits, falls nicht weitere Stichwörter den Abschnitt »tier« enthalten. (Ebensogut könnten Sie statt »Hochformat« nur »hoch« tippen, falls dieser Ausdruck nicht in weiteren Stichwörtern vorkommt.) 3 Nach einem Klick auf SUCHEN stellt Photoshop alle Bilder zusammen, die Stichwörter mit »hochformat« und »tier« enthalten.

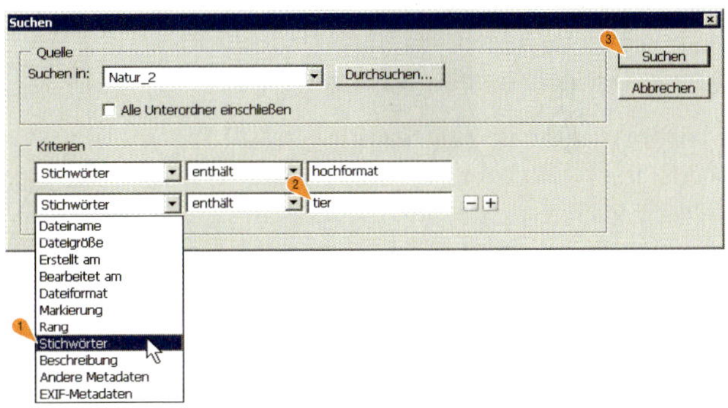

Schritt 7: Die Suchergebnisse

Photoshop reiht die Fundstücke wieder in einem scheinbar neuen Ordner SUCHERGEBNISSE auf – tatsächlich verändert sich jedoch nichts. Unser Verzeichnis »Natur_2« enthält vier hochformatige Tierbilder.

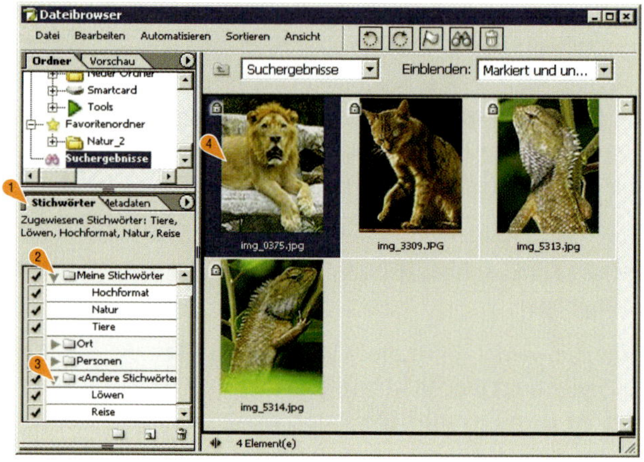

① Um zu sehen, welche Stichwörter die Dateien enthalten, holen Sie die STICHWÖRTER-Palette per Klick in den Vordergrund. Öffnen Sie die Bereiche ② MEINE STICHWÖRTER (sofern Sie dieses Stichwortset in Übung 4 eingerichtet haben) und ③ <ANDERE STICHWÖRTER> jeweils durch Klicken auf das Dreieck ▶. ④ Klicken Sie einmal auf das erste Motiv, ein Löwenbild. Die STICHWÖRTER-Palette zeigt, dieses Bild enthält die Stichwörter »Tiere« wie auch »Hochformat« sowie weitere Begriffe aus der Übung 4.

Sie könnten die Bilder jetzt kopieren oder in ein CD-Projekt ziehen.

Schritt 8: Ein neuer Ordner für die Fundstücke

Kopieren Sie Ihre Trouvaillen in einen neuen Ordner. ① Sie klicken Laufwerk C mit rechts an und wählen im Kontextmenü ② **Neuer Ordner**. Tippen Sie »Hochformat« als Name ein.

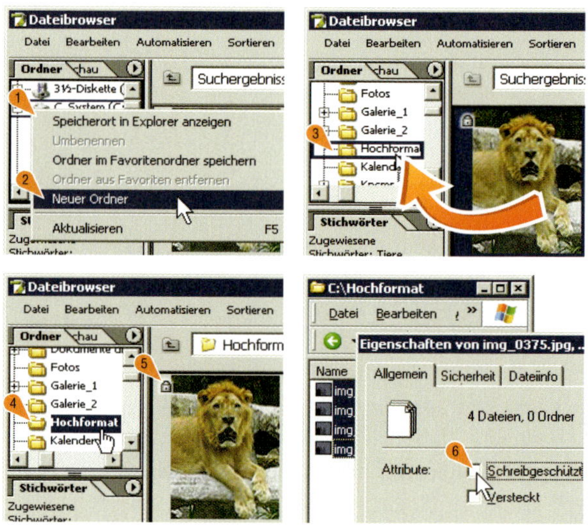

Sind Sie noch im Bereich SUCHERGEBNISSE? Wenn nicht, ganz unten in der Ordner-Palette lässt sich diese Zone wieder anklicken.

Holen Sie per Rollbalken den neuen Ordner HOCHFORMAT ins Sichtfeld. Mit Strg+A wählen Sie alle Bilder aus. ③ Ziehen Sie Ihre Fundbilder in den Ordner HOCHFORMAT.

Öffnen Sie diesen Ordner: ④ Ihre Dateien haben immer noch den lästigen ⑤ Schreibschutz. Daran ändert Photoshop auch nichts, darum klicken Sie im Dateibrowser auf **Ansicht: Speicherort im Explorer anzeigen**. Im Explorer (am Mac Finder) wählen Sie alle Bilder mit Strg+A aus und gehen auf **Datei: Eigenschaften** (am Mac **Ablage: Information**). ⑥ Entfernen Sie das Häkchen ✓ neben SCHREIBGESCHÜTZT.

Schritt 9: Favoriten entfernen

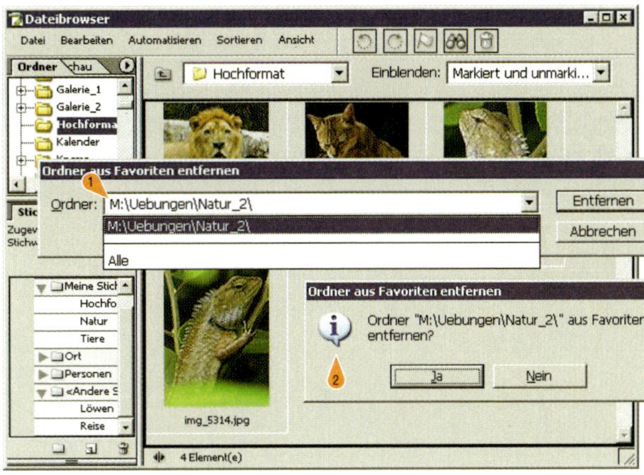

Sie haben den Ordner »Natur_2« von der Buch-CD als Favorit angelegt. Doch dauerhaft brauchen Sie diesen Favoriten nicht.

Klicken Sie also im **Datei**-Menü des Dateibrowsers auf **Ordner aus Favoriten entfernen.** (1) Photoshop präsentiert ein Auswahlmenü aller Favoritenordner, Sie gehen auf **Natur_2** und dann auf ENTFERNEN. (2) Danach folgt die Frage, ob Sie es auch ernst meinen. Aber JA.

Sie haben in dieser Übung erfahren, wie Sie mit der Suchfunktion, Favoritenordnern und LETZTEN ORDNERN besonders schnell zu gesuchten Bildern finden. Machen Sie sich mit diesen Funktionen gut vertraut, wenn Sie größere Bildmengen mit Photoshop verwalten.

Tipps & Tricks

- Sie müssen die Verzeichnisse nicht unbedingt per ORDNER-Palette öffnen. Öffnen Sie Windows-Explorer, Mac-Finder oder eine andere Dateiverwaltung; dann ziehen Sie ein Verzeichnissymbol auf das Ordner-Klappmenü im Dateibrowser.
- Auch das **Datei**-Menü des Browsers bietet den Befehl **Ordner im Favoritenordner speichern**. So legen Sie Favoritenordner auch bei geschlossener ORDNER-Palette fest.
- 0 bis 30 Verzeichnisse merkt sich Photoshop im Bereich LETZTE ORDNER. Ändern Sie den Wert per **Bearbeiten: Voreinstellungen** im Dateibrowser.
- Wollen Sie die Fundliste verfeinern? Während Photoshop die SUCHERGEBNISSE anzeigt, klicken Sie erneut auf **Suchen** und gehen im Klappmenü SUCHEN IN auf ERGEBNISSE. Damit durchwühlt Photoshop nur noch Ihre aktuelle Fundliste nach den gewünschten Eigenschaften.
- Sie möchten nur die Querformate suchen? Dann wählen Sie im Suchdialog das Kriterium STICHWÖRTER mit der Vorgabe ENTHÄLT NICHT. Danach tippen Sie »Hochformat« ein.
- Photoshop erlaubt nur die Suche nach mehreren gemeinsamen Kriterien. Es gibt keine ODER-Recherche, bei der das Bild entweder ein Kriterium oder aber ein anderes Kriterium erfüllt.
- Der Browser-Befehl **Ansicht: Speicherort im Explorer anzeigen** heißt am Mac **Speicherort im Finder anzeigen**; diesen Befehl finden Sie auch in den Kontextmenüs zu Miniaturen und Verzeichnissen.

Teil 2: Bildausschnitt & Dateigröße

Wie viel Megapixel brauche ich und wie soll ich die Bilddatei für den Fotodruckdienst vorbereiten? In diesem Abschnitt rechnen wir Bilddateien klein und schneiden sie für den Postkartendruck zu.

Übung 6: Horizont geraderücken mit Messwerkzeug

Der Horizont läuft schief durchs Bild. Doch mit Messwerkzeug und Dreh-Befehl rücken Sie die Grenze zwischen Himmel und Erde wieder gerade. Dabei kümmern wir uns auch um die passenden Voreinstellungen und um Fehlerretusche.

Auf einen Blick

Sie lernen kennen:	Messwerkzeug, Freistellwerkzeug, schwebende Auswahlen anlegen und duplizieren, Kopierstempel
Aufwand:	mittel; neun Schritte
Siehe auch:	Horizont geraderücken mit Freistellwerkzeug, Seite 52 Scharfzeichnen, Seite 221 Ein Panorama montieren, Seite 267 Schnell & präzise zoomen, Seite 362 Interpolationsmethoden, Seite 367
Übungsdateien:	Horizont_01 etc.
Kommentar:	Korrigieren Sie den schiefen Horizont und füllen Sie weiße Lücken an den Bildrändern nahtlos auf.

Schritt 1: Die passenden Voreinstellungen

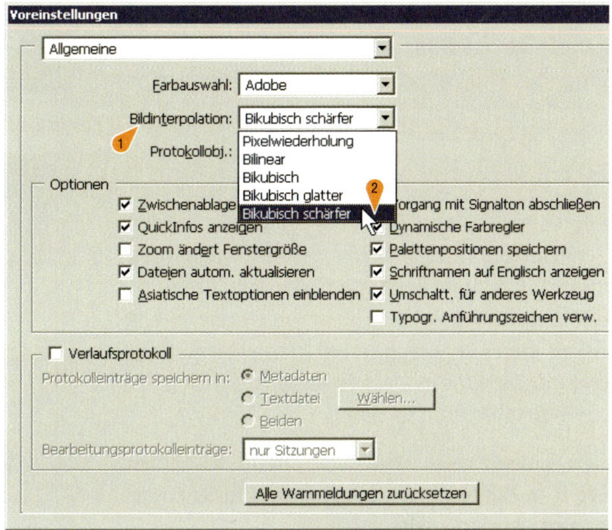

Beim Drehen muss Photoshop das Bild völlig neu berechnen: Schließlich sind die Pixel quadratisch und liegen alle glatt auf einer Längskante; man kann sie nicht per Drehen auf eine Ecke stellen. Photoshop baut vielmehr nach dem Drehen das Bild aus völlig neuen Pixeln auf. Dafür gibt es unterschiedliche Berechnungsmethoden:

Wählen Sie **Bearbeiten: Voreinstellungen: Allgemeine** (am Mac **Photoshop: Voreinstellungen: Allgemeine**). Im Klappmenü BILDINTERPOLATION gehen Sie auf BIKUBISCH SCHÄRFER. Das Verfahren empfiehlt sich für übliche Fotos (mehr über Interpolationsverfahren ab Seite 367). Weil die reine »bikubische« Interpolation meist eine leichte Weichzeichnung verursacht, nehmen wir gleich die Variante mit eingebauter Scharfzeichnung – sie eignet sich für den schnellen Job zwischendurch (mehr Details ab Seite 367).

Klicken Sie auf OK.

Schritt 2: Das Messwerkzeug

Gibt es noch eine Auswahl im Bild? Heben Sie die mit [Strg]+[D] auf. (Am Mac wie immer die [⌘]-Taste statt der [Strg]-Taste.)

In der Werkzeugleiste klicken Sie auf die Schaltfläche (1) STANDARDFARBEN FÜR VORDERGRUND UND HINTERGRUND. Damit wird die neu entstehende Arbeitsfläche an den Bildecken zunächst weiß, denn das ist nun die Standard-Hintergrundfarbe. Dieser Schritt ist allerdings nicht zwingend erforderlich.

Schalten Sie (2) das Messwerkzeug ein und ziehen Sie (3) eine Linie am verrutschten Horizont entlang. Wollen Sie die Linie insgesamt verschieben, klicken Sie in die Mitte des Strichs und ziehen Sie die Linie näher an den Horizont. Oder bewegen Sie einen der Griffpunkte, um den Winkel zu ändern. In der Leiste oben sehen Sie bereits (4) den erforderlichen Drehwinkel, Photoshop meldet gerundete minus 8,5 Grad.

Datei: Horizont_1

Schritt 3: »Arbeitsfläche drehen«

Unmittelbar nach dem Messwerkzeug gehen Sie auf **Bild: Arbeitsfläche drehen: Per Eingabe**. Photoshop schlägt sofort den erforderlichen Drehwinkel vor, hier genau 8,45 Grad gegen den Uhrzeigersinn (UZS). Ohne etwas zu ändern, klicken Sie auf OK.

Photoshop schwenkt die Aufnahme nun so, dass der Horizont tatsächlich genau waagerecht durchs Bild läuft. Bei diesem Manöver erhält die Bilddatei mehr Arbeitsfläche und neue, weiße Ecken. Denn bei unverändert kleiner Arbeitsfläche müssten die Bildecken ja aus dem sichtbaren Bereich herausrutschen.

Der Anbaubereich wird weiß, denn wir haben Weiß in Schritt 1 als Hintergrundfarbe eingerichtet.

Schritt 4: Überflüssigen Rand entfernen

Um überflüssigen Rand zu kappen, schalten Sie das Freistellwerkzeug ein. Löschen Sie oben die Felder für BREITE, HÖHE und AUFLÖSUNG komplett leer.

Wir rahmen das Bild so ein, dass der weiße Rand links und unten komplett herausfällt. Oben und rechts lassen wir allerdings etwas weiße Fläche im Bild – sie wird später kaschiert. Photoshop deckt den Außenbereich dunkel ab. (Mehr über das Freistellwerkzeug in den folgenden Übungen.)

Klicken Sie doppelt in die Auswahl hinein, damit Photoshop den Rand entfernt.

Datei: Horizont_02

Schritt 5: Retusche vorbereiten

Nach dem Freistellwerkzeug erscheint die Datei zunächst kleiner auf der Programmfläche; schließlich haben Sie ja Arbeitsfläche weggesägelt. Wir vergrößern die Darstellung hier sofort mit dem Befehl **Ansicht: Ganzes Bild**; dabei zoomt Photoshop das Bild so groß, dass es die Programmfläche komplett ausfüllt. In unserem Beispiel kommt dabei die krumme Zoomstufe von ① 63 Prozent zustande, zu erkennen in der Titelleiste. Einige ② Diagonalen wirken nun unschön stufig. Das ist jedoch nur ein Problem des Maßstabs, in den Zoomstufen 50 oder 100 Prozent und damit auch im Druck sehen die Ränder glatt aus.

Schalten Sie das ③ Lasso ein, geben Sie eine ④ WEICHE KANTE von »4 Px« vor, und ⑤ rahmen Sie einen Streifen blauen Himmels am oberen Bildrand ein. Damit flicken wir die ⑥ obersten Bereiche der weißen Fläche links.

Schritt 6: Weiß raus, Blau rein

Mit den blauen »Flicken« arbeiten Sie vor allem im Randbereich der Datei. Photoshop versucht allerdings selbständig, den Bildteil superexakt am Bildrand anzuordnen. Das nervt. Darum: Öffnen Sie das **Ansicht**-Menü. Dort sehen Sie ein Häkchen ✔ neben dem Befehl **Ausrichten**. Klicken Sie den Befehl einmal an, damit das Häkchen ✔ verschwindet.

Halten Sie den Mauszeiger über den Auswahlbereich. Drücken Sie die [Strg]-Taste; so wechseln Sie vorübergehend zum Verschieben-Werkzeug. Das erscheint jetzt mit Schere: Denn wenn Sie den Auswahlbereich verschieben, entsteht ein Loch im Hintergrund.

Drücken Sie zusätzlich die [Alt]-Taste. Jetzt zeigt sich das Werkzeug anders und es arbeitet auch anders: Sie verschieben ein Duplikat des Auswahlbereichs, der bereits vorhandene Himmel bleibt erhalten. Bewegen Sie den Flicken so in die weiße Ecke, dass er gut an den vorhandenen Himmel anschließt.

Schritt 7: Weitere Duplikate

In Schritt 6 haben Sie Pixel dupliziert und verschoben. Dabei entsteht eine »schwebende Auswahl«; sie zeigt weiterhin die Auswahl-Fließmarkierung.

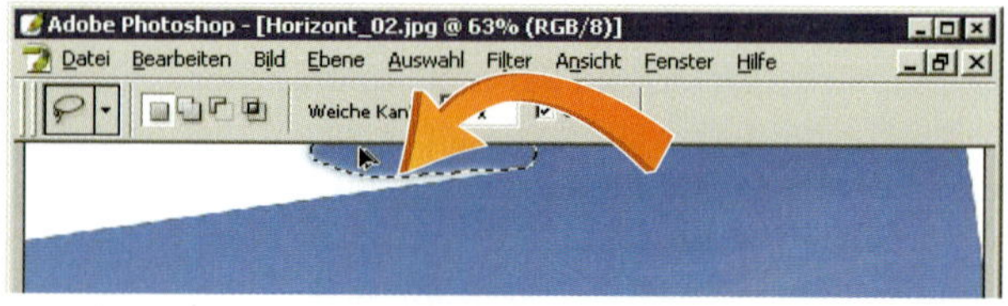

Der erste Flicken deckt bereits eine Ecke des weißen Dreiecks gut ab. Wir duplizieren die »schwebende Auswahl« erneut. Dazu drücken wir wieder Strg+Alt und erhalten ein Verschieben-Werkzeug, das den Auswahlinhalt erst dupliziert und dann bewegt. Klicken Sie auf den aktuellen Auswahlbereich und ziehen Sie wieder. Das neu entstandene Duplikat legen Sie weiter links ab – ein weiteres Stück Weiß verschwindet. Gleichzeitig verschmilzt die ursprüngliche, soeben duplizierte »schwebende Auswahl« dauerhaft mit dem Bild.

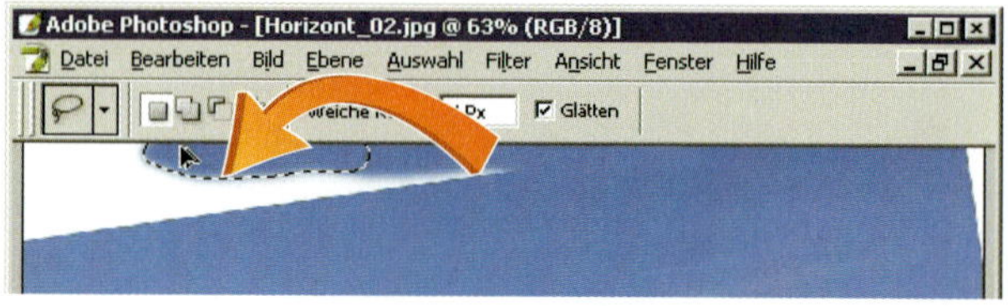

Lassen Sie das Duplikat so liegen, dass es gut an vorhandenes Blau anschließt. Lösen Sie mit Strg+Alt weitere Duplikate heraus. Diese verschieben Sie, bis der obere Streifen der dreieckigen Lücke gefüllt ist.

Schritt 8: Neue Auswahlbereiche

Der erste Streifen ist voll. Jetzt legen Sie mit dem Lasso einen neuen Auswahlbereich an, der die mittlere Lage im weißen Loch übertünchen wird. Achten Sie wieder auf die WEICHE KANTE.

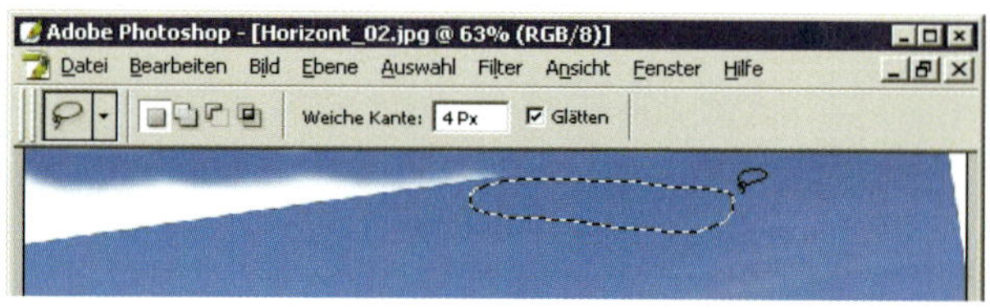

Danach drücken Sie abermals Strg+Alt, um das Verschieben-Werkzeug mit Lizenz zum Duplizieren zu erhalten. Ziehen Sie Duplikate über die leeren Bildpartien.

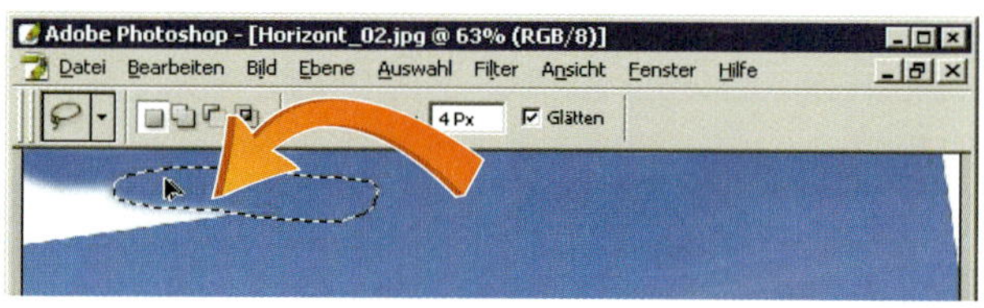

Schließlich legen Sie eine letzte Auswahl an, die das Blau für den untersten Teil des weißen Dreiecks enthält. Ziehen Sie den Flicken bei gedrückter Strg+Alt-Taste über den letzten weißen Fleck.

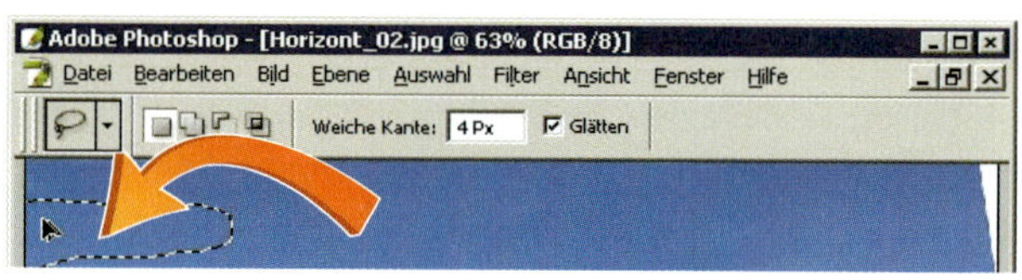

Schritt 9: Stempelretusche

Das kleine weiße Dreieck rechts könnten wir ebenfalls nach dem oben erprobten Verfahren kaschieren. Doch um noch eine andere Methode auszuprobieren: Schalten Sie in der Werkzeugleiste den 1 Kopierstempel ein. Klicken Sie mit rechts ins Bild (am Mac wie immer bei gedrückter ctrl-Taste); Sie wählen eine weiche Pinselspitze aus.

Bei gedrückter Alt-Taste klicken Sie links vom letzten weißen Fleck in den Himmel. Photoshop zeigt ein Fadenkreuz; Sie haben damit den Kopierursprung bestimmt. 2 Malen Sie über den leeren Bereich; Photoshop legt Bildpunkte aus dem gewählten, intakten Bereich über die Lücke. 3 Den Kopierursprung kennzeichnet Photoshop durch ein Kreuz +. Setzen Sie den Ursprung per Alt-Klick so oft neu, bis Sie das Dreieck ausgefüllt haben.

Datei: Horizont_03

Tipps & Tricks

- Verhindern Sie den schiefen Horizont schon beim Fotografieren: Manche Digitalkameras blenden Gitterlinien im Monitor ein – ideal zur Ausrichtung des Horizonts. Einige digitale und herkömmliche Spiegelreflexkameras zeigen elektronisch oder durch Austausch der Mattscheibe Hilfslinien im Sucher. Tüftler loten die Bildlage mit einer Wasserwaage aus.
- Achtung: Das Drehen kostet in der Regel Bildqualität, da Bildpunkte neu berechnet werden. Wenden Sie die Funktion also nur einmal an. Ein Beispiel: Hat die Drehung um 8,5 Grad noch nicht gereicht, dann lassen Sie nicht etwa eine weitere Ein-Grad-Drehung folgen. Widerrufen Sie vielmehr die erste Drehung, danach schwenken Sie das Bild mit einem einzigen Befehl um 9,5 Grad.
- Drehungen um exakt 90, 180 oder 270 Grad kosten keine Qualität, die können Sie beliebig oft wiederholen. Solche Drehungen bietet bequem auch der Dateibrowser an (Seite 20).
- Wenn Sie die Scharfzeichnung genau steuern wollen, nehmen Sie die Methode BIKUBISCH und verwenden am Ende der Bildkorrektur den Befehl **Unscharf maskieren** (Scharfzeichnen, Seite 221).
- Beim Duplizieren der schwebenden Auswahl stört der Auswahlrahmen – Sie können den Übergang zu anderen Bildzonen nicht mehr beurteilen. Verbergen Sie den Auswahlrahmen mit **Ansicht: Extras**.
- Die hier gezeigten Methoden eignen sich auch gut, um lückenhaften Bildränder in Panoramen zu füllen; wir verwenden ähnliche Verfahren in der Panorama-Übung 34, Seite 267.
- Stört Sie die Linie des Messwerkzeugs? Falls das Werkzeug eingeschaltet ist, klicken Sie oben in den Optionen auf LÖSCHEN.

Übung 7: Horizont geraderücken mit Freistellwerkzeug

Sie haben die Kamera schief gehalten, der Horizont läuft aus? Macht fast gar nichts – das Freistellwerkzeug rückt Ihr Bild mit wenigen Klicks perfekt gerade. Dabei kappen Sie gleich noch überflüssigen Rand.

Auf einen Blick

Sie lernen kennen:	Info-Palette, Freistellwerkzeug
Aufwand:	gering; fünf Schritte
Siehe auch:	Horizont geraderücken mit Messwerkzeug, Seite 46 Seitenverhältnis und Größencheck für Fotodruckdienst, Seite 56 Scharfzeichnen, Seite 221 Schnell & präzise zoomen, Seite 362 Interpolationsmethoden, Seite 367
Übungsdateien:	Drehen_01 etc.
Kommentar:	Drehen und beschneiden Sie Ihre Aufnahmen mit schiefem Horizont bequem per Freistellwerkzeug.

Schritt 1: Die Info-Palette einrichten

Das Foto zeigt einen schiefen Horizont und zu viel nichtssagenden Rand. Wir schalten das 1 Freistellwerkzeug ein, um für die richtige Lage zu sorgen. Löschen Sie oben in den Optionen die 2 Felder für BREITE, HÖHE und AUFLÖSUNG komplett leer.

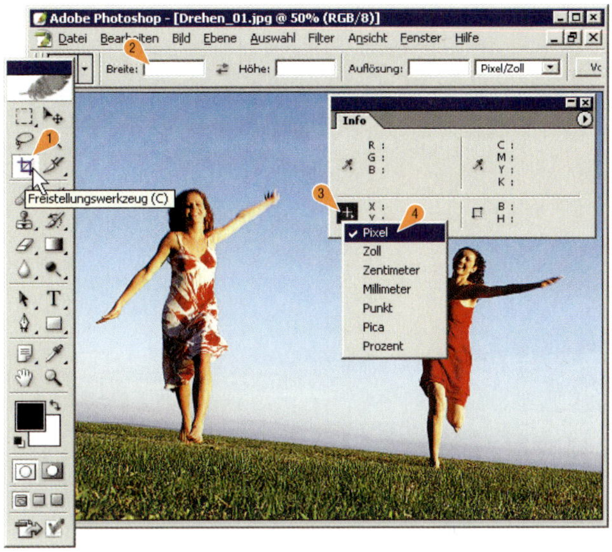

Aufgepasst: Bei dem geplanten Drehmanöver fallen Bildpunkte heraus. Diese Veränderung wollen wir mit der Info-Palette im Blick behalten. Weil Sie die Anzeigen der Info-Palette bei laufender Freistellarbeit nicht mehr ändern können, richten wir die Palette schon jetzt ein.

Rufen Sie also mit dem **Fenster**-Menü die **Informationen** auf. Nur die zwei unteren Felder interessieren uns, denn sie zeigen nicht Farbwerte, sondern Maße und Positionen an. Klicken Sie auf das Dreieck neben dem 3 Kreuz für die Koordinaten. Im Menü stellen Sie 4 **Pixel** als Maßeinheit ein. Zur besseren Übersicht schließen wir die Palette zunächst wieder.

Datei: Drehen_01

Schritt 2: Der erste Freistellrahmen

Ist das Freistellwerkzeug noch aktiviert? Rahmen Sie bei gedrückter Maustaste zunächst nur den größeren Teil der Horizontlinie ein.

Photoshop deckt den Außenbereich dunkel ab. Die Leiste für die Werkzeugeinstellungen hat sich zudem verändert, seit Sie den Freistellrahmen aufgezogen haben: Sie ändern dort bei Bedarf FARBE und DECKKRAFT der Verdunkelung oder Sie verzichten ganz auf das ABDECKEN. Die Tastenkombination ⇧+7 verbannt die Abdunkelung komplett und die Esc-Taste lässt den gesamten Auswahlrahmen wieder verschwinden.

Schritt 3: Drehen Sie den Rahmen

Klicken Sie außen neben einen beliebigen Anfasspunkt des Rahmens. Es kann ein Eckpunkt oder ein Punkt -□- in der Mitte des Rahmens sein. Der Mauszeiger erscheint hier als gebogener Doppelpfeil. Drehen Sie den Rahmen so lange, bis er genau parallel zum Horizont verläuft.

Schritt 4: Der endgültige Bildausschnitt

Laden Sie nun per **Fenster**-Menü die **Informationen**-Palette, um die endgültigen Maße im Blick zu behalten.

Dann vergrößern Sie den gedrehten Rahmen auf den endgültigen Bildausschnitt: Klicken Sie auf einen beliebigen Anfasspunkt -□- und ziehen Sie den Rahmen in der gewünschten Größe auf. Wenn die Position noch nicht stimmt, klicken Sie ins Innere des Rahmens und ziehen. Die Pfeiltasten bewegen den Rahmen zudem in Trippelschritten. Gehen Sie möglichst nicht über den Bildrand hinaus – sonst entstehen weiße Ecken, die Sie später retuschieren müssen (wie in Übung 6, Seite 46).

In der Info-Palette erkennen Sie ① den Drehwinkel, ② die Zahl der verbleibenden Pixel hoch mal quer sowie ③ die aktuelle Position des ④ Mauszeigers.

Schritt 5: Das Ergebnis

Passt der Bildausschnitt? Dann klicken Sie doppelt in die Auswahl oder drücken Sie die [↵]-Taste. Photoshop dreht das Bild nun. Es erscheint nach der Korrektur etwas kleiner im Programmfenster, schließlich haben Sie Rand weggeschnitten.

Sie können überprüfen, ob die Feinstruktur durch das Drehen gelitten hat; eventuell entstand eine leichte Weichzeichnung. Am verlässlichsten ist die Probe in der Zoomstufe 100,0 Prozent; die erhalten Sie nach einem Doppelklick auf die Lupe (Details zu Zoomstufen ab Seite 362). Wenn Sie nicht schon in den Voreinstellungen die Vorgabe BIKUBISCH SCHÄRFEN wählen (siehe Übung 6), lassen Sie eventuell einen Scharfzeichner folgen (Seite 221).

Datei: Drehen_2

Tipps & Tricks

- Beginnen Sie die Bildkorrektur, indem Sie Ihr Foto zurechtdrehen und überflüssigen Rand wegschneiden. So sparen Sie Speicherplatz – und Sie verhindern Fehleinschätzungen bei der Kontrastkorrektur und beim Histogramm: Überflüssige Bildbereiche werden gar nicht erst mitberücksichtigt.
- Die Info-Palette können Sie oft auch mit [F8] aufrufen – allerdings nicht mehr dann, wenn Sie bereits einen Rahmen mit dem Freistellwerkzeug aufgezogen haben.
- Die Info-Palette verwendet zunächst diejenige Maßeinheit, die Sie mit dem Befehl **Bearbeiten: Voreinstellungen: Maßeinheiten & Lineale** im Bereich MAßEINHEITEN im Klappmenü LINEALE festlegen – zum Beispiel PIXEL, CM, ZOLL oder PROZENT.
- Bei den meisten Drehmanövern muss Photoshop Pixel neu berechnen. Stellen Sie mit dem Befehl **Bearbeiten: Voreinstellungen: Allgemein** die gewünschte INTERPOLATIONSMETHODE ein, meist BIKUBISCH oder BIKUBISCH SCHÄRFER.

Übung 8: Seitenverhältnis und Größencheck für Fotodruckdienst

Die Digitalkamera nimmt Bilder im 4:3-Seitenverhältnis auf. Doch beim Fotodruck brauchen Sie oft das länglichere 3:2 – zum Beispiel für Abzüge mit 15x10 Zentimeter Größe. Wir zeigen, wie Sie Ihr Bild passend kappen und die möglichen Druckgrößen herausfinden.

Auf einen Blick

Sie lernen kennen:	Seitenverhältnis korrigieren mit Freistellwerkzeug, Druckmaß ändern mit **Bild**-Befehl **Bildgröße**, Werkzeugvoreinstellung speichern/abrufen
Aufwand:	mittel; höchstens neun Schritte
Siehe auch:	Horizont geraderücken mit Freistellwerkzeug, Seite 52 Zu große Datei auf Druckgröße kleinrechnen, Seite 63 Produktfoto freistellen und aufpeppen, Seite 238
Übungsdateien:	Seiten_01 etc.
Kommentar:	Schneiden Sie das Digikam-Bild passend für 15x10 Zentimeter zu und speichern Sie die Werkzeugeinstellung.

Schritt 1: Eine Überlegung vorweg

Unser Bild »Seiten_01« stammt von einer Digitalkamera. Es enthält 2272 mal 1704 Bildpunkte (vier Megapixel) und zeigt damit das typische Seitenverhältnis von 4:3. Damit wirkt das Motiv fast quadratisch.

Ein Fotoservice soll das Bild mit 15x10 Zentimetern drucken. Dieses Standardmaß eignet sich optimal für Flipalben, Postkarten und C6-Umschläge. Allerdings: 15x10 Zentimeter, das ist ein Seitenverhältnis von 3:2 – also länglicher als unser Digikam-Schnappschuss. Oder andersherum: Das Digifoto ist zu hoch.

Angenommen, Sie schicken die Bilddatei unkorrigiert weg und bestellen 15x10 Zentimeter. Dann macht der Service Ihr Foto irgendwie länglicher: Er schneidet zum Beispiel oben und unten je einen Streifen ab, aber Sie haben keine Kontrolle über den Bildausschnitt. Die wenig erbauliche Alternative: Der Druckdienst baut links und rechts je einen weißen Streifen an.

Datei: Seiten_01

Schritt 2: Einstellungen für das Freistellwerkzeug

Aus der Überlegung in Schritt 1 geht hervor: Wir schneiden das Bild lieber selbst zu, bevor der Druckdienst unkontrolliert daran herumstutzt.

Schalten Sie das (1) Freistellwerkzeug ein. In den Einstellungen geben Sie eine (2) BREITE von »3 cm« und eine HÖHE von »2 cm« vor.

Ganz wichtig: Das Feld für die (3) AUFLÖSUNG lassen Sie komplett leer.

Schritt 3: Die Auswahl

Ziehen Sie einen Rahmen über den Bildbereich, den Sie drucken wollen. Photoshop erlaubt nur das 3:2-Seitenverhältnis – das allerdings in beliebigen Ausdehnungen. Zwangsläufig bleibt oben und unten ein Streifen außen vor, denn mit der 3:2-Vorgabe muss der Ausschnitt länglicher werden als das bisherige Motiv.

Den überflüssigen Rand dunkelt Photoshop ab. FARBE und DECKKRAFT der Abdeckung können Sie oben in den Einstellungen steuern.

Ziehen Sie an einzelnen Anfassern ⊡, um den Bildausschnitt genau festzulegen. Ziehen Sie innen in der Auswahl oder drücken Sie die Pfeiltasten – so verschieben Sie den Rahmen.

Passt die Auswahl? Dann drücken Sie die ↵-Taste.

Schritt 4: Das Ergebnis

Nach dem Betätigen der ↵-Taste schneidet Photoshop den oberen und unteren Rand ab – das Bild erscheint also schmaler und insgesamt kleiner. Es hat genau das 3:2-Seitenverhältnis.

Sie werfen hier zwar Bildpunkte am Rand raus. Aber die im Bild verbleibenden Pixel werden in keiner Weise umgerechnet, sie werden nicht neu berechnet (interpoliert). Es gibt also keinerlei Qualitätsveränderung in dem Bildbereich, den Sie behalten.

Wenn Sie das Foto jetzt sofort aus Photoshop heraus drucken oder in ein Layoutprogramm laden, erscheint es nur 3x2 Zentimeter groß. Aber das spielt keine Rolle – in Photoshop, im Layoutprogramm wie auch beim Druckdienst können Sie leicht jede beliebige andere Druckgröße angeben, zum Beispiel 15x10 oder 30x20 Zentimeter. (Allerdings könnten Sie auch von vornherein »15 cm« mal »10 cm« eintippen.)

Datei: Seiten_02

Schritt 5: Der »Bildgröße«-Dialog

So, der Bildausschnitt passt. Doch wie groß lässt sich das Motiv nun drucken? Reichen die Bildpunkte für 15x10 Zentimeter? Wie sieht es mit 30x20 Zentimeter aus? Und: Welche Druckgröße gibt die Datei maximal ohne Unschärfe her?

Der Befehl **Bild: Bildgröße** liefert die Antworten. Zuerst ein Blick in den oberen Bereich 1 Pixelmasse: Die Datei enthält wie beim Start 2 2272 Pixel (Bildpunkte) in der Breite. Die Zahl der Pixel in der Höhe hat das Freistellwerkzeug dagegen von 1704 auf 1515 gestutzt. Im Bereich 3 Dateigrösse lesen Sie die momentanen Druckmaße: 4 3 x 2 Zentimeter, das ändern wir gleich. Nur durch diese Mini-Abmessungen kommt die extrem hohe 5 Auflösung von gut 1923 dpi (Pixel/Zoll) zustande. Eventuell zeigt Photoshop bei Ihnen andere Maßeinheiten, zum Beispiel Prozent oder Zoll; dann schalten Sie in den 6 Klappmenüs oben zu Pixel und unten zu cm um.

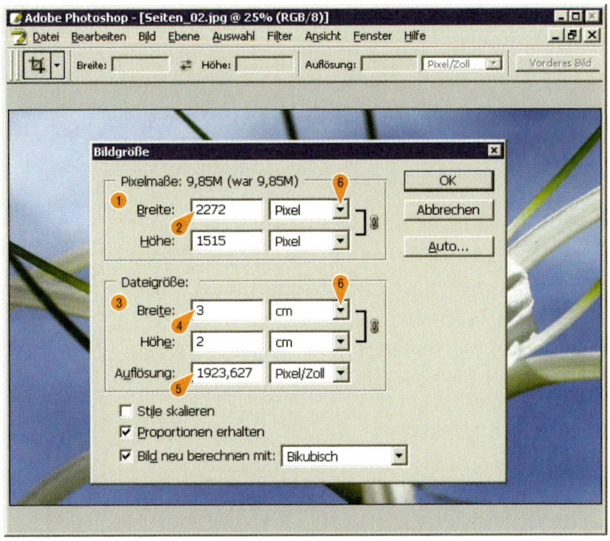

Schritt 6: Welche Auflösung bei 15x10 cm?

Wie gut eignet sich die Datei für unser Wunschmaß 15 mal 10 Zentimeter?

Schalten Sie zuerst 1 Bild neu berechnen ab: So verhindern Sie, dass Photoshop Bildpunkte heraus- oder hereinrechnet (interpoliert) und die Qualität ändert. Ohne Bild neu berechnen plant das Programm lediglich eine andere Verteilung der vorhandenen Pixel ein: breiter verteilt bei großflächigem Druck, eng nebeneinander bei geringen Maßen. Tippen Sie »15« Zentimeter ins 2 Breite-Feld. Photoshop liefert sofort automatisch die passende Höhe dazu – natürlich 3 10 Zentimeter, oder hatten Sie etwas anderes erwartet? Die 4 Auflösung sinkt nun, denn Sie verteilen die vorhandenen Bildpunkte über 15 mal 10 statt über 3 mal 2 Zentimeter. Egal: Die Auflösung liegt immer noch bei gut 384 dpi (Pixel/Zoll). Das ist mehr als genug für Druckdienste, Offsetbelichter, Tintenstrahler und fast alle anderen Zwecke.

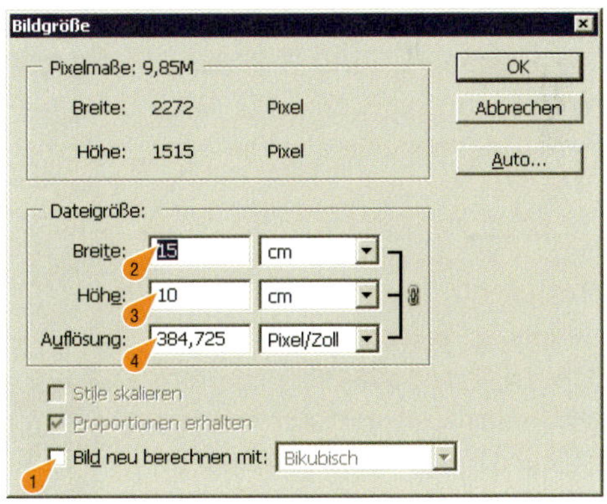

Schritt 7: Weitere Versuche

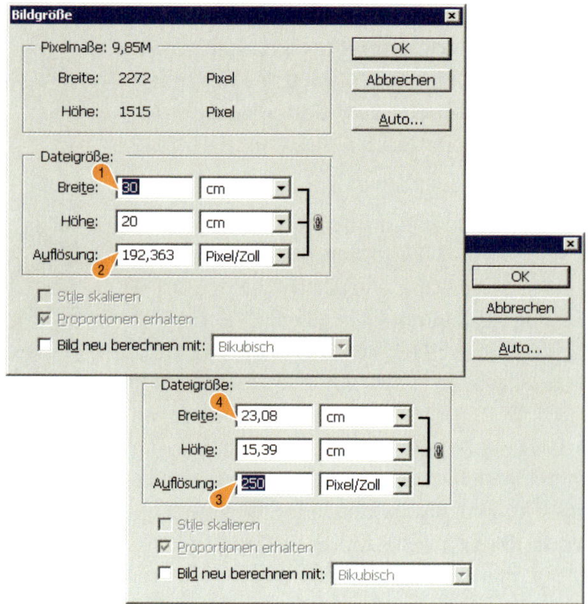

Klasse, 15 mal 10 Zentimeter sind machbar. Falls Sie auf **OK** klicken und das Bild speichern, erscheint es beim Druck aus Photoshop oder in Layoutprogrammen sofort 15 mal 10 Zentimeter groß. Beim Druckdienst entscheidet aber weiter die Größenangabe im Bestellprogramm.

Doch wie steht es mit 30 mal 20 Zentimeter? Tippen Sie eine »30« ins (1) Breite-Feld. Photoshop errechnet dazu die 20-Zentimeter-Höhe und die (2) Auflösung: gut 192 dpi (Pixel/Zoll). Das ist etwas zu wenig für hochwertigen, scharfen Druck.

Aber wie groß können wir die Datei printen, ohne dass sie sich in Unschärfe auflöst?

Viele Tintenstrahler, Magazine und Druckdienste zeigen oberhalb von 250 dpi keine Qualitätsunterschiede mehr. Tippen Sie also eine (3) »250« ins Feld Auflösung. Photoshop errechnet automatisch die (4) Breite und Höhe bei dieser Auflösung: 23,08 mal 15,39 Zentimeter – so groß geht es, wenn Ihnen 250 dpi reicht.

Schritt 8: Werkzeugvoreinstellung speichern

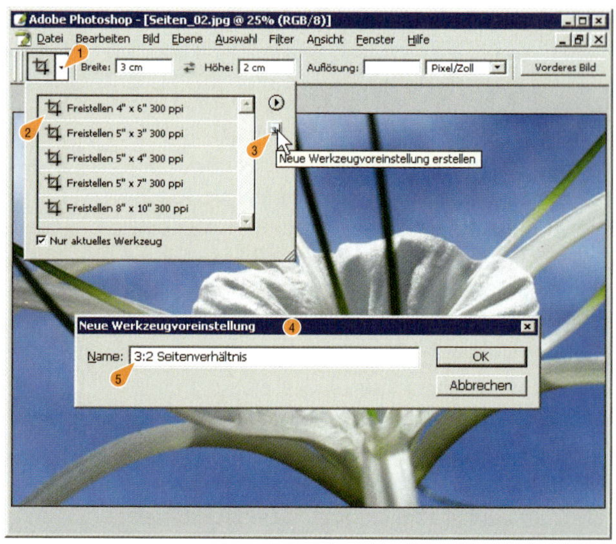

Wir speichern die Einstellung für 3:2-Bildausschnitte als Werkzeugvoreinstellung. Die lässt sich später immer wieder bequem abrufen.

Klicken Sie oben links in den Werkzeugoptionen auf (1) das Dreieck ▼ neben dem Freistellsymbol. Photoshop öffnet ein Dialogfeld mit Vorgaben, die bereits ab Werk dabei sind, zum Beispiel (2) Freistellen 4" x 6" 300 ppi. Diese Vorgaben verwenden freilich Zoll statt Zentimeter; wegen der feststehenden ppi- bzw. dpi-Angabe werden zudem die Bildpunkte generell neu berechnet, die Qualität ändert sich. Nicht für uns geeignet.

Klicken Sie auf (3) die Schaltfläche Neue Werkzeugvoreinstellung erstellen. Damit erscheint (4) das Dialogfeld Neue Werkzeugvoreinstellung.

Wir nennen die neue Voreinstellung (5) »3:2 Seitenverhältnis« und klicken auf OK.

Schritt 9: Voreinstellung abrufen

Und wie lässt sich die neue Voreinstellung nun abrufen? Testhalber laden wir das völlig unbearbeitete Bild »Seiten_03«. Das Freistellwerkzeug ist wieder eingeschaltet, wir löschen für den Versuch die Felder BREITE, HÖHE und AUFLÖSUNG leer.

Datei: Seiten_03

Schritt 10: Werte auf Bestellung

Wollen Sie jetzt ein Foto auf 3:2 stutzen, klicken Sie oben links auf 1 das Dreieck. Im Dialogfeld präsentiert Photoshop nun die Voreinstellung, die wir in Schritt 8 angelegt haben: 2 3:2 SEITENVERHÄLTNIS. Klicken Sie darauf – schon stellt Photoshop die 3 BREITE auf »3 cm« und die HÖHE auf »2 cm«. Die 4 AUFLÖSUNG bleibt wie gewünscht leer. Jetzt ziehen Sie wie in Schritt 3 den Freistellrahmen auf.

Stören Sie die mitgelieferten Voreinstellungen wie FREISTELLEN 4" X 6" 300 PPI? Klicken Sie mit rechts darauf, dann klicken Sie auf **Werkzeugvoreinstellung löschen.** (Am Mac statt Rechtsklick ein Klick bei gedrückter ctrl-Taste.)

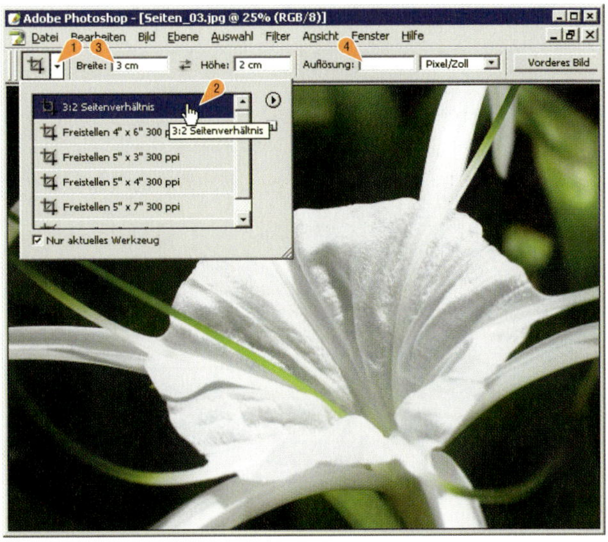

Tipps & Tricks

- Trennen Sie den Rand nicht aufs Pixel genau ab. Im Labor werden meist noch ein paar Prozent von Ihrer Datei abgeschnitten – Bildtexte oder andere Randdetails bleiben womöglich auf der Strecke.
- Möchten Sie das Bild für die Vorführung am Fernseher oder TV-Monitor zuschneiden? Die meisten Präsentationsprogramme vergrößern oder verkleinern Ihre Aufnahmen automatisch auf maximal mögliche Maße; um den Schirm komplett auszufüllen, kommt es also auf die richtige Breite/Höhe-Relation an. Diese beträgt bei TV- oder PC-Bildschirmen oft 4:3 (allerdings nicht bei Schirmen mit 1280x1024 Pixeln oder 16:9-Proportion). Geben Sie dem Freistellwerkzeug zum Beispiel »4 cm« mal »3 cm« vor und lassen Sie das Feld AUFLÖSUNG wieder leer.
- Auch das Internetauktionshaus eBay zeigt die Produktfotos meist im 4:3-Seitenverhältnis. Die Bilddateien werden in der Regel von eBay selbst auf verschiedene Größen heruntergerechnet.
- Die Maßeinheit »cm« müssen Sie nicht unbedingt ins Eingabefeld der Freistelloptionen tippen. Gehen Sie auf **Bearbeiten: Voreinstellungen: Lineale & Maßeinheiten**. Oben im Klappmenü LINEALE geben Sie CM an. Danach tippen Sie nur noch eine »3« in die Optionen; sobald Sie ins nächste Datenfeld wechseln, ergänzt Photoshop den Eintrag automatisch zu »3 cm«. Auch der **Bildgröße**-Dialog verwendet zuerst die Maßeinheit aus den **Voreinstellungen**.
- 250 dpi (PIXEL/ZOLL) sind meist die Untergrenze für hochwertigen Druck. Möglicherweise werden die Drucke mit 300 oder 320 dpi noch etwas besser. Voraussetzung ist jeweils, dass Ihre Datei schon scharf und gut durchgezeichnet ist.
- Wollen Sie die Reihenfolge der Voreinstellungen für das Freistellwerkzeug ändern? Sie wählen **Bearbeiten: Vorgaben-Manager**, gehen auf WERKZEUGE und ziehen die Einstellungen in die gewünschte Anordnung.

Übung 9: Zu große Datei auf Druckgröße kleinrechnen

Diese Dateien aus einer Acht-Megapixel-Digikam sind viel zu groß für den Versand per E-Mail – kein Mensch braucht die ganzen Pixel. Wir rechnen die Bilder darum so herunter, dass es für den geplanten Ausdruck immer noch reicht.

Auf einen Blick

Sie lernen kennen:	Lineale; Menü in der Statusleiste; Voreinstellungen (BILDINTERPOLATION); auf Druckmaß herunterrechnen mit **Bildgröße** oder Freistellwerkzeug; JPEG-Dialog
Aufwand:	mittel; bis 13 Schritte für zwei Bilder
Siehe auch:	Favoriten & Suchfunktion, Seite 38 Seitenverhältnis und Größencheck für Fotodruckdienst, Seite 56 Übergroße Datei auf Pixelzahl herunterrechnen, Seite 71 Scharfzeichnen, Seite 221 Große Datenmengen verarbeiten, Seite 358 Schnell & präzise zoomen, Seite 362 Interpolationsmethoden, Seite 367 Richtig speichern, Seite 372
Übungsdateien:	Klein_01 etc.
Kommentar:	Sie rechnen übergroße Dateien so herunter, dass Sie für den geplanten Druckzweck genug Bildpunkte übrig behalten; Sie sparen dabei massiv Speicherplatz und Übertragungszeit.

Schritt 1: Her mit der ersten Datei

Klicken Sie doppelt auf (1) die leere Photoshop-Fläche, so erscheint der **Öffnen**-Dialog. Suchen Sie das Verzeichnis »Uebungen« von der Buch-CD. Verzeichnisse, die Sie im Dateibrowser als FAVORITEN definiert haben (Seite 38), öffnet Photoshop übrigens auch per (2) Favoriten-Schaltfläche. Mit der (3) MENÜ-ANSICHT stellen Sie auf **Miniaturansicht** um. Das Beispiel stammt aus Windows XP.

Klicken Sie die Datei »Klein_01« einmal an. Sie stammt von einer Acht-Megapixel-Kamera. Die (4) Einblendmeldung verrät, dass das Bild üppige 3264 mal 2448 Pixel misst.

Die Dateigröße beträgt (5) 1,68 Megabyte. Soviel Platz braucht das Bild auf CD, Festplatte oder als E-Mail-Anhang. Die Größe fällt wegen des stark komprimierenden JPEG-Dateiformats noch relativ gering aus. Laden Sie das Bild per Doppelklick.

Datei: Klein_01a

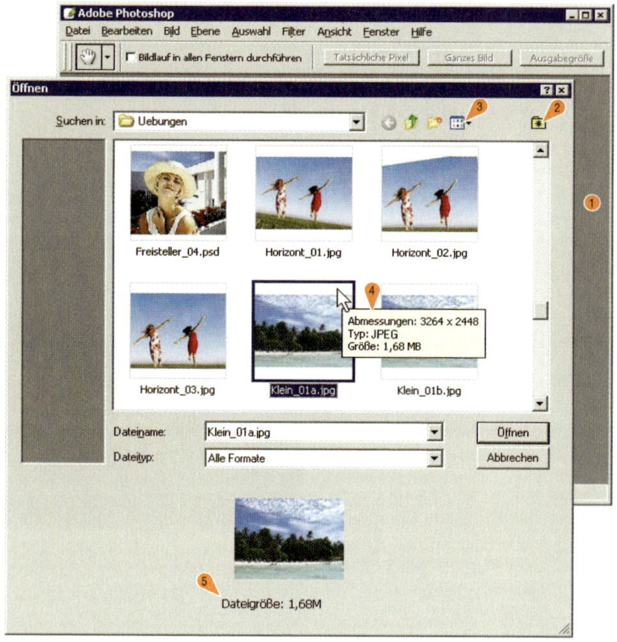

Schritt 2: Programmfenster einrichten

Um die bevorstehenden Änderungen bei Dateigröße und Pixelzahl im Blick zu behalten, passen wir Photoshop an: Der **Ansicht**-Befehl zeigt die (1) **Lineale**. Klicken Sie mit rechts auf ein Lineal (am Mac [ctrl]-Klick) und nehmen Sie **Pixel** als Maßeinheit. Sie erkennen, dass die Datei über (2) 3200 Pixel breit ist.

Falls an Ihrem Windows-Schirm nichts zu sehen ist, holen Sie die **Statusleiste** mit dem **Fenster**-Menü her; der Mac zeigt die Leiste in jedem Bildfenster. Nach einem Klick auf das (3) Dreieck ▶ lassen Sie (4) **Dateigrößen** anzeigen (siehe auch Seite 358).

Photoshop meldet nun für das aktuelle Bild (5) 22,9 Mbyte Speicherplatzbedarf; so viel Platz braucht das geöffnete Bild im Arbeitsspeicher oder auch in einem nicht komprimierenden Dateiformat wie Tiff ohne Komprimierung. Aber denken Sie an Schritt 1: Im JPEG-Format auf Festplatte kann die Datei viel kleiner sein.

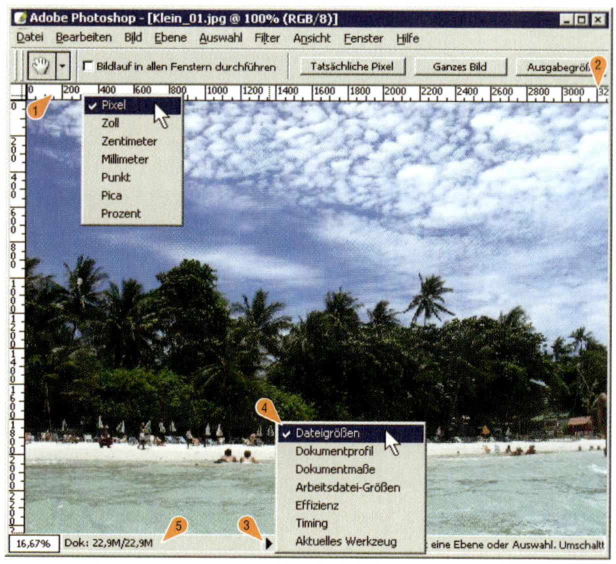

Schritt 3: Interpolationsmethode einstellen

Wir schrumpfen bald Dateien per **Bildgröße**-Dialog und mit dem Freistellwerkzeug. Dabei müssen wir uns für ein Interpolationsverfahren entscheiden – also die Methode zum Herauswerfen und Neuberechnen von Bildpunkten.

Rufen Sie die allgemeinen Voreinstellungen per [Strg]+[K] auf (am Mac wie immer die [⌘]-Taste statt der [Strg]-Taste). Im Klappmenü BILDINTERPOLATION gehen Sie auf BIKUBISCH SCHÄRFER. Das Verfahren empfiehlt sich für schnelles Herunterrechnen bei üblichen Fotos (Details ab Seite 367).

Das Interpolationsverfahren können Sie zwar im **Bildgröße**-Dialog immer noch von Hand ändern. Das Dialogfeld bietet jedoch bei jedem Aufruf zuerst stets die Methode aus den Voreinstellungen an – legen Sie also dort schon das gewünschte Verfahren fest.

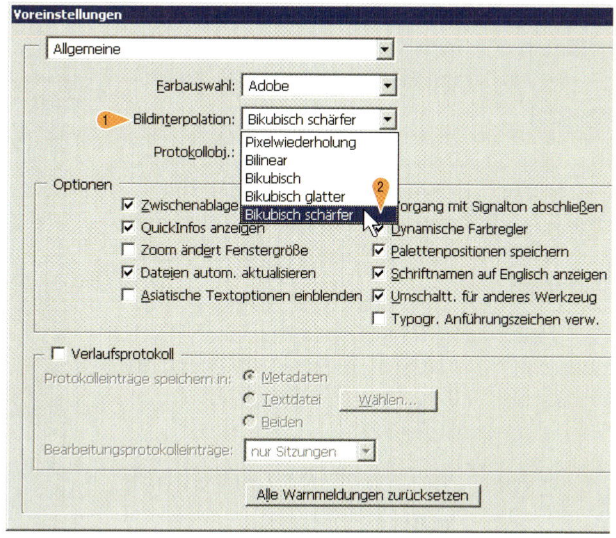

Schritt 4: Der »Bildgröße«-Dialog

Klicken Sie im **Bild**-Menü auf **Bildgröße**. Stellen Sie die Maßeinheiten so ein, wie in unserer Abbildung zu sehen: oben PIXEL, unten CM.

Oben im Bereich PIXELMASSE verrät das Dialogfeld die aktuelle 1 Zahl der Bildpunkte hoch und quer – ein typischer Wert für Acht-Megapixel-Digikams.

Darunter befindet sich der Abschnitt DATEIGRÖSSE: Hier meldet Photoshop eine Druckgröße von 2 46,06 mal 34,54 Zentimetern. Die kommt zustande, weil die Digitalkamera beim Speichern eine AUFLÖSUNG von 180 dpi (PIXEL/ZOLL) vorgesehen hat. Ändern Sie nun allein die AUFLÖSUNG wie in der Übung »Seitenverhältnis und Größencheck für Fotodruckdienst« (Seite 56), erhalten Sie andere Druckmaße.

Ah ja, und Photoshop bietet sofort 3 die Interpolationsmethode BIKUBISCH SCHÄRFER an, denn die haben wir in Schritt 3 vorgewählt.

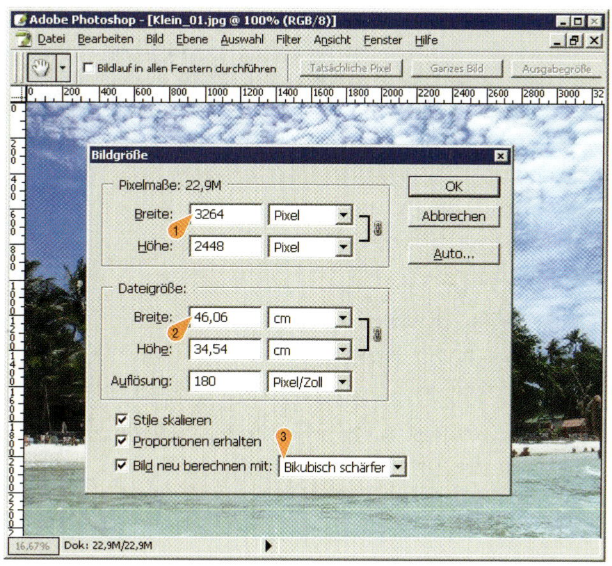

Schritt 5: Der Speck muss weg

So, wir wollen das Bild an Inge mailen – aber heruntergerechnet: Die aktuelle Datei benötigt zu viel Übertragungszeit und zu viel Arbeitsspeicher.

Inge will die Datei in ein Flugblatt einbinden. Das entsteht in Word und gelangt per Tintenstrahler aufs Papier. Wie groß soll das Bild herauskommen? »Ach, höchstens 15 Zentimeter«, sagt Inge.

Wir tippen nicht unmittelbar eine neue Pixelzahl ein. Stattdessen nennen wir geplante Druckgröße und Auflösung – Photoshop ermittelt die passende Pixelzahl.

Verwenden Sie die Vorgabe (1) PROPORTIONEN ERHALTEN: Ändern Sie die BREITE, passt Photoshop die HÖHE automatisch an. Auch (2) BILD NEU BERECHNEN muss eingeschaltet sein.

Tippen Sie als neue (3) BREITE 15 Zentimeter ein. Die Werte ändern sich nun deutlich: Bei dieser Druckbreite braucht die Datei nur noch (4) 1063 mal 797 Pixel. Die Dateigröße im Arbeitsspeicher sinkt von (5) 22,9 auf 2,42 Mbyte.

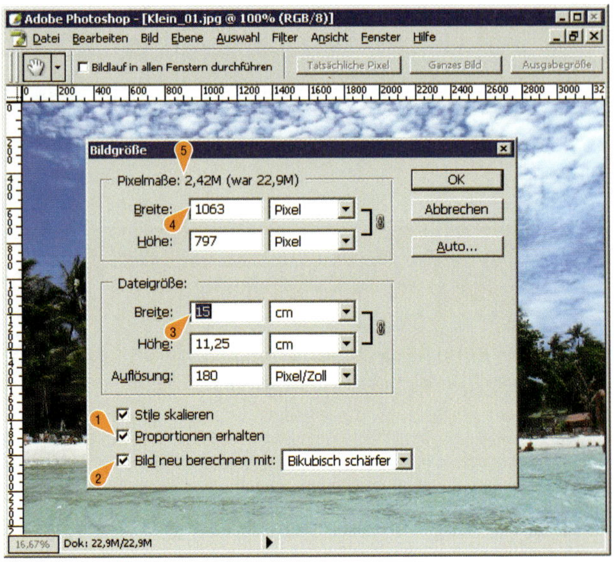

Schritt 6: Denken Sie an die Auflösung

Halt, klicken Sie noch nicht auf **OK**: Inge hat doch seit Weihnachten einen neuen, edlen Tintenstrahldrucker! Da sollte die Datei für volle Schärfe mindestens 250 dpi (PIXEL/ZOLL) Auflösung aufbieten.

Tippen Sie also (1) »250« ins Feld AUFLÖSUNG. Ihr Bild enthält damit pro gedrucktem Zoll (oder Inch) 250 Pixel.

Photoshop ermittelt entsprechend neue, höhere Werte: Mit den aktuellen Vorgaben braucht die Datei (2) 1476 mal 1107 Pixel und (3) 4,67 Mbyte Arbeitsspeicher. Immer noch eine drastische Verminderung gegenüber der Vorlage.

Klicken Sie auf **OK**.

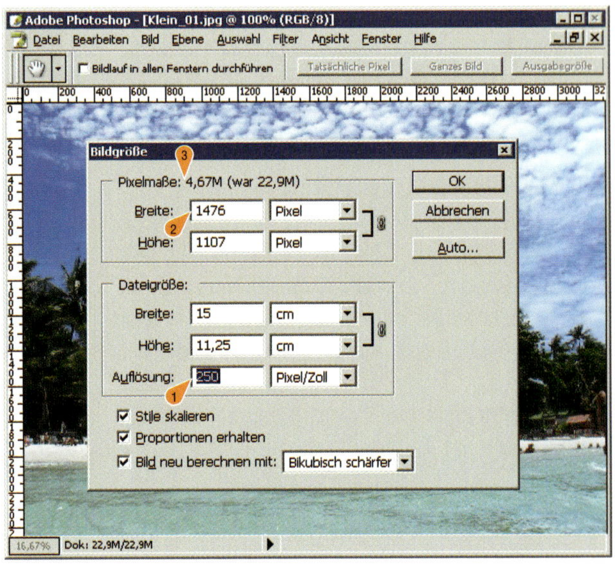

Schritt 7: Das Ergebnis

Die Datei erscheint – nach kurzer Rechenzeit – deutlich kleiner auf dem Schirm: Schließlich flogen massiv Pixel heraus. Wir haben in der Zoomstufe 16,67 Prozent begonnen und die behält Photoshop auch bei. Bei Bedarf: Der Befehl **Ansicht: Ganzes Bild** zoomt die Datei auf Größe des Programmfensters hoch und existiert auch als (1) Option GANZES BILD des hier eingeschalteten Hand-Werkzeugs.

Sie erkennen die Zoomstufe (2) oben in der Titelleiste. Die Lineale zeigen (3) die neue Pixelzahl an. Die (4) Statusleiste meldet ebenfalls die Zoomstufe sowie den gesunkenen Arbeitsspeicherbedarf. Wenn Inge diese Datei aus Ihrem Bildprogramm heraus druckt oder in Word einbindet, erscheint das Motiv sofort 15 Zentimeter breit – Inge muss nichts mehr umformatieren. Die genaue Pixelzahl kennen wir. Aber wie viel Platz braucht die Vorlage auf der Festplatte und bei der Datenübertragung? Das wissen wir noch nicht.

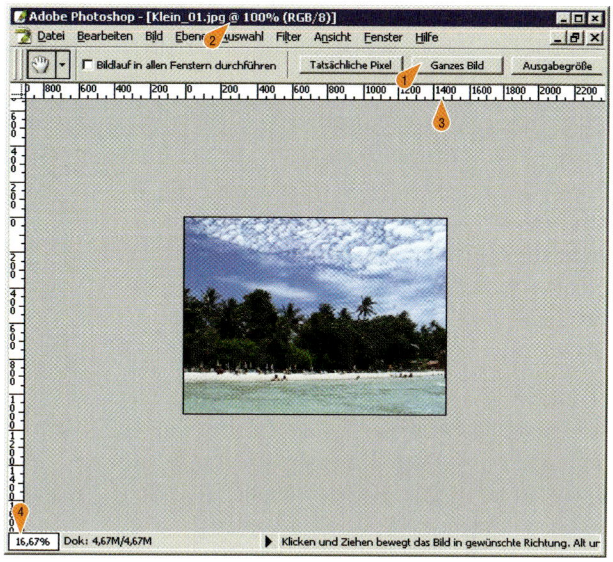

Schritt 8: Vorbereitung zum Speichern

Um nicht das hochaufgelöste Original zu überschreiben, gehen Sie auf **Datei: Speichern unter**. Suchen Sie ein Verzeichnis auf Ihrer Festplatte heraus, tippen Sie einen DATEINAMEN ein, legen Sie im (1) FORMAT-Klappmenü das (2) JPEG-Dateiformat fest. Dieser universelle Dateityp lässt sich mit vielen Programmen und Betriebssystemen verwenden – Inge kann ganz sicher damit etwas anfangen. Zur Not kann sie das Bild sogar im Internet Explorer öffnen.

JPEG spart zudem massiv Speicherplatz durch seine Datenkomprimierung, deswegen eignet es sich so gut für die Datenübertragung. Allerdings: Der JPEG-Dateityp wirft winzige Bilddaten endgültig aus dem Foto. Sie selbst steuern dabei das Verhältnis von Dateigröße zu Bildqualität – je kleiner die Datei, desto deutlicher treten Bildmängel hervor.

Klicken Sie auf (3) SPEICHERN, dann sehen Sie es selbst im JPEG-Dialogfeld.

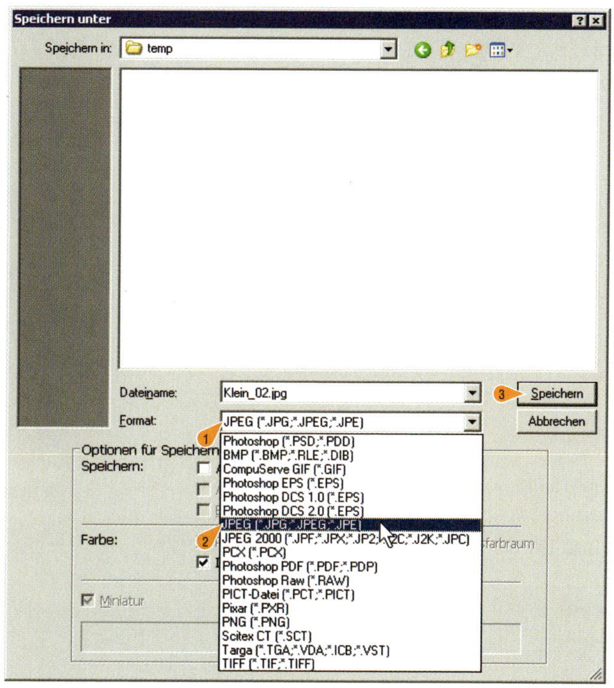

Schritt 9: Das JPEG-Dialogfeld

Im Dialogfeld JPEG-OPTIONEN verwenden Sie 1 BASELINE (STANDARD); das braucht ein paar Kbyte Speicherplatz mehr als BASELINE OPTIMIERT – aber dafür öffnen auch ältere Programme die STANDARD-Variante noch (JPEG-Details ab Seite 372).

Doch Halt! Zur genauen Beurteilung des Qualitätsverlusts sollte Photoshop das Bild in der Zoomstufe 100 Prozent zeigen. Die liefert das Programm mit dem Befehl 2 **Ansicht: Tatsächliche Pixel** – auch bei geöffnetem JPEG-Dialog.

Natürlich wollen wir Speicherplatz sparen und schieben den 3 Regler für die QUALITÄT auf 0: So bräuchte die Datei auf Festplatte nur 4 119 Kbyte. Rund 5 21 Sekunden dauert die Übertragung mit einem 6 56-KBit-Modem.

Doch das Ergebnis überzeugt nicht: Seltsame Farbblöcke (Artefakte) ersetzen die zuvor differenzierten Strukturen im Sand und im Himmel, Geisterschatten umgeben die Darsteller.

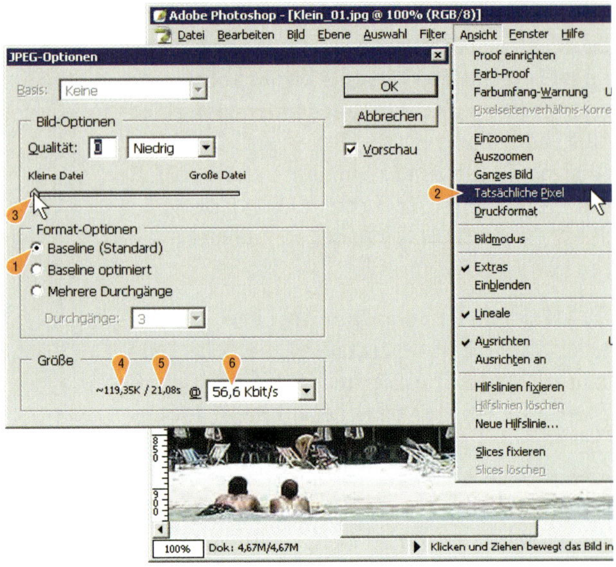

Schritt 10: Die optimale JPEG-Stufe

Welche JPEG-Stufe ist optimal? 0 und andere niedrige Werte wie 2 oder 4 bringen kleine, aber doch sichtbare Fehler ins Bild. Das tolerieren wir höchstens auf Internetseiten, die schnell laden sollen –, aber nicht im Druck.

Probieren wir es andersherum: Mit der Stufe 12 wirkt das Bild tadellos – aber die Dateigröße schwillt auf happige 1,6 Mbyte an.

Geht es auch ein bisschen kleiner? Wir arbeiten uns herunter und bleiben bei Stufe 9 hängen. Qualitätsverlust ist hier noch nicht zu erkennen – schalten Sie testweise die VORSCHAU aus und wieder ein.

Mit Stufe 9 entsteht eine 509 Kbyte große Datei ohne erkennbare Bildstörungen. Sie rauscht in rund 90 Sekunden durch 56-Kbit-Modems.

Datei: Klein_02

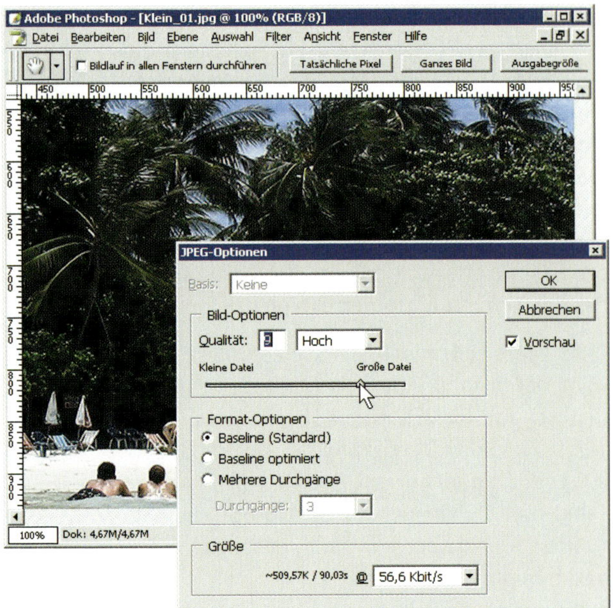

Schritt 11: Einen Ausschnitt kleinrechnen

Inge hatte für ihr Flugblatt ausdrücklich die Datei »Klein_01« bestellt. Die haben wir nun auf die für sie passende Größe heruntergerechnet und als »Klein_02« gesichert.

Es gibt aber eine weitere Aufnahme, die wir Inge auch vorschlagen wollen. Das ist jedoch wieder so ein fetter Pixelbolide aus der Acht-Megapixel-Digikam. Außerdem brauchen wir hier nicht das ganze Bild, sondern nur einen Ausschnitt.

Wir schalten darum (1) das Freistellwerkzeug ein. Das erledigt zwei Jobs zugleich: Es trennt den gewünschten Motivausschnitt heraus – und es rechnet das verbleibende Bild im selben Rutsch auf die passende Pixelzahl herunter. Damit übernimmt das Freistellwerkzeug Aufgaben des Befehls **Bildgröße**, den Sie ab Schritt 4 kennen gelernt haben.

Tragen Sie (2) »15 cm« als gewünschte BREITE ein. Die (3) Druck-AUFLÖSUNG beträgt wieder 250 dpi (PIXEL/ZOLL). Das Feld HÖHE bleibt leer.

Schritt 12: Der Freistellrahmen

Klicken Sie links oben ins Bild und rahmen Sie den gewünschten Bildbereich ein. Photoshop deckt den Außenbereich dunkel ab. Die Leiste für die Werkzeugeinstellungen hat sich zudem verändert, seit Sie den Freistellrahmen aufgezogen haben: Sie ändern dort bei Bedarf FARBE und DECKKRAFT der Verdunkelung oder Sie verzichten ganz auf das ABDECKEN.

Ziehen Sie an einzelnen Anfassern, um den Bildausschnitt genau festzulegen. Ziehen Sie innen in der Auswahl oder drücken Sie die Pfeiltasten – so verschieben Sie den Rahmen.

Photoshop lässt beliebige Seitenverhältnisse und Ausdehnungen zu. Passt die Auswahl? Dann drücken Sie die [Enter]-Taste.

Schritt 13: Das Ergebnis

Das Ergebnis erscheint deutlich geschrumpft im Programmfenster: Sie haben ja sowohl Rand herausgeworfen als auch die Zahl der Bildpunkte im verbleibenden Bereich gesenkt. Als Interpolationsmethode verwendet Photoshop BIKUBISCH SCHÄRFER, das Sie in Schritt 3 eingerichtet haben.

Die Datei enthält jetzt genau so viele Pixel, dass bei 15 Zentimeter breitem Druck 250 Pixel pro Zoll (Inch) aufs Papier kommen, also gut 98 Pixel pro Zentimeter.

Die Lineale verraten, dass die (1) Pixelzahl deutlich gesunken ist. Die Statusleiste zeigt, wie stark auch der (2) Arbeitsspeicherbedarf abnahm.

Aber wie groß erscheint die Datei im Layoutprogramm, in Word, CorelDRAW oder auf dem A4-Blatt? Für eine grobe Druckvorschau klicken Sie unten links in die Statusleiste; Photoshop zeigt ein (3) Druckblatt samt Platzhalter für die aktuelle Datei – Sie erkennen die Ausdehnung der Datei auf dem Papier.

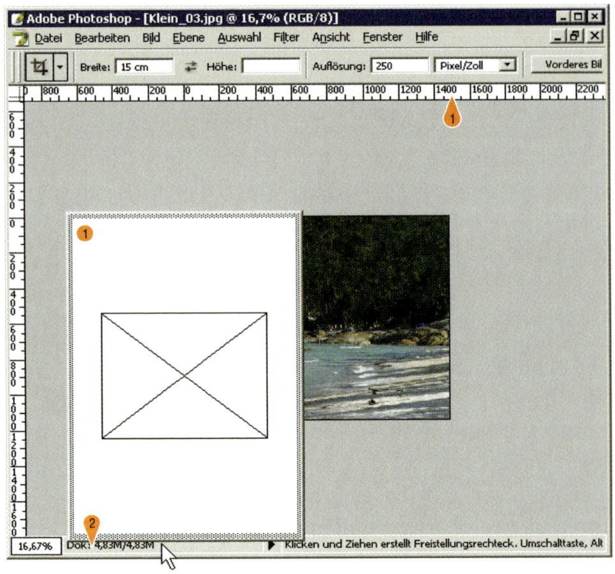

Datei: Klein_04

Tipps & Tricks

- Falls Sie nicht die Vorgabe BIKUBISCH SCHÄRFER verwenden, sollten Sie das Bild nach dem Kleinrechnen meist scharfzeichnen. Verwenden Sie zum Beispiel **Unscharf maskiere**n (Seite 221).
- Das Herunterrechnen per **Bildgröße** oder Freistellwerkzeug eignet sich gut, um übergroße Dateien abzuspecken. Sind die Bilder dagegen nicht wesentlich zu groß, lohnt sich das Abspecken meist nicht: Der Qualitätsverlust durch das Herunterrechnen wiegt schwerer. Und in den seltensten Fällen lohnt es sich, eine Datei größer zu rechnen.
- Ein Zoll (oder Inch) entspricht 2,54 Zentimeter. Bei 250 dpi brauchen Sie also 250/2,54 oder gut 98 Pixel pro Zentimeter. Daraus leitet sich eine gängige Faustregel ab: 100 Pixel pro Zentimeter reichen für hochwertigen Druck. Noch etwas sicherer sind allerdings 120 Pixel pro Zentimeter; das entspricht 304 dpi (PIXEL/ZOLL).
- Wollen Sie mehrere JPEG-Qualitäten nebeneinander sehen, nehmen Sie den komplexen Befehl **Datei: Für Web speichern**.
- Bei der schnellen Druckseitenvorschau von Schritt 13 kommt es darauf an, dass Photoshop bereits die richtige Druckblattgröße kennt. Die bestimmen Sie per **Datei: Seite einrichten**.
- Auch die Befehle **Bild: Bildgröße** und **Datei: Mit Vorschau drucken** liefern eine Druckmaßvorschau. Zudem gibt es **Ansicht: Druckformat**, doch diese Funktion ist nicht immer zuverlässig.

Übung 10: Übergroße Datei auf Pixelzahl herunterrechnen

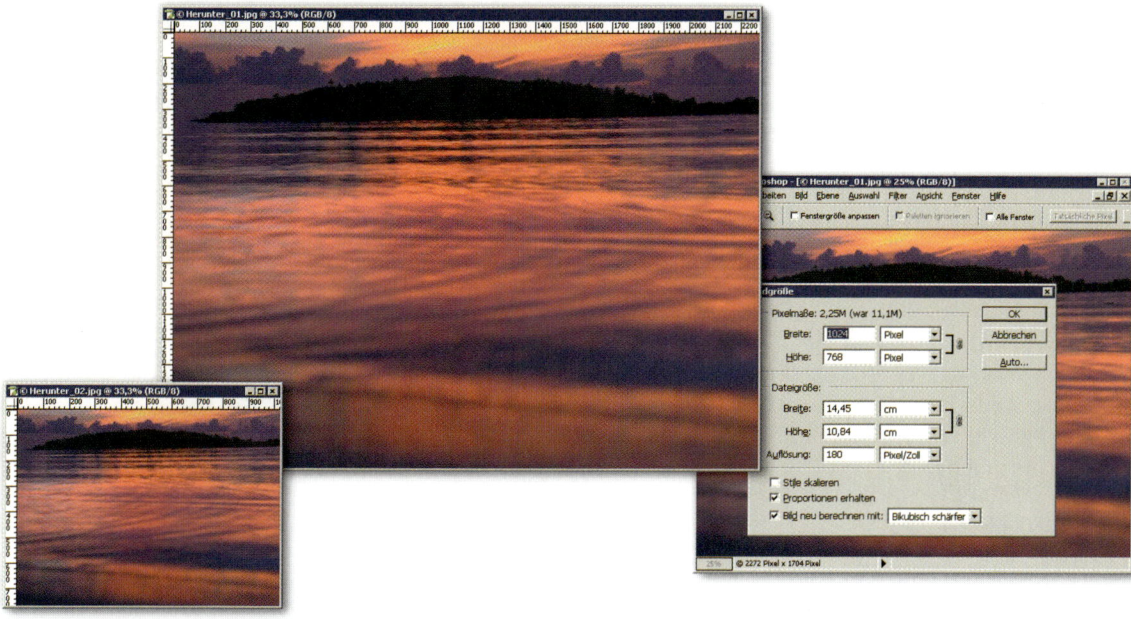

Die Dateien sind wieder mal viel zu groß: Sie sollen lediglich schirmfüllend auf einem Monitor mit 1024x768 Pixel erscheinen – da braucht man 2200 Pixel Breite nicht. Wir zeigen darum, wie Sie Ihre Bilder auf eine bequeme Pixelzahl herunterrechnen und dabei kräftig Speicherplatz sparen.

Auf einen Blick

Sie lernen kennen:	Menü in der Statusleiste; auf Pixelzahl herunterrechnen mit **Bild**-Befehl **Bildgröße** oder Freistellwerkzeug; Navigator; Druckgröße unabhängig von Pixelzahl einstellen
Aufwand:	mittel; 13 Schritte für zwei Bilder
Siehe auch:	Horizont geraderücken mit Freistellwerkzeug, Seite 52 Seitenverhältnis und Größencheck für Fotodruckdienst, Seite 56 Zu große Datei auf Druckgröße kleinrechnen, Seite 63 Scharfzeichnen, Seite 221 Große Datenmengen verarbeiten, Seite 358 Schnell & präzise zoomen, Seite 362 Interpolationsmethoden, Seite 367
Übungsdateien:	Herunter_01 etc.
Kommentar:	Rechnen Sie die Dateien gezielt auf weniger Bildpunkte herunter – Sie sparen ordentlich Speicher, doch für die Präsentation am Monitor reicht es immer noch.

Schritt 1: Die erste Datei

Wir laden die Datei »Herunter_01« von der CD zu diesem Buch. Falls noch nicht auf Ihrem Schirm zu sehen, öffnen Sie die **Statusleiste** mit dem **Fenster**-Menü. (Am Mac erscheint die Statusleiste unten in jedem Bildfenster.)

Sie klicken auf das ① Dreieck ▶ und gehen auf DOKUMENTMASSE. Damit zeigt Photoshop unten links im Programmfenster ② die Pixelzahl der aktuellen Datei an: 2272 mal 1704 Pixel, das typische Ergebnis einer Vier-Megapixel-Kamera.

Außerdem sehen Sie dort wie auch in der Titelleiste das Copyright-Zeichen ©. Das entsteht, wenn jemand einen Copyright-Hinweis im IPTC-Teil der Bilddatei hinterlässt; das erledigen Sie zum Beispiel mit dem Dateibrowser, wie ab Seite 30 beschrieben.

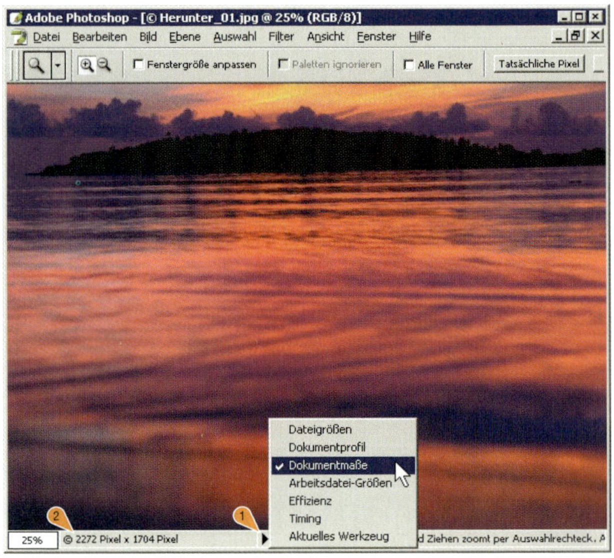

Datei: Herunter_01

Schritt 2: Der »Bildgröße«-Dialog

Das Bild soll vorerst gar nicht gedruckt werden. Sie wollen es nur ein paar Leuten zur Ansicht zumailen; auf älteren Monitoren mit 1024 mal 768 Pixeln soll es schirmfüllend erscheinen. Da sind die aktuellen 2272 mal 1704 Pixel nur überflüssiger Ballast, der zu viel Übertragungszeit kostet und beim Öffnen nervt.

Klicken Sie auf **Bild: Bildgröße**. Verwenden Sie die Vorgabe ① PROPORTIONEN ERHALTEN: So müssen Sie nur den BREITE-Wert eintragen, Photoshop ermittelt automatisch die passende HÖHE dazu.

Auch die Option ② BILD NEU BERECHNEN brauchen wir – nur so können Sie die Zahl der Bildpunkte verändern (»neu berechnen«). Im Klappmenü mit den Interpolationsmethoden gehen Sie auf ③ BIKUBISCH SCHÄRFER; das Verfahren eignet sich für die schnelle Bearbeitung zwischendurch (Details ab Seite 367).

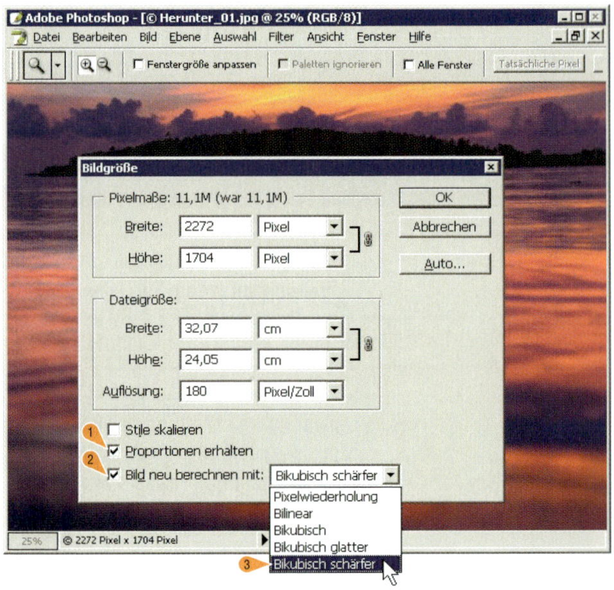

Schritt 3: Die neue Pixelzahl

Jetzt kommt die Änderung: Oben stellen Sie die Maßeinheiten auf 1 PIXEL, falls das noch nicht angezeigt wird. Tippen Sie die neue 2 BREITE von »1024« Pixeln ein. Photoshop rechnet automatisch die passende 3 HÖHE dazu: 768 Pixel.

Ganz oben meldet Photoshop die 4 neue DATEIGRÖSSE: Die Datei braucht nach der Korrektur nur noch 2,25 Mbyte Arbeitsspeicher, die Vorlage verschlang noch 11,1 Mbyte. Freilich benötigt das Bild im JPEG-Dateiformat noch viel weniger Speicherplatz auf der Festplatte oder bei der Dateiübertragung. Das haben Sie schon bei der vorhergehenden Übung 9 gesehen (Seite 63).

Anders als dort denken wir diesmal nicht über Druckgrößen oder Druckauflösungen nach. Wir peilen direkt eine niedrigere Pixelzahl an – ein typisches Vorgehen, wenn Sie am Bildschirm und nicht auf Papier präsentieren.

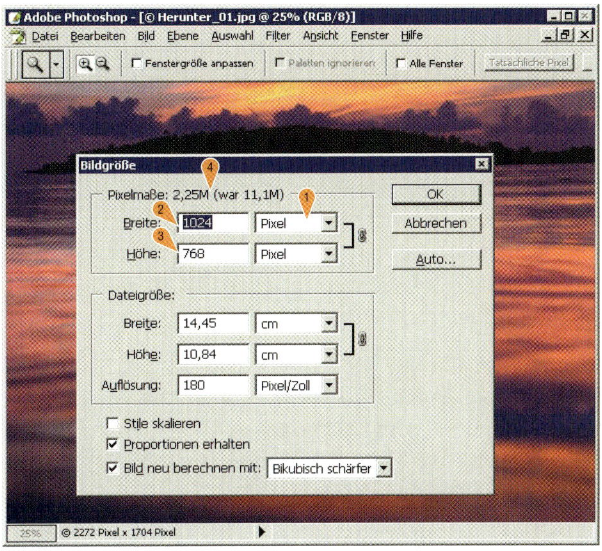

Schritt 4: Das Ergebnis

Nach dem Klick auf OK braucht Photoshop eine kurze Bedenkzeit, dann erscheint das Bild deutlich kleiner auf dem Schirm: Schließlich haben Sie ja die Zahl der Bildpunkte massiv reduziert. 1 Unten in der Statusleiste erkennen Sie, dass das Bild jetzt wie gewollt nur noch 1024 mal 768 Bildpunkte misst.

Wollen Sie die Datei jetzt schnell auf Schirmgröße hochzoomen, wählen Sie **Ansicht: Ganzes Bild** oder Sie klicken doppelt auf die Hand ✋ in der Werkzeugleiste. Wir sichern die Datei jetzt mit dem Befehl **Datei: Speichern unter** im JPEG-Dateiformat als »Herunter_02«: In der noch hochwertigen JPEG-Qualitätsstufe 8 braucht das Bild statt zuvor 357 nur noch 126 Kbyte Speicherplatz auf der Festplatte.

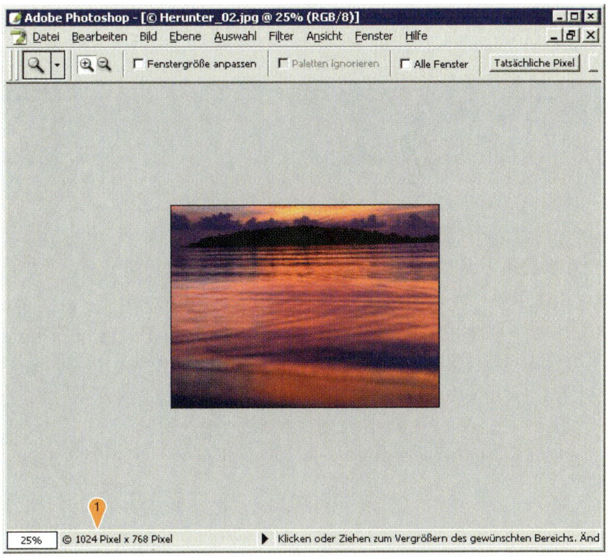

Datei: Herunter_02

Schritt 5: Einen Bildausschnitt herunterrechnen

Wir wollen auch noch die Datei »Herunter_03« auf 1024 Pixel Breite verschlanken. Allerdings: Diesmal brauchen wir nur das Zentrum des Bilds und das soll 1024 Pixel breit sein. Der Außenbereich kann wegfallen.

Vielleicht wollen Sie das Foto erst mit dem Freistellwerkzeug zuschneiden und dann wie oben per **Bildgröße** herunterrechnen? Es geht aber schneller: Das Freistellwerkzeug übernimmt das Kleinrechnen gleich mit.

Schalten Sie (1) das Freistellwerkzeug ein. Tippen Sie die (2) BREITE »1024 px« in die Vorgaben, als (3) HÖHE geben Sie »768 px« an – wir machen Pixel- und nicht etwa Zentimeterangaben; das Feld AUFLÖSUNG bleibt leer.

Nun ziehen Sie den Rahmen auf. Dabei ändert Photoshop die Optionenleiste oben und dunkelt den Außenbereich des Bilds ab.

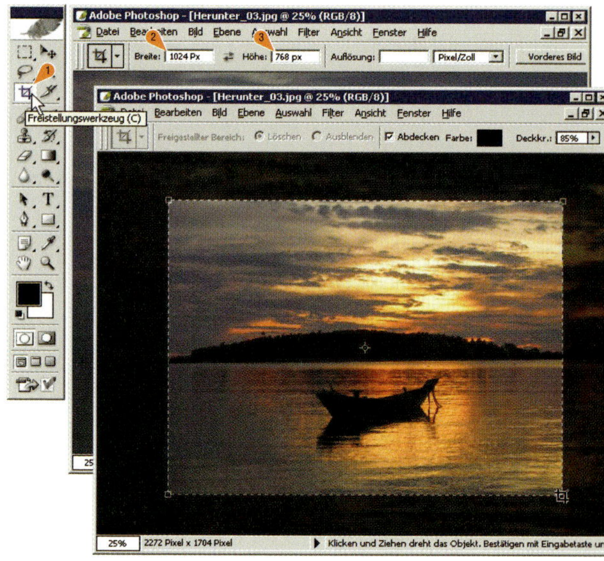

Datei: Herunter_03

Schritt 6: Der freigestellte Bildteil

Sie können mit dem Freistellwerkzeug nur Rahmen im Seitenverhältnis 4:3 aufziehen, das sich aus den Pixelvorgaben ergibt.

Rahmen Sie jedoch nur größere Bereiche ein, die ursprünglich mehr als 1024 mal 768 Pixel enthalten. Solche Bereiche kann man sinnvoll herunterrechnen. Wählen Sie dagegen einen kleinen Ausschnitt aus, der zum Beispiel nur 500 mal 375 Pixel enthält, dann wird dieser Bereich anschließend auf 1024 mal 768 Pixel vergrößert – dabei entsteht jedoch nur Unschärfe, das Heraufrechnen lohnt sich meist nicht.

Klicken Sie doppelt in den Auswahlrahmen. Photoshop trennt den Außenbereich ab und rechnet das verbleibende Motiv auf 1024 mal 768 Pixel um. Das erscheint wegen der Schrumpfkur viel kleiner am Schirm.

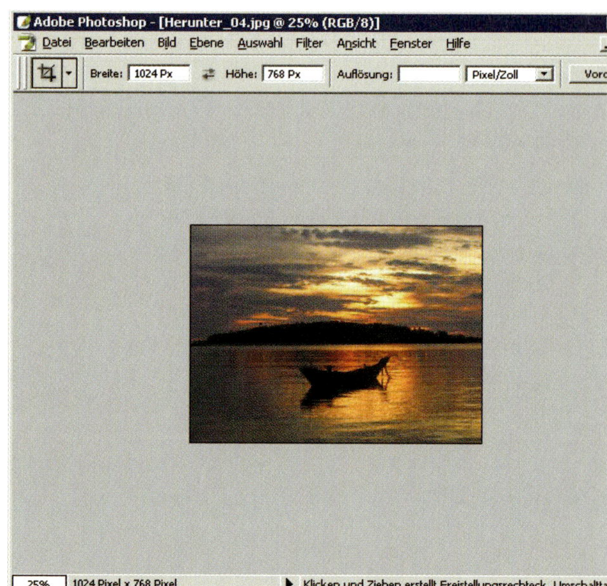

Schritt 7: Orientierung im Bild

Das Kleinrechnen erzeugt eventuell einen leichten Qualitätsverlust. Den prüfen Sie am besten in der Zoomstufe 100,00 Prozent (siehe auch Seite 362). Wir tippen diesen Abbildungsmaßstab ① unten in der Statusleiste ein und drücken auf die [↵]-Taste – das Bild erscheint in der gewünschten Zoomstufe. Ein Bildpunkt der Datei erscheint jetzt genau auf einem Bildpunkt des Monitors – das ist die genaueste Anzeige.

In unserem kleinen Programmfenster verschwinden nun aber Bildteile hinter dem Rand. Drücken Sie die Leertaste: Damit erhalten Sie das Handwerkzeug, um die Aufnahme durchs Fenster zu schieben.

Noch übersichtlicher: Rufen Sie die **Navigator**-Palette im **Fenster**-Menü auf. Hier verschieben Sie einen ② Rahmen in einer Gesamtansicht: So erhalten Sie neue Ausschnitte im großen Bildfenster besonders zügig. Dazu kommen ③ Schaltflächen zum Wechseln der Zoomstufe.

Schritt 8: Vorbereitung fürs Drucken

Wir haben das Bild für die optimale Monitorpräsentation auf 1024 mal 768 Pixel heruntergerechnet. Das Motiv soll aber eventuell auch gedruckt werden oder in Layouts einfließen.

Die Druckgröße speichern wir jetzt schon in der Datei ein. Anders als in der vorhergehenden Übung 9 werden wir dabei aber die Pixelzahl nicht mehr verändern: Schließlich wurde das Motiv schon einmal heruntergerechnet. Eine weitere Änderung der Pixelzahl kostet noch mehr Qualität – egal, ob Sie die Pixelzahl erhöhen oder absenken.

Wählen Sie **Bild: Bildgröße**. Diesmal interessiert uns der Bereich ① DATEIGRÖSSE. Stellen Sie die Maßeinheiten auf ② CM und ③ PIXEL/ZOLL (dpi), falls Photoshop bei Ihnen zunächst andere Einheiten anzeigt. Die Digitalkamera hat dem Bild zunächst eine Auflösung von ④ 180 dpi (PIXEL/ZOLL) eingeimpft. Bei den verbleibenden 1024 mal 768 Pixeln führt das zu einem Druckmaß von 14,45 mal 10,84 Zentimeter.

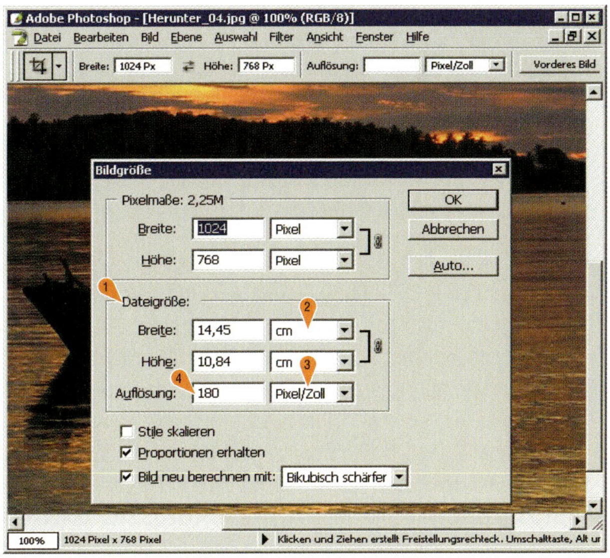

Schritt 9: Die neue Druckgröße

Schalten Sie (1) BILD NEU BERECHNEN ab. So wird die Pixelzahl Ihres Motivs nicht noch einmal umgerechnet. Ohne diese Option ändert Photoshop das Druckmaß nicht durch Hinzufügen oder Löschen, sondern durch anderes Verteilen von Bildpunkten: Bei kleiner Druckfläche drängeln sie sich eng auf dem Papier, bei großem Druckmaß liegen sie weiter auseinander.

Tragen Sie als (2) BREITE »10« Zentimeter ein. Photoshop errechnet automatisch die (3) HÖHE 7,5 Zentimeter. Durch die verkleinerte Druckfläche knubbeln sich die Bildpunkte zwangsläufig enger als zuvor. Darum steigt die (4) AUFLÖSUNG automatisch auf 260 dpi (PIXEL/ZOLL). Das reicht: Oberhalb von 250 dpi gibt es oft keine Qualitätsverbesserung mehr.

Wir klicken auf OK und speichern. Beim Drucken in Photoshop oder beim Laden in ein Layoutprogramm erscheint dieses Bild sofort zehn Zentimeter breit. Probieren Sie es aus!

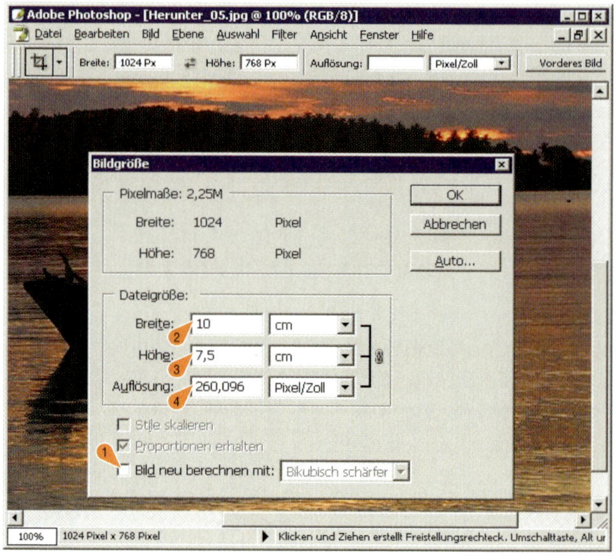

Datei: Herunter_05

Tipps & Tricks

- Die Zoomstufe 100 Prozent erhalten Sie auch per Doppelklick auf die Lupe in der Werkzeugleiste oder mit dem Befehl **Ansicht: Tatsächliche Pixel**.
- Wenn Sie wie hier die Pixelzahl mit dem Freistellwerkzeug herunterrechnen, können Sie natürlich gleichzeitig einen schiefen Horizont korrigieren, wie in der Übung 7 beschrieben (Seite 52).
- Sie lesen hier, dass 250 dpi oft für hochwertige Ausdrucke reichen. Ihr Tintenstrahldrucker protzt jedoch mit 1440 oder 2880 dpi Druckerauflösung. Ein Widerspruch? Nein: Diese hohen Werte braucht Ihr Foto nicht, der Drucker dagegen schon. Der Hintergrund: Ihr Tintenstrahler verwendet für jeden Bildpunkt Ihrer Fotodatei gleich mehrere Druckerpunkte. Denn Ihr Bild hat Tausende unterschiedlicher Farben, der Farbtintenstrahldrucker aber nur drei bis sieben Grundfarben. Um die unterschiedlichsten Farbtöne in Ihrem Bild korrekt darzustellen, sprenkelt der Drucker mehrere Druckerpunkte in seinen Grundfarben wie Gelb oder Magenta eng nebeneinander aufs Papier – auf diese Art simuliert das Gerät alle Zwischenfarben. Damit fallen für jeden Bildpunkt der Datei gleich mehrere Druckerpunkte an – zum Beispiel 8x8 Druckerpunkte pro Bildpunkt. Die Druckerauflösung muss also viel höher als die Bildauflösung liegen.
- Sie wollen zum Beispiel 400 mal 300 Pixel aus dem Bild heraustrennen, ohne dass die Auswahl wie in dieser Übung herauf- oder heruntergerechnet wird? Nehmen Sie das Auswahlrechteck, verwenden Sie oben in den Optionen als ART die FESTE GRÖSSE, dann tippen Sie BREITE und HÖHE ein. Klicken Sie die Auswahl ins Foto, dann wählen Sie **Bild: Freistellen**.

Teil 3: Befehle aufzeichnen & abspielen

Warum selber klicken, wenn es auch automatisch geht. Wir zeigen, wie Sie Befehlsfolgen als Aktion aufzeichnen – verändern Sie ganze Bildreihen mit einem einzigen Befehl. Wir produzieren Aktionen für Copyright-Schriftzüge und Bildrahmen.

Übung 11: Befehl auf Tastatur legen

Sie photoshoppen auf Stundenlohnbasis? Dann klicken Sie weiter durch verschachtelte Untermenüs. Aber für ein zügiges Fortkommen starten Sie die wichtigsten Funktionen besser mit einem Tastendruck. Individuelle Tastaturbefehle richten Sie flott ein – selbst entlegene Photoshop-Befehle kosten dann nur einen Druck aufs Knöpfchen.

Auf einen Blick

Sie lernen kennen:	Tastaturbefehle (Bearbeiten-Befehl)
Aufwand:	gering; höchstens zehn kurze Schritte
Siehe auch:	Aktion aufzeichnen – Zuschneiden und Copyright-Schriftzug, Seite 85 Diaschau per PDF-Präsentation, Seite 324 Die eigene Internetgalerie, Seite 340
Übungsdateien:	nicht erforderlich
Kommentar:	Wühlen Sie nicht in Untermenüs, starten Sie Ihre wichtigsten Befehle mit einem schnellen, bequemen Tastendruck – die Einrichtung dauert keine drei Minuten.

Schritt 1: Der Dialog »Tastaturbefehle«

In Übung 41 legen wir eine **PDF-Präsentation** an (Seite 324). Sicher experimentieren Sie eine Weile mit dieser Funktion. Aber Sie wollen wohl kaum einen ganzen Nachmittag lang auf **Datei: Automatisieren: PDF-Präsentation** klicken – die Hangelei durch Untermenüs nervt. Wir machen es uns leicht: Starten Sie den Befehl mit einem schnellen Tastendruck.

Wählen Sie **Bearbeiten: Tastaturbefehle**. Oben im Klappmenü Set erkennen Sie, dass wir gerade den Befehlssatz ① Photoshop-Standards bearbeiten.

Im Klappmenü ② Tastaturbefehle nehmen Sie den Bereich Anwendungsmenüs. Denn per Tastendruck wollen Sie einen Menübefehl starten, kein Werkzeug und keinen Befehl aus einem Palettenmenü.

Unseren Befehl listet Photoshop im **Datei**-Menü auf. Öffnen Sie darum den ③ Datei-Bereich durch einen Klick auf das graue Dreieck .

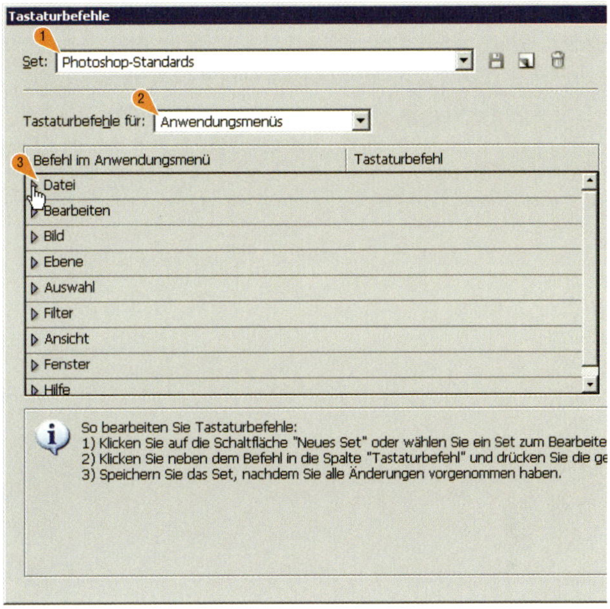

Schritt 2: Die »Datei«-Befehle

Das Dialogfeld listet nun die bekannten Dateibefehle der Reihe nach auf: Neu, Öffnen, Durchsuchen und so weiter.

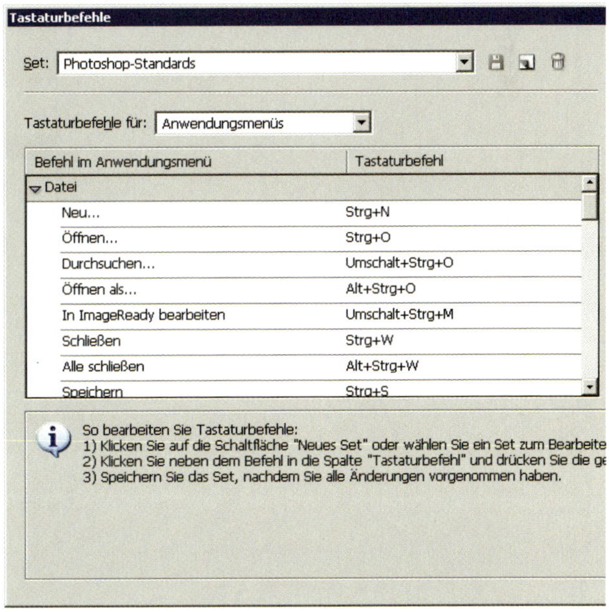

Schritt 3: Finden Sie die gewünschte Funktion

Bewegen Sie die Liste mit dem Rollbalken nach unten. Dort listet Photoshop das Untermenü AUTOMATISIEREN> auf. Eingerückt sehen Sie die Befehle dieses Untermenüs, zum Beispiel STAPELVERARBEITUNG und auch die gesuchte PDF-PRÄSENTATION.

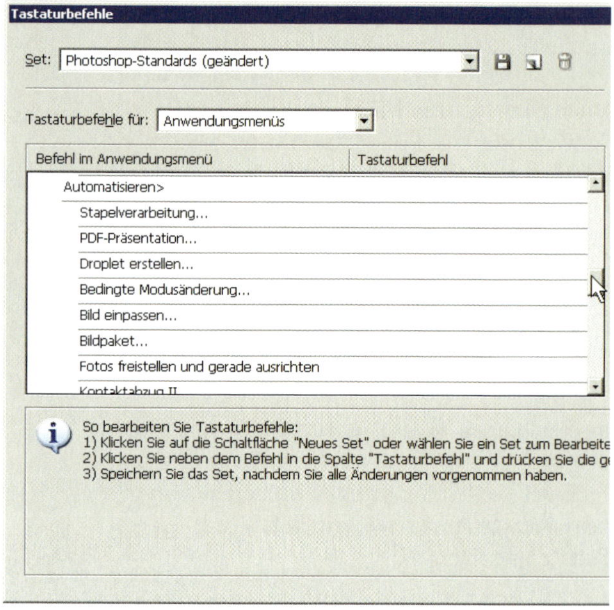

Schritt 4: Aktivieren Sie den Befehl

Klicken Sie einmal auf den Balken PDF-PRÄSENTATION. Damit öffnet sich ein Eingabefeld.

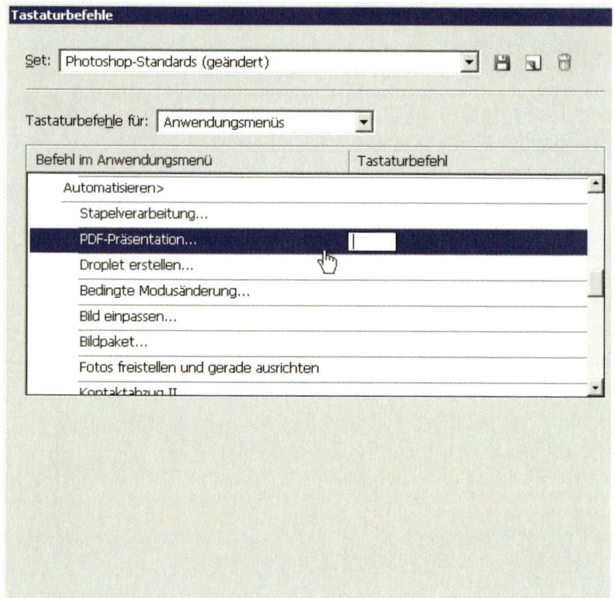

Schritt 5: Der Tastaturbefehl

Wir wollen den Befehl **PDF-Präsentation** mit der Taste F5 aufrufen. Darum: Während der Textcursor im Eingabefeld blinkt, tippen Sie F5.

Achtung jetzt: Photoshop zeigt ein Warndreieck ⚠ und meldet: F5 WIRD BEREITS VERWENDET UND WIRD VOM BEFEHL "FENSTER > PINSEL" ENTFERNT, WENN DER TASTATURBEFEHL BESTÄTIGT WIRD.

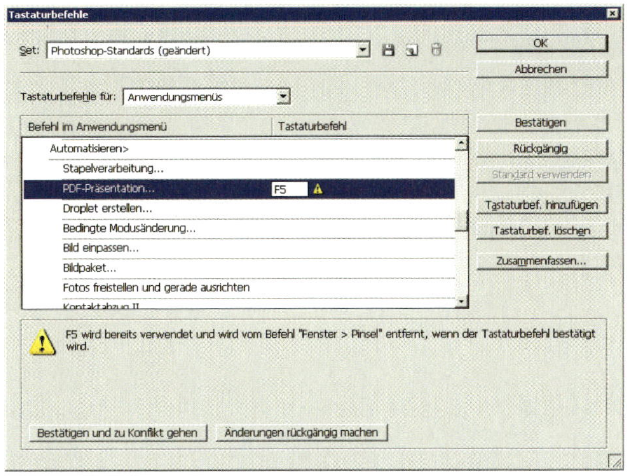

Der Hintergrund: Photoshop verwendet bereits von Haus aus die Taste F5, um den Befehl **Fenster: Pinsel** auszuführen. Dieser Befehl zeigt die Pinsel-Palette und per Druck auf F5 geht das natürlich schneller als via **Fenster: Pinsel**. Wenn Sie jetzt F5 für die **PDF-Präsentation** einspannen, steht der Befehl **Fenster: Pinsel** ohne Tastenbefehl da.

Das juckt uns aber nicht, denn eine kompakte Pinsel-Palette liefern Pinsel und Co. jederzeit auch per Rechtsklick.

Wir ziehen die Tastenänderung also weiter durch und klicken entschlossen auf BESTÄTIGEN UND ZU KONFLIKT GEHEN.

Schritt 6: Der andere Befehl

Das Dialogfeld TASTATURBEFEHLE springt sofort zu dem PINSEL-Befehl.

Außerdem sehen Sie oben im Klappmenü den neuen Eintrag PHOTOSHOP-STANDARDS (GEÄNDERT) – Sie haben in den werkseitigen Befehlssatz PHOTOSHOP-STANDARDS eingegriffen.

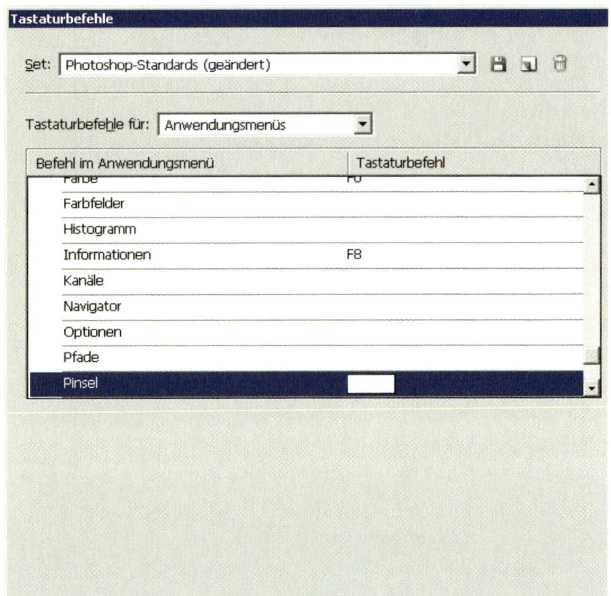

Photoshop präsentiert den PINSEL-Eintrag gleich mit einem geöffneten Eingabefeld. Sie könnten hier einen neuen, freien Tastaturbefehl eintippen. Denn in Schritt 5 haben Sie bereits den ursprünglichen Tastengriff F5 für den Befehl **Fenster: Pinsel** anderweitig an die **PDF-Präsentation** vergeben.

Wir brauchen aber keinen neuen Tastaturbefehl für **Fenster: Pinsel**. Darum klicken wir schlicht auf OK.

Schritt 7: Das war's auch schon

Nun schließt Photoshop das Eingabefeld im PINSEL-Balken. Sie könnten noch beliebige weitere Tastengriffe einspeichern, doch für heute reicht es.

Wir könnten den Vorgang mit einem weiteren OK-Klick endgültig abschließen. Wir gucken uns aber noch die Liste mit sämtlichen Tastaturbefehlen an. Klicken Sie auf ZUSAMMENFASSEN.

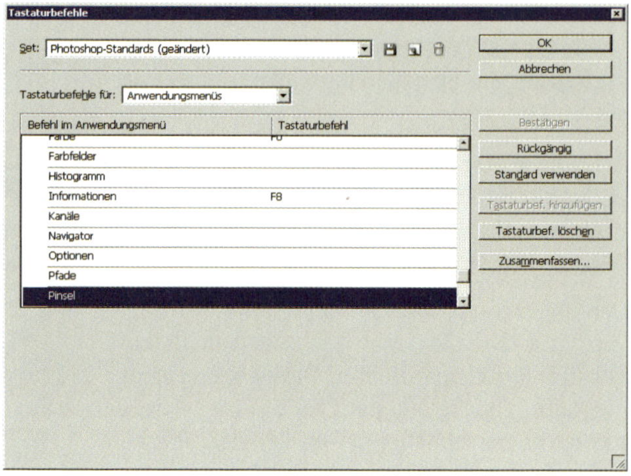

Schritt 8: Die Liste mit allen Tastenbefehlen

Nach dem Klick auf ZUSAMMENFASSEN erscheint zunächst ein SPEICHERN-Dialog. Photoshop schreibt die Übersicht seiner Tastaturbefehle in eine HTML-Datei, die Sie in jedem Internetbrowser öffnen können. Legen Sie den Dateinamen und das Verzeichnis fest.

Nach dem Klick auf SPEICHERN sehen Sie automatisch die aktuelle Liste mit allen Tastaturbefehlen. Sie können diese Liste bei Bedarf ausdrucken.

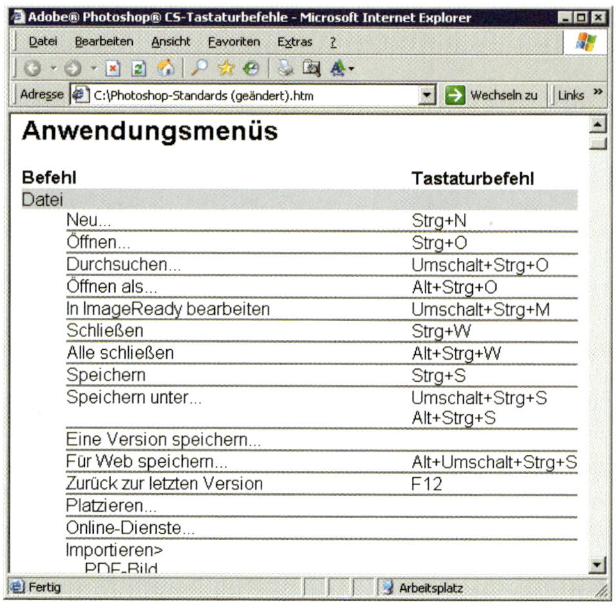

Schritt 9: Die Probe aufs Exempel

Der Dialog TASTATURBEFEHLE wurde mit einem letzten OK-Klick geschlossen, wir machen die Probe aufs Exempel: F5 muss jetzt das Dialogfeld für die **PDF-Präsentation** aufrufen.

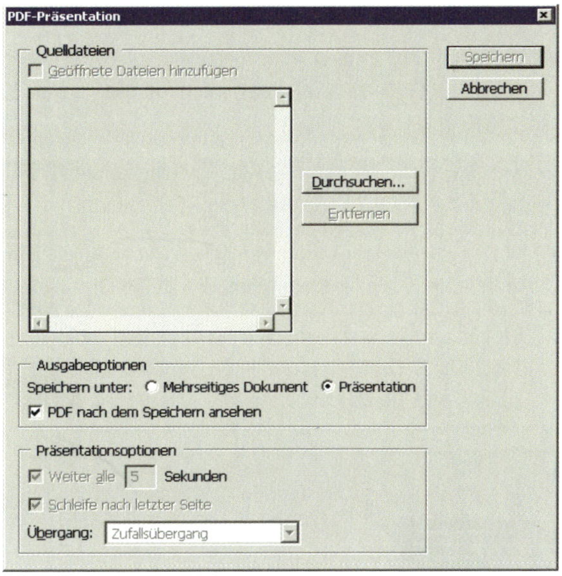

Wir drücken F5 – und Photoshop präsentiert ohne Umschweife das Fenster für die **PDF-Präsentation**. Die ursprüngliche Tastenbelegung hatte ja per F5 die Pinselspitzen-Palette hervorgezaubert; sie ist nun nicht mehr gültig.

Schritt 10: Der neue Eintrag im Menü

Nur um zu gucken, wie gründlich Photoshop arbeitet, öffnen wir den Befehl **Datei: Automatisieren: PDF-Präsentation** noch einmal von Hand. Und tatsächlich: Neben der **PDF-Präsentation** nennt Photoshop den neuen Tastaturbefehl **F5**.

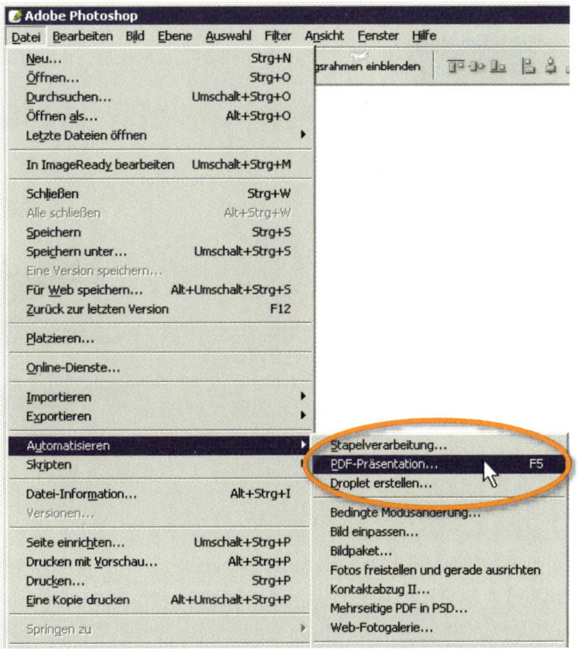

Tipps & Tricks

- Wollen Sie nicht nur einen Einzelbefehl auslösen, sondern eine ganze Befehlsreihe, dann zeichnen Sie eine so genannte Aktion auf (Seite 85). Auch Aktionen lassen sich mit individuellen Tastenbefehlen auslösen.
- Sie können nicht nur Funktionstasten wie F5 verwenden. Nehmen Sie zum Beispiel komplexe Kombinationen wie Strg+⇧+Alt+Q. Menübefehle können Sie allerdings nur aufrufen, wenn der Tastengriff eine Funktionstaste wie F5 oder die Strg-Taste enthält.
- Wollen Sie wieder die ursprünglichen Photoshop-Tastaturbefehle verwenden? Wählen Sie **Bearbeiten: Tastaturbefehle**. Oben im Klappmenü SET stellen Sie wieder PHOTOSHOP-STANDARDS ein.
- Sie können die Tastaturbefehle noch anders zurücksetzen. Drücken Sie bei geöffnetem Dialogfeld die Alt-Taste. Die Schaltfläche ABBRECHEN zeigt jetzt die Beschriftung ZURÜCK (wie immer in Photoshop). Ein Klick auf ZURÜCK und Sie verwenden wieder den ursprünglichen Befehlssatz PHOTOSHOP-STANDARDS.

Übung 12: Aktion aufzeichnen – Zuschneiden und Copyright-Schriftzug

Ein einzelnes Bild zuschneiden und mit Copyright-Stempel ausstatten, das ist kein Thema. Aber denselben Job 30 mal hintereinander für eine Präsentation? Nein, zeichnen Sie Ihre Befehlsfolge als so genannte Aktion auf. Diese Funktionsreihe lassen Sie dann auf ganze Bildsammlungen los.

Auf einen Blick

Sie lernen kennen:	Befehlsfolge (»Aktion«) aufzeichnen mit Aktionen-Palette; auf Pixelzahl herunterrechnen mit Freistellwerkzeug; Schriftzug »einprägen« mit Textwerkzeug T; Ebeneneffekte ABGEFLACHTE KANTE UND RELIEF und SCHLAGSCHATTEN; FLÄCHE-Regler
Aufwand:	mittel bis hoch; bis 23 Schritte
Siehe auch:	Seitenverhältnis und Größencheck für Fotodruckdienst, Seite 56 Übergroße Datei auf Pixelzahl herunterrechnen, Seite 71 Aktionen anpassen, Seite 98 Aktionen abspielen, Seite 118 Diaschau, schnell und unkompliziert, Seite 318 Diaschau per PDF-Präsentation, Seite 324 Richtig speichern, Seite 372
Übungsdateien:	Aktion_01 etc.
Kommentar:	Automatisieren Sie Routine-Jobs durch Befehlsaufzeichnung – machen Sie sich einmal mit dem Verfahren vertraut und sparen Sie anschließend jede Menge Zeit.

Schritt 1: Das Vorhaben

Die Fotos aus dem Verzeichnis »Sommer_1« von der Buch-CD wollen wir per **PDF-Präsentation** als Diaschau speichern (ab Seite 324).

Wir verwenden unterschiedlichste Quer- und Hochformate, Scans und Digikam-Aufnahmen durcheinander. Doch für die Schau sollen die Aufnahmen stets 1024 mal 768 Pixel haben. So erscheinen die Motive schnell und einheitlich auf dem Monitor, in der **PDF-Präsentation** sogar meist schirmfüllend. Auch ein Copyright-Schriftzug darf nicht fehlen.

Diese Arbeiten wollen wir aufzeichnen und automatisieren. Wir bearbeiten zunächst ein Einzelbild und zeichnen alle Schritte als so genannte Aktion (Befehlsfolge) auf. Die Aktion wird dann verfeinert – und auf ganze Bildsammlungen losgelassen.

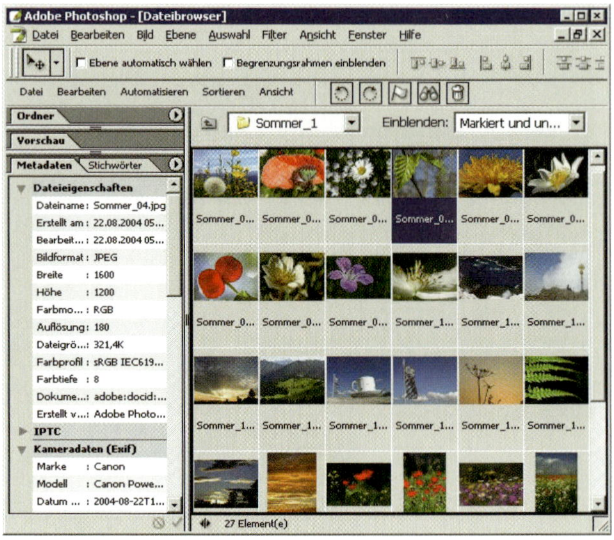

Schritt 2: Vorbereitungen

Wir laden die Datei »Aktion_01«. Per **Ansicht: Lineal** blenden Sie Lineale ein und 1 klicken dort mit rechts (am Mac wie immer ctrl-Klick). Stellen Sie die Maßeinheiten auf PIXEL. Das ist wichtig für Aufzeichnungen mit Freistellwerkzeug und Textwerkzeug T: ZENTIMETER- oder PROZENT-Angaben führen bei Bildern mit wechselnden Pixelzahlen und Seitenverhältnissen schnell zu Fehlern.

Per **Fenster**-Menü öffnen Sie die **Aktionen**-Palette. Sie zeigt das 2 Set STANDARDAKTIONEN – ein Ordner mit einzelnen so genannten Aktionen, also mit gespeicherten Befehlsfolgen. Die Aktionen heißen 3 VIGNETTE oder RAHMENKANAL; sie gehören ab Werk zu Photoshop.

Wir sichern unsere eigene Aktion in einem neuen Set – das ist übersichtlich und lässt sich gut separat speichern. Klicken Sie auf 4 NEUES AKTIONSSET. Im Dialogfeld 5 NEUES SET tippen wir den Namen ein, hier MEINE AKTIONEN.

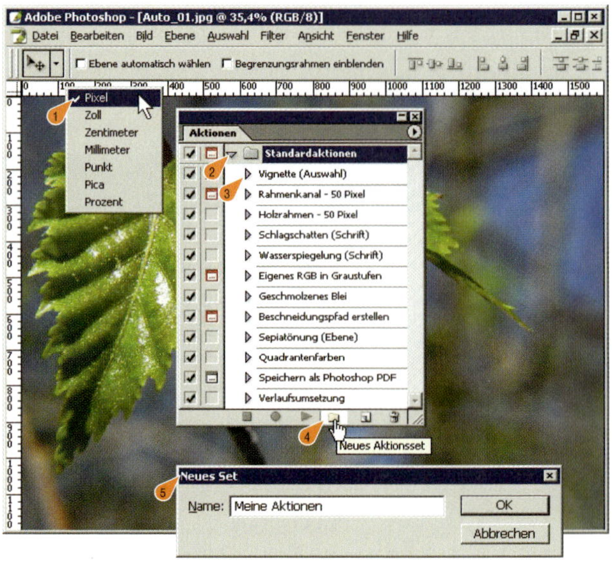

Datei: Aktion_01

Schritt 3: Die Aktionen-Palette organisieren

Photoshop legt das 1 Set MEINE AKTIONEN an. Schließen Sie das Set STANDARDAKTIONEN durch einen Klick auf das 2 gesenkte Dreieck ▽.

Ziehen Sie das Set MEINE AKTIONEN nach oben. Ist dieses Set markiert, also blau hervorgehoben? Dann zeichnen Sie Ihre Befehlsfolge auf: Klicken Sie auf 3 NEUE AKTION.

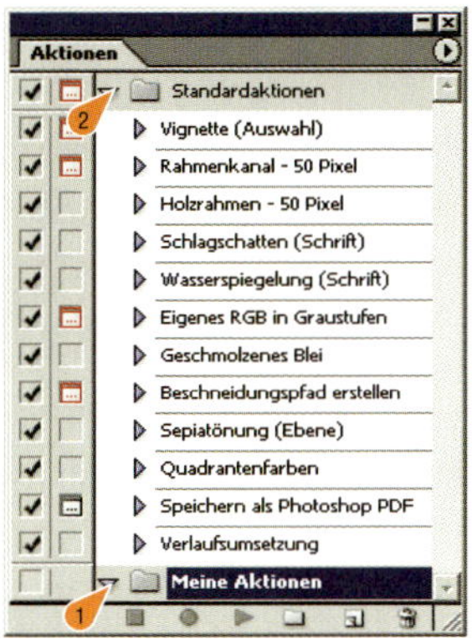

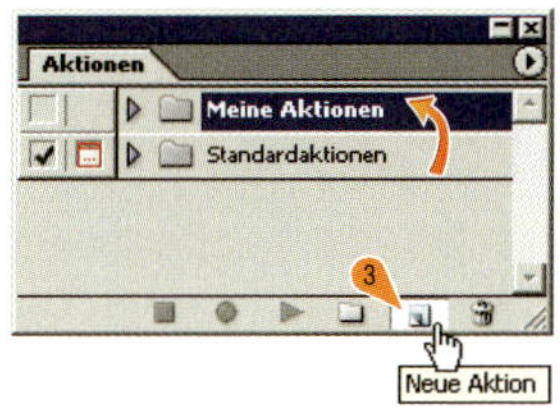

Schritt 4: Die Aufnahme beginnt

Im Dialogfeld NEUE AKTION geben Sie einen 1 Namen an, wir tippen ZUSCHNEIDEN UND SCHRIFTZUG ein. Dann klicken Sie auf 2 AKTION.

Die neu angelegte Aktion 3 ZUSCHNEIDEN UND SCHRIFTZUG erscheint jetzt in der Aktionen-Palette im Set MEINE AKTIONEN. Und: Unten leuchtet das rote 4 Aufnahmelämpchen. Vorsicht: Fast alles, was Sie in Photoshop jetzt anrichten, wird aufgezeichnet.

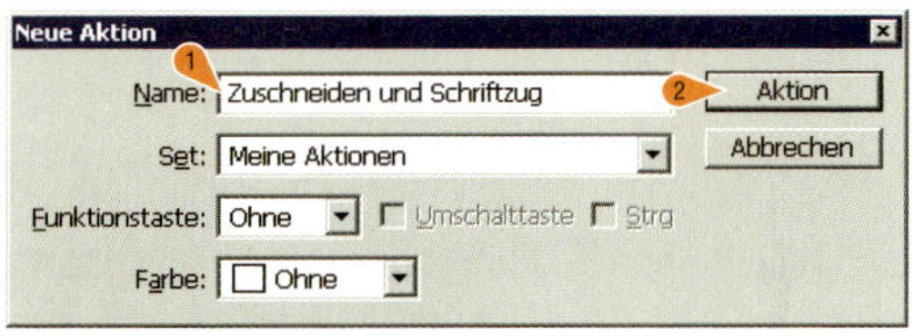

Schritt 5: Das Freistellwerkzeug

Schalten Sie das ① Freistellwerkzeug ein. Oben in den Optionen tippen Sie eine ② BREITE von »1024 px« und eine HÖHE von »768 px« ein. Photoshop rechnet also den verbleibenden Bildausschnitt auf jeden Fall auf diese Bildpunktzahl um.

Wir ziehen einen Rahmen auf, der ganz links im Bild anfängt und nicht mehr als 1400 Pixel umfasst. Die aktuelle Ausdehnung ③ erkennen Sie im Lineal. Rahmen Sie nicht 2000 oder 3000 Pixel ein: Tauchen bei der automatisierten Bearbeitung Bilder mit nur 1600 Pixel Breite auf, hängt der Rahmen aus dem Dateifenster – die Bearbeitung wird umständlicher oder Sie erhalten gar Fehlergebnisse.

Es kommt nicht auf den perfekten Bildausschnitt an: Wir zeichnen ja nur die Aktion (also die Befehlsfolge) auf. Später zieht Photoshop den Rahmen zwar automatisch auf; doch wir rücken den Ausschnitt von Hand passend für jedes Motiv zurecht.

Schritt 6: Die erste Aufzeichnung

Drücken Sie die [Enter]-Taste – Photoshop kappt die Außenbereiche, das verbleibende Bild erscheint jetzt kleiner am Monitor.

Achten Sie auf die Aktionen-Palette: Sie sehen, Photoshop hat Ihr Manöver mit dem Freistellwerkzeug als Objekt ① FREISTELLEN in die Aktion aufgenommen. Das ② rote Lämpchen leuchtet noch, die Aufnahme läuft also weiter – auch die nun folgenden Eingaben werden also in der Aktion verewigt.

Öffnen Sie vorübergehend das Objekt FREISTELLEN durch einen Klick auf das Dreieck . Sie sehen jetzt en detail, wie Photoshop ③ Position, Ausdehnung und Zielmaße des Freistellrahmens speichert – und zwar in PIXEL-Einheiten, nicht in ZENTIMETER- oder PROZENT-Werten.

Schließen Sie den Detaileinblick wieder durch einen Klick auf das gekippte Dreieck ▽.

Schritt 7: Arbeitsverweigerung

Die verkleinerte Datei zoomen wir auf Größe der Photoshop-Fläche hoch. Das erledigt der Befehl **Ansicht: Ganzes Bild**. Photoshop wechselt zu einer höheren Zoomstufe.

Riskieren Sie wieder einen Blick auf die Aktionen-Palette: Hat sie den Befehl **Ganzes Bild** aufgezeichnet? Hat sie nicht!

Ja ja, bei einigen Befehle zeigt sich Photoshop zunächst stur. Wir zeichnen erst einmal zu Ende und gehen der Sache noch in Schritt 21 nach.

Schritt 8: Das Textwerkzeug

Schalten Sie das ① Textwerkzeug T ein. Oben in den Einstellungen nehmen wir die breit laufende, auffällige ② Schriftart ARIAL BLACK und tippen als ③ Schrifthöhe »72 px« ein – also 72 Pixel, knapp 10 Prozent der Bildhöhe von 768 Pixel.

Wirklich wichtig sind die Vorgaben nicht – alles lässt sich jederzeit ändern oder neu aufzeichnen. Mehr Bedeutung hat die Einstellung ④ TEXT RECHTS AUSRICHTEN. Sie sorgt dafür, dass der Text immer am rechten Bildrand endet.

Wir klicken in die rechte untere Bildecke und tippen »Copyright Martin Muster«. Die Buchstaben werden schwarz, weil das zufällig unsere ⑤ Vordergrundfarbe war. Wichtiger jedoch: Die Textebene wirkt noch etwas mickrig, das korrigieren wir im nächsten Schritt.

Schließen Sie die Textbearbeitung noch nicht ab, der ⑥ Textcursor soll noch zu sehen sein.

Schritt 9: Passen Sie den Text an

Während der Textcursor noch blinkt, drücken Sie die [Strg]-Taste (am Mac wie immer statt der [Strg]- die [⌘]-Taste). Photoshop umgibt das Textobjekt mit einem Rahmen und Anfasspunkten. Klicken Sie in den Text hinein und (1) ziehen Sie ihn exakt in die rechte untere Ecke des Bilds.

Dann (2) ziehen Sie den Text am linken, oberen Anfasspunkt etwas in die Höhe und in die Breite. Dabei ändern Sie freilich leicht Höhe und Breite ungleichmäßig, die Schriftproportion verzerrt also.

Diese Veränderungen werden ebenfalls von der Aktionen-Palette gespeichert. Beenden Sie die Textbearbeitung mit [Strg]+[↵].

Schritt 10: Die fertige Textebene

Die Aktionen-Palette zeigt nun das neue Objekt (1) ERSTELLEN TEXTEBENE. Das (2) rote Lämpchen leuchtet noch – auch die weiteren Schritte werden also aufgezeichnet.

Suchen Sie im **Fenster**-Menü nach der **Ebenen**-Palette. Sie zeigt die neue (3) Textebene COPYRIGHT MARTIN MUSTER. An dem Textsymbol **T** in der Miniatur erkennen Sie, dass man diese Ebene jederzeit mit Textfunktionen umformatieren kann – etwa Schriftart oder Wortlaut ändern.

Klicken Sie unten in der Ebenen-Palette auf (4) EBENENEFFEKT HINZUFÜGEN und dann auf **Abgeflachte Kante und Relief**.

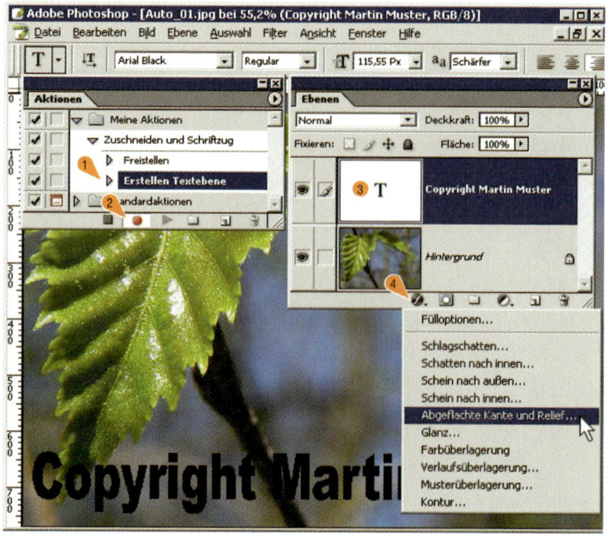

Schritt 11: Der 3D-Effekt

Im Dialogfeld EBENENSTIL nehmen Sie den Stil 1 ABGEFLACHTE KANTE INNEN mit der Technik ABRUNDEN. Als 2 GRÖSSE geben wir »7« Pixel vor. Damit zeigen die Lettern bereits eine plastische Kante.

Klicken Sie noch nicht auf OK, denn der Schriftzug erhält noch einen Schatten. Klicken Sie darum links auf das Wort – und nicht nur auf das Kästchen – 3 SCHLAGSCHATTEN.

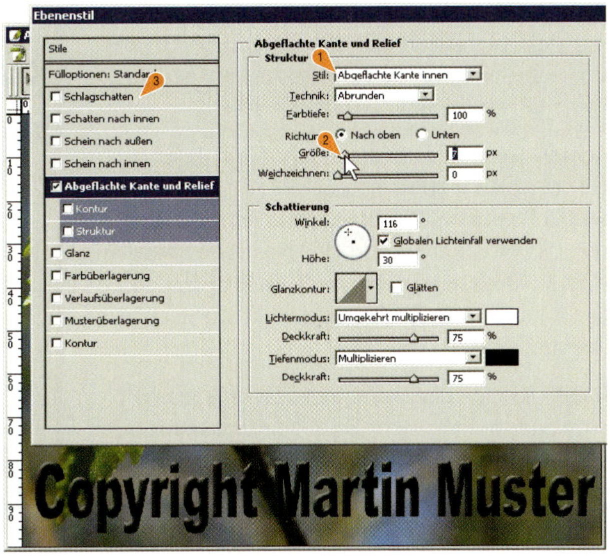

Schritt 12: Und ein Schatten

Photoshop unterlegt die Lettern jetzt mit einem dünnen Schatten. Noch bei geöffnetem Dialogfeld halten Sie den Mauszeiger über das Bild, dort erscheint der Cursor als 1 Verschieben-Werkzeug ▸✥. Damit ziehen Sie den Schatten unter den Lettern in die gewünschte Richtung. Wir belassen DECKKRAFT und GRÖSSE bei den Werten, die Photoshop sofort anbietet.

Klicken Sie immer noch nicht auf OK. Stattdessen verpassen Sie dem 2 Balken FÜLLOPTIONEN: STANDARD eins mit der Maus.

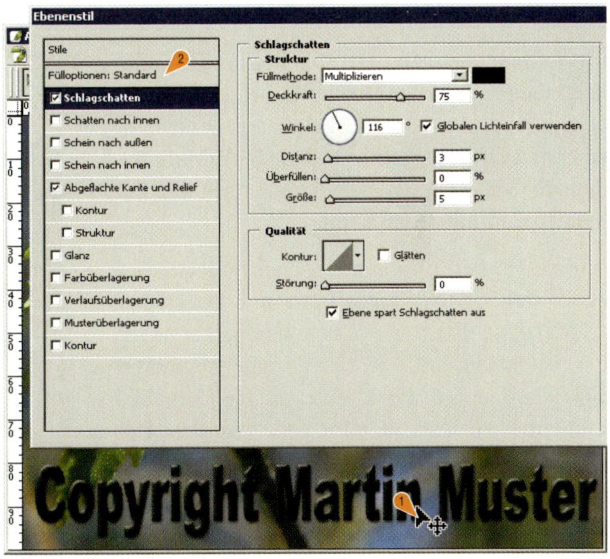

Schritt 13: Neue Überblendung

Das Dialogfeld zeigt jetzt zwei DECKKRAFT-Regler. Uns interessiert nur der 1 untere DECKKRAFT-Regler im Bereich ERWEITERTE FÜLLMETHODE. Diesen Regler ziehen Sie auf den Wert 0.

Achten Sie auf das Bildergebnis: Sie haben nun die schwarze Textfarbe ausgeblendet. Die Effekte des EBENENSTIL-Dialogs bleiben jedoch erhalten: SCHLAGSCHATTEN und die plastische ABGEFLACHTE KANTE erscheinen nun unmittelbar um den Bildinhalt herum. Der Text wirkt wie ins Bild geprägt.

Dieser Bereich des Dialogfelds EBENENSTIL heißt jetzt zudem nicht mehr FÜLLOPTIONEN: STANDARD, sondern 2 FÜLLOPTIONEN: EIGENE.

Klicken Sie auf OK.

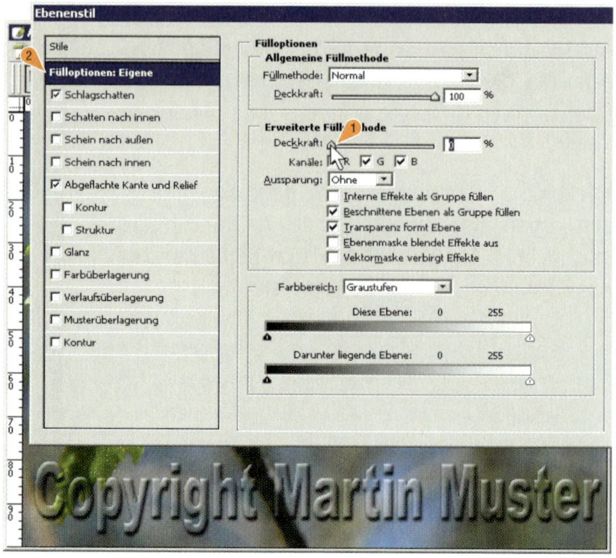

Schritt 14: Das Zwischenergebnis

Die Aktionen-Palette hat nun wieder Zuwachs bekommen: Das neue Objekt 1 SETZEN EBENENSTILE VON AKTUELLER EBENE zeigt, die Textebene wird mit Effekten garniert. Das 2 Aufnahmelämpchen leuchtet weiter – auch der nächste Schritt wird mitgeschnitten.

Interessant der Blick in die Ebenen-Palette: Die zwei Effekte 3 SCHLAGSCHATTEN und ABGEFLACHTE KANTE UND RELIEF erscheinen als Objekte unter der Ebenenminiatur. Mit den Augensymbolen könnten Sie die Effekte ausblenden, der Mülleimer lässt sie ganz verschwinden. Experimentieren Sie jedoch diesmal nicht, denn alle Eingriffe werden aufgezeichnet.

Zudem steht der 4 FLÄCHE-Regler nun auf 0: Diese Vorgabe haben Sie bereits in Schritt 13 vorgenommen, als Sie den DECKKRAFT-Regler in der ERWEITERTEN FÜLLMETHODE auf 0 geschoben haben. Sie könnten den FLÄCHE-Wert wieder anheben – dann tritt erneut die schwarze Textfarbe hervor.

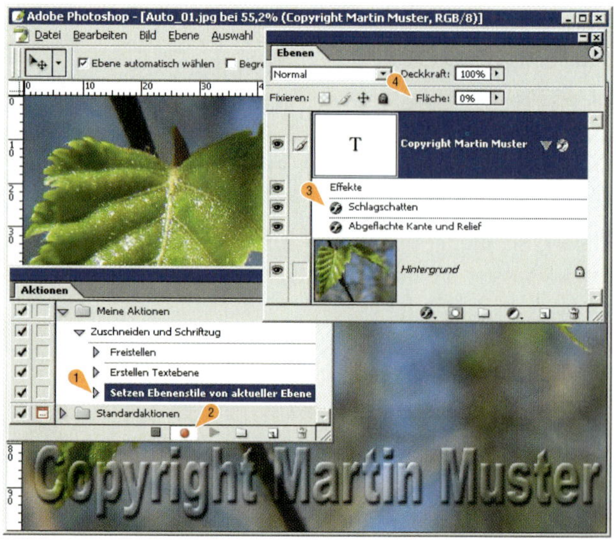

Schritt 15: Der letzte Befehl

Einen Befehl zeichnen wir noch auf: Wir wollen die Bilder letztlich wieder im JPEG-Dateiformat speichern (Seite 372) und da können wir keine separaten Textebenen gebrauchen – alle Bildpunkte samt Schriftzug sollen zu einer üblichen HINTERGRUND-Ebene verschmelzen.

Die Aufzeichnung läuft ja noch. Wählen Sie **Ebene: Auf Hintergrundebene reduzieren**. Die Textebene samt Effekten geht nun in der ① HINTERGRUND-Ebene auf. Die Bildwirkung ändert sich nicht. Die Aktionen-Palette zeigt jetzt Ihr letztes Manöver: ② AUF HINTERGRUNDEBENE REDUZIEREN. Klicken Sie auf ③ AUSFÜHREN/AUFZEICHNUNG BEENDEN ■. Danach erlischt die Aufnahme-Lampe.

Gratulation, die erste Aktion haben Sie erfolgreich aufgezeichnet! Wir speichern das Bild als »Aktion_02« und schließen es.

Datei: Aktion_02

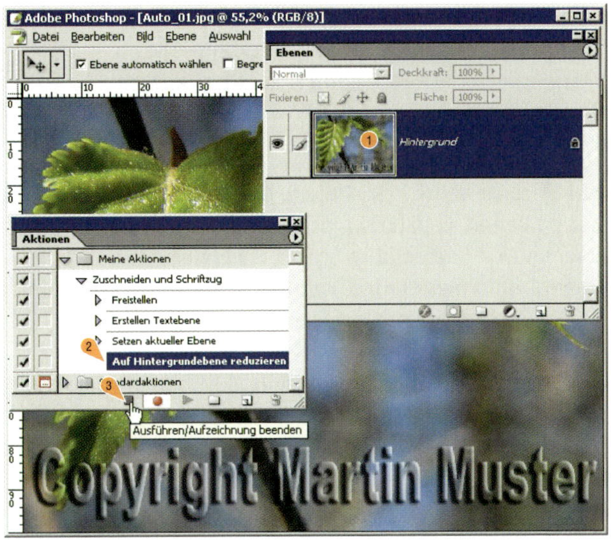

Schritt 16: Ein erster Test

Sie ahnen es – ganz perfekt ist diese Aktion noch nicht. Dennoch wagen wir einen Test und laden die Datei »Aktion_03«. Sie zeigt eine Felskante und ein Gipfelkreuz ganz rechts. Wie Sie an den Linealen erkennen, misst das Bild rund ① 2200 mal 1700 Pixel. Es ist also größer als die 1600-Pixel-Datei »Aktion_01«, mit der wir die Aktion aufgezeichnet haben.

So starten Sie die Aktion: Achten Sie darauf, dass der Name der ② Aktion ZUSCHNEIDEN UND SCHRIFTZUG markiert ist, erkennbar an der blauen Farbe; falls erforderlich, klicken Sie einmal auf dieses Objekt in der Aktionen-Palette. Klicken Sie unten in der Palette auf die Schaltfläche ③ AUSWAHL AUSFÜHREN ▶. Photoshop spult die Befehle nonstop herunter.

Doch das ④ Ergebnis überzeugt nicht: Nur ein Stück Himmel mit Schriftzug. Gipfelkreuz und Felsen hat Photoshop weggeschnitten.

Datei: Aktion_03

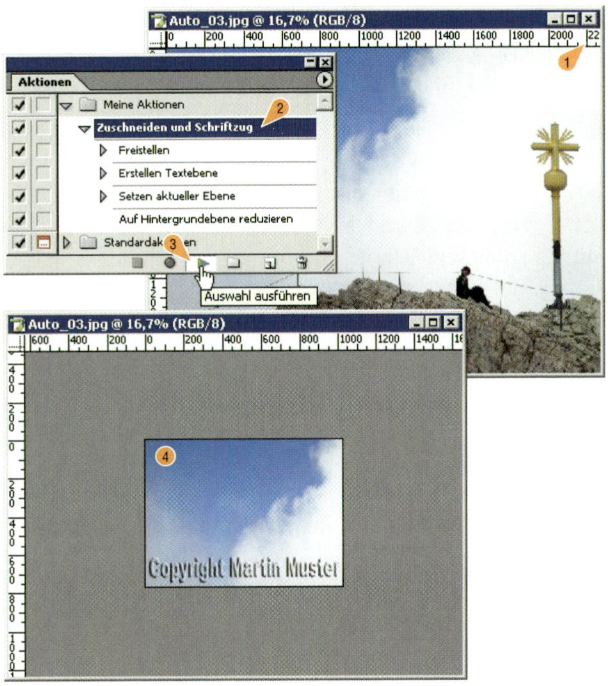

Schritt 17: So testen Sie einen Einzelbefehl

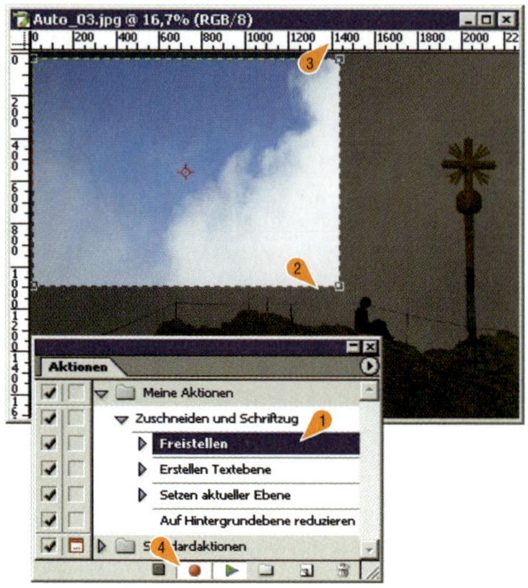

Weg mit dem misslungenen Ergebnis von Schritt 16: Der Befehl **Datei: Zurück zur letzten Version** setzt das Bild zurück auf den letzten Speicherzustand.

Klicken Sie in der Aktionen-Palette doppelt auf den (1) Einzelschritt FREISTELLEN. Nun zeigt Photoshop den (2) Freistellrahmen – und der ist viel zu klein. Wir hatten ja in Schritt 5 bewusst nur einen 1400 Pixel breiten Rahmen aufgezogen; das vermeidet Freistellprobleme bei kleineren Bildern. Doch nun reicht der Rahmen auch bei unserer 2200-Pixel-Datei »Aktion_03« nur bis zur (3) 1400-Pixel-Marke, wie das Lineal zeigt – zu knapp für das aktuelle Motiv.

Achten Sie auf die Schaltflächen: Das (4) Aufnahmelämpchen leuchtet wieder. Sie könnten den Rahmen jetzt verschieben und vergrößern. Photoshop zeichnet dann den Schritt FREISTELLEN mit neuen Werten auf. Allerdings: Dann wird der Rahmen bei kleinen Bildern zu groß, das wollten wir ja vermeiden.

Schritt 18: Photoshop soll abwarten

Entfernen Sie die Freistellrahmen aus Schritt 16 mit der Esc-Taste. Bild und Aktion bleiben so unverändert.

Unsere Lösung: Aktivieren Sie den (1) Schritt FREISTELLEN durch einen Einzelklick in der Aktionen-Palette, er ist also blau unterlegt. Klicken Sie neben diesem Schritt in das leere Kästchen ☐ DIALOG AKTIVIEREN/DEAKTIVIEREN. Photoshop zeigt nun das Symbol (2) ✔ an.

Das heißt: Photoshop kappt das Bild beim Schritt FREISTELLEN nicht mehr vollautomatisch. Stattdessen bietet Photoshop den Freistellrahmen erst einmal an. Sie verschieben oder vergrößern den Rahmen nach Bedarf. Erst wenn Sie den Ausschnitt per Doppelklick endgültig heraustrennen, laufen die weiteren Befehle durch. Neben dem Namen der Aktion erscheint zudem ein (3) rotes Dialogfeldsymbol. Es signalisiert: Einige, aber nicht alle Befehle warten Eingaben des Benutzers ab.

Schritt 19: Befehl nachtragen

Wir haben etwas vergessen: Das Freistellwerkzeug rechnet die Auswahl auf 1024 mal 768 Pixel herunter. Da sollte das richtige Interpolationsverfahren, nämlich Bikubisch schärfer, automatisch von der Aktion eingerichtet werden (zu Interpolation siehe Seite 367).

Damit die Aufzeichnung funktioniert, muss Bikubisch schärfer vorab unwirksam sein. Rufen Sie mit Strg+K die **Voreinstellungen** auf. Sehen Sie dort als Bildinterpolation die Methode Bikubisch schärfer? Wenn ja, schalten Sie zum Beispiel auf Pixelwiederholung um.

Erst jetzt klicken Sie in der Aktionen-Palette einmal auf den Balken 1 Freistellen. Dann setzen Sie die Aufzeichnung fort durch einen Klick auf 2 Aufzeichnung beginnen. Während das Aufnahmelämpchen rot leuchtet, öffnen Sie erneut mit Strg+K die **Voreinstellungen**.

Setzen Sie die 3 Bildinterpolation auf Bikubisch schärfer, dann klicken Sie auf OK.

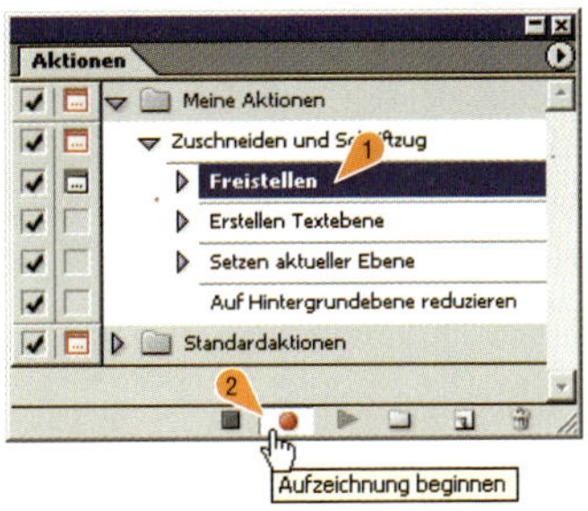

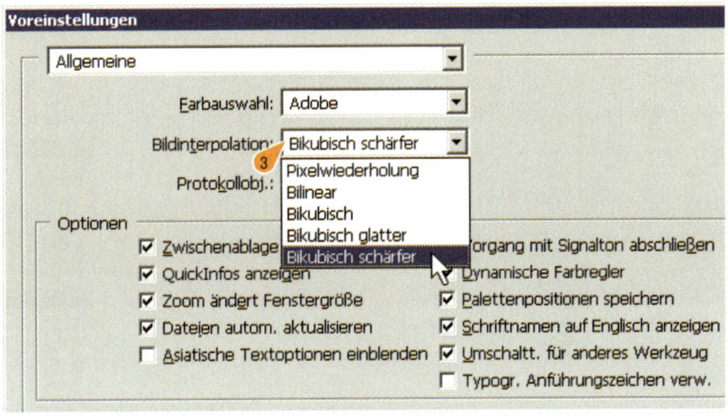

Schritt 20: Die richtige Reihenfolge

Stoppen Sie die in Schritt 19 begonnene Aufzeichnung durch einen Klick auf 1 Ausführen/Aufzeichnung beenden. Der neue Befehl 2 Setzen allgemeiner Voreinstellungen rangiert nun unter dem Freistellen – aber natürlich soll Photoshop die **Voreinstellungen** genau vor dem Freistellen ändern. 3 Ziehen Sie also den Balken Setzen allgemeiner Voreinstellungen einen Schritt nach oben, über das Freistellen.

Anschließend zeigt die Palette: Die Aktion beginnt jetzt mit dem 4 Ändern der **Voreinstellungen**, erst danach folgt das Freistellen. So wollten wir es haben.

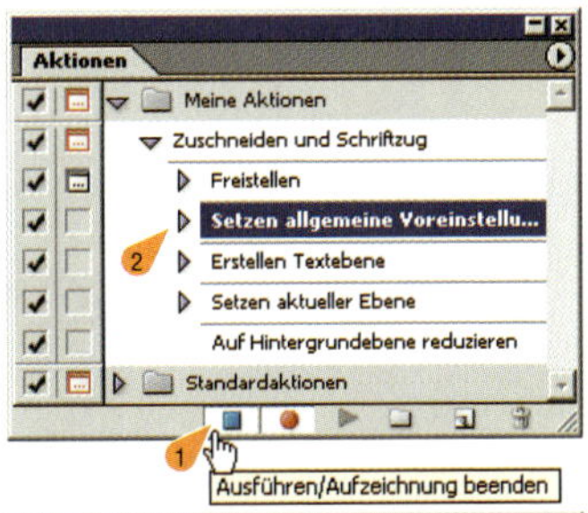

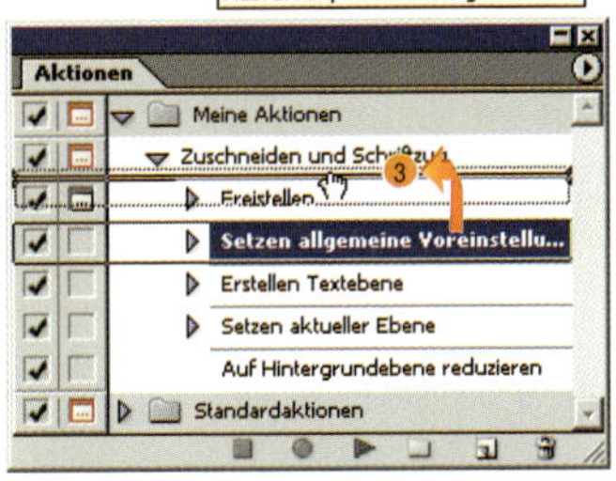

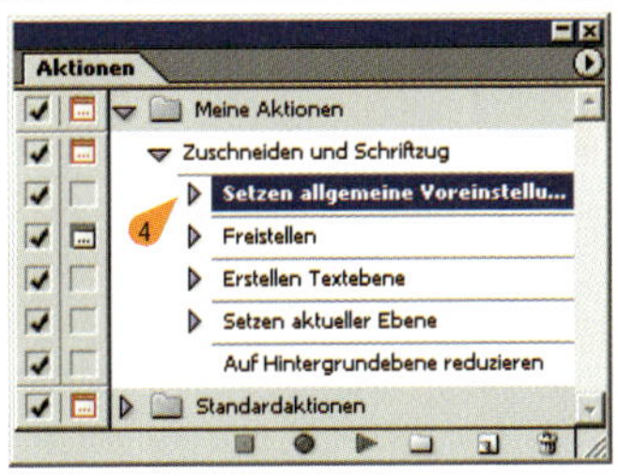

Schritt 21: »Menübefehl einfügen«

Wir haben noch mehr vergessen: In Schritt 7 hatte sich Photoshop doch geweigert, den Befehl **Ansicht: Ganzes Bild** in der Aktion zu verewigen. Tatsächlich zeichnet das Programm einige **Ansicht**-Funktionen nur über einen Umweg auf:

Klicken Sie einmal (nicht doppelt) auf den Balken ① FREISTELLEN in der Aktionen-Palette. Der neu aufzuzeichnende Befehl landet damit punktgenau eins darunter.

Öffnen Sie das Menü zur Aktionen-Palette mit dem ② Dreieckschalter ⓘ und klicken Sie auf ③ **Menübefehl einfügen**. Photoshop tischt die Meldung ④ **Menübefehl einfügen** auf.

Öffnen Sie Photoshops **Ansicht**-Menü und klicken Sie auf **Ganzes Bild**. Die Meldung **Menübefehl einfügen** verzeichnet jetzt den Befehl ⑤ GANZES BILD. Klicken Sie auf OK.

Damit zeigt endlich auch die Aktionen-Palette den Schritt ⑥ **Ganzes Bild**.

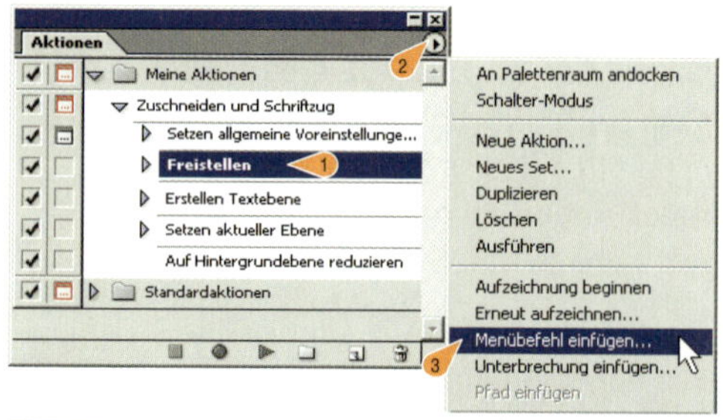

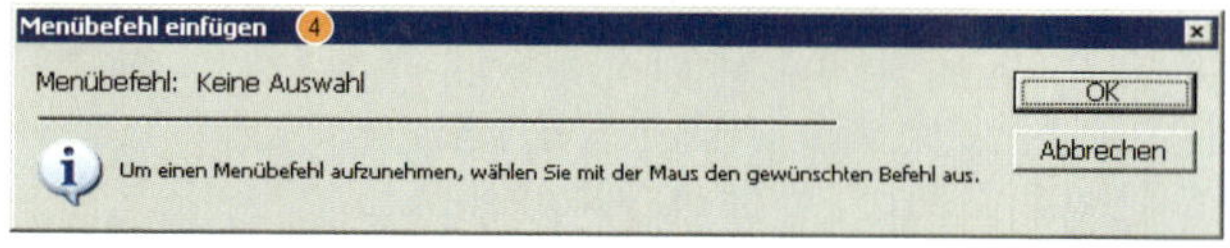

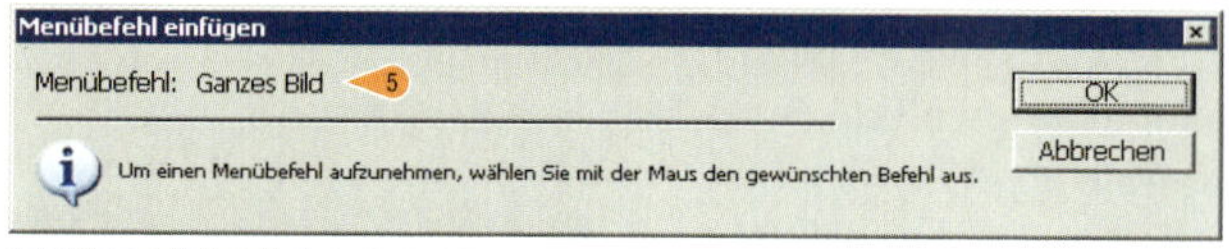

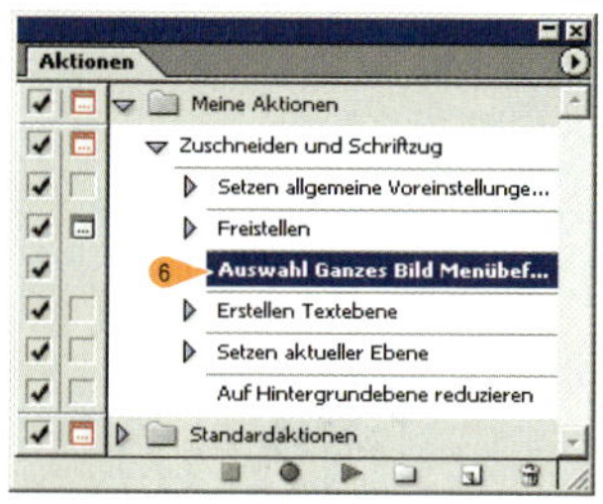

Schritt 22: Die Aktion speichern

Tolle Aktion, oder? Ab Seite 118 wenden wir sie auf ganze Bildreihen an. Aber wie lässt sich das Ganze speichern und an die begeisterten Freunde weiterreichen?

Die Aktion bleibt natürlich auch beim nächsten Photoshop-Start erhalten. Um sie jedoch auf anderen Rechnern zur Verfügung zu haben, sichern Sie die Befehlsfolge in einer eigenen Datei.

Photoshop speichert stets komplette Aktionssets. So geht's: Klicken Sie einmal auf das Aktionsset ① MEINE AKTIONEN, das wir in Schritt 2 angelegt haben. Öffnen Sie das Menü zur Aktionen-Palette mit dem ② Dreieckschalter ⓘ und klicken Sie auf ③ **Aktionen speichern**.

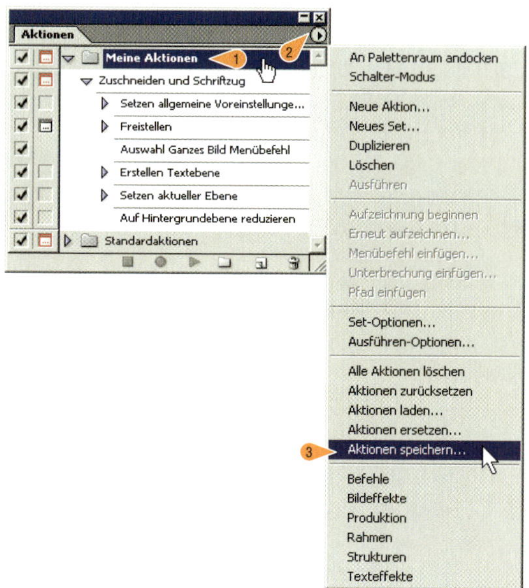

Schritt 23: Wo wird die Aktion gesichert?

Photoshop schlägt im SPEICHERN-Dialog das Verzeichnis »Photoshop-Aktionen« vor. Es liegt innerhalb des Photoshop-Ordners im »Vorgaben«-Verzeichnis. Sie sehen hier Aktionen-Sammlungen, die Photoshop bereits mitliefert – etwa BEFEHLE.ATN. Behalten Sie das Verzeichnis am besten bei, ebenso wie den Namensvorschlag MEINE_AKTIONEN_1.ATN: Speichern Sie in diesem Verzeichnis, bietet Photoshop das Set MEINE AKTIONEN mit der Aktion ZUSCHNEIDEN UND SCHRIFTZUG beim nächsten Programmstart besonders bequem an – ladbar über das Menü der Aktionen-Palette ganz unten (zu sehen in Schritt 22). Speichern Sie an einem anderen Ort, dann verwenden Sie den Palettenbefehl **Aktionen laden**.

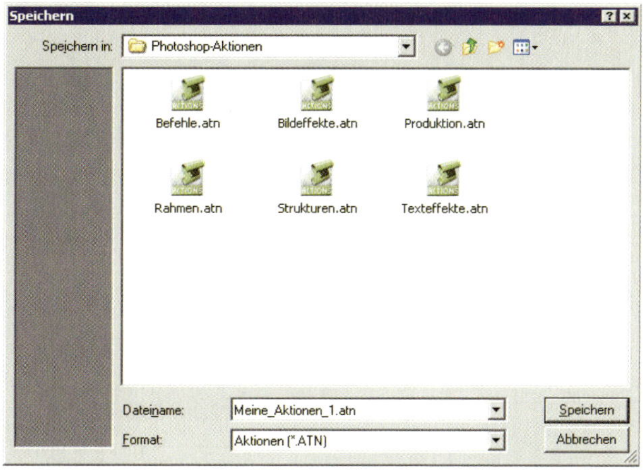

Probieren Sie es aus: Wir speichern das Ergebnis dieser Übung als »Meine_Aktionen_1.atn« auf der Buch-CD. In der folgenden Übung 13 bearbeiten wir die Aktion noch weiter.

Tipps & Tricks

- Sie wollen nur einen Einzelbefehl per Tastendruck aufrufen, aber die Funktion nicht auf viele Dateien in einem Rutsch anwenden? Dann wählen Sie **Bearbeiten: Tastaturbefehle** (Seite 78).
- Der Freistellrahmen dockt automatisch am linken und oberen Rand an. Wenn Sie das nicht wollen, wählen Sie **Ansicht: Ausrichten an: Dokumentbegrenzungen**. Oder bewegen Sie den Rahmen mit den Pfeiltasten.
- Experimentieren Sie im Bereich ABGEFLACHTE KANTE UND RELIEF mit Varianten wie RELIEF AN ALLEN KANTEN etc. Sie können auch ganz auf diesen Effekt verzichten und nur SCHLAGSCHATTEN oder SCHEIN NACH AUSSEN VERWENDEN. Dabei entstehen interessante Mischungen, sofern Sie wie in Schritt 13 beschrieben die Textfarbe ausblenden.
- In Schritt 9 wird die Textgröße durch Ziehen verändert. Damit sich Höhe und Breite gleichzeitig ändern, drücken Sie erst die [Strg]-Taste, klicken danach auf den Anfasspunkt und drücken nun die [⇧]-Taste.
- Copyright-Hinweise können Sie auch direkt im IPTC-Bereich der Datei speichern; sie bleiben bei der Verwendung mit **Web-Fotogalerie** wahlweise erhalten, aber nicht bei der **PDF-Präsentation** (Seite 30).
- Wollen Sie unmittelbar das Copyright-Zeichen © verwenden, drücken Sie unter Windows [Alt]+[0][1][6][9] auf dem Ziffernblock, am Mac [Alt]+[G]. Die Windows-Lösung funktioniert aber nicht immer. Notlösung mit dem Textprogramm Word: Mit dem Befehl **Einfügen: Symbol** oder **Einfügen: Sonderzeichen** erzeugen Sie ein Copyright-Zeichen, das Sie durch Markieren-Kopieren-Einfügen in ein Photoshop-Textobjekt hieven.
- Fix herunterrechnen und noch einen schlichten Schriftzug ins Bild klemmen, diesen Job erledigt auch der Befehl **Datei: Automatisieren: Web-Fotogalerie** (Seite 340). Den Text steuern Sie im Bereich SCHUTZ, die fertigen Bilder finden Sie im Galerie-Verzeichnis »Images«.

Übung 13: Aktionen anpassen

Keine Aktion eignet sich für alle Bilder gleichermaßen. Darum zeigen wir hier, wie Sie eine fertige Aktion an neue Aufgaben anpassen. Dabei verlieren Sie Ihre ursprüngliche Befehlsfolge nicht: Sie können Funktionen übergehen oder abschalten, ohne sie endgültig zu löschen. Und Sie können Duplikate verwenden.

Auf einen Blick

Sie lernen kennen:	Aktionen: Einzelschritte ändern, übergehen, abschalten, löschen; Aktionen duplizieren; Ebeneneffekt ABGEFLACHTE KANTE UND RELIEF
Aufwand:	mittel bis hoch; bis 23 Schritte
Siehe auch:	Aktion aufzeichnen – Zuschneiden und Copyright-Schriftzug, Seite 85 Aktion aufzeichnen – Bildrahmen, Seite 111 Aktionen abspielen, Seite 118 Text als Schnittmaske, Seite 282 Diaschau per PDF-Präsentation, Seite 324 Die eigene Internetgalerie, Seite 340 Transformieren, Seite 368 Richtig speichern, Seite 372
Übungsdateien:	Aktion_04 etc.
Kommentar:	Bleiben Sie flexibel – zeichnen Sie eine Befehlsfolge auf, dann legen Sie Varianten an. Dabei arbeiten Sie mit Duplikaten der Aktion.

Schritt 1: Die ursprüngliche Aktion

In der letzten Übung (Seite 85) haben wir das Aktionsset MEINE AKTIONEN angelegt und dort die Aktion (Befehlsfolge) ZUSCHNEIDEN UND SCHRIFTZUG gespeichert. Damit arbeiten wir hier weiter.

Sie können diese Aktion auch von der Buch-CD laden: Öffnen Sie das Menü der Aktionen-Palette mit dem Dreieckschalter und gehen Sie auf **Aktion laden**: Im Verzeichnis »Uebungen« klicken Sie doppelt auf »Meine_Aktionen_1.atn«.

Erscheint die Aktion ZUSCHNEIDEN UND SCHRIFTZUG jetzt in Ihrer Aktionen-Palette? Wir sind mit dem 3D-Effekt für die Schrift nicht mehr zufrieden, die Aktion soll die Buchstaben anders als bisher herausmodellieren. Dazu lassen wir die Aktion ganz normal über ein Bild laufen. Wir laden das Bild »Aktion_04« und klicken im Aktionsset MEINE AKTIONEN einmal auf den Balken ZUSCHNEIDEN UND SCHRIFTZUG. Dann klicken Sie auf AUSWAHL AUSFÜHREN.

Datei: Aktion_04

Schritt 2: Die Aktion läuft

Photoshop spielt die Befehlsfolge ab, hält aber beim Freistellrahmen brav an: Wir legen den (1) Freistellausschnitt von Hand fest und klicken doppelt in den Rahmen, um die Auswahl zu bestätigen. Das Bild wird gekappt und auf 1024 Pixel Breite heruntergerechnet. Es sieht einen Moment lang sehr klein aus, doch Photoshop springt sofort wie einprogrammiert in eine höhere (2) Zoomstufe, die auch in der Titelleiste genannt wird.

Schritt 3: Zwischenergebnis

Photoshop liefert schließlich den Schriftzug ab, die Aktion ist durchgelaufen. Allerdings können wir mit diesem Bildzustand nicht arbeiten: Die Aktion hat die Lettern bereits mit dem Untergrund verschmolzen. In der Ebenen-Palette erkennen Sie: Das Bild besteht aus einer einzigen (1) HINTERGRUND-Ebene, es gibt keinen Zugriff mehr auf Textebene und Ebeneneffekte.

Öffnen Sie das **Fenster**-Menü und laden Sie die **Protokoll**-Palette. Diese Palette listet alle Änderungen auf, die Sie vorgenommen haben – hier die in der Aktion gespeicherten Befehle. Als letzten Schritt erkennen Sie (2) AUF HINTERGRUNDEBENE REDUZIEREN, also die Verschmelzung mit dem Untergrund.

Schritt 4: Einen Schritt zurück

Widerrufen Sie den letzten Schritt. Klicken Sie in der Aktionen-Palette auf den Balken (1) EBENENSTIL. Damit annullieren Sie den Befehl AUF HINTERGRUNDEBENE REDUZIEREN. Die Ebenen-Palette zeigt wieder eine separate (2) Textebene COPYRIGHT MARTIN MUSTER samt Effekten. Wichtig für die weitere Arbeit: Diese Ebene ist bereits aktiviert, erkennbar an der blauen Hervorhebung in der Ebenen-Palette wie auch am (3) Hinweis im Dateirahmen.

Schritt 5: Korrigieren Sie den Ebenenstil

Nun können Sie den 3D-Effekt ändern. Klicken Sie aber nicht direkt in der Ebenen-Palette, denn dann ändert sich ja die Aktion nicht.

1 Klicken Sie in der Aktionen-Palette doppelt auf den Balken SETZEN AKTUELLER EBENE.

Damit rufen Sie den EBENENSTIL-Dialog mit den per Aktion gespeicherten Werten auf. Alle Änderungen werden aufgezeichnet.

Sie erkennen es auch an den 2 Symbolen unten in der Aktionen-Palette: Das rote Lämpchen leuchtet, weil Ihre Klicks mitgeschnitten werden. Der Ausführen-Pfeil leuchtet, weil Photoshop die aufgezeichnete Änderung sofort auf die aktuelle Textebene anwendet.

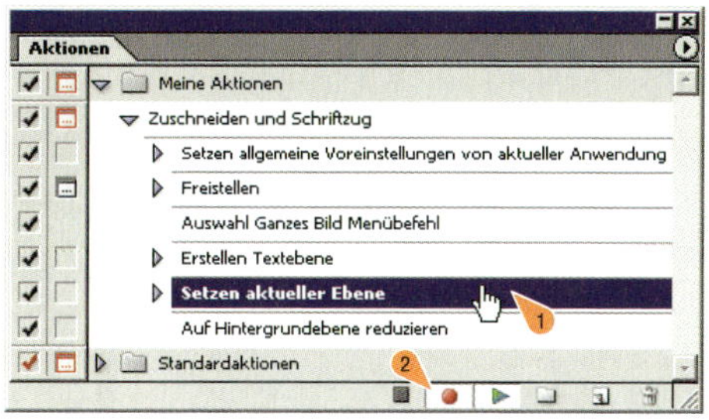

Schritt 6: Der geänderte 3D-Effekt

Im Dialogfeld EBENENSTIL klicken Sie zuerst auf die 1 Zeile ABGEFLACHTE KANTE UND RELIEF (also nicht nur auf das Kästchen). Wechseln Sie den 2 STIL: Schalten Sie von ABGEFLACHTE KANTE INNEN um zu 3 RELIEF AN ALLEN KANTEN. Dadurch ergibt sich ein anderer 4 3D-Effekt, der sich ebenfalls gut für Copyright-Schriftzüge eignet.

Den Effekt SCHLAGSCHATTEN brauchen wir gar nicht mehr. Klicken Sie einmal auf das 5 Kästchen neben diesem Effekt. Der Haken ✔ verschwindet, der Effekt SCHLAGSCHATTEN hat keine Wirkung mehr.

Dann klicken Sie links oben auf den Balken 6 FÜLLOPTIONEN: EIGENE.

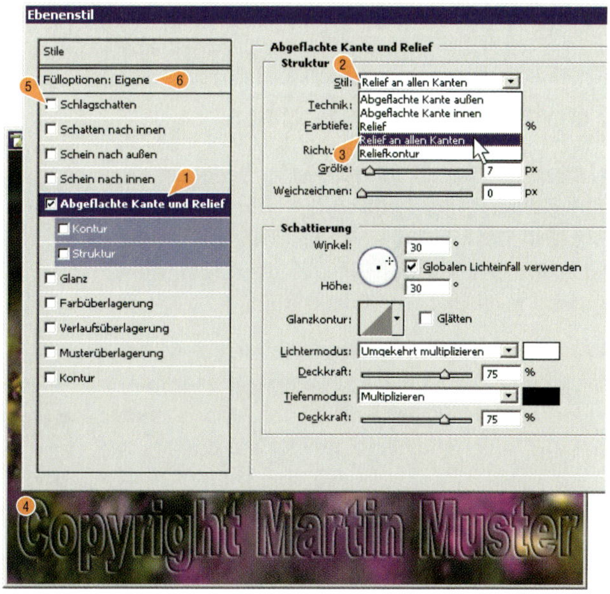

Schritt 7: Noch einmal die »Deckkraft«

Sind Sie im Bereich FÜLLOPTION: EIGENE? Wichtig ist hier, dass die DECKKRAFT im Bereich ERWEITERTE FÜLLMETHODE bei 0 oder jedenfalls sehr niedrig liegt. Nur so scheint der Bildhintergrund durch die Textumrisse.

Doch wenn Sie die bereits einmal gespeicherte Aktion verändern – wie in dieser Übung –, vergisst Photoshop die spezielle DECKKRAFT-Regelung hier. Spielen Sie später die korrigierte Aktion ab, erhalten Sie zwar den geänderten 3D-Effekt. Aber der DECKKRAFT-Regler zuckt auf die 100-Prozent-Marke zurück, der Schriftzug erscheint wieder mit schwarzer Farbe statt plastisch durchscheinend (vergleiche Seite 89).

Damit Photoshop die gesenkte DECKKRAFT neu aufzeichnet, müssen Sie die Reglerstellung verändern. Wir gehen hier auf 1 Prozent – die Bildwirkung ändert sich dadurch noch nicht.

Nun klicken Sie auf OK.

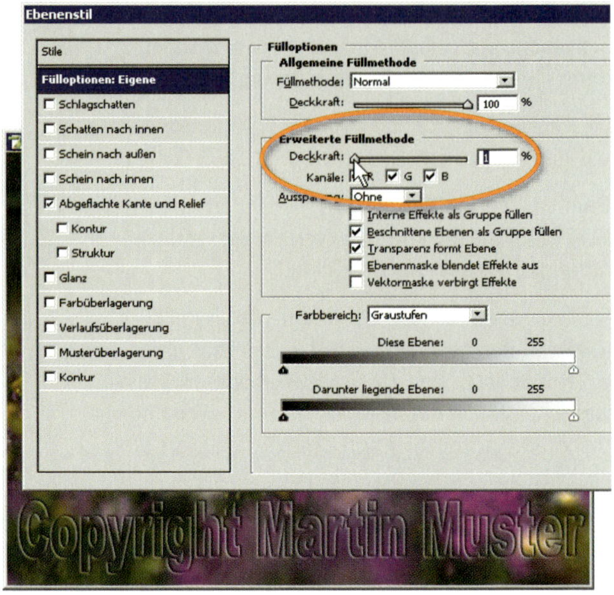

Schritt 8: Die geänderte Aktion

Nach dem OK-Klick im EBENENSTIL-Dialog ist die Aufzeichnung der Aktion auch schon beendet. Die 1 Aufnahmelampe in der Aktionen-Palette ist erloschen. Photoshop springt zurück zum Anfang, zum 2 Namen der Aktion.

Wir sichern das Bild als Datei »Aktion_ 05«. Aber Sie können das Ergebnis genauso gut ungespeichert wegklicken, denn die Aktion wird ja noch auf alle Bilder in einem Zug angewandt.

Vielleicht möchten Sie die Aktion in dieser Form in Ihren Photoshop laden oder weitergeben. Wir speichern sie deshalb. Photoshop speichert stets komplette Aktionssets. Klicken Sie einmal auf den Namen des aktuellen Sets 3 MEINE AKTIONEN. Dann klicken Sie auf den 4 Dreieckschalter ▶ und gehen im Palettenmenü auf 5 **Aktionen speichern**.

Datei: Aktion_05;
Aktionsset: Meine_Aktionen_2.atn

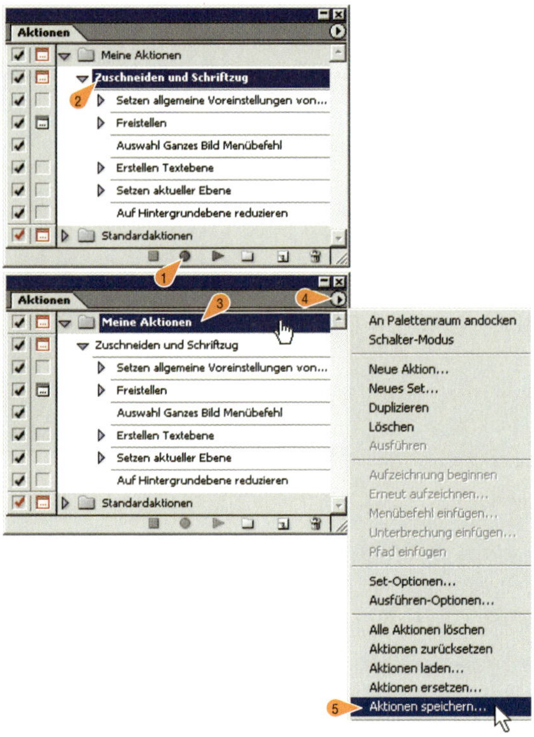

Schritt 9: Aktion duplizieren

Die Aktion ZUSCHNEIDEN UND SCHRIFTZUG bereitet Dateien für die **PDF-Präsentation** (Seite 324) vor – mit Seitenverhältnis, Pixelzahl und Copyright-Stempel.

Den Copyright-Stempel wollen wir auch für unsere Internetgalerie verwenden (Seite 340). Allerdings: Der Befehl **Web-Fotogalerie** rechnet die Bilder ja bereits auf die gewünschte Pixelzahl herunter; das muss nicht mehr die Aktion erledigen. Und: Unsere Internetgalerie zeigt kleinere Bilder, teils nur 450 Pixel breit; also muss der Schriftzug in der Aktion kleiner werden.

Wir duplizieren zunächst die Aktion und verändern dann das Duplikat.

Ziehen Sie den Balken (1) ZUSCHNEIDEN UND SCHRIFTZUG auf das Symbol (2) NEUE AKTION. Sie erhalten ein (3) Duplikat der kompletten Aktion namens ZUSCHNEIDEN UND SCHRIFTZUG KOPIE.

Klappen Sie die obere, ursprüngliche Aktion ZUSCHNEIDEN UND SCHRIFTZUG durch einen Klick auf das (4) Dreieck zu.

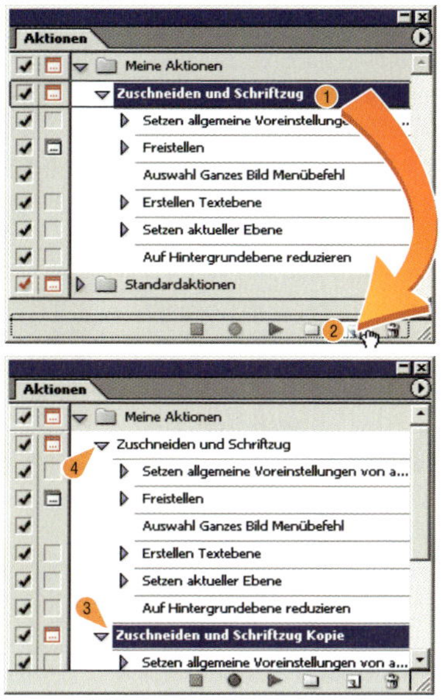

Schritt 10: Benennen Sie die Aktion um

Von der ursprünglichen Aktion (1) ZUSCHNEIDEN UND SCHRIFTZUG ist jetzt nur noch der Name zu sehen, die Einzelschritte haben wir weggeklappt.

Die duplizierte Aktion bekommt zuerst einen neuen Namen. Klicken Sie doppelt auf den Balken (2) ZUSCHNEIDEN UND SCHRIFTZUG KOPIE. Nun können Sie den Namen der Aktion ändern, (3) tippen Sie »Nur Schriftzug« ein.

Klicken Sie einmal (4) außerhalb des Eingabefelds, um die Änderung abzuschließen.

Im Folgenden bearbeiten wir ausschließlich die Aktion NUR SCHRIFTZUG, das Duplikat der in den vorhergehenden Übungen erstellten Aktion.

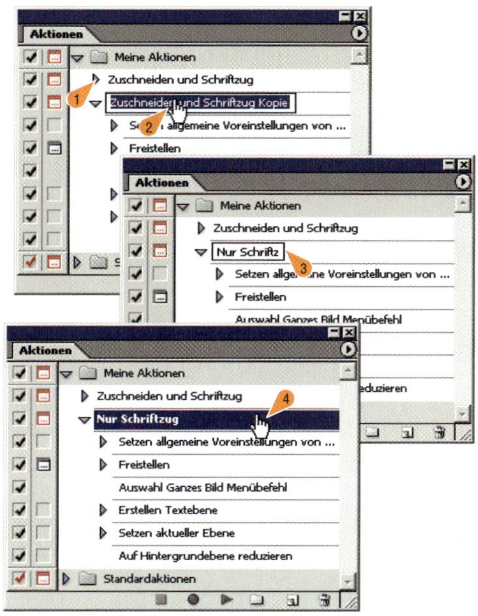

Schritt 11: Probelauf mit Galerie-Datei

Der Copyright-Schriftzug soll die Einzelbilder zieren, die mit unserer Internetgalerie entstehen. Wir richten also die Aktion am besten mit einer Datei direkt aus dieser Galerie ein, Sie könnten ein beliebiges Bild aus dem Verzeichnis »Galerie_1/images« nehmen.

Allerdings: Die Fotos dort sind unterschiedlich breit. Testen Sie also am besten mit einem schmalen Hochformat – der Schriftzug passt dann garantiert auch in alle Querformate. Wir nehmen die Datei »Aktion_06«, eine Kopie aus der Internetgalerie. Sie ist 341 Pixel breit und 450 Pixel hoch.

Datei: Aktion_06

Schritt 12: Schritte übergehen

Wir testen erst einmal die Wirkung der Aktion auf die kleinere Datei. Die ersten Schritte mit dem Freistellen und Herunterrechnen wollen wir jedoch überspringen, denn für die Internetgalerie brauchen wir diese Schritte nicht.

Klicken Sie einmal auf den Schritt (1) ERSTELLEN TEXTEBENE. Erst hier – mit dem Schriftzug – soll die Aktion starten. Die ersten Befehle werden also übergangen.

Dann klicken Sie auf (2) AUSWAHL AUSFÜHREN.

Photoshop klemmt jetzt den Schriftzug in der altbekannten Größe ins Bild – viel zu (3) groß für unsere schmächtigen Internetdateien.

Schritt 13: Schritte abschalten

Wissen Sie was? Gerade haben wir die ersten Schritte der Aktion übersprungen. Aber das nervt auf Dauer. Zwar wollen wir die Schritte noch nicht löschen, aber wir schalten die Funktionen schon mal komplett ab.

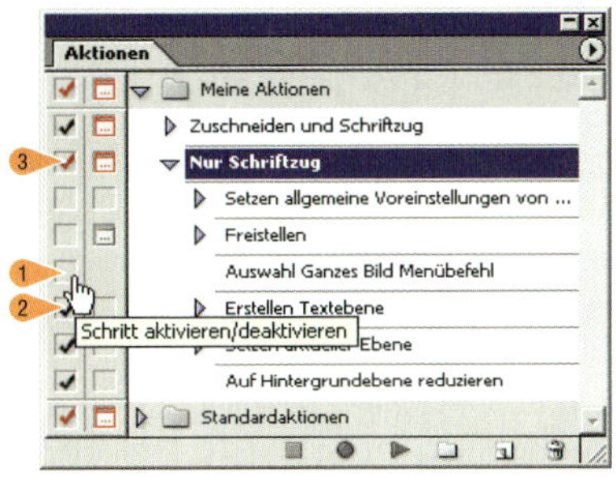

Klicken Sie neben den ersten, überflüssigen Schritten auf das Symbol SCHRITT AKTIVIEREN/DEAKTIVIEREN. Dort erscheint dann ein (1) leeres Kästchen. Das heißt, Photoshop führt diese Befehle gar nicht mehr aus, sie werden komplett ignoriert. Die Verarbeitung beginnt mit dem ersten (2) aktivierten Schritt, ERSTELLEN TEXTEBENE.

Gelöscht sind die Funktionen deswegen noch lange nicht: Ein erneuter Klick ins Kästchen und Photoshop rattert auch wieder durch die abgeschalteten Befehle.

Ach ja, das (3) Symbol neben dem Namen der Aktion hat sich von Schwarz nach Rot verfärbt. Der Grund: Nur einige, aber nicht alle Befehle sind eingeschaltet.

Schritt 14: Textgröße neu aufzeichnen

Zurück zum Testbild »Aktion_06«. Setzen Sie es auf den Ausgangszustand ohne Textebene; dazu wählen Sie **Datei: Zurück zur letzten Version**.

Um die Textgröße zu ändern, klicken Sie in der Aktionen-Palette doppelt auf den Balken (1) ERSTELLEN TEXTEBENE. Photoshop setzt sofort das (2) Textobjekt ins Bild und es ist markiert. Das Programm schaltet automatisch zum (3) Textwerkzeug T um und zeigt oben die (4) Textoptionen an.

In der Aktionen-Palette leuchtet die (5) Aufnahmelampe – Ihre Veränderungen werden aufgezeichnet.

Schritt 15: Neuer Schriftgrad

Oben in den Einstellungen tippen Sie (1) »46 px« als neuen SCHRIFTGRAD ein. Photoshop zeigt sofort einen (2) verkleinerten Schriftzug – immer noch vollständig zur Bearbeitung markiert.

Tippen Sie testweise auch andere Maße ein, die Buchstaben passen sich sofort an.

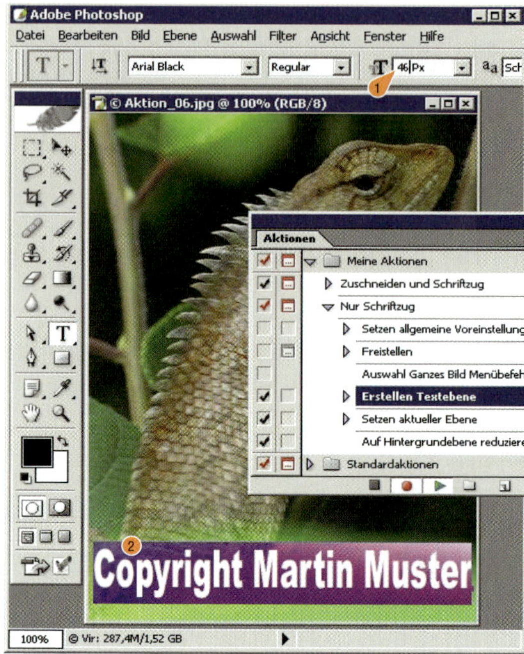

Schritt 16: Textkorrektur abschließen

Passt der Schriftzug? Dann beenden Sie die Textbearbeitung per [Strg]+[↵]-Taste (am Mac wie immer die [⌘]-Taste statt der [Strg]-Taste).

Jetzt sehen Sie das schwarze (1) Textobjekt, der (2) Name der Textebene erscheint auch in der Titelleiste.

In der Aktionen-Palette erlischt die (3) Aufnahmelampe – die weiteren Schritte werden nicht mehr aufgezeichnet. Photoshop springt außerdem zum Start der Aktion zurück, also zu ihrem Namen (4) NUR SCHRIFTZUG.

In der Werkzeugleiste wechselt Photoshop wieder zu dem Werkzeug, das Sie vor der Aktionsänderung genutzt hatten, hier das (5) Verschieben-Werkzeug.

Schritt 17: Stimmt jetzt alles?

Jetzt probieren wir die Aktion aus.

Laden Sie die Testdatei »Aktion_06« wieder im ursprünglichen Zustand ohne Textebene; dazu wählen Sie **Datei: Zurück zur letzten Version.** Das Bild erscheint als reine HINTERGRUND-Ebene 1 ohne Textobjekt.

Achten Sie in der Aktionen-Palette darauf, dass der Name der Aktion 2 NUR SCHRIFTZUG aktiviert ist. Bei Bedarf klicken Sie einmal darauf. Dann klicken Sie auf 3 AUSWAHL AUSFÜHREN ▶.

Photoshop zaubert den Schriftzug ins Bild. Allerdings: Die 4 3D-Kanten blähen sich hier unschön auf.

Der Grund: Sie haben in Übung 12 sieben Pixel große 3D-Ränder festgelegt. Dort war der Text allerdings über 140 Pixel hoch. Hier arbeiten wir nur mit einem Schriftgrad von 46 Pixel – sieben Pixel plastische Kante sind da übertrieben.

Schritt 18: Zurück zur Textebene

Per Aktion hat Photoshop Textebene und Hintergrund bereits verschmolzen. Um den 3D-Effekt ändern zu können, brauchen Sie noch einmal die unabhängig korrigierbare Textebene. Gehen Sie in der Protokoll-Palette einen Schritt zurück, indem Sie dort auf 1 EBENENSTIL klicken.

So erhält das Bild wieder seine 2 Textebene COPYRIGHT MARTIN MUSTER mit den separaten Effekt-Objekten. Diese Ebene ist auch bereits aktiviert, wichtig für die bevorstehende Korrektur.

Schritt 19: Schritt neu aufzeichnen

In der Aktionen-Palette klicken Sie doppelt auf den Balken (1) SETZEN AKTUELLER EBENE. So können Sie diesen einzelnen Schritt – die Einstellungen im EBENENSTIL-Dialog – neu aufzeichnen.

Schritt 20: Geänderte Werte

Photoshop beglückt Sie wieder mit dem EBENENSTIL-Dialog und öffnet direkt den Bereich ABGEFLACHTE KANTE UND RELIEF. Setzen Sie die (1) GRÖSSE auf 3 Pixel zurück. Die Lettern wirken dadurch flacher und gefälliger.

Dann klicken Sie links oben auf den Balken (2) FÜLLOPTIONEN: EIGENE.

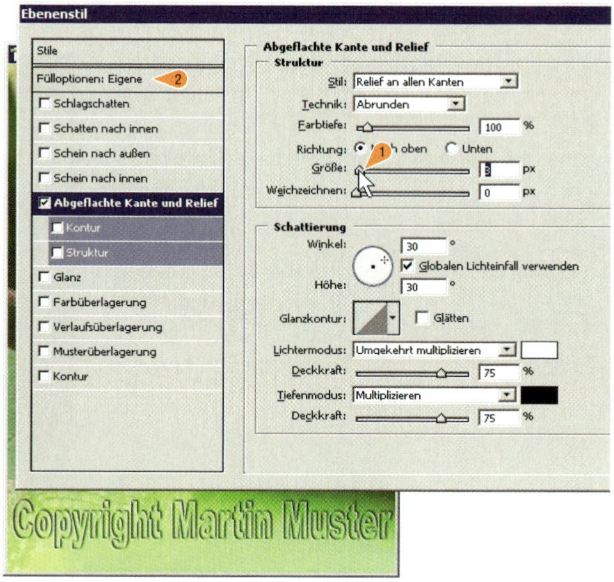

Schritt 21: Anpassung der Fülloptionen

Sie kennen es noch aus Schritt 7: Sie müssen die erweiterte DECKKRAFT von Hand ändern, damit Photoshop diese Vorgabe nicht völlig vergisst und auf unerwünschte 100 Prozent zurückfällt. Nachdem wir in Schritt 7 die DECKKRAFT im Bereich ERWEITERTE FÜLLMETHODE auf ein Prozent angehoben hatten, senken wir sie jetzt wieder auf 0. Danach klicken Sie auf OK.

Die Aufzeichnung der Aktion ist damit automatisch beendet.

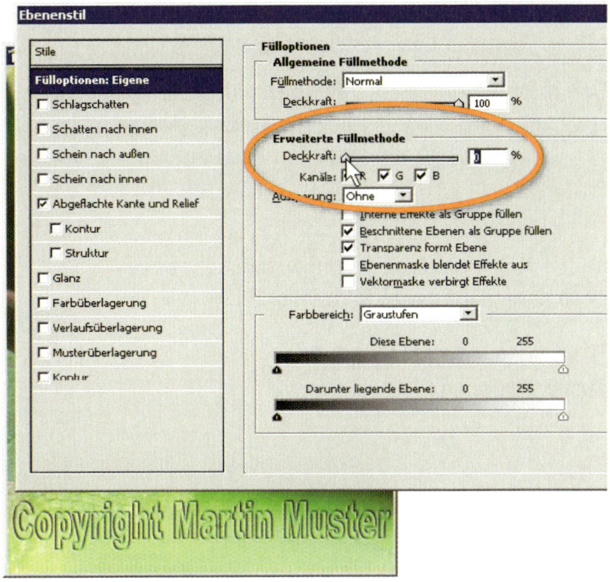

Schritt 22: Befehle markieren

Damit steht die Aktion – jedenfalls fast. Wir räumen noch etwas auf und löschen Befehle, die wir in dieser Aktion ohnehin nicht mehr brauchen. In den Schritten 12 und 13 hatten wir die Funktionen zunächst übergangen und dann abgeschaltet – jetzt verschwinden sie endgültig.

Klicken Sie in der Aktionen-Palette auf den ersten überflüssigen Schritt ganz oben, also auf SETZEN ALLGEMEINER VOREINSTELLUNGEN. Dann klicken Sie bei gedrückter [⇧]-Taste auf den letzten überflüssigen Schritt in dieser Reihe, also auf AUSWAHL GANZES BILD MENÜBEFEHL. Damit haben Sie die gesamte Reihe von drei Befehlen markiert.

Schritt 23: Befehle löschen

Wenn die Schritte markiert sind, ziehen Sie den ganzen Sums in den Mülleimer.

Damit ist die Aufzeichnung abgeschlossen. Wir speichern das Aktionsset als »Meine_Aktionen_3«; es enthält die aktuellen Fassungen der Aktionen ZUSCHNEIDEN UND SCHRIFTZUG wie auch NUR SCHRIFTZUG.

In der Übung 15 ab Seite 118 wenden wir unsere Aktionen auf ganze Bildreihen an.

Datei: Aktion_07; Aktionsset: Meine_Aktionen_3

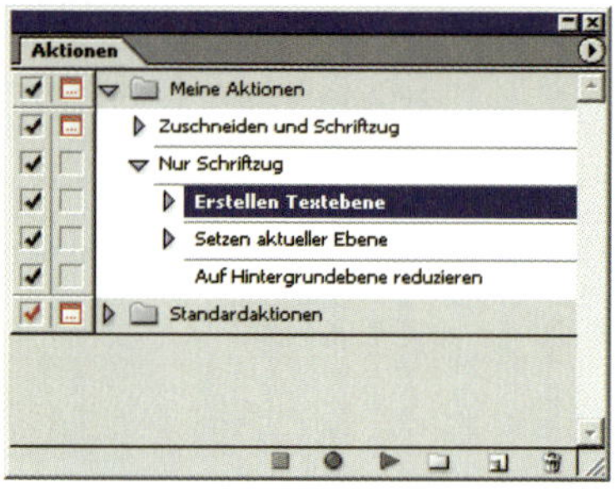

Tipps & Tricks

- In Schritt 7 erhöhen wir die erweiterte DECKKRAFT auf 1 Prozent und belassen es dabei; das Bildergebnis ist in Ordnung. Aber Sie legen Wert auf 0 Prozent? Dann stellen Sie in Schritt 7 zunächst eine beliebige erweiterte DECKKRAFT zwischen 1 und 100 Prozent her und klicken Sie auf OK. Direkt danach klicken Sie in der Aktionen-Palette doppelt auf den Balken SETZEN AKTUELLER EBENE. Gehen Sie wieder in den Bereich FÜLLOPTIONEN: EIGENE, nun senken Sie die erweiterte DECKKRAFT auf 0 Prozent. Diese Änderung wird aufgezeichnet.
- Zeigt der Schriftzug am Monitor unsaubere Kanten? Das hängt mit krummen Zoomstufen wie 56,78 Prozent zusammen. Besonders klar erscheinen die Lettern in den Zoomstufen 100 oder 50 Prozent.
- Wie Lettern auf der Internetseite aussehen, erkennen Sie in der Zoomstufe 100 Prozent (Doppelklick auf die Lupe in der Werkzeugleiste). Dagegen sind bei der Vorführung per **PDF-Präsentation** unterschiedlichste Zoomstufen denkbar.
- Sie können eine Aktion von einem Set in ein anderes ziehen. Wollen Sie die Aktion dabei duplizieren, so dass sie anschließend in beiden Sets existiert, ziehen Sie mit gedrückter [Alt]-Taste.

Übung 14: Aktion aufzeichnen – Bildrahmen

Die Miniaturen der Internetgalerie heben sich noch nicht richtig von der Seite ab? Rahmen Sie Ihre Exponate edel ein. Schicke Alu-Fassungen für Ihre besten Stücke zaubert Photoshop direkt aus der Retorte. Wir zeichnen das Prozedere als Aktion auf – es lässt sich blitzschnell auf ganze Bildreihen anwenden.

Auf einen Blick

Sie lernen kennen:	Befehlsfolge (»Aktion«) aufzeichnen; Ebeneneffekte ABGEFLACHTE KANTE UND RELIEF, SCHATTEN NACH INNEN und KONTUR
Aufwand:	mittel; 11 Schritte
Siehe auch:	Aktion aufzeichnen – Zuschneiden und Copyright-Schriftzug, Seite 85 Aktionen anpassen, Seite 98 Aktionen abspielen, Seite 118 Die eigene Internetgalerie, Seite 340 Richtig speichern, Seite 372
Übungsdateien:	Rahmen_01 etc.
Kommentar:	Unsere 3D-Rahmen machen wenig Aufwand, aber viel her. Sie eignen sich für Miniaturen einer Internetgalerie ebenso wie für ausgewachsene Großdateien.

Schritt 1: Ein Bild zum Aufzeichnen

Wir zeichnen die Herstellung des Bildrands mit einer Fotominiatur auf. Die Miniaturdatei entstand beim Anlegen der Internetgalerie auf Seite 340. Nehmen Sie für diese Übung hier also irgendeine Datei aus dem Verzeichnis »Galerie_1/thumbnails« von der Buch-CD. Wir verwenden hier »Rahmen_01«, eine Kopie aus diesem Verzeichnis.

Mit 160 Pixeln Breite wirkt unsere Übungsdatei winzig. Schließlich ist es nur ein Vorschaubild von einer Internetseite.

Aber: Sie können unsere Beschreibung auch auf viel größere Dateien anwenden; erhöhen Sie dann in Schritt 4 die GRÖSSE der KONTUR. Und: Sie müssen das Prozedere nicht sofort als Aktion aufzeichnen. Wollen Sie das Verfahren nur mit einer einzelnen Datei nachspielen, laden Sie ein beliebiges Bild und starten Sie bei Schritt 3.

Datei: Rahmen_01

Schritt 2: Die neue Aktion

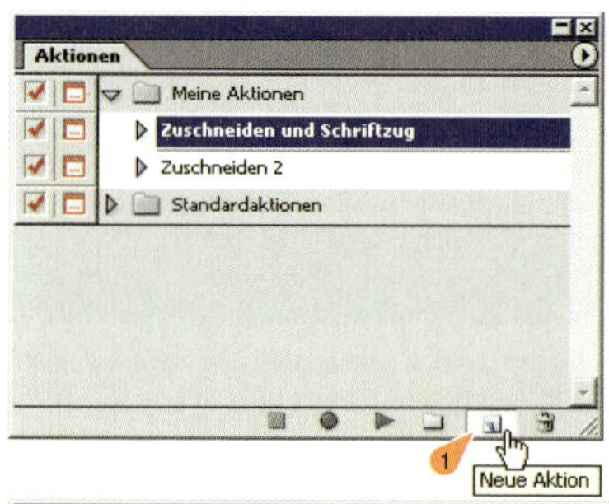

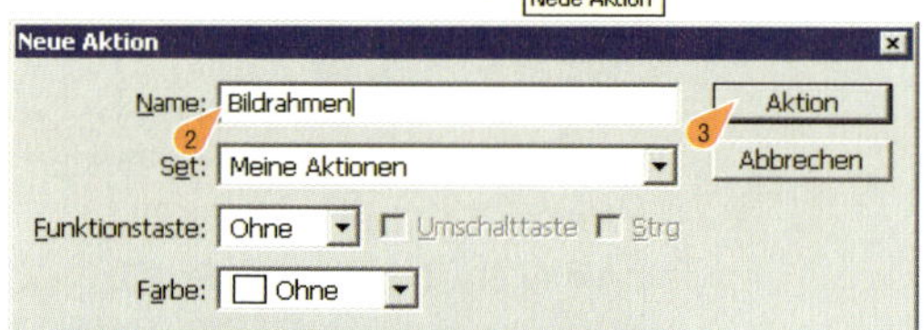

In den Übungen 12 und 13 (Seiten 85 und 98) haben wir bereits das neue Aktionsset MEINE AKTIONEN angelegt. Sie haben dort das Aufzeichnen und Korrigieren von Aktionen schon genau kennen gelernt. Hier arbeiten wir mit diesem Aktionsset weiter. Sie können die neue Aktion aus dieser Übung aber genauso gut im Set STANDARDAKTIONEN verewigen.

Wir klicken einmal irgendwo in den Bereich des Aktionssets MEINE AKTIONEN. Klicken Sie danach auf 1 NEUE AKTION. Im Dialogfeld NEUE AKTION tippen Sie den 2 Namen »Bildrahmen« für die neue Aktion ein. Dann klicken Sie auf 3 AKTION.

Die neu angelegte Aktion 4 BILDRAHMEN erscheint jetzt in der Aktionen-Palette im Set MEINE AKTIONEN ganz unten. Unten leuchtet das rote 5 Aufnahmelämpchen. Das signalisiert: Photoshop zeichnet Ihre weiteren Schritte auf.

Schritt 3: Ebenentechnik

Falls noch nicht auf dem Schirm zu sehen, laden Sie per **Fenster**-Menü die **Ebenen**-Palette. Das Bild hat zunächst nur eine HINTERGRUND-Ebene, die sich nicht für die geplanten Effekte eignet.

Klicken Sie doppelt auf die (1) HINTERGRUND-Ebene. Für die veränderte Ebene schlägt Photoshop im Dialogfeld NEUE EBENE den Namen (2) EBENE 0 vor. Wir belassen es dabei und klicken auf OK.

Das Foto sieht so aus wie vorher auch. Doch in der Ebenen-Palette erscheint jetzt statt der HINTERGRUND-Ebene die (3) EBENE 0.

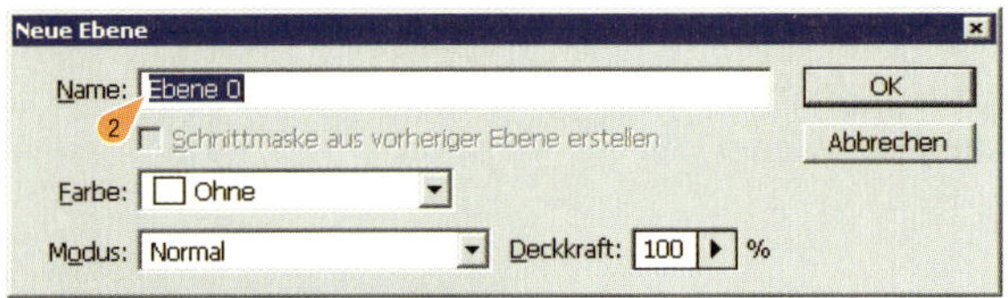

Schritt 4: Der »Kontur«-Effekt

Klicken Sie doppelt auf die Miniatur EBENE 0 in der Ebenen-Palette. Im Dialogfeld EBENENSTIL klicken Sie links unten auf den Balken (1) KONTUR. (Klicken Sie nicht nur in das Kästchen.)

Rechts in den Vorgaben für den KONTUR-Effekt stellen Sie zunächst einmal die (2) POSITION von AUßEN nach INNEN.

Jetzt erkennen Sie einen dünnen roten Rahmen um das Bild herum. Erhöhen Sie die (3) GRÖSSE auf 10 Pixel.

Sie sehen hier schon, dass der Rahmen den Rand des Bilds überdeckt. Wir nehmen diese Konzentration aber in Kauf, denn ein außen angesetzter Rahmen sprengt vielleicht die Proportionen der gesamten Internetgalerie. Und keine Sorge, bei den roten Strichen bleibt es nicht lange.

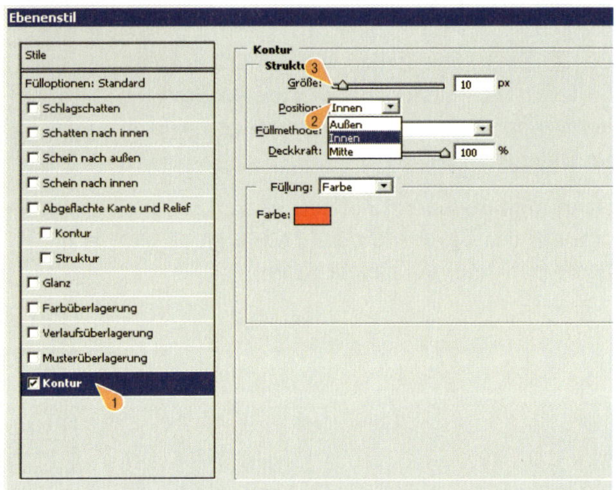

Schritt 5: »Kontur« mit Verlauf

Die FÜLLUNG stellen wir von 1 FARBE zu VERLAUF um. Öffnen Sie die Vorgabenbibliothek für Verläufe durch einen Klick auf das 2 gekippte Dreieck ▼.

Klicken Sie auf den dritten Verlauf 3 SCHWARZ, WEISS.

Dann klicken Sie einmal in die 4 graue Fläche des Dialogfelds; so schließen Sie die Verläufe-Sammlung wieder.

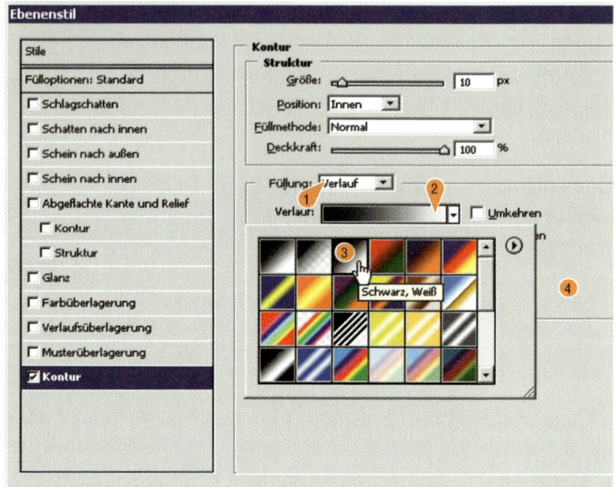

Schritt 6: Der Konturverlauf wird verfeinert

Im STIL-Menü nehmen Sie 1 GESPIEGELT, so dass sich der Verlauf verdoppelt. Ein Klick auf 2 UMKEHREN dreht die Verlaufsrichtung um.

Ziehen Sie das 3 WINKEL-Rad in die 45-Grad-Position; damit geht der Verlauf diagonal über den Rahmen.

Die 4 SKALIERUNG stellen wir auf 130 Prozent. So fallen die hellsten und dunkelsten Bereiche des Verlaufs aus der Kontur heraus, sie wirken im Endergebnis zu grell.

Dann folgt der nächste Effekt: Klicken Sie einmal auf den Balken 5 ABGEFLACHTE KANTE UND RELIEF (nicht nur auf das Kästchen).

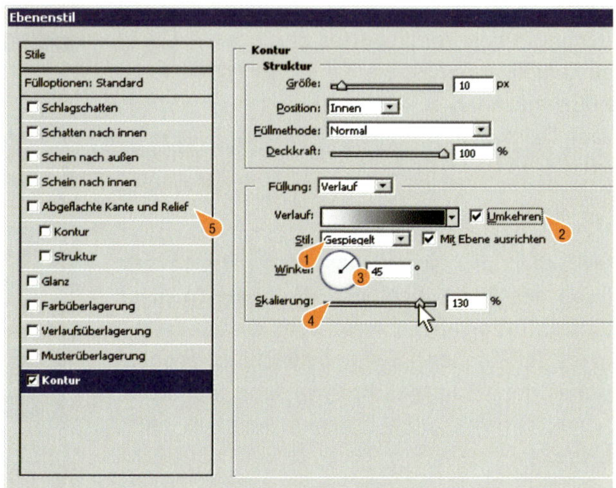

Schritt 7: Der plastische Effekt

Im Bereich ABGEFLACHTE KANTE UND RELIEF geben Sie als STIL zuerst 1 RELIEFKONTUR vor. Dieser Stil bewirkt nur etwas, wenn die aktuelle Ebene bereits einen KONTUR-Effekt hat.

Als TECHNIK nehmen Sie 2 ABRUNDEN, für unsere kleine Galerieminiatur reicht zudem eine 3 GRÖSSE von 6 Bildpunkten.

Öffnen Sie die Vorgaben für die GLANZKONTUR mit einem Klick auf das 4 gekippte Dreieck ▼. Dort nehmen Sie die Variante 5 RING. Sie zaubert einen metallischen Schimmer in den Bildrahmen.

Ein letzter Effekt folgt noch – klicken Sie einmal auf den Balken 6 SCHATTEN NACH INNEN.

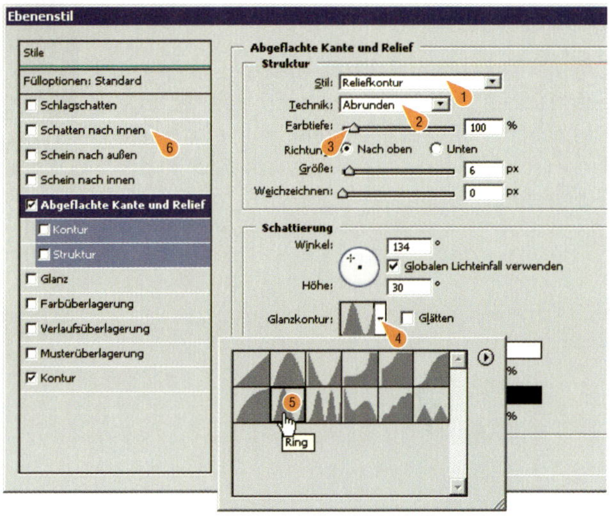

Schritt 8: Der »Schatten nach innen«

Der SCHATTEN NACH INNEN verstärkt die plastische Wirkung noch weiter. Wir ändern nichts an den Werten, ziehen aber den Schatten in die gewünschte Richtung.

Dazu klicken Sie bei geöffnetem Dialogfeld in die linke obere Ecke des Bilds und ziehen den Schatten unter dem Konturrahmen hervor, bis er gerade eben sichtbar wird. Dabei entsteht laut Dialogfeld ein WINKEL von 134 Grad und eine DISTANZ von 18 Bildpunkten.

Soweit der Rahmen-Effekt – klicken Sie auf OK.

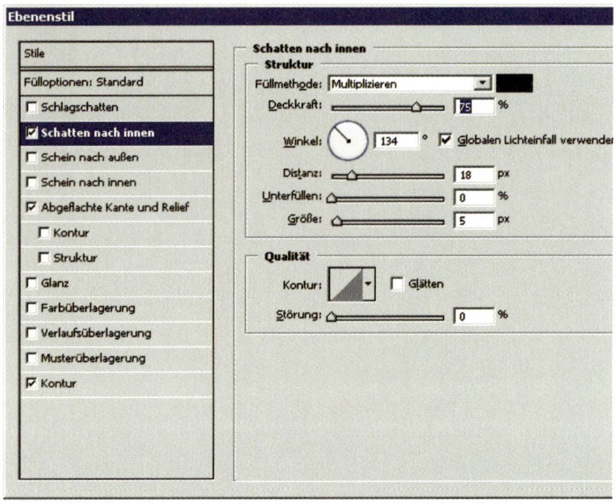

Schritt 9: Zwischenbilanz

Wie ist die Lage? In der Ebenen-Palette erkennen Sie die einzelnen Effekte (1) Schatten nach innen, Abgeflachte Kante und Relief sowie Kontur. Sie könnten mit dem Augensymbol ausgeblendet oder mit dem Mülleimer komplett entsorgt werden.

Die Aktionen-Palette listet unsere bisherigen Schritte auf. Hier leuchtet noch das (2) rote Lämpchen – die Aufzeichnung läuft also noch. Ein weiteres Manöver speichern wir noch in der Befehlsfolge.

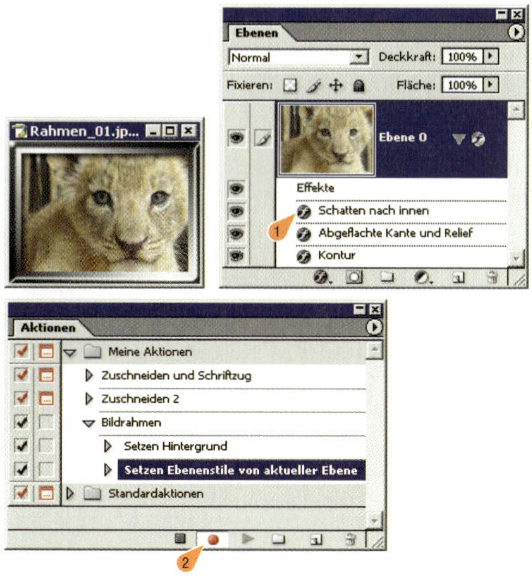

Schritt 10: Auf Hintergrundebene verschmelzen

Das Bildergebnis soll ja als JPEG-Datei auf einer Internetseite landen. Darum müssen Sie Ebene 0 und die Effekte wieder zu einer einzigen Hintergrund-Ebene eindampfen. Wählen Sie dazu **Ebene: Auf Hintergrundebene reduzieren**.

Die Bildwirkung mit dem neuen Rahmen ändert sich dadurch nicht. Aber die Ebenen-Palette zeigt nur noch eine Hintergrund-Ebene, die Effekte wie Schatten nach innen sind nicht mehr erreichbar. Die Aktionen-Palette zeichnet auch diesen Befehl auf.

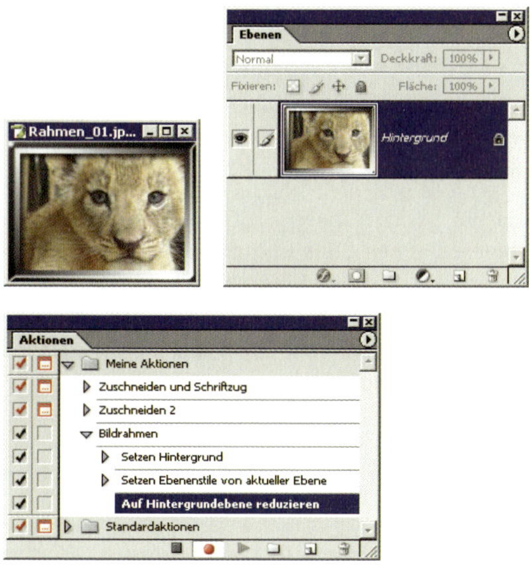

Schritt 11: Beenden Sie die Aufzeichnung

Wir haben jetzt alle Schritte beisammen, um die Fotominiaturen mit einem Bildrahmen zu garnieren. Klicken Sie zum Abschluss auf die Schaltfläche 1 AUSFÜHREN/AUFZEICHNUNG BEENDEN ■. Danach erlischt die 2 Aufnahmelampe.

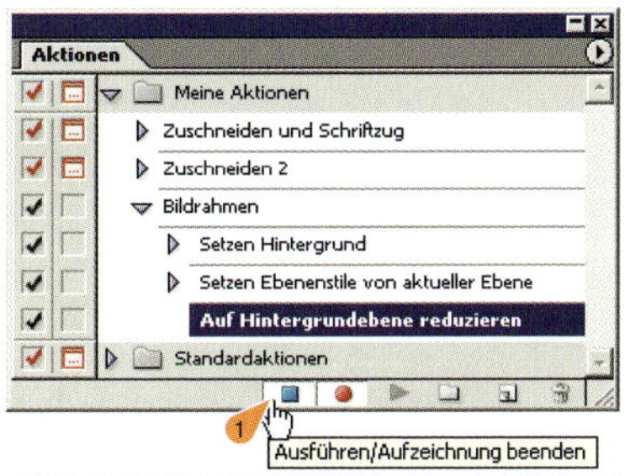

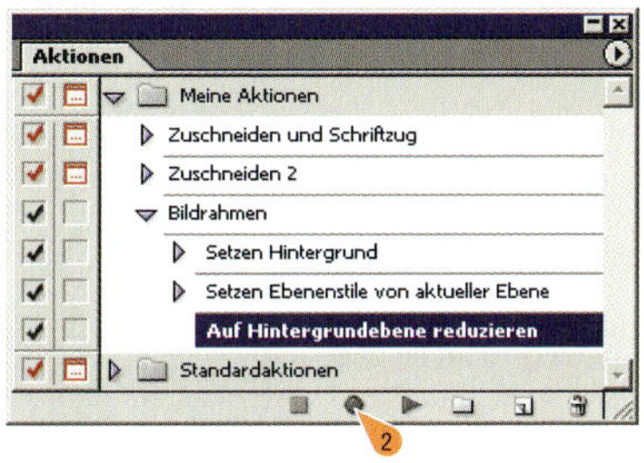

Sie können jetzt sofort die Miniaturen aus der Internetgalerie mit einem Rahmen garnieren; wir verwenden die Aktion BILDRAHMEN mit dem Befehl **Stapelverarbeitung** ab Seite 118.

Das Ergebnisbild speichern wir als »Rahmen_02«, aber Sie können es auch ungesichert wegklicken – schließlich wird die Befehlsfolge noch einmal auf die gesamte Miniaturenreihe angewendet.

Das neue Aktionsset mit den drei Befehlsfolgen einschließlich BILDRAHMEN finden Sie als »Meine_Aktionen_4.atn« auch auf der Buch-CD. Wie Sie Aktionssets speichern und laden, spielen wir ab Seite 96 durch.

Datei: Rahmen_02,
Aktionsset: Meine_Aktionen_4

Tipps & Tricks

- Der Rahmen überdeckt vorhandenen Bildrand und dehnt die Bildgröße nicht aus – ideal für Miniaturen einer Internetgalerie. Wollen Sie den Rand dagegen außen um das Bild herumlegen, setzen Sie im EBENENSTIL-Bereich KONTUR die Position auf AUSSEN. Damit verschwindet der Rahmen zunächst außerhalb der Bildgrenzen. Klicken Sie auf OK, dann wählen Sie **Bild: Alles einblenden** – Photoshop erweitert die Arbeitsfläche so, dass der nach außen gesetzte Rahmen voll sichtbar wird. Auch dieses Verfahren lässt sich per Aktionen-Palette aufzeichnen.
- Beim Gestalten des Rahmens bietet Photoshop viel Spielraum. Nehmen Sie beim KONTUR-Effekt zum Beispiel keinen VERLAUF, sondern ein MUSTER. Oder schalten Sie KONTUR und STRUKTUR beim Effekt ABGEFLACHTE KANTE UND RELIEF zu. Oder lassen Sie die KONTUR ganz weg, stattdessen nehmen Sie bei ABGEFLACHTE KANTE UND RELIEF die Vorgabe ABGEFLACHTE KANTE INNEN.

Übung 15: Aktionen abspielen

Sie haben Aktionen aufgezeichnet und jetzt korrigieren Sie ganze Bildreihen am Stück. Per Stapelverarbeitung steuern Sie gezielt, welche Dateien Photoshop in die Mangel nimmt – und wie das Ergebnis gespeichert wird.

Auf einen Blick

Sie lernen kennen:	Befehlsfolge (»Aktion«) abspielen, wahlweise mit Verzeichnis oder gewählten Einzeldateien
Aufwand:	gering; 17 Schritte für drei Aktionen
Siehe auch:	Befehl auf Tastatur legen, Seite 78 Aktion aufzeichnen – Zuschneiden und Copyright-Schriftzug, Seite 85 Aktionen anpassen, Seite 98 Aktion aufzeichnen – Bildrahmen, Seite 111 Diaschau per PDF-Präsentation, Seite 324 Die eigene Internetgalerie, Seite 340 Transformieren, Seite 368
Übungsdateien:	Verzeichnisse: Galerie_1/thumbnails Galerie_1/images Sommer_1
Kommentar:	Lassen Sie Ihre Befehlsfolgen auf ganze Bildreihen los – auf ein komplettes Verzeichnis oder auf handverlesene Motive.

Schritt 1: Vorbereitungen

Zuerst bearbeiten wir die Miniaturen für die Internetgalerie, die wir ab Seite 340 angelegt haben. Alle Vorschaubildchen sollen vollautomatisch einen metallisch schimmernden Rahmen erhalten. Die passende Aktion (Befehlsfolge) BILDRAHMEN haben wir ab Seite 111 aufgezeichnet. Haben Sie die Aktionen-Palette auf dem Schirm? Die Aktion BILDRAHMEN befindet sich in unserem Set MEINE AKTIONEN. Wenn Sie die Aktionen nicht angelegt haben, laden Sie das Aktionsset kurzerhand von der Buch-CD: Öffnen Sie das Menü der Aktionen-Palette mit dem (1) Dreieckschalter, dann gehen Sie auf (2) **Aktionen laden** und klicken im »Uebungen«-Verzeichnis der Buch-CD doppelt auf »Meine_Aktionen_4.atn«. Wir wollen die Aktion BILDRAHMEN verwenden. (3) Klicken Sie einmal auf den Namen dieser Aktion, um sie zu aktivieren.

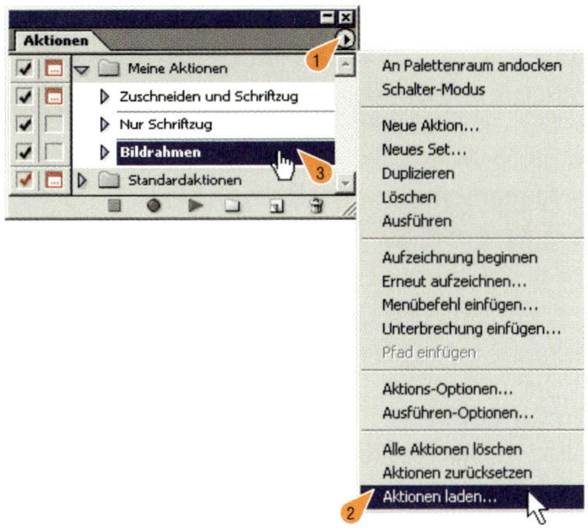

Aktionsset: Meine_Aktionen_4

Schritt 2: Welche Dateien werden bearbeitet?

Wählen Sie **Datei: Automatisieren: Stapelverarbeitung**. Dieses Dialogfeld steuert, welche Dateisammlung mit welcher Aktion (Befehlsfolge) bearbeitet wird. Oben nennt Photoshop bereits die Aktion BILDRAHMEN, denn die hatten Sie in Schritt 1 schon markiert. Welche Dateien bearbeiten Sie? Uns geht es hier um die Miniaturen der Web-Galerie, und zwar nehmen wir die Galerie von der Buch-CD.

Öffnen Sie das Klappmenü (1) QUELLE und klicken Sie auf ORDNER. Sie knöpfen sich also sämtliche Bilder eines bestimmten Ordners vor. Nach einem Klick auf (2) WÄHLEN erscheint der Dialog ORDNER SUCHEN; nennen Sie das Verzeichnis mit den Bildern für die Korrektur. Wir verwenden (3) »Uebungen/Galerie_1/thumbnails« von der Buch-CD. (Sie könnten auch ein Verzeichnis von Ihrer Festplatte angeben.) Klicken Sie auf OK.

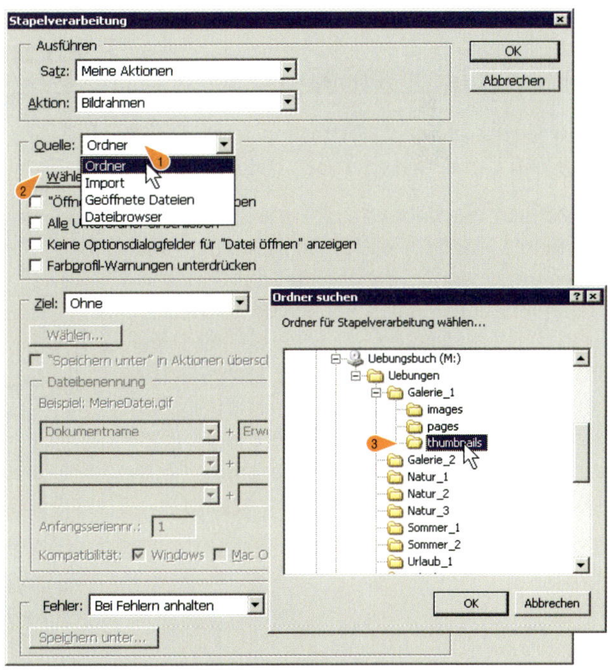

Verzeichnis: Galerie_1/thumbnails

Schritt 3: Wohin mit den Ergebnissen?

Der Bereich QUELLE nennt nun das 1 Verzeichnis, dessen Dateien Sie stapelweise verarbeiten. Aber was geschieht mit den fertig verarbeiteten Dateien?

Öffnen Sie das Klappmenü im ZIEL-Bereich und schalten Sie die Vorgabe 2 ORDNER ein. Das heißt: Photoshop speichert verarbeitete Bilder in einem neuen Ordner. Die Originale bleiben also völlig unverändert erhalten.

(Die Option SPEICHERN UND SCHLIESSEN verändert die Originale im Ursprungsordner. Das eignet sich hier nicht, denn wir können ja keine Änderungen auf CD zurückschreiben; für Dateien von der Festplatte ohne Schreibschutz bietet sie sich jedoch an. Die Vorgabe OHNE testen wir noch ab Schritt 13.)

Nach der Vorgabe Ordner klicken Sie wieder auf 3 Wählen. Im Dialog Ordner suchen nennen Sie ein Verzeichnis auf der Festplatte, in das Photoshop die fertigen Dateien schreibt. Wir verwenden hier das Zielverzeichnis 4 »C/temp«.

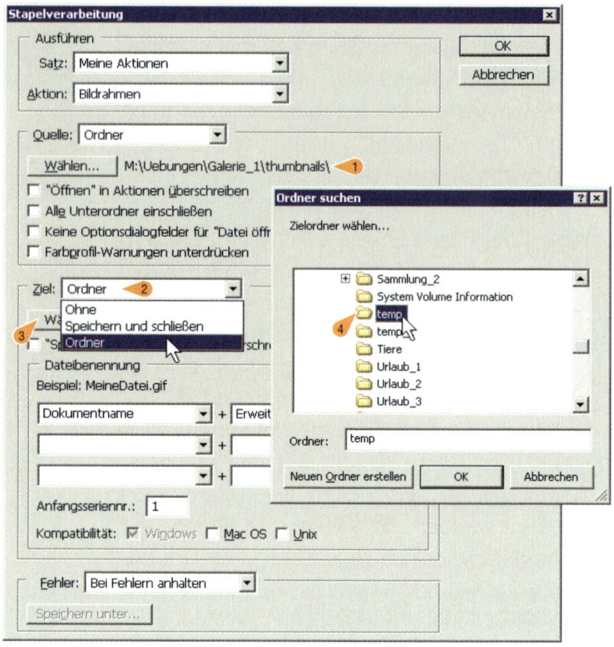

Schritt 4: Umbenennen bei Bedarf

Im Bereich ZIEL nennt Photoshop jetzt das 1 Verzeichnis, in dem die fertigen Dateien landen.

Sie können die Dateien nicht nur reihenweise bearbeiten, sondern die Ergebnisse auch noch gleich umbenennen. Dafür bietet das Dialogfeld **Stapelverarbeitung** den Bereich 2 DATEIBENENNUNG. Das funktioniert genauso wie der Dateibrowser-Befehl **Automatisieren: Stapel umbenennen**, den wir auf Seite 28 verwenden. Wir lassen hier aber alles unverändert und benennen nichts um. Unsere Miniaturen sollen für die Internetgalerie die Originalnamen behalten.

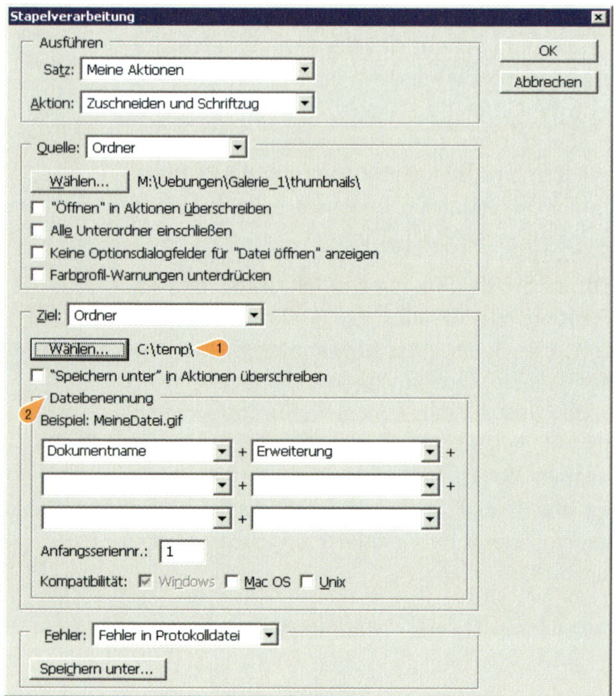

Schritt 5: Was passiert bei Fehlern?

Bei der Stapelverarbeitung stören eventuell Dateien mit Defekt, ungeeigneten Ebenen oder Farbmodi. Achten Sie darum auf das Klappmenü im Bereich FEHLER. Hier steht zunächst: BEI FEHLERN ANHALTEN. Das bedeutet: Bei Problemdateien bleibt die Verarbeitung komplett stehen, bis Sie auf eine Meldung klicken. Das ist lästig.

Wechseln Sie zur Vorgabe 1 FEHLER IN PROTOKOLLDATEI. Dann schreibt Photoshop seine Fehlermeldungen in eine Textdatei, fein säuberlich für jedes Bild. Photoshop liefert am Ende der Arbeitsreihe eine Meldung, falls es überhaupt Fehler gab. Alle brauchbaren Bilder durchlaufen auf jeden Fall die Aktion, Sie können beruhigt nebenan die Espressomaschine hochfahren.

Klicken Sie zusätzlich auf 2 SPEICHERN UNTER. Im SPEICHERN-Dialog nennen Sie einen Speicherort und einen 3 Namen für die Textdatei mit den Fehlermeldungen.

Klicken Sie auf OK – die Stapelverarbeitung läuft an.

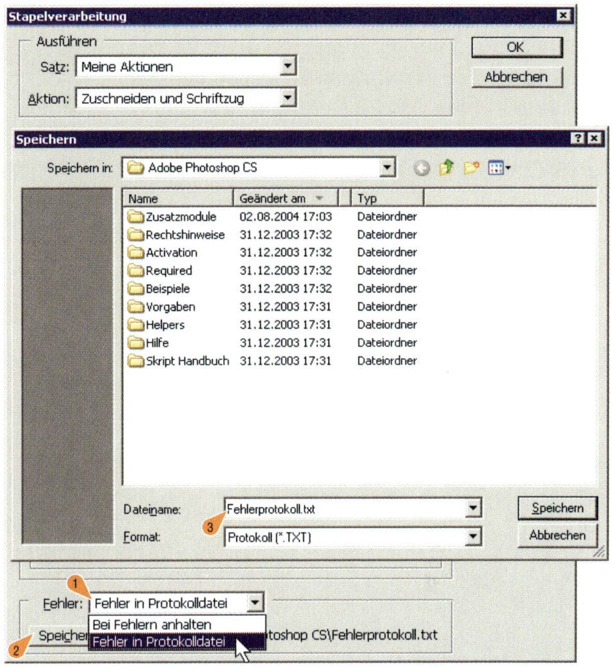

Schritt 6: Die Verarbeitung läuft

Jetzt springt ein Bild nach dem anderen auf den Schirm. Blitzschnell zieht Photoshop die Aktion durch – HINTERGRUND-Ebene verwandeln, Bildrahmen dranklemmen, Ebenen wieder einstampfen –, schon verschwindet die Datei wieder, gesichert im Zielverzeichnis »C:/temp«, und Photoshop knöpft sich das nächste Motiv vor. Die einzelnen Schritte erscheinen auch in der Protokoll-Palette.

Läuft etwas anders als gewollt? Dann brechen Sie das hektische Treiben schnell mit der Esc-Taste ab.

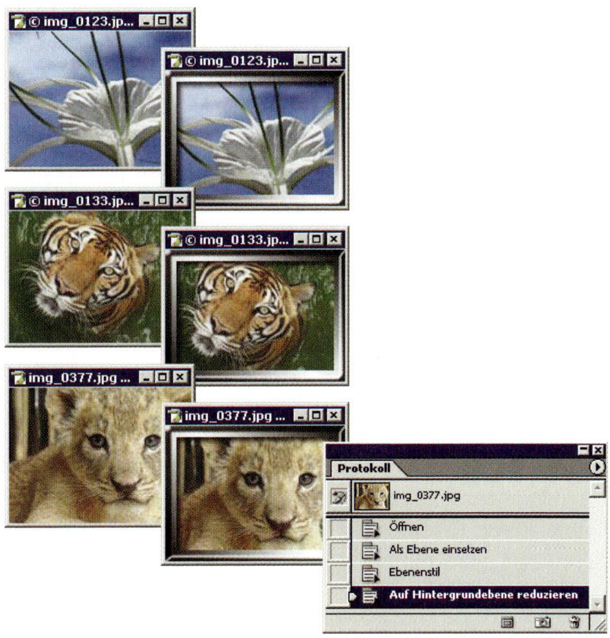

Schritt 7: Das Ergebnis

Dann ist der Spuk vorbei – was ist jetzt mit den Ergebnissen? Forschen wir im Dateibrowser nach. Laden Sie den **Dateibrowser** via **Fenster**-Menü. Wir rufen das Zielverzeichnis »C:/temp« mit der ORDNER-Palette auf. Und siehe, dort warten bereits die fertig verarbeiteten Dateien.

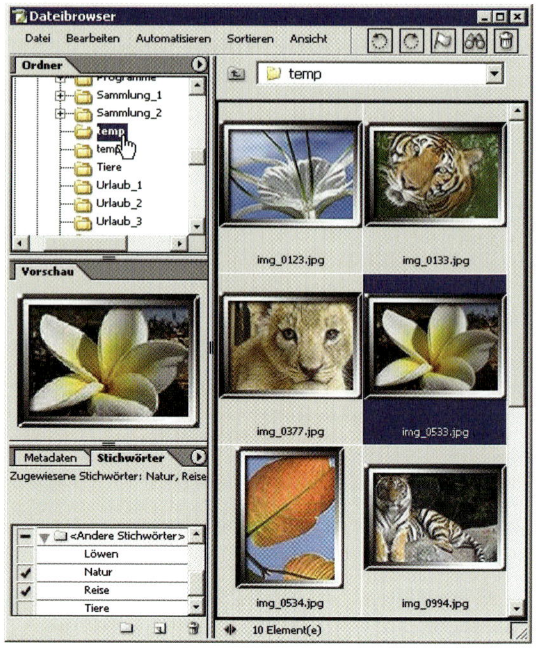

Schritt 8: Die nächste Aktion

Bleiben wir gleich im Dateibrowser. Für die Internetgalerie wollen wir nicht nur die Miniaturen verändern. Die groß erscheinenden Einzelbilder sollen zudem einen Copyright-Schriftzug erhalten. Den haben wir in den Übungen 12 und 13 ab Seite 85 als Aktion NUR SCHRIFTZUG aufgezeichnet.

Den Ordner mit den Einzelbildern finden Sie auf der Buch-CD unter »Uebungen/Galerie_1/images«. Die Motive erscheinen im Photoshop-Dateibrowser mit Schreibschutzsymbol 🔒, denn Bilder auf CD können Sie ja nicht verändert auf CD zurückspeichern.

Sie können unsere Aktion NUR SCHRIFTZUG nicht komplett über den Ordner »images« laufen lassen. Denn: Der Ordner enthält nicht nur die Einzelbilder. Dort finden sich auch die Pfeile, die den Betrachter der Internetgalerie zum nächsten Bild oder zurück zur Gesamtübersicht lotsen sollen. Diese Grafiken dürfen natürlich keinen Schriftzug abbekommen.

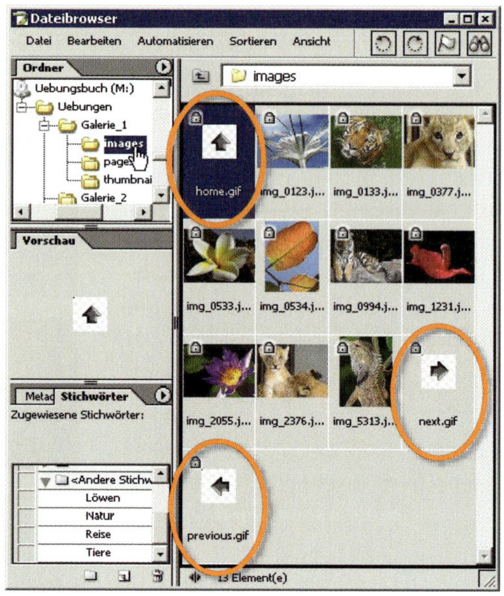

Schritt 9: Aktion per Browser starten

Die Aktion soll nur die Fotografien verändern, aber nicht die Pfeile. Wir markieren darum zunächst die Fotos im Browser. Die alphabetische Sortierung macht es uns einfach: Alle Fotos erscheinen in einer Reihe. Klicken Sie zuerst das (1) erste Foto im Dateibrowser an. Dann drücken Sie die [⇧]-Taste und klicken auf das (2) letzte Foto. So wählen Sie die gesamte Bildreihe aus.

Dann klicken Sie oben im Menü des Dateibrowsers auf **Automatisieren: Stapelverarbeitung**.

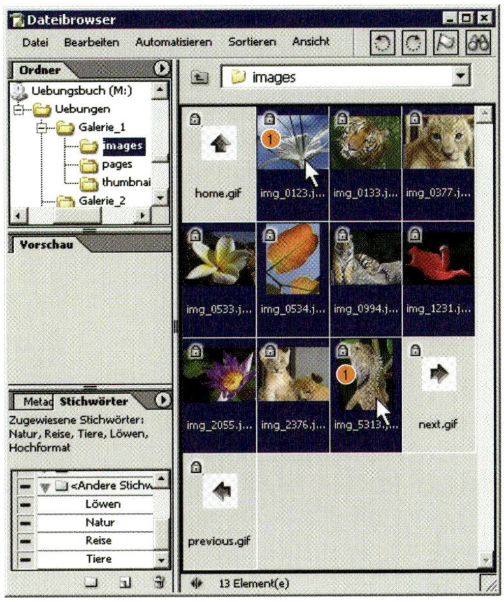

Schritt 10: Das Dialogfeld »Stapelverarbeitung«

Wir landen wieder im Dialogfeldfeld STAPELVERARBEITUNG. Im Klappmenü (1) AKTION stellen Sie die geplante Aktion ein, also NUR SCHRIFTZUG. Als QUELLE nennt Photoshop jetzt DATEIBROWSER (hier durch das Klappmenü verdeckt) – also genau die Bilder, die Sie in Schritt 8 im Dateibrowser markiert haben; Sie verändern nicht mehr einen kompletten Ordner.

Als ZIEL nennen Sie wieder einen (2) ORDNER auf Ihrer Festplatte (Dateien von CD können Sie ja nicht per Option SPEICHERN UND SCHLIESSEN in den Originalordner zurückschreiben). Nach einem Klick auf (3) WÄHLEN nehmen Sie einen anderen Ordner als in Schritt 3, wir verwenden diesmal den Ordner (4) »temp_2«.

Im FEHLER-Bereich gehen Sie wieder auf (5) FEHLER IN PROTOKOLLDATEI, damit nicht eine einzelne Datei den ganzen Durchlauf ausbremst (siehe Schritt 5); nach einem Klick auf (6) SPEICHERN legen Sie den Namen der Protokolldatei fest. Klicken Sie auf OK.

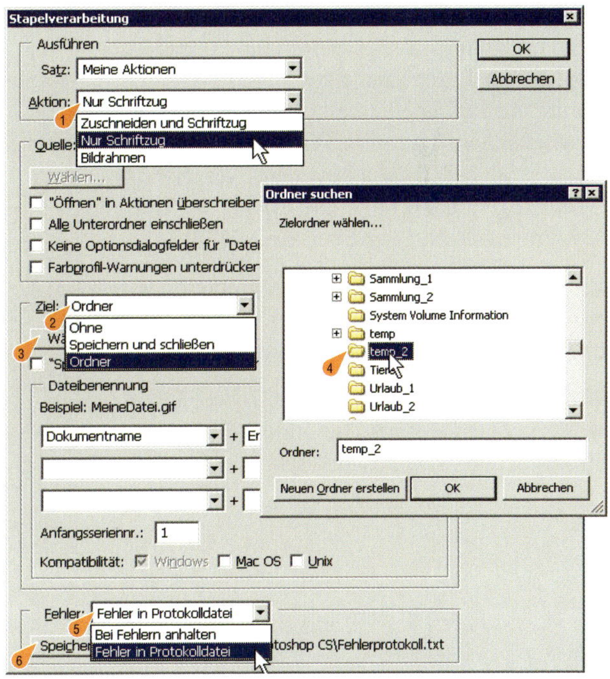

Schritt 11: Die Verarbeitung

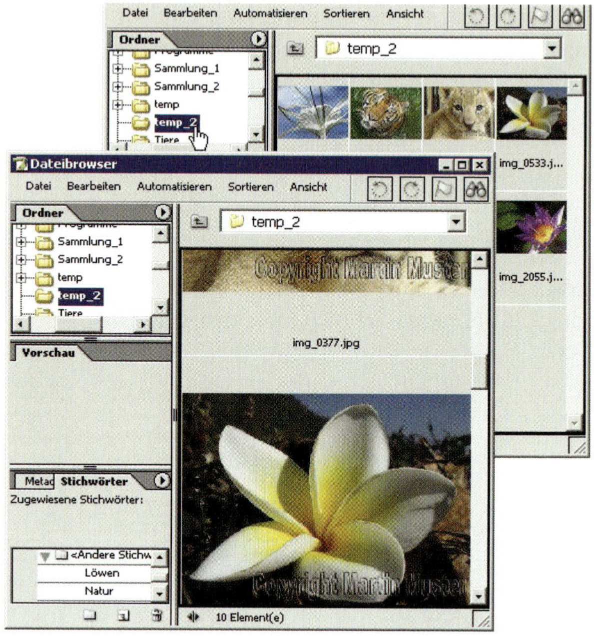

Nach dem OK-Klick rattert Photoshop durch das Procedere. Das Programm lädt unermüdlich die im Dateibrowser gewählten Aufnahmen, stanzt den Schriftzug ein, schreibt die Ergebnisse in den gewählten Ordner »temp_2« und schon sind die Bilder wieder weg.

Aber hat auch alles funktioniert?

Wir öffnen den Zielordner »temp_2« mit dem Dateibrowser. Die Miniaturen lassen den hauchfein eingestanzten Schriftzug zunächst kaum erkennen.

Wir brauchen größere Miniaturen; dazu gehen Sie im Menü des Dateibrowsers auf **Ansicht: Eigene Miniaturgröße**. Die EIGENE MINIATURGRÖSSE ist momentan auf 256 Pixel eingestellt (vergleiche Seite 16). Jetzt sind die Lettern deutlich erkennbar.

Schritt 12: Vorbereitung für die nächste Aktion

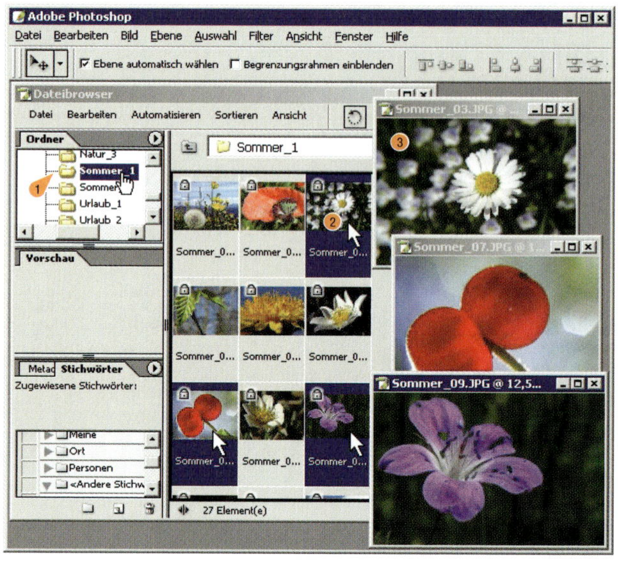

Erinnern Sie sich? Ganz zu Anfang haben wir auch die Aktion ZUSCHNEIDEN UND SCHRIFTZUG aufgezeichnet; sie schneidet einen 4:3-Ausschnitt aus Bilddateien heraus und setzt einen Copyright-Schriftzug ein. Wir brauchen diese Aktion für die Bilder aus dem Verzeichnis »Sommer_1«; die Ergebnisse sollen in einer **PDF-Präsentation** erscheinen (Seite 324).

Also, diese etwas knifflige Aktion probieren wir in Ruhe mit ein paar Dateien aus, bevor wir endgültig die ganze Reihe durchnudeln.

Öffnen Sie im Dateibrowser das CD-Verzeichnis (1) »Uebungen/Sommer_1«. Die CD-Bilder zeigen wieder das Schreibschutzsymbol 🔒.

Für einen Test (2) klicken Sie bei gedrückter [Strg]-Taste drei Bilder je einmal an, so dass sie ausgewählt sind. (Am Mac wie immer die [⌘]-Taste statt der [Strg]-Taste.)

Drücken Sie einmal die [↵]-Taste. So holen Sie die (3) Dateien auf die Programmfläche.

Schritt 13: So bearbeiten Sie nur geöffnete Bilder

Wählen Sie jetzt **Datei: Automatisieren: Stapelverarbeitung**. Als Aktion nehmen Sie (1) Zuschneiden und Schriftzug.

Wichtig der Bereich Quelle: Hier gehen Sie auf (2) Geöffnete Dateien. Sie bearbeiten also nicht ein komplettes Verzeichnis und auch nicht die Bilder, die Sie im Dateibrowser markiert haben. Die Aktion verändert vielmehr alle momentan geöffneten Dateien; ein Weg, auch Bilder aus unterschiedlichen Verzeichnissen gleichzeitig zu korrigieren.

Und im Bereich Ziel gehen wir diesmal auf (3) Ohne. Das heißt, die bearbeiteten Bilder bleiben ungespeichert auf der Arbeitsfläche liegen. Sie werden weder korrigiert ins Originalverzeichnis geschrieben noch wandern sie in ein neues Verzeichnis. Die Vorgabe Ohne kostet so zwar massiv Arbeitsspeicher, aber sie erlaubt Korrekturen an den Ergebnissen.

Klicken Sie auf OK.

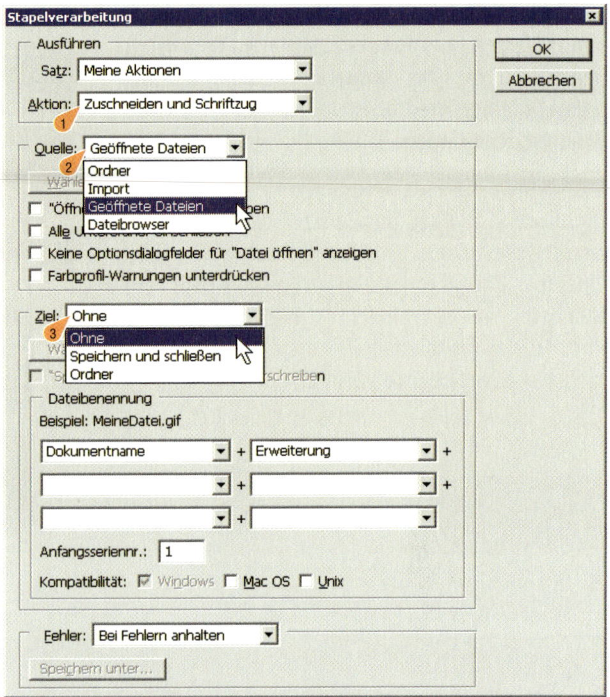

Schritt 14: Die Aktion läuft durch

Photoshop knöpft sich die drei Dateien nacheinander vor: Das Programm schlägt einen Freistellrahmen vor, den Sie von Hand korrigieren und dann mit der ↵-Taste bestätigen.

Danach springt das Programm in eine höhere Zoomstufe, baut einen schwarzen Schriftzug ein, der im nächsten Schritt halb durchsichtig wird, dann verschmilzt diese Textebene mit dem Hintergrund.

Das dreimal, fertig.

Schritt 15: Die Ergebnisse

Diesmal verschwinden die Ergebnisse nicht in einem Verzeichnis auf der Festplatte. Weil wir in Schritt 13 die ZIEL-Vorgabe OHNE angegeben haben, bleiben die Bilder ungespeichert auf der Arbeitsfläche liegen.

Sie können die Einzelergebnisse noch korrigieren. Rufen Sie dazu per **Fenster**-Menü die **Protokoll**-Palette auf. Die Palette listet für jedes einzelne Bild die letzten Arbeitsschritte auf. Möchten Sie ein einzelnes Bild ändern? Per Klick in der Protokoll-Palette springen Sie einfach ein paar Schritte zurück.

Schritt 16: Korrektur an einzelnen Ergebnissen

Soll der Schriftzug größer werden? Dann klicken Sie in der Protokoll-Palette auf 1 EBENENSTIL. Damit haben Sie den Text wieder als 2 Einzelebene unabhängig vom Hintergrund. Wechseln Sie mit [Strg]+[T] in den Modus **Frei Transformieren**, 3 ziehen Sie die Buchstaben größer (Details Seite 368) und bestätigen Sie die Änderung per [↵]-Taste.

Soll die Aktion jetzt zu Ende laufen, klicken Sie in der Aktionen-Palette einmal auf den Schritt nach der Textänderung, also 4 AUF HINTERGRUNDEBENE REDUZIEREN. Danach klicken Sie unten in der Palette auf 5 AUSWAHL AUSFÜHREN ▶. Photoshop setzt die Aktion für dieses Bild nun fort und verschmilzt die Textebene mit dem Hintergrund.

Widerrufen Sie beliebige Schritte, passen Sie jedes Ergebnis individuell an. Wohlgemerkt: Sie bearbeiten hier ein Einzelbild – nicht die Aktion. Wie Sie Aktionen korrigieren, besprechen wir ab Seite 98.

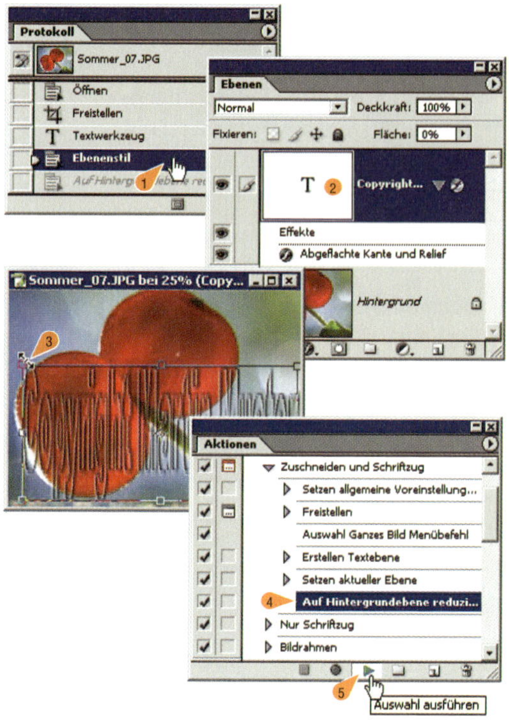

Schritt 17: Die fertigen Ordner

Unser Test hat gezeigt, dass die Aktion ZUSCHNEIDEN UND SCHRIFTZUG problemlos läuft. Wir wenden die Aktion jetzt auf den gesamten Ordner »Sommer_1« an und speichern die Ergebnisse im Ordner »Sommer_2«. Dieser Ordner dient dann als Ausgangsbasis für die **PDF-Präsentation**, die ab Seite 324 entsteht. Diese Diaschau befindet sich als »PDF-Praesentation.pdf« auch auf der Buch-CD.

Die Ergebnisse der Aktion BILDRAHMEN finden Sie auf der Buch-CD im Ordner »Galerie_2/thumbnails«. Die Ergebnisse der Aktion NUR SCHRIFTZUG finden Sie unter »Galerie_2/images«.

Oder sichten Sie diese zwei Ergebnisse gleich im Rahmen der korrigierten Internetgalerie. Klicken Sie im Ordner »Galerie_2« doppelt auf »Index.htm« – dann sehen Sie alle geänderten Bilder direkt innerhalb der Internetgalerie.

Tipps & Tricks

- Möchten Sie den Befehl **Stapelverarbeitung** mit einem schnellen Tastendruck wie F5 aufrufen? Das richten Sie per **Bearbeiten: Tastaturbefehle** ein (Seite 78).
- Die Aktion BILDRAHMEN haben wir ab Seite 111 bewusst für sehr kleine Dateien angelegt – für die Miniaturen einer Internetgalerie, die zum Beispiel 100 oder 200 Pixel breit sind. Testen Sie die Aktion mit größeren Dateien, zum Beispiel 1000 oder 2000 Pixel breit, dann wirkt der entstehende Rahmen sehr unauffällig. Sie können die Aktion aber leicht für größere Dateien umstellen (Seite 98).
- Die Aktion BILDRAHMEN soll eigentlich ohne Stop durchlaufen. Eventuell hält Photoshop jedoch bei den JPEG-Optionen an. Dann haben Sie eventuell die Datei zuletzt außerhalb von Photoshop gespeichert – und zwar mit JPEG-Vorgaben, die in Details von Photoshops JPEG-Einstellungen abweichen. Die Bildqualität sinkt nur minimal oder gar nicht.
- Alle Aktionen, die wir in diesem Buch anlegen und hier abspielen, zielen auf Dateien mit einer einzigen HINTERGRUND-Ebene, zum Beispiel übliche JPEG-Dateien. Wenn Sie Montagedateien verwenden und Bilder ganz ohne HINTERGRUND-Ebene, kommt es zu Fehlermeldungen.
- Bearbeiten Sie nicht die Internetgalerie von der CD, sondern eine Galerie auf Ihrer Festplatte, verwenden Sie im ZIEL-Bereich die Vorgabe SPEICHERN UND SCHLIESSEN. Dann werden direkt die Originale verändert.
- Wenn Sie wie ab Schritt 13 mit der Vorgabe OHNE arbeiten, sammeln Sie reihenweise Bilddateien auf der Arbeitsfläche. Nützliche Befehle für diese Situation: **Fenster: Anordnen: Gleiche Zoomstufe** bringt alle Bilder in den Abbildungsmaßstab der momentan aktivierten Aufnahme; **Datei: Alle schließen** schließt die Motive und fragt, ob sie gespeichert werden sollen; ⇧+⇥-Taste bringt ein Bild nach dem anderen in den Vordergrund.

Teil 4: Kontrast & Farbstimmung

Jede Aufnahme kann noch besser werden: Wir zeigen acht verschiedene Wege gegen Kontrastprobleme und Farbstiche. Der »digitale Aufhellblitz« rettet auch schwierige Gegenlichtszenen.

Übung 16: Typische Korrekturreihe

Flau und farbstichig, so enttäuschen viele Bilder. Doch die richtigen Werkzeuge polieren selbst Verkorkstes auf – punktgenau nach Ihren Vorstellungen. Wir zeigen, wie Sie Ihre Pixelschätze mit Tonwertkorrektur, Gradationskurven und Farbbalance auf Hochglanz bringen.

Auf einen Blick

Sie lernen kennen:	**Tonwertkorrektur**, **Gradationskurven**, **Farbbalance** (**Bild**-Befehle)
Aufwand:	mittel; höchstens acht Schritte
Siehe auch:	Kontrastkorrektur mit Einstellungsebene, Seite 136 Kontrastkorrektur mit Automatik, Seite 142 Kontrastkorrektur mit Weißpunkt, Seite 150 Kontrastkorrektur mit »Tonwertangleichung«, Seite 155 Kontrastkorrektur mit Ebenentechnik, Seite 160 Starke Unterbelichtung, Seite 166 Urlaubsbild auffrischen, Seite 197 Scharfzeichnen, Seite 221
Übungsdateien:	Reihe_01
Kommentar:	Korrigieren Sie das Bild nach Maß, justieren Sie Helligkeitsumfang, Kontrast und Farbstimmung punktgenau.

Schritt 1: Ein Blick aufs Histogramm

Überbelichtet und blaustichig, so kommt die Datei »Reihe_01« daher. Blenden Sie die **Histogramm**-Palette mit dem **Fenster**-Menü ein.

Das Histogramm offenbart die Probleme: Links gibt es keinerlei Ausschläge. Das heißt: Dunkle und tiefschwarze Bildpunkte gibt es im Foto nicht – da wirkt es zwangsläufig flau und matt.

Datei: Reihe_01

Schritt 2: Ein neuer Schwarzpunkt

Der Befehl **Bild: Anpassen: Tonwertkorrektur** sorgt für neue, dunkle Tonwerte. Sie sehen dasselbe Histogramm wie in der Histogramm-Palette. Ziehen Sie den (1) schwarzen Regler ▲ von links nach innen, bis auf den Wert (2) 55. Das bedeutet: Sie senken alle Bildpunkte mit Helligkeiten zwischen 1 und 55 auf 0 ab – also auf reines Schwarz. Ähnlich dunkle Pixel, etwa mit den Werten 60 oder 80, sacken ebenfalls.

Das Bild wirkt damit dunkler. Aber auch kontrastreicher, weil größere Helligkeitsunterschiede entstehen.

Das Histogramm im **Tonwertkorrektur**-Dialog zeigt die Veränderung noch nicht. Die (3) Histogramm-Palette präsentiert dagegen das alte Histogramm blassgrau, das neue liegt schwarz darüber: Der mögliche Tonwertumfang von Schwarz bis Weiß wird jetzt voll ausgenutzt. Die Lücken im Histogramm sind typisch für Kontrastkorrekturen und schaden meist nicht.

Klicken Sie auf OK.

Datei: Reihe_02

Schritt 3: Die Gradationskurve

Der Helligkeitsumfang von Schwarz bis Weiß stimmt nun. Allerdings sind wir mit den Schatten noch unzufrieden: In den Haaren ist zu wenig Zeichnung, wir wollen diesen Helligkeitsbereich anheben. Sie schaffen das eventuell, wenn Sie den grauen Schieber in der **Tonwertkorrektur** nach links bewegen. Es geht aber präziser.

Und zwar mit dem Befehl **Bild: Anpassen: Gradationskurven**. Zuerst legen wir einen Tonwert fest, den wir anheben: Sie drücken die Strg-Taste (am Mac wie immer die ⌘-Taste). Dann drücken Sie die Maustaste und 1 ziehen über dem dunklen Haar. Der Mauszeiger erscheint hier als Pipette. Lassen Sie los, wenn das Dialogfeld ungefähr den dunklen 2 Wert 25 meldet.

Für diesen Helligkeitswert zeigt Photoshop jetzt einen 3 Ankerpunkt auf der Gradationskurve.

Schritt 4: Die Schatten anheben

Wir könnten jetzt den Ankerpunkt einfach nach oben ziehen – schon werden die dunklen Tonwerte um 25 Bild deutlich heller. Wir machen es jedoch so: Im Feld AUSGABE tippen wir »45« ein. Die EINGABE steht weiter bei 25: Pixel, die zuvor den dunklen Wert 25 hatten, steigen durch diese Korrektur also auf den helleren Wert 45.

Das Bild erscheint sofort deutlich heller. Allerdings: Nicht nur die dunklen Pixel hellt Photoshop auf – das ganze Bild wird lichter.

Sie erkennen das auch an der Gradationskurve, die nun deutlich durchgebogen ist: Nicht nur der Wert 25 ist gestiegen, die meisten anderen Tonwerte hebt Photoshop gleich mit an. (Allerdings bleibt Schwarz schwarz, ein wichtiger Vorteil gegenüber dem Befehl **Helligkeit/Kontrast**.)

Schritt 5: Justieren Sie die Lichter nach

Die dunklen Bildbereiche passen, doch bei den Lichtern müssen wir gegensteuern. Klicken Sie in der Mitte auf den Graphen. Dabei entsteht ein neuer Ankerpunkt, den Sie ① nach unten ziehen. Der EINGABE-Tonwert 101 erscheint nun auch in der AUSGABE mit 101 – sprich, dieser Helligkeitswert bleibt also unverändert.

Danach verarzten wir die Lichter noch einmal separat: Klicken Sie in den oberen Teil der Kurve und ② ziehen Sie die Linie auch hier nach unten. In diesem Beispiel fixieren wir den EINGABE-Tonwert 192, so dass er auch im Ergebnis (in der AUSGABE) mit ③ 192 erscheint, und nicht heller. (Sie könnten die Linie auch anklicken und dann neue Werte in die Felder eintippen; oder Sie verschieben den Ankerpunkt per Pfeiltasten.)

Insgesamt hellen wir also nur die Schatten auf, den Tonwertbereich von 1 bis 100. Die helleren Werte von 101 bis 255 bleiben weitgehend erhalten. Klicken Sie auf OK.

Datei: Reihe_03

Schritt 6: Die Farbbalance

Die Helligkeitsverteilung passt nun – von der Farbstimmung können wir das noch nicht behaupten. Wir wählen **Bild: Anpassen: Farbbalance**.

Schalten Sie zuerst die Option ① LUMINANZ ERHALTEN ein. So verhindern Sie, dass die Farbkorrektur Bildhelligkeit und Kontraste verändert.

Beginnen Sie mit dem Blaustich in den dunklen Schatten. Aktivieren Sie die ② TIEFEN. Ziehen Sie den ③ untersten Regler von BLAU weg in Richtung GELB, bis das Datenfeld rechts oben den Wert ④ »-50« zeigt. Den ⑤ obersten Regler schieben Sie von CYAN (Grünblau) weg in Richtung ROT. Hier reicht ein Wert von ⑥ »+10« im Datenfeld oben links.

Schritt 7: Farbkorrektur für die Mitteltöne

Klicken Sie nun auf 1 MITTELTÖNE. Hier stimmen Sie die Farben erneut ab: Der 2 GELB-BLAU-Regler wandert in Richtung GELB, bis links oben der Wert 3 »-15« erscheint. Bewegen Sie außerdem den 4 CYAN-ROT-Schieber nach rechts auf den Wert 5 »+10«.

Schritt 8: Und noch die Lichter

Schließlich bearbeiten Sie die 1 LICHTER, also die hellsten Bildbereiche. Ziehen Sie den untersten Regler von 2 BLAU zu GELB, bis der Wert 3 »-10« erreicht ist.

Klicken Sie auf OK. Sie haben nun ein kontrastreiches, durchgezeichnetes, sympathisches Porträt mit angenehmer Farbstimmung.

Als Abschluss einer Korrekturreihe folgt stets das Scharfzeichnen, am besten per **Unscharf maskieren**. Diese Funktion spielen wir ab Seite 221 durch.

Datei: Reihe_04

Tipps & Tricks

- Die allerletzte Veränderung bei **Tonwertkorrektur**, **Gradationskurven** oder **Farbbalance** widerrufen Sie mit [Strg]+[Z]. Um die Dialogfelder komplett auf die Neutralstellung zurückzusetzen, drücken Sie wie immer in Photoshop die [Alt]-Taste und klicken auf ZURÜCK.
- Die Befehle **Tonwertkorrektur** und **Gradationskurven** haben einige identische Schaltflächen: Die Schaltflächen AUTO und OPTIONEN besprechen wir ab Seite 142. Die drei Pipetten lernen Sie ab Seite 150 kennen.
- In Schritt 2 ziehen wir den schwarzen Schieber ▲ bis auf den Wert 55. Sie erkennen im Histogramm, dass es einige Pixel mit Helligkeiten wie 54 oder 51 gibt. Diese Werte sinken alle gleichermaßen auf 0, das heißt, Sie verlieren die ursprünglich vorhandene (Differenzierung) zwischen diesen Tonwerten. Diese Situation nennt Photoshop »Beschneidung«. Sie ist hier nicht tragisch und sorgt für ein kontrastreicheres Bild.
- Unsere Gradationskurve ordnet dunkle Töne links bzw. unten an, Helles siedelt rechts bzw. oben. Für Bilder im CMYK-Modus der Druckvorstufe wird oft die umgekehrte Darstellung verwendet: Lichter (beziehungsweise wenig Farbdeckung) erscheinen links bzw. unten. Sie können die Darstellung mit dem Schalter im Dialogfeld umkehren.
- Sie müssen die Änderungen nicht sofort dauerhaft ins Bild rechnen, Einstellungsebenen halten die Korrektur flexibel; wir verwenden die Technik in den Übungen ab Seite 136, 174 und 310.
- Für eine schnelle Korrektur der Farbstimmung ohne genaue Kontrolle verwenden Sie **Bild: Anpassen: Variationen**.

Übung 17: Kontrastkorrektur mit Einstellungsebene

Bleiben Sie flexibel: Legen Sie Kontrast- und Farbtonänderungen nur als Korrekturebene über Ihr Bild – die Datei erscheint verändert, doch im Hintergrund behalten Sie die Original-Bildpunkte. Sie können die Korrektur jederzeit ändern und sogar in andere Bilder ziehen. Probieren Sie es aus!

Auf einen Blick

Sie lernen kennen:	Histogramm-Palette; Einstellungsebene: mit **Gradationskurven**, mit Ebenenmaske; Ebenenmaske: mit Pinsel und **Helligkeit/Kontrast** korrigieren, abschalten, löschen
Aufwand:	mittel; neun Schritte für zwei Bilder
Siehe auch:	Typische Korrekturreihe, Seite 130 Kontrastkorrektur mit Ebenentechnik, Seite 160 Starke Unterbelichtung, Seite 166 Doppelgänger-Porträt, Seite 274 Vielseitiger Nostalgie-Effekt, Seite 310 Pinselspitzen & Farbwahl, Seite 365 Richtig speichern, Seite 372
Übungsdateien:	Einstellung_01 etc.
Kommentar:	Flexible Korrekturmöglichkeit: Sie zeigen die Datei beliebig verändert – doch die Originalpixel bleiben erhalten.

Schritt 1: Die Vorlage

Das Bild »Einstellung_01« hätte einen besseren Scanner verdient. Wir wollen trotzdem etwas daraus machen; wir haben sogar mehrere Fotos aus dieser Serie.

Das ① Histogramm verrät, dass unser Bild den möglichen Helligkeitsumfang von 0 bis 255 schon weitgehend ausnutzt. Eine Ausdehnung des Tonwertumfangs etwa mit der **Tonwertkorrektur** oder einem **Auto**-Befehl bringt also wenig. Wir müssen vorhandene Viertel- oder Mitteltöne umverteilen – ein Job für die **Gradationskurven**.

Wir rechnen die Korrektur aber nicht sofort ins Bild, sondern verwenden eine Einstellungsebene: So lässt sich die Änderung jederzeit korrigieren, abschalten und auf die weiteren Dateien übertragen.

Machen Sie mit F7 die Ebenen-Palette sichtbar. Dort klicken Sie auf ② NEUE FÜLLEBENE ODER EINSTELLUNGSEBENE ERSTELLEN. Im Menü klicken Sie auf ③ **Gradationskurven**.

Datei: Einstellung_01

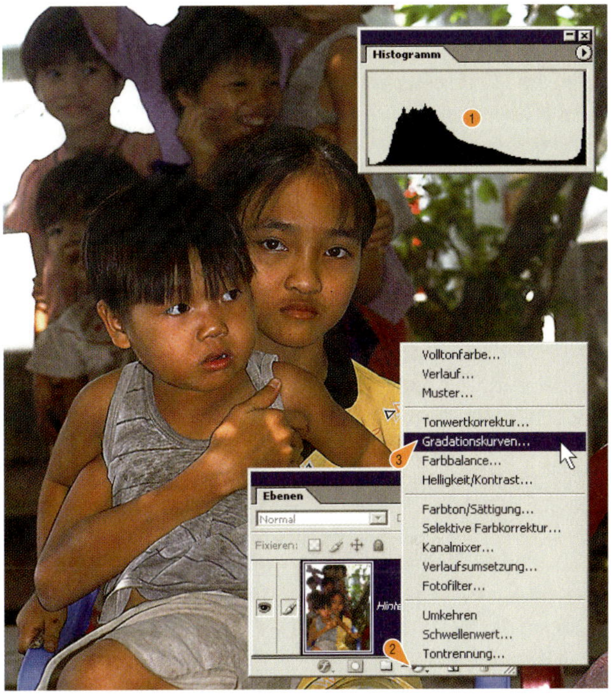

Schritt 2: Die Gradationskurve

Im Dialog **Gradationskurven** läuft die Linie zunächst schnurgerade durchs Bild. Wir wollen die unteren Mitten aufhellen, klicken also etwa in der Mitte des Graphen und ① ziehen nach oben. Das Bild erscheint nun deutlich heller.

Photoshop meldet, durch die Korrektur steigt die Helligkeit des EINGABE-Tonwerts 92 bis auf ② 137 an (die Skala reicht von 0 für Schwarz bis 255 für Weiß). Pixel mit ähnlicher Helligkeit verändern sich mit, wenn auch nicht ganz so stark.

Klicken Sie auf OK.

Datei: Einstellung_02

Schritt 3: Bereiten Sie den Pinsel vor

In der Ebenen-Palette sehen Sie die neue 1 Einstellungsebene: Sie sorgt dafür, dass unsere Datei im Bildfenster deutlich heller erscheint. Tatsächlich sind die Originalpixel dunkel wie zu Anfang, wie die 2 Ebenenminiatur verrät – nur durch die »Brille« der Einstellungsebene erscheinen sie aufgehellt. (Schalten Sie die Einstellungsebene mit dem Augensymbol ab, um die Originalpixel zu sehen.)

Die Umgebung der Hauptdarsteller soll wieder dunkel wie zuvor aussehen; das geht per Maskenretusche. Die 3 Ebenenmaske der Einstellungsebene ist automatisch aktiviert. Schalten Sie den 4 Pinsel ein, danach sollte Photoshop automatisch die 5 Vordergrundfarbe Schwarz anbieten.

Nach einem Rechtsklick ins Bild (am Mac ein Klick bei gedrückter ctrl-Taste) stellen Sie eine große Pinselspitze mit 0 Prozent 6 KANTENSCHÄRFE ein – die korrigierten Bereiche klingen also weich aus, Sie vermeiden unschöne »Nähte«.

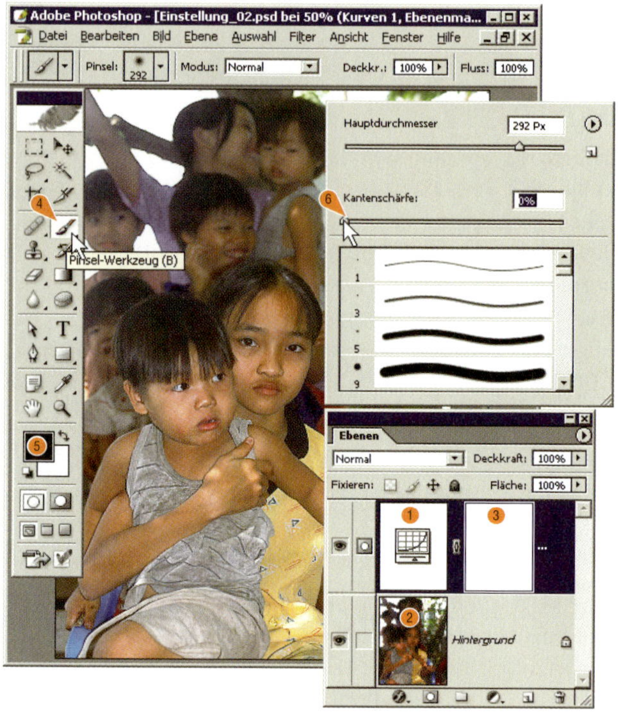

Schritt 4: Maskenretusche mit dem Pinsel

Malen Sie um die Hauptdarsteller herum, die Pinselspitze zeigt Photoshop als 1 Kreis im Bild. Wo Sie Schwarz auftragen, erscheint der Bildhintergrund wieder dunkel wie zuvor; Sie verbergen hier die Wirkung der kontrastkorrigierenden Einstellungsebene, das darunter liegende Originalbild setzt sich wieder durch.

Die 2 Ebenenmaske füllt sich schwarz. Sie ist momentan nicht direkt in der Datei zu sehen; nur die Auswirkungen der Maskenretusche erkennen Sie und die Maskenminiatur in der Ebenen-Palette.

Haben Sie die falsche Stelle übermalt, wechseln Sie mit der Taste X zu Weiß und korrigieren den Ausrutscher.

Datei: Einstellung_03

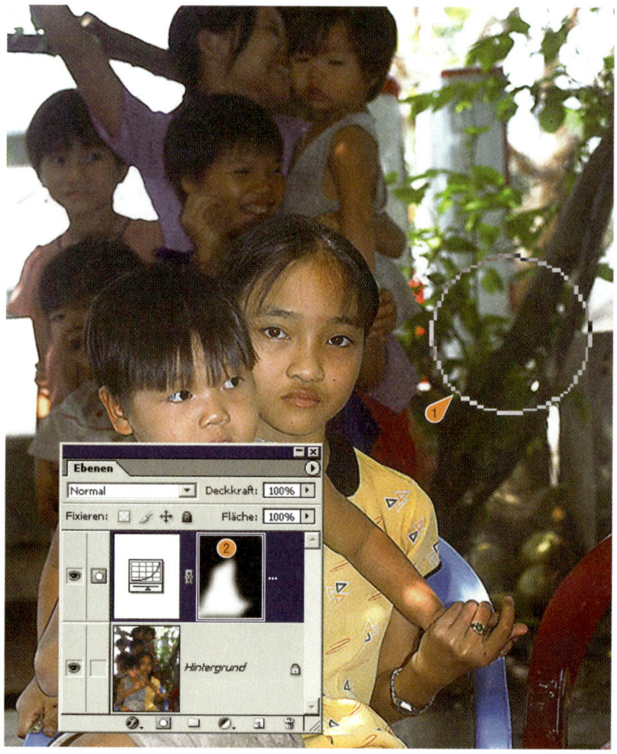

Schritt 5: Maskenretusche mit dem Helligkeitsregler

Nun wirkt der Hintergrund doch etwas zu dunkel – aber so hell wie mit voll wirksamer Einstellungsebene soll er auch nicht aussehen.

Achten Sie darauf, dass noch die Ebenenmaske aktiviert ist, erkennbar am Hinweis EBENENMASKE in der Titelleiste. Dann wählen Sie **Bild: Anpassen: Helligkeit/Kontrast.** Heben Sie die 1 HELLIGKEIT auf 100 Prozent an. Dadurch machen Sie die 2 Ebenenmaske grau, sie wird halbdurchlässig:

Im Hintergrund des Gesamtbilds wirkt sich zur Hälfte der dunkle Originalhintergrund aus, zur Hälfte setzt sich die Aufhellung per Einstellungsebene durch. Der Hintergrund ist nicht so dunkel wie im Original, aber auch nicht so hell wie mit voll wirksamer Einstellungsebene.

Datei: Einstellung_04

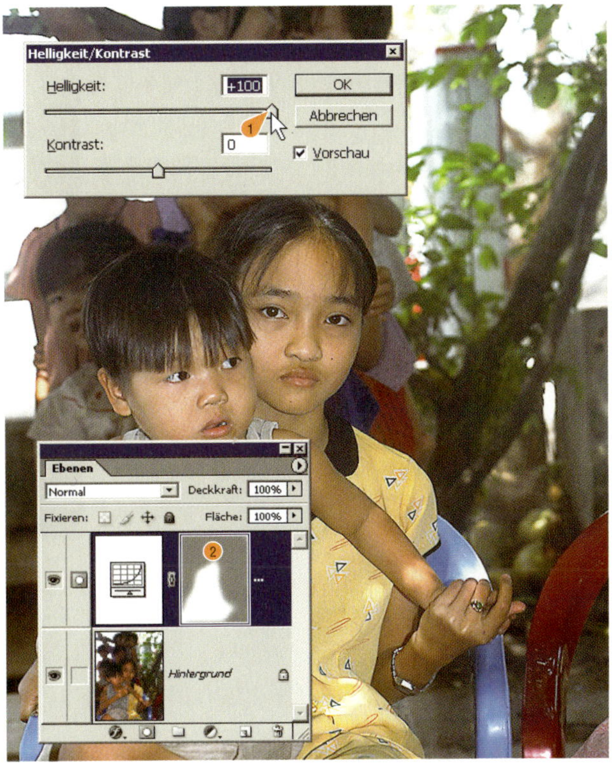

Schritt 6: Das zweite Foto

Richtig, da gab es noch die andere Datei, wir laden das Motiv 1 »Einstellung_05« – es sieht ähnlich dunkel aus wie unser erstes Foto vor der Korrektur. Vielleicht hilft beim neuen Bild die gleiche Gradationskurve wie bei dem schon korrigierten Foto.

Klicken Sie auf die 2 Titelleiste des schon bearbeiteten Bilds, das also bereits eine Einstellungsebene hat. Hier klicken wir auf »Einstellung_04«. Damit ist dieses Bild aktiviert.

Dann klicken Sie in der Ebenen-Palette auf die 3 Miniatur der Einstellungsebene. Ziehen Sie diesen Balken aus der Palette in die 4 neue, unkorrigierte Datei, hier also in das Dateifenster »Einstellung_05«.

Dateien: Einstellung_05, Einstellung_06

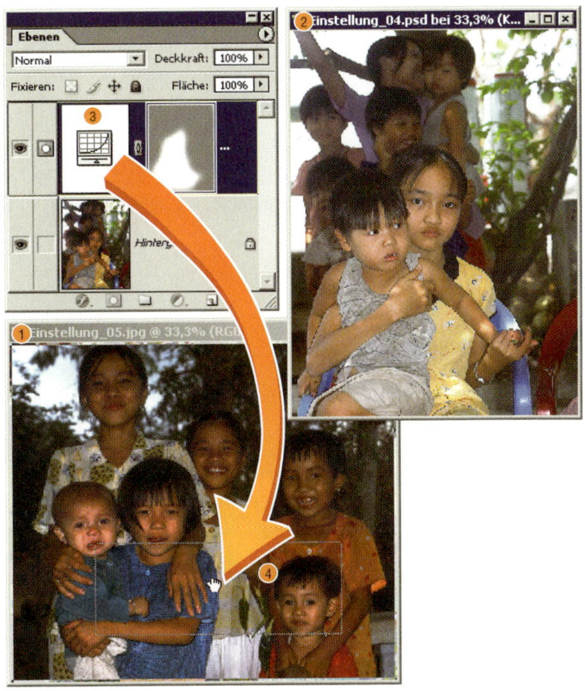

Schritt 7: Die kopierte Einstellungsebene

Das ursprüngliche Bild hat sich bei dem Manöver nicht verändert – es behält seine Einstellungsebene. Sie haben die Einstellungsebene aber durch das Ziehen in die neu geladene Datei »Einstellung_05« kopiert.

Und diese Datei sieht zwar auf den ersten Blinzler verbessert aus. Doch da stören (1) seltsame Kanten und Kontrastsprünge im Foto.

Aber klar: Sie haben nicht nur die Einstellungsebene mit der nützlichen Gradationskurve kopiert – auch die (2) Ebenenmaske ist mitgewandert und dämpft in einigen Bildteilen die Korrekturwirkung. Die Ebenenmaske indes war nur maßgeschneidert für das erste Motiv; im neuen Bild passt sie natürlich nicht.

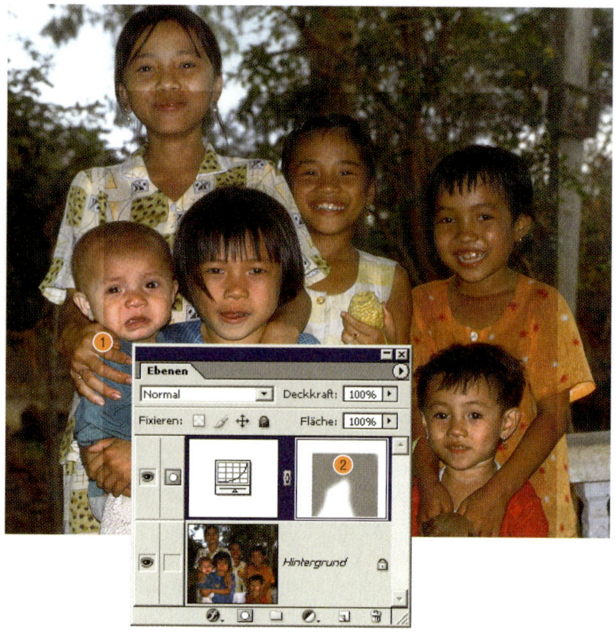

Schritt 8: Die abgeschaltete Ebenenmaske

Schalten wir die Ebenenmaske erst einmal ab: Drücken Sie die ⇧-Taste, dann klicken Sie auf die Miniatur der Maske in der Ebenen-Palette.

Jetzt wirkt sich die Kontrastkorrektur durch die Gradationskurve gleichmäßig und vollständig im ganzen Bild aus. Die Miniatur der Ebenenmaske ist dick durchgestrichen.

Datei: Einstellung_07

Schritt 9: Die korrigierte Einstellungsebene

Das neue Bild könnte eine etwas deutlichere Korrektur vertragen:

Klicken Sie doppelt auf die ① Miniatur der Einstellungsebene. Photoshop tischt wieder die **Gradationskurven** auf. Wir ziehen die ② Kurve weiter nach oben und hellen so die Mitteltöne noch mehr auf – die Maßnahme wirkt fast wie ein Aufhellblitz.

Sie haben jetzt mit wenig Aufwand zwei Bilder korrigiert. Möchten Sie die Dateien wieder im JPEG-Format speichern, verschmelzen Sie die oben liegenden Einstellungsebenen mit der HINTERGRUND-Ebene. Dazu verwenden Sie einfach [Strg]+[E].

Datei: Einstellung_08

Tipps & Tricks

- Wollen Sie die Wirkung der Einstellungsebene dämpfen? Dann senken Sie DECKKRAFT mit dem Regler oben rechts in der Ebenen-Palette.
- Möchten Sie im zweiten Bild auch eine neue, angepasste Ebenenmaske verwenden? Klicken Sie die herüberkopierte Ebenenmaske einmal an, dann gehen Sie auf **Bearbeiten: Fläche füllen** und entscheiden sich im Dialogfeld für WEISS. Nun retuschieren Sie die komplett schneeweiße Ebenenmaske mit schwarzer Vordergrundfarbe wie ab Schritt 3 beschrieben.
- Sie brauchen die Ebenenmaske nicht mehr, wollen aber die Einstellungsebene noch nicht mit dem HINTERGRUND verschmelzen? Wenn Sie Speicherplatz sparen wollen, ziehen Sie die Ebenenmaske (nicht die Einstellungsebene) in den Mülleimer.
- Ausführlicher besprechen wir die **Gradationskurven** in der Übung 16 ab Seite 130. Ebenenmasken verwenden wir auch in drei Montage-Übungen ab Seite 263, 267 und 274.

Übung 18: Kontrastkorrektur mit Automatik

Sie haben keine Lust auf lange Tüftelei? Schnell soll es gehen? Dann korrigieren Sie Ihre Bilder mit Photoshops schnellen Automatikkorrekturen. Ein Klick und Sie sehen ein völlig neues Bild – Kontraste frischer, Farbstich weg. Photoshops Auto-Befehle zeigen, was in Ihren Fotos drinsteckt – holen Sie es heraus.

Auf einen Blick

Sie lernen kennen:	**Auto-Tonwertkorrektur**, **Auto-Kontrast**, **Auto-Farbe** (**Bild**-Befehle); Histogramm-Palette einrichten; **Voreinstellungen** für Histogramm-Darstellung (BILDCACHE); Schaltflächen AUTO und OPTIONEN bei Tonwertkorrektur und Gradationskurven (**Bild**-Befehle)
Aufwand:	gering; höchstens zehn Schritte
Siehe auch:	Typische Korrekturreihe, Seite 130 Kontrastkorrektur mit Weißpunkt, Seite 150 Kontrastkorrektur mit »Tonwertangleichung«, Seite 155 Kontrastkorrektur mit Ebenentechnik, Seite 160 Starke Unterbelichtung, Seite 166
Übungsdateien:	Auto_01 etc.
Kommentar:	Die schnellen Automatikkorrekturen ersparen Ihnen viel Arbeit in Dialogfeldern – testen Sie die Funktionen zumindest einmal aus.

Schritt 1: Die Vorlage und das Histogramm

Öffnen Sie das Bild »Auto_01«. Trotz seines Namens zeigt es ein Boot sowie starke Unterbelichtung.

Via **Fenster**-Menü öffnen Sie die **Histogramm**-Palette. Sie verrät, wie Ihre Datei das Helligkeitsspektrum von Schwarz bis Weiß ausnutzt. Die Darstellung beginnt links mit Schwarz. Doch ganz links zeigt unser Histogramm nur einen minimalen Ausschlag. Das heißt: Die Datei bietet fast keine sehr dunklen oder ganz schwarzen Töne. Rechts klafft noch eine größere Lücke – hellere, sehr helle und rein weiße Bildpunkte kommen im Foto gar nicht vor.

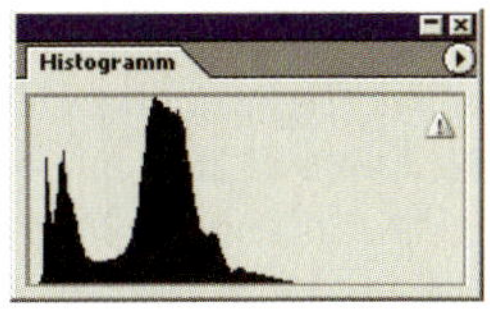

Das erste auffällige Histogramm-Gebirge links zeigt Ausschläge für die Schattentöne von Festland, Büschen und Boot. Das zweite, höhere Gebirge signalisiert, dass es besonders viele Pixel mit Viertel- und Mitteltönen gibt – nämlich in Himmel und Wasserfläche. Um das Warndreieck ⚠ kümmern wir uns noch ab Schritt 4.

Datei: Auto_01

Schritt 2: Die Histogramm-Palette einrichten

Öffnen Sie das Menü zur Histogramm-Palette mit dem Dreieckschalter. Wir klicken auf ALLE KANÄLE IN ANSICHT; Photoshop präsentiert jetzt Histogramme für die einzelnen Grundfarben Rot, Grün und Blau. Anschließend klicken wir auf KANÄLE IN FARBE ZEIGEN; damit erscheinen Histogramme für Einzelfarben in Farbe. Neben den beiden Optionen zeigt Photoshop also Häkchen ✓. Die Option STATISTIK ANZEIGEN verwenden wir nicht.

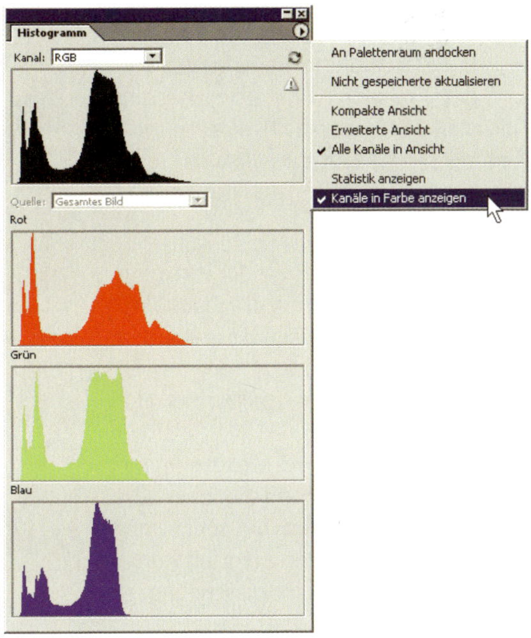

Die Einzelhistogramme bestätigen den Eindruck, dass Rottöne vorherrschen: Das ROT-Histogramm reicht weiter nach rechts. Die Grundfarbe Rot erscheint also mit »helleren« beziehungsweise durchsetzungsfähigeren Pixeln als die Farben GRÜN und BLAU.

Die Histogramme für Grün und Blau enden schon weiter links. Besonders schwach ist der BLAU-Kanal ausgeprägt.

Schritt 3: »Auto-Tonwertkorrektur«

Der Weg zur perfekten Korrektur scheint unkompliziert: Wir dehnen einfach das Histogramm so weit aus, dass es links und rechts bis an den Rand des Diagramms reicht. Damit enthält das Bild alle nur möglichen Helligkeitswerte von Schwarz bis Weiß, also perfekte Brillanz und Dynamik. Um das Histogramm auf volle Breite zu spreizen, müssen Sie nicht die **Tonwertkorrektur** mit ihrem Histogramm aufrufen und an den Reglern ziehen (Seite 130).

Wählen Sie einfach **Bild: Anpassen: Auto-Tonwertkorrektur**. Dieser Befehl verändert das Motiv völlig und das ohne Dialogfeld: Das Bild wird tatsächlich dramatisch heller. Allerdings: Die Farbcharakteristik hat sich völlig verändert: Die Rotdominante ist weg, der vorherrschende Eindruck ist bläulich-violett. Der Befehl eignet sich also, um Farbstiche zu bekämpfen, hier verändert er allerdings zudem die Stimmung.

Datei: Auto_02

Schritt 4: Die Histogramme

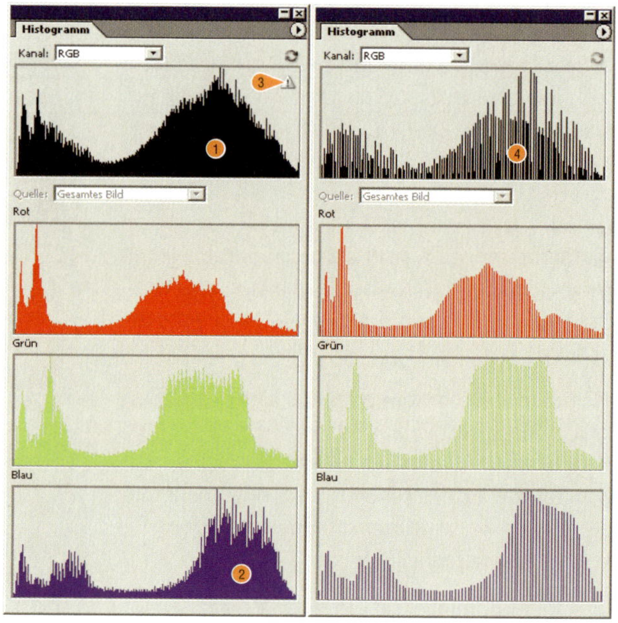

Das ① Gesamt-Histogramm erstreckt sich jetzt von ganz links bis ganz rechts. Auch die Einzel-Histogramme für die drei Grundfarben dehnen sich nun über das komplette Helligkeitsspektrum aus. Was ist passiert? Photoshop hat die zuvor schwächste Grundfarbe ② BLAU so weit ausgedehnt, bis sie das ganze Helligkeitsspektrum verwendet. Auch GRÜN und ROT streckt Photoshop bis zum Anschlag.

Allerdings: Rot war zuvor viel kräftiger vertreten als Blau. ROT wird also weniger deutlich als BLAU verstärkt. Mithin: Die einzelnen Grundfarben werden mit unterschiedlicher Kraft angehoben – BLAU mehr als ROT. Die **Auto-Tonwertkorrektur** verändert den BLAU-Auszug stärker als den ROT-Auszug; deshalb die neue Farbstimmung. Klicken Sie einmal auf das ③ Warndreieck ⚠. Die ④ Histogramme zerfasern, Sie sehen nun die realistische Darstellung; die zuvor glatteren Histogramme waren nur eine Hochrechnung.

Schritt 5: Die »Cache-Stufe«

Was soll das Warndreieck ⚠? Wir wählen **Bearbeiten: Voreinstellungen: Arbeitsspeicher & Bildcache**. Hier verwendet Photoshop zunächst die 1 Cache-Stufe 4. Das heißt: Bei verkleinernden Zoomstufen wie 50 oder 33 Prozent berechnet Photoshop das Histogramm nicht mehr aus allen Bildpunkten in der Datei. Stattdessen basiert das Histogramm nur auf den Pixeln für die Bildschirmwiedergabe. Gerade bei kleinen Zoomstufen wie 25 ist das Histogramm also viel schneller berechnet. Aber: Es ist auch ungenauer. Und deswegen präsentiert Photoshop die Warnung ⚠. Per Anklicken berechnet das Programm das genaue Histogramm für alle Pixel der Datei. Dass es nach einer kräftigen Korrektur zerrissen aussieht wie in Schritt 4, stört im Druck meist nicht. Wir setzen die 2 Cache-Stufe auf 1. So zieht Photoshop immer alle Originalpixel in Betracht, nicht nur die verkleinerte Monitorfassung.

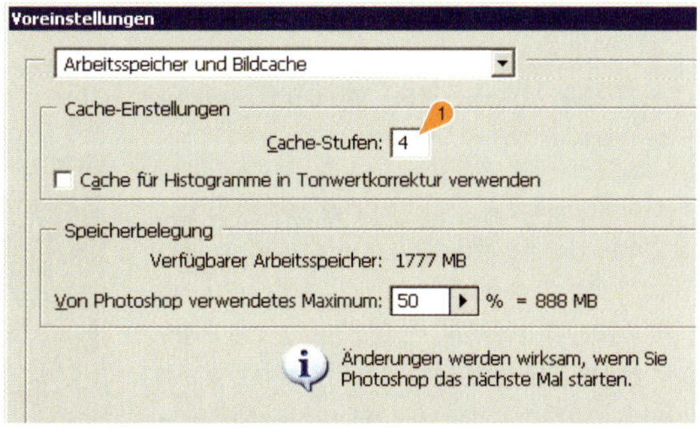

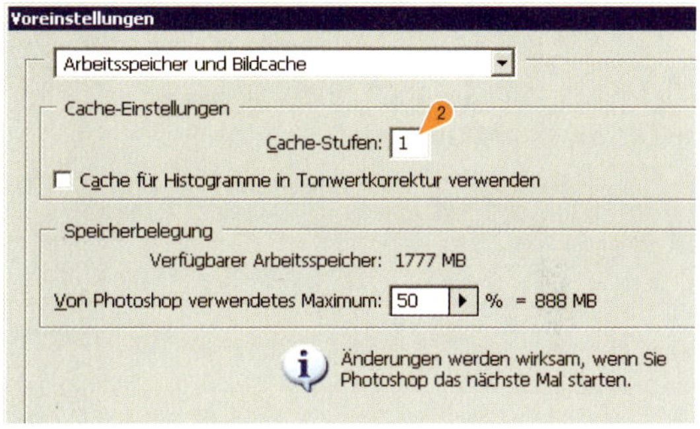

Schritt 6: »Auto-Kontrast«

Nach Änderung der Cache-Stufe starten wir Photoshop neu – erst jetzt wird die Korrektur wirksam. Wir setzen mit Datei »Auto_01« neu an. Wir brauchen eine Kontrastautomatik, die nicht so drastisch eingreift wie die **Auto-Tonwertkorrektur** in Schritt 3. Diesmal klicken wir auf **Bild: Anpassen: Auto-Kontrast**. Und siehe da: Das Bild wird heller, behält aber die rötliche Farbstimmung. Was sagen die Histogramme? Photoshop hat den Rot-Kanal so weit ausgedehnt, bis das ganze Spektrum von »kein Rot« bis »volle Kraft Rot« erreicht wurde. So wird das Bild schon einmal heller. Photoshop hebt auch Grün und Blau an – um denselben Betrag wie den Rot-Kanal, aber eben nicht bis zum Maximum. Alle Grundfarben verändern sich mit gleicher Kraft. Darum wahrt **Auto-Kontrast** die Farbstimmung und verändert nicht so stark wie die **Auto-Tonwertkorrektur**.

Dateien: Auto_01, Auto_03

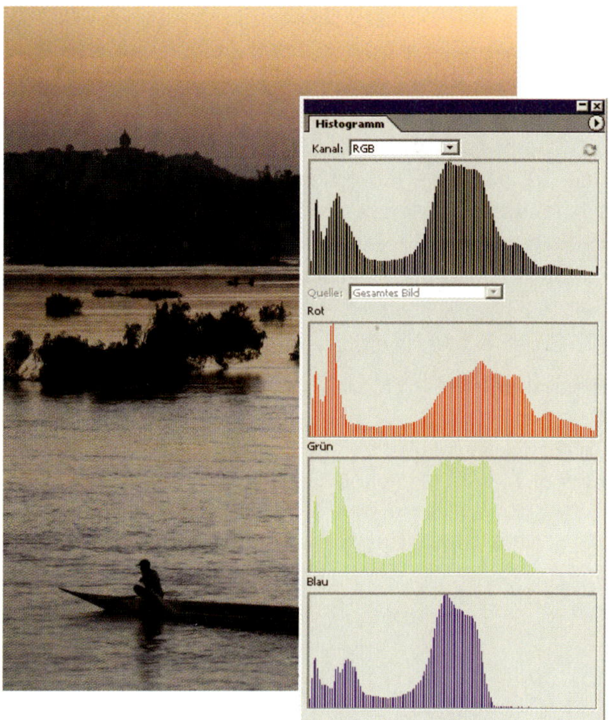

Schritt 7: »Auto-Farbe«

Wir sind noch nicht durch. Wir widerrufen den Befehl **Auto-Kontrast** und starten mit der unveränderten Datei »Auto_01«. Diesmal testen wir **Bild: Anpassen: Auto-Farbe**.

Dieser Befehl soll die Farbstimmung korrigieren, möglichst ohne die Kontraste zu verändern. Das gelingt hier jedoch nicht ganz. Sie erkennen, dass die Histogramme fast oder ganz bis zum Anschlag gespreizt werden. So wächst BLAU wieder relativ stärker als ROT und die Farbstimmung dreht in Richtung Bläulich.

Auto-Farbe wirkt jedoch lange nicht so stark wie **Auto-Tonwertkorrektur**.

Dateien: Auto_01, Auto_04

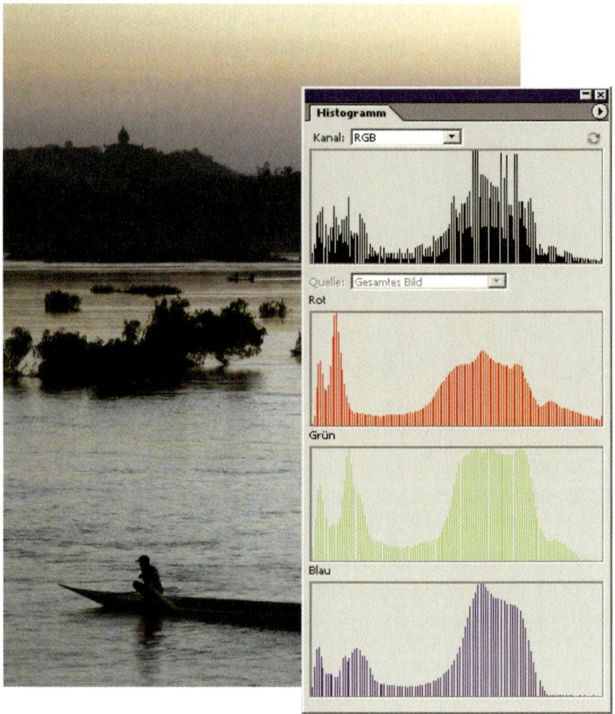

Schritt 8: Ein Blick in die »Tonwertkorrektur«

Wir springen zurück zur ursprünglichen, unterbelichteten Fassung »Auto_01« und klicken auf **Bild: Anpassen: Tonwertkorrektur**. Hier erscheint dasselbe, knappe Histogramm wie in der Histogramm-Palette. Sie könnten den Tonwertumfang nun mit den Schiebern direkt unter der Balkengrafik nach Maß erweitern. Wir praktizieren das ab Seite 130.

Diesmal interessieren uns die Schaltflächen AUTO und OPTIONEN. Die gibt es nicht nur hier im Befehl **Tonwertkorrektur**, sondern völlig identisch auch im Dialogfeld **Gradationskurven**.

Datei: Auto_01

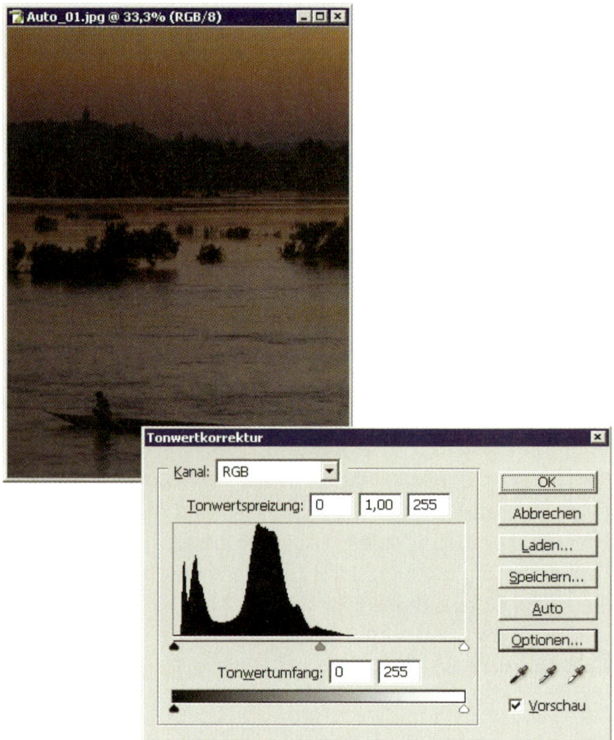

Schritt 9: Vorgaben für die automatische Farbkorrektur

Klicken Sie auf ① OPTIONEN. Bild und Histogramm ändern sich schlagartig. Das neue Dialogfeld AUTO-FARBKORREKTUROPTIONEN meldet sich hier sofort mit der Option ② KONTRAST KANALWEISE VERBESSERN.

Kommen Ihnen Bildergebnis und Histogramm bekannt vor? Diese Option entspricht dem Befehl **Auto-Tonwertkorrektur** aus Schritt 3 – der Kontrast steigt dramatisch, die Farbcharakteristik ändert sich.

Und auch die weiteren Angebote wirken so wie die bereits getesteten Funktionen. Klicken Sie testweise: SCHWARZWEISS-KONTRAST VERBESSERN wirkt so wie **Auto-Kontrast** – es hebt den Kontrast, doch die Farbstimmung bleibt erhalten (wie in Schritt 6). DUNKLE UND HELLE FARBEN SUCHEN ist nichts anderes als **Auto-Farbe** (Schritt 7).

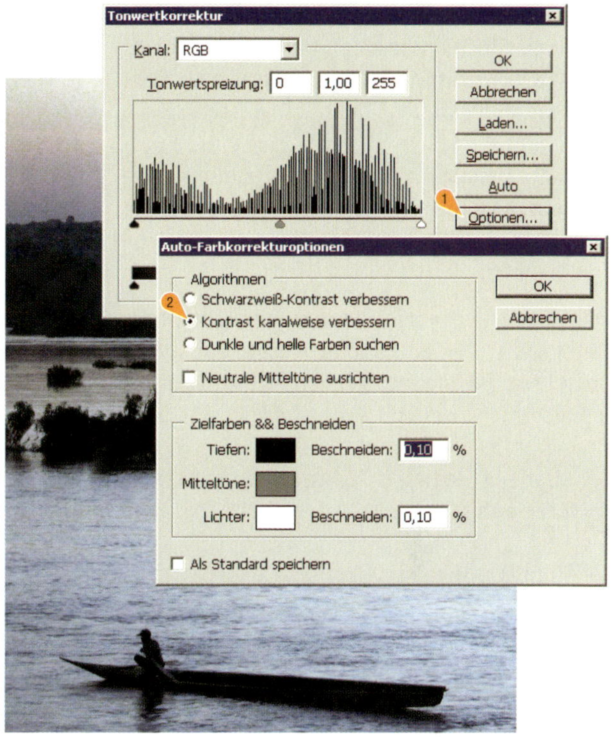

Schritt 10: Der neue »Standard«

Klicken Sie auf ① NEUTRALE MITTELTÖNE AUSRICHTEN. Das Bild verliert jetzt geringfügig von seinem Blaustich und geht etwas zurück Richtung Rot. Die Kontrasterweiterung bleibt aber bestehen. Was passiert hier? Photoshop sucht nach fast neutralen Tönen und korrigiert sie auf neutral – so gleichen Sie leichte Farbstiche aus. Anschließend klicken wir auf ② ALS STANDARD SPEICHERN. Und das bedeutet: Klicken Sie das nächste Mal in der **Tonwertkorrektur** oder in den **Gradationskurven** auf die ③ AUTO-Schaltfläche, dann verwendet Photoshop genau diese Vorgaben: KONTRAST KANALWEISE SUCHEN plus NEUTRALE MITTELTÖNE AUSRICHTEN. Sie müssen nicht erst die OPTIONEN aufrufen. (Sie könnten auch alle anderen Einstellungen als STANDARD festlegen.)

Und: Wenn Sie das nächste Mal **Bild: Anpassen: Auto-Tonwertkorrektur** wählen, verwendet dieser Befehl auch die Option NEUTRALE MITTELTÖNE AUSRICHTEN.

Datei: Auto_05

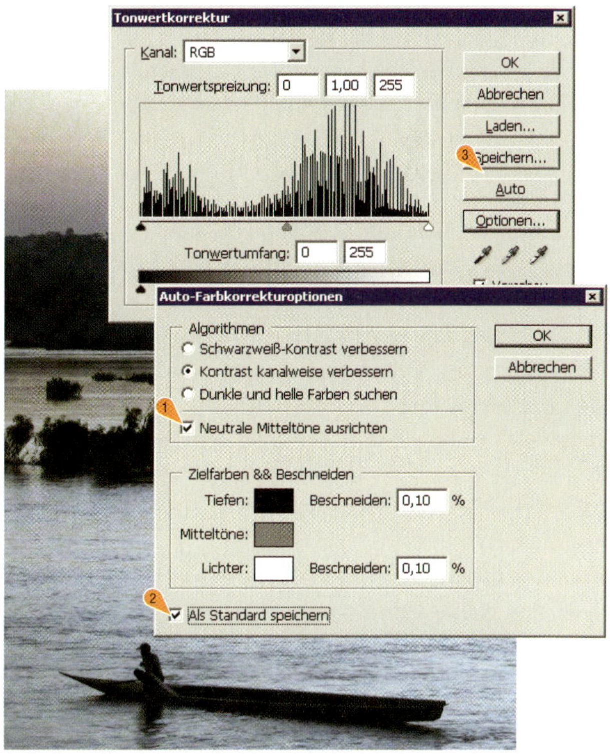

Schritt 11: Fazit

Sie haben gesehen, wie leistungsfähig und wie unterschiedlich Photoshop Ihre Aufnahmen automatisch korrigiert. Kommen Sie mit Geziehe in **Gradationskurven** oder **Tonwertkorrektur** nicht weiter – testen Sie einfach mal die Automatiken. Sie müssen das Ergebnis gar nicht verwenden; aber Sie sehen, was sich aus den Fotos herausholen lässt, und dann tüfteln Sie von Hand weiter.

Wir zeigen hier verschiedene Ergebnisse mit der Datei »Auto_06«, die unterbelichtete Vorlage ist oben links. Bestimmt erkennen Sie, welches Ergebnis mit welchem **Auto**-Befehl entstand? Probieren Sie außerdem die Datei »Weiss_01«, sie lässt sich ebenfalls gut mit den **Auto**-Korrekturen aufpolieren.

Datei: Auto_06

Schritt 12: Nicht alles geht »Auto«-matisch

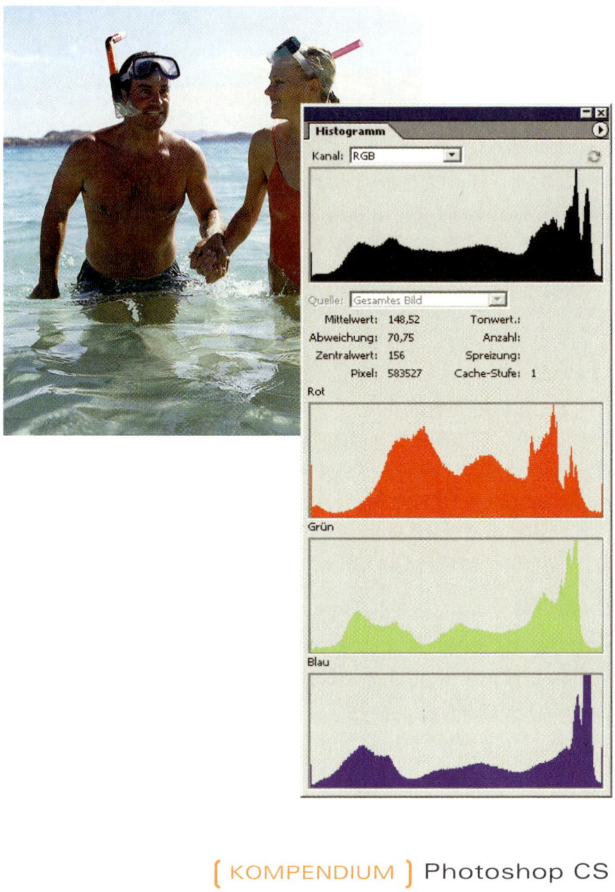

Beachten Sie aber: Nicht alle Fehlbelichtungen korrigieren Sie per **Auto**-matik: Manche Dateien nutzen bereits das gesamte Tonwertspektrum aus, zumindest mit ein oder zwei Grundfarben. Dann dehnt Photoshop die Histogramme kaum oder gar nicht weiter aus, Befehle wie **Auto-Tonwertkorrektur** richten nichts aus.

Ein Beispiel? Die kontrastreiche Datei »Tiefen_01« aus der Übung »Starke Unterbelichtung« ab Seite 166 nutzt bereits das komplette Helligkeitsspektrum: Die **Auto**-Korrekturen ändern hier nichts mehr. Hier müssen Sie vorhandene mittlere Tonwerte heben oder senken. In der Übung zur »Unterbelichtung« verwenden wir dafür den Befehl **Tiefen/Lichter**.

Alternativen sind etwa die **Gradationskurve**, der graue Regler aus der **Tonwertwertkorrektur** (beide ab Seite 130), die fast automatische **Tonwertangleichung** (Seite 155) oder eine Veränderung per Ebenentrick (Seite 160).

Datei: Tiefen_01

Tipps & Tricks

- In Schritt 4 wählen wir **Arbeitsspeicher & Bildcache**, um den BILDCACHE hochzusetzen. Im gleichen Zug können Sie auch die SPEICHERBELEGUNG aufstocken, zum Beispiel auf 80 Prozent. Photoshop muss dann seltener Daten auf die Festplatte auslagern und gewinnt an Tempo (mehr Details ab Seite 358).
- Möchten Sie die Wirkung eines **Auto**-Befehls nachträglich stufenlos abschwächen? Wählen Sie unmittelbar nach diesem Befehl **Bearbeiten: Verblassen**.
- Der Befehl **Tonwertkorrektur** errechnet das Histogramm aus allen Pixeln der Datei und nicht nur aus einer verkleinerten Bildschirmversion. Es stimmt also genau. Es sei denn, Sie nehmen in den **Voreinstellungen** (Schritt 5) die Option CACHE FÜR HISTOGRAMME IN TONWERTKORREKTUR VERWENDEN.
- Bringen Sie Ihre Digitalkamera dazu, ein Histogramm anzuzeigen – bei der Aufnahme oder spätestens bei der Wiedergabe. Fotografieren Sie so, dass das Histogramm sich über einen möglichst weiten Bereich erstreckt; Sie können es immer noch verändern. Viele Kameras nehmen bei Bedarf Belichtungsreihen auf; so erhalten Sie mehrere unterschiedlich belichtete Fotos.

Übung 19: Kontrastkorrektur mit Weißpunkt

Manche Farbstiche oder Kontrastprobleme bekommt man mit üblichen Funktionen schwer in den Griff. Da lohnt der Versuch mit den Pipetten aus Tonwertkorrektur und Gradationskurven: Nur ein, zwei Klicks – und Sie haben Kontrast plus Farbstimmung nach Maß.

Auf einen Blick

Sie lernen kennen:	Info-Palette einrichten; Farbaufnahme-Werkzeug; Pipetten für WEISSPUNKT und MITTELTÖNE bei **Tonwertkorrektur** und **Gradationskurven** (**Bild**-Befehle)
Aufwand:	gering; höchstens sieben kurze Schritte
Siehe auch:	Typische Korrekturreihe, Seite 130 Kontrastkorrektur mit Automatik, Seite 142 Kontrastkorrektur mit »Tonwertangleichung«, Seite 155 Kontrastkorrektur mit Ebenentechnik, Seite 160 Starke Unterbelichtung, Seite 166
Übungsdateien:	Weiss_01 etc.
Kommentar:	Blitzschnelle halbautomatische Korrektur für Kontrast und Farbstiche; Sie selbst bestimmen, welcher Tonwert weiß, schwarz oder neutralgrau wird.

Schritt 1: Die Info-Palette

Die eigentliche Korrektur beansprucht nur ein paar Klicks in einem einzigen Dialogfeld. Überspringen Sie die Schritte 1 und 2, wenn Sie nur ein schnelles Ergebnis sehen wollen.

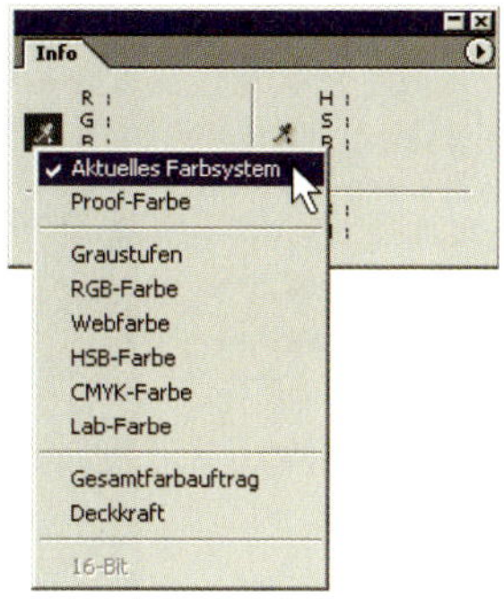

Wir wählen zuerst **Fenster: Informationen**. So liefert Photoshop die Info-Palette.

Je nach Vorgabe verwendet die Info-Palette unterschiedliche Farbmodelle und Kriterien. Klicken Sie oben links auf die kleine Pipette und klicken Sie auf AKTUELLES FARBSYSTEM. Weil wir ein RGB-Bild bearbeiten, erscheinen hier RGB-Werte.

Klicken Sie auch auf die rechte Pipette, dort erhalten Sie das gleiche Menü. Gehen Sie auf HSB-Farbe – ein relativ schnell durchschaubares Farbmodell.

Schritt 2: Messpunkte setzen

Wir wollen die Veränderungen durch die Korrektur genau beobachten. Schalten Sie darum das 1 Farbaufnahme-Werkzeug ein. Wir klicken einmal auf eine helle Stelle im Bild, die wir später auf Weiß setzen wollen. Photoshop hinterlässt hier den 2 Messpunkt 1.

Danach klicken wir auf einen Bereich im Hemd der Darstellerin, der für eine Neutralgrau-Justage taugen könnte. Das beschert uns den 3 Messpunkt 2.

Auch die Info-Palette bekommt Zuwachs: Unten gibt es zwei neue Messbereiche 4 #1 und #2. Sie zeigen die Werte für die beiden Messpunkte an.

Sie können die Messpunkte auf dem Bild verschieben oder ein für allemal aus dem Bild herausziehen. Bis zu vier Messpunkte sind möglich. Wohlgemerkt: Für die folgende Korrektur brauchen Sie Messpunkte und Info-Palette nicht unbedingt.

Dateien: Weiss_01, Weiss_02

Schritt 3: Der Befehl »Tonwertkorrektur«

Wir gehen auf **Bild: Anpassen: Tonwertkorrektur**. Das Histogramm zeigt schon einen Teil der Misere: Rechts gibt es keinerlei Ausschläge, das heißt, unser Bild enthält keine hellen Pixel.

Die drei Pipetten finden Sie mit identischer Funktion auch im Dialogfeld **Gradationskurven** wieder. Sie können also diese Übung genauso gut mit dem **Gradationskurven**-Dialog durchspielen.

Klicken Sie auf die weiße, rechte Pipette WEISSPUNKT SETZEN. Damit definieren Sie im nächsten Schritt den Weißpunkt.

Schritt 4: Setzen Sie den neuen Weißpunkt

Die Pipette WEISSPUNKT SETZEN ist eingeschaltet. Wir (1) klicken jetzt einen hellen Bildpunkt an, dessen Tonwert auf reines Weiß steigen soll – die reflektierende Armbanduhr. An dieser Stelle haben wir in Schritt 2 den Messpunkt 1 gesetzt, aber die Korrektur funktioniert auch ohne den Messpunkt.

Der Klick hellt das Bild deutlich auf. Achten Sie auf die Info-Palette: Oben erscheinen die Werte für den Bildpunkt unterm Mauszeiger, momentan genau der angeklickte Punkt. Ein Beispiel: B steht für BRIGHTNESS (Helligkeit). Der Wert (2) »80/100« sagt, dass die Helligkeit von 80 auf 100 Prozent angestiegen ist.

Unten sehen Sie neue Ergebnisse für unsere Messpunkte, hier in RGB vermeldet. Die RGB-Werte unter Messpunkt 1 lagen vor der Korrektur zwischen (3) 186 und 203; alle drei Grundfarben stiegen dann auf 255 an – insgesamt reines Weiß. Ähnliche helle Pixel hebt Photoshop mit an.

Schritt 5: Ein Blick auf das Dialogfeld

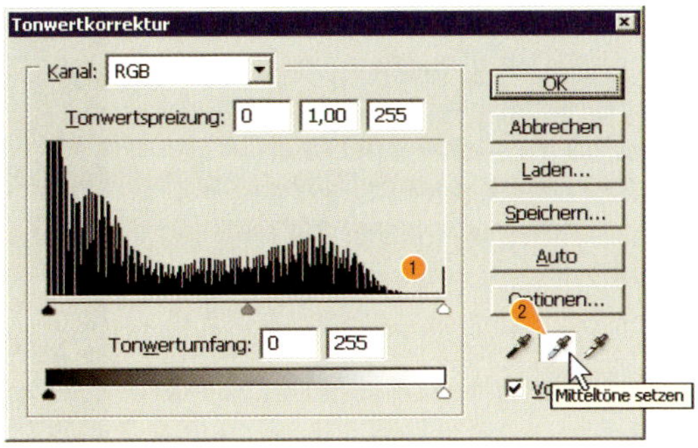

Das Dialogfeld **Tonwertkorrektur** ist ja noch eingeschaltet. Die doppelte Anzeige von Vorher/Nachher-Werten liefert die Info-Palette nur, solange ein Korrektur-Dialogfeld geöffnet ist – etwa **Tonwertkorrektur**, **Gradationskurven**, **Farbton/Sättigung** oder **Tiefen/Lichter**. Das Histogramm dehnt sich jetzt deutlich weiter aus, rechts zeigt das Histogramm nun ① sehr helle und auch einige ganz weiße Pixel. Die Tonwertsprünge, erkennbar am ausgezackten Histogramm, sind typisch für kräftige Kontrastkorrekturen und stören den Bildeindruck meist nicht.

Das Bild wurde deutlich heller. Aber es hat immer noch den Grünstich, der typisch ist für Neonlichtaufnahmen mit falschem Weißabgleich beziehungsweise mit Tageslichtfilm. Wir schalten darum die ② Pipette MITTELTÖNE SETZEN ein. Klicken Sie damit einen Farbwert an, wird er – quer durchs Bild – auf Neutral gestellt.

Schritt 6: Legen Sie Neutralgrau fest

Das linke Hemd könnte eine neutrale Tönung haben. Also ① klicken wir mit der Pipette MITTELTÖNE SETZEN ins Hemd, in die Nähe von Messpunkt 2. Sofort schwindet der Grünstich, das Bild tendiert fast ins Rötliche.

Oben analysiert die Info-Palette den Bildpunkt unterm Mauszeiger: Am ② S-Wert erkennen Sie, dass die Farbsättigung für diesen Farbwert von 15 auf 0 Prozent sank – also entstand ein Neutralgrauton, jetzt mit einer Helligkeit von 73 Prozent.

Messpunkt 2 liegt in der Nähe unseres Klicks. Vor Öffnen des Dialogfelds gab es RGB-Werte zwischen ③ 136 und 163; jetzt reicht die Spanne von 190 bis 203 – Bildpunkte mit diesem Wert wurden also heller und fast neutral (neutral, weil die Werte eng nebeneinander liegen und ähnlich kräftige Rot-, Grün- und Blauanteile sich zu Grau neutralisieren).

Datei: Weiss_03

Schritt 7: Das Histogramm

So schnell werten Sie das Bild mit wenigen Klicks drastisch auf. Gefällt Ihnen das Ergebnis des ersten Klicks nicht, klicken Sie einfach erneut – dann stimmt es vielleicht. Oder ziehen Sie die Pipette bei gedrückter Maustaste, Photoshop passt die Farbstimmung in Echtzeit an. Den allerletzten Klick mit einer Pipette widerrufen Sie per Strg+Z (am Mac ⌘-Taste+Z).

Das Histogramm hat sich nach dem Klick mit der MITTELTÖNE-Pipette nicht auffällig verändert – schließlich haben Sie keine Tonwerte angehoben, sondern nur umgefärbt. Betrachten Sie jedoch die Veränderung der Histogramme für die einzelnen Grundfarben ROT, GRÜN und BLAU, erkennen Sie die Auswirkungen von Schritt 6 deutlich. Das geht bequem mit der Histogramm-Palette (Seite 142).

Bearbeiten Sie auch einmal die fehlerhaften Dateien »Auto_01« oder »Reihe_01« – sie lassen sich gut mit den Pipetten korrigieren.

Tipps & Tricks

- Verhindern Sie Farbstiche schon beim Fotografieren, indem Sie den Weißabgleich Ihrer Digitalkamera prüfen. Bringt der automatische Weißabgleich keine guten Ergebnisse, verwenden Sie eine feste Vorgabe wie »Neonlicht« oder erstellen Sie den Weißabgleich von Hand mit einer Grautafel.
- Die Messpunkte des Farbaufnehmers speichert Photoshop in vielen Dateiformaten, so auch hier ab Datei »Auto_02.jpg«. Je nach aktivem Werkzeug blendet Photoshop die Messpunkte jedoch aus.
- Auch wenn die Korrekturdialoge aus dem Untermenü **Bild: Anpassen** geöffnet sind, etwa **Tonwertkorrektur** oder **Farbton/Sättigung**, können Sie neue Messpunkte setzen. Dazu klicken Sie bei gedrückter ⇧-Taste ins Bild. Mit ⇧+Alt und Klick entfernen Sie den Messpunkt noch bei geöffnetem Dialog. Zum Verschieben reicht die ⇧-Taste. Ebenfalls bei geöffnetem Dialog laden Sie per **Fenster: Informationen** die Info-Palette.
- Auch bei den Anzeigen für die Messpunkte in der Info-Palette können Sie das aktuelle Farbsystem ändern. Wie in Schritt 1 praktiziert, klicken Sie auf die kleine Pipette.
- Fotografieren Sie bei wichtigen Aufnahmen eine Neutralgraukarte aus dem Fotofachhandel mit. Klicken Sie die Graukarte in der Bilddatei mit der Pipette MITTELTÖNE SETZEN an; so tilgen Sie Farbstiche.

Übung 20: Kontrastkorrektur mit »Tonwertangleichung«

Es gibt Kontrastprobleme, an denen scheitert jede Auto-Korrektur. Solche Bilder müssen Sie dennoch nicht mühsam von Hand verarzten, mit komplexen Gradationskurven oder Histogrammen. Probieren Sie einfach die schnelle Tonwertangleichung.

Auf einen Blick

Sie lernen kennen:	Histogramm-Palette; **Tonwertangleichung** (**Bild**-Befehl); Fläche füllen (**Bearbeiten**-Befehl)
Aufwand:	gering; höchstens sieben Schritte
Siehe auch:	Typische Korrekturreihe, Seite 130 Kontrastkorrektur mit Automatik, Seite 142 Kontrastkorrektur mit Ebenentechnik, Seite 160 Starke Unterbelichtung, Seite 166 Auswahl mit Zauberstab & Maskenretusche, Seite 228 Produktfoto freistellen und aufpeppen, Seite 238 Einen Lockenkopf ausschneiden, Seite 256
Übungsdateien:	Angleichung_01 etc.
Kommentar:	Schnelle, bequeme Korrektur für Dateien, an denen die üblichen Automatiken scheitern.

Schritt 1: Ein Blick aufs Histogramm

Wegen der hellen Umgebung hat die Kamera unterbelichtet und einen Aufhellblitz gab es auch nicht. Folge: Die Personen wirken zu dunkel.

Wir öffnen die **Histogramm**-Palette mit dem **Fenster**-Menü. Hier können wir prüfen, welche Tonwerte das Bild verwendet. Das Ergebnis: alle. Von tiefstem Schwarz bis zu reinem Weiß stecken bereits alle Helligkeitsstufen in der Datei.

Sie können das Foto also nicht mit einer schnellen Automatik aufpeppen, die lediglich den Kontrastumfang ausdehnt (Seite 142) – das Bild umfasst ja schon sämtliche möglichen Helligkeitsstufen.

Datei: Angleichung_01

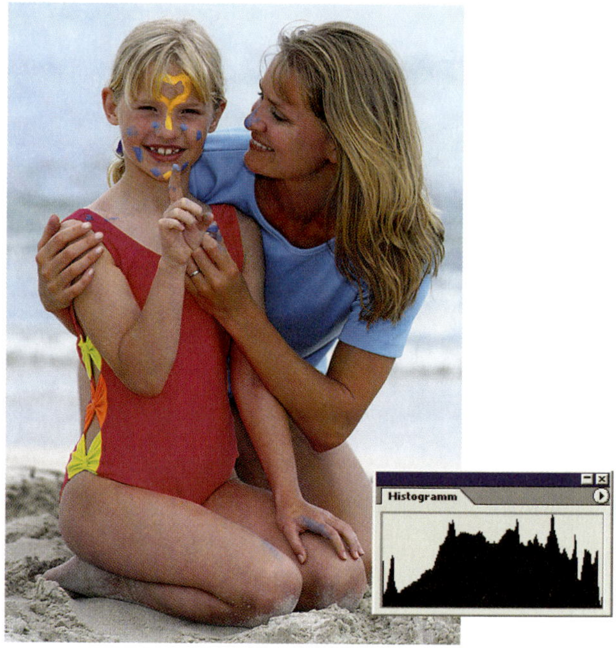

Schritt 2: Ein erster Versuch

Tiefe Schatten und Hochlichter gibt es also schon. Um die Personen aufzuhellen, müssten wir demnach die vorhandenen mittleren Helligkeiten mit der **Gradationskurve** oder mit dem mittleren, grauen Regler der **Tonwertkorrektur** anheben (Seite 130).

Oder wir probieren noch etwas anderes. Klicken Sie testweise auf **Bild: Anpassen: Tonwertangleichung**.

Der Befehl hat kein Dialogfeld, er verändert Ihr Foto sofort – aber nicht zum Besseren: Die Personen sind noch dunkler. Photoshop hat offenbar den hellen Hintergrund überbewertet und zum Ausgleich die ohnehin dunklen Darsteller weiter abgedunkelt.

Im Histogramm erkennen Sie, dass die Tonwerte tatsächlich gleichmäßiger verteilt sind. Die Lücken hier sind typisch für fast jede Kontrastkorrektur und stören in der Regel nicht.

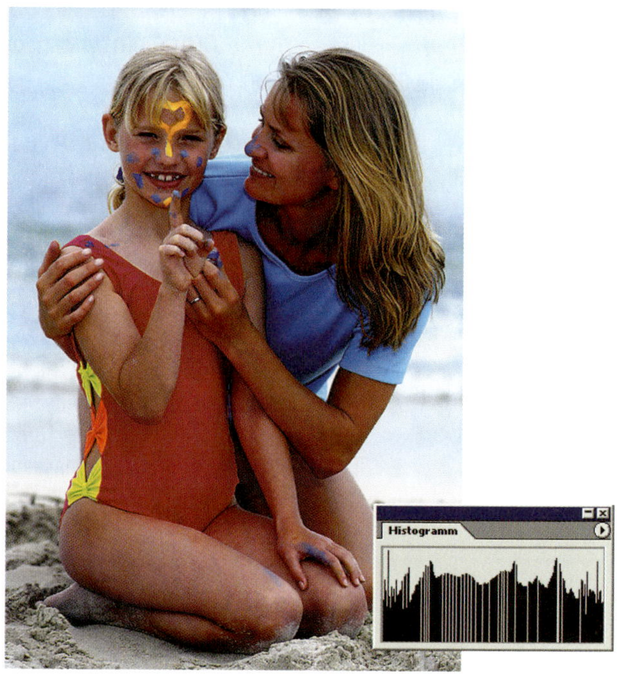

Datei: Angleichung_02

Schritt 3: Die Lasso-Auswahl

Wir widerrufen die misslungene Korrektur aus Schritt 2 mit [Strg]+[Z]. Wir arbeiten also wieder mit der Startdatei »Angleichung_01«.

Schalten Sie in der Werkzeugleiste das Lasso ein. Rahmen Sie die Darsteller grob ein, vermeiden Sie aber größere helle Bereiche aus dem Hintergrund.

So konzentrieren Sie die Aufmerksamkeit des Befehls **Tonwertangleichung** auf die zu dunklen Zonen.

Datei: Angleichung_01

Schritt 4: Der zweite Versuch

Stimmt die Auswahl? Gehen Sie erneut auf **Bild: Anpassen: Tonwertangleichung**. Diesmal tischt Photoshop ein Dialogfeld auf. Wir nehmen die Option TONWERTANGLEICHUNG FÜR GESAMTES BILD AUSGEHEND VOM AUSWAHLBEREICH.

Das bedeutet: Photoshop betrachtet die überwiegend sehr dunklen Pixel in unserer Lasso-Auswahl und sorgt auf dieser Basis für eine kräftige Aufhellung. Und das nicht nur in der Bildpartie, die Sie mit dem Lasso eingekreist haben, sondern im kompletten Foto.

Klicken Sie auf OK.

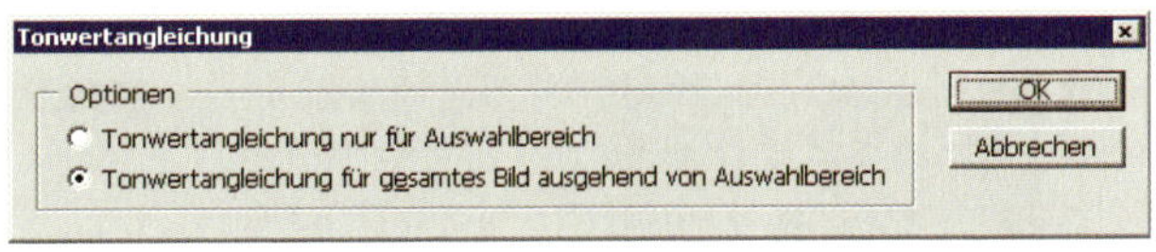

Schritt 5: Zwischenergebnis

Die Protagonistinnen sehen nun gut aus und manchmal ist in diesem Stadium das Bild bereits perfekt. Unser Motiv braucht aber noch Aufmerksamkeit: Denn während die Darsteller besser wirken, geriet der Hintergrund zu hell.

Wir wählen den Bildhintergrund mit dem Zauberstab bei einer niedrigen TOLERANZ von 20 aus; klicken Sie mehrfach bei gedrückter [⇧]-Taste, um die Auswahl schrittweise zu erweitern.

Datei: Angleichung_03

Schritt 6: Fläche füllen

Sitzt die Auswahl? Dann öffnen Sie das **Bearbeiten**-Menü und klicken Sie auf **Fläche füllen**. Im Klappmenü FÜLLEN MIT gehen Sie auf PROTOKOLL. Damit setzt Photoshop den ursprünglichen, dunkleren Bildinhalt wieder in den ausgewählten Bereich. Klicken Sie auf OK.

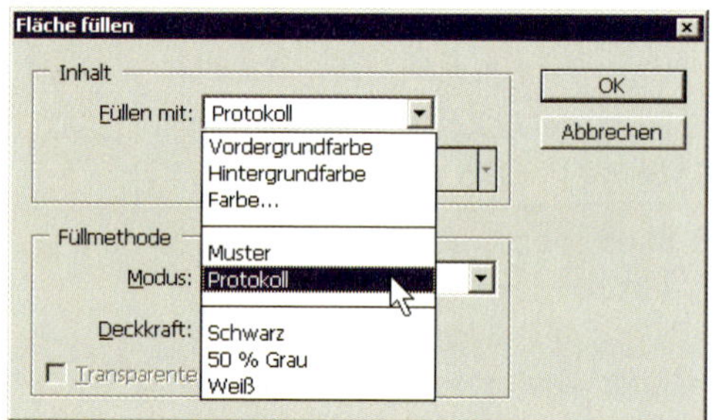

Schritt 7: Das Ergebnis

So passt es. Unser Bild zeigt jetzt den ursprünglichen, dunklen Hintergrund plus deutlich korrigierte Personen. Das Verfahren bereitet oft weniger Mühe als die Tüftelei mit komplexen Befehlen wie **Tonwertkorrektur, Gradationskurven** oder **Tiefen/Lichter**.

Datei: Angleichung_04

Tipps & Tricks

- Erzeugt die **Tonwertangleichung** ein zu helles Ergebnis? Dann legen Sie eine neue Lasso-Auswahl an, die hellere Bildpunkte als zuvor mit einschließt. So sieht Photoshop keine Veranlassung, diese helleren Tonwerte noch künstlich ins Bild zu heben.
- Die **Tonwertangleichung** rettet manchmal auch starke, fast schwarze Unterbelichtungen und bietet damit eine Alternative zum Befehl **Tiefen/Lichter** (Seite 166). Befinden sich aber auch helle Bildpunkte in der Aufnahme, dann rahmen Sie nur den dunkleren Bildteil mit dem Lasso ein und wählen erst danach die **Tonwertangleichung**.
- Im Schritt 6 setzen wir wieder die dunkleren Bildpunkte ein. Wenn Ihnen das Ergebnis zu dunkel erscheint, wählen Sie anschließend **Bearbeiten: Verblassen**; so mischen Sie die helle und die dunklere Fassung.

Übung 21: Kontrastkorrektur mit Ebenentechnik

Wichtige Bildteile sind unterbelichtet, die Automatikbefehle helfen auch nicht und Sie haben keine Lust auf lange Versuche mit Gradationskurven oder Tonwertkorrektur? Dann probieren Sie unseren schnellen Ebenentrick – für verblüffende Verbesserungen, die Sie genau steuern.

Auf einen Blick

Sie lernen kennen:	Ebenentechnik: Ebene duplizieren, Kontrastkorrektur mit Füllmethode UMGEKEHRT MULTIPLIZIEREN; Protokollpinsel ; **Verblassen** (**Bearbeiten**-Befehl)
Aufwand:	gering; höchstens acht kurze Schritte
Siehe auch:	Kontrastkorrektur mit Einstellungsebene, Seite 136 Kontrastkorrektur mit »Tonwertangleichung«, Seite 155 Starke Unterbelichtung, Seite 166 Pinselspitzen & Farbwahl, Seite 365 Richtig speichern, Seite 372
Übungsdateien:	Ebenen_01 etc.
Kommentar:	Gleicht Unterbelichtungen schnell und unkompliziert aus.

Schritt 1: Die Vorlage

Die Gesichter im Bild »Ebenen_01« erscheinen zu dunkel. Doch eine schnelle Automatikkorrektur bringt nichts: Die Vorlage hat bereits einen hohen Kontrastumfang, wie das Histogramm zeigt. Der Tonwertumfang von Schwarz bis Weiß, von 0 bis 255, wird ausgenutzt, durch eine Scharfzeichnung gibt es sogar besonders viele Extremwerte. Wir müssen die vorhandenen dunkleren Mitteltöne in den Gesichtern aufhellen.

Laden Sie mit dem **Fenster**-Menü die **Ebenen**-Palette.

Datei: Ebenen_01

Schritt 2: Die neue Ebene

Drücken Sie Strg+J (am Mac wie immer die ⌘-Taste statt der Strg-Taste). So duplizieren Sie die aktuelle HINTERGRUND-Ebene, in der Palette erscheint die neue EBENE 1. Die Bildwirkung verändert sich dabei nicht.

Datei: Ebenen_02

Schritt 3: Die neue Füllmethode

Der Trick kommt jetzt: Stellen Sie oben links in der Ebenen-Palette die Füllmethode um – von Normal auf Umgekehrt multiplizieren. Jetzt erscheint das Bild deutlich aufgehellt.

Datei: Ebenen_03

Schritt 4: Noch eine Ebene

Die Aufhellung reicht uns noch nicht. Wir üben deshalb erneut Druck auf die Tastatur aus, und zwar auf Strg+J. Photoshop liefert sofort eine weitere neue Ebene 1 Kopie. Das Bild erscheint noch heller.

Zuvor war die Ebene 1 mit dem Modus Umgekehrt multiplizieren aktiv; deswegen kommt auch die neue Ebene gleich mit dem Modus Umgekehrt multiplizieren – und das bewirkt die weitere Aufhellung.

Datei: Ebenen_04

Schritt 5: Gesenkte Deckkraft

Jetzt war es dann aber zu viel mit der Aufhellung: Wir rudern etwas zurück. Senken Sie die DECKKRAFT der obersten Ebene: Halten Sie den Mauszeiger über das Wort DECKKRAFT in der Ebenen-Palette. Er erscheint hier als Hand mit einem Doppelpfeil. Ziehen Sie nach links, bis die Deckkraft auf 60 Prozent reduziert ist.

Datei: Ebenen_05

Schritt 6: Vorbereitung für den Protokollpinsel

Der Hintergrund erscheint uns nun zu hell, wir wollen ihn wieder so dunkel sehen wie im Original. Wählen Sie zunächst **Ebenen: Auf Hintergrundebene reduzieren** – das Bild besteht nun wieder aus einer einzigen ① HINTERGRUND-Ebene.

Schalten Sie den ② Protokollpinsel ein. Im ③ Klappmenü für Pinselspitzen wählen Sie eine größere, weich ausklingende Spitze mit 0 Prozent KANTENSCHÄRFE – so entsteht ein sanfter, unauffälliger Übergang zwischen retuschierten und nicht retuschierten Zonen.

Wir verwenden hier auch 100 Prozent DECKKRAFT, weil wir die Gesamtwirkung des Protokollpinsels erst nachträglich dämpfen.

Datei: Ebenen_06

Schritt 7: Protokollpinsel im Einsatz

Malen Sie nun mit dem Protokollpinsel um die Darsteller herum. Das Werkzeug erscheint über dem Bild als Umriss in der Größe der Pinselspitze. Das Bild wird dunkler, denn Sie stellen im Motivhintergrund wieder die dunkle Urfassung Ihres Motivs her.

Der Protokollpinsel trägt stets die Dateiversion auf, die in der Protokoll-Palette als Protokollquelle markiert ist – und das ist zunächst Ihr Bild im Urzustand, hier also die viel zu dunkle Datei.

Wir versuchen hier, in einem einzigen Durchgang die gesamte Umgebung des Hauptmotivs zu ummalen. Denn nur eine einzige Korrekturstufe können wir im nächsten Schritt 8 noch einmal dämpfen.

Datei: Ebenen_07

Schritt 8: Verfeinern Sie den letzten Eingriff

Doch nun wirkt der Hintergrund zu dunkel. Dagegen gibt es den Befehl **Bearbeiten: Verblassen Protokoll-Pinsel**. Hier senken Sie die Wirkung des letzten Befehls stufenlos ab.

Wir entscheiden uns für 40 Prozent: Der Hintergrund ist nicht mehr so dunkel wie am Anfang, aber auch nicht mehr so hell wie bei vollständiger Korrektur. Insgesamt haben wir mit wenigen Schritten ein viel zu dunkles Bild belebt und aufgewertet.

Datei: Ebenen_08

Tipps & Tricks

- Ist das Bild noch viel dunkler als unser Beispiel? Duplizieren Sie die erste Ebene, die Sie dann auf die Füllmethode UMGEKEHRT MULTIPLIZIEREN umstellen. Anschließend verwenden Sie so oft [Strg]+[J], bis die gewünschte Helligkeit erreicht ist.
- Mit einem vergleichbaren Verfahren dunkeln Sie auch zu helle, überbelichtete Aufnahmen ab: Verwenden Sie dann die Füllmethode MULTIPLIZIEREN. Für eine allgemeine Kontraststeigerung verwenden Sie HARTES LICHT.
- Den Protokollpinsel können Sie nur anwenden, wenn der zu korrigierende Schritt nicht lange zurückliegt. Brauchen Sie mehr Kontrolle und wollen Sie Zwischenergebnisse speichern, legen Sie nach Schritt 5 eine Kopieebene im Modus NORMAL über die anderen Ebenen; dann verbergen Sie die zu dunklen Personen mit Ebenenmaske oder Radiergummi .

Übung 22: Starke Unterbelichtung

Manche Unterbelichtungen bekommt man mit üblichen Korrekturbefehlen kaum in den Griff: Hellen Sie das dunkle Personal auf, bleicht gleich auch der Hintergrund mit aus. Hier hilft der kraftvolle Befehl Tiefen/Lichter weiter. Wir zeigen, wie Sie Photoshops digitalen Aufhellblitz einsetzen.

Auf einen Blick

Sie lernen kennen:	**Tiefen/Lichter** (**Bild**-Befehl)
Aufwand:	gering; neun Schritt für zwei Bilder
Siehe auch:	Typische Korrekturreihe, Seite 130 Kontrastkorrektur mit Automatik, Seite 142 Kontrastkorrektur mit Ebenentechnik, Seite 160
Übungsdateien:	Tiefen_01 etc.
Kommentar:	Sie hellen die krass unterbelichteten Urlauber im Vordergrund prima auf – doch die Landschaft drumherum wird nicht ebenfalls heller.

Schritt 1: Unser Motiv

In dieser Gegenlichtszene waren die Gesicht der Darsteller völlig abgeschattet – kein Sonnenstrahl und kein Aufhellblitz leuchtet die Protagonisten aus.

Die kontrastreiche Szene überforderte zudem die Automatik der Kamera: Leute zu dunkel, dafür der Himmel zu hell.

Öffnen Sie die **Histogramm**-Palette mit dem **Fenster**-Menü: Die Balken erstrecken sich ganz vom linken bis ganz zum rechten Rand. Das Bild nutzt also bereits sämtliche vorhandenen Helligkeitswerte aus, die es gibt. Eine schnelle **Auto**-Korrektur hilft da nicht mehr weiter. Wir müssen den Helligkeitsbereich der Personen anheben und eventuell den Himmel absenken.

Datei: Tiefen_01

Schritt 2: Der Befehl »Tiefen/Lichter«

Photoshop soll jetzt mit einem »digitalen Aufhellblitz« nachhelfen. Wählen Sie **Bild: Anpassen: Tiefen/Lichter**.

Das Dialogfeld bietet sofort die STÄRKE 50 Prozent an. Schon diese Einstellung hellt die Urlauber deutlich auf. Wir klicken erst einmal auf WEITERE OPTIONEN EINBLENDEN; jetzt klappt das Dialogfeld zu voller Größe aus.

Schritt 3: Das komplette Dialogfeld

Die Programmierer haben das Dialogfeld in drei Bereiche unterteilt: Oben bearbeiten Sie die TIEFEN, also die besonders dunklen Bildpunkte. Für diesen Tonwertbereich gibt es nun die drei Regler STÄRKE, TONBREITE und RADIUS.

Der LICHTER-Bereich in der Mitte soll überbelichtete Bildpunkte absenken. Sie haben wieder die drei Stellmöglichkeiten für STÄRKE, TONBREITE und RADIUS.

Der untere KORREKTUREN-Teil verfeinert die Änderungen. Denn durch Anheben der TIEFEN oder Absenken der LICHTER zaubern Sie neue Mitteltöne ins Bild. Diese mittleren Helligkeiten passen Sie hier noch an.

Sie sehen hier die Grundeinstellungen des Dialogfelds beim ersten Start nach der Installation.

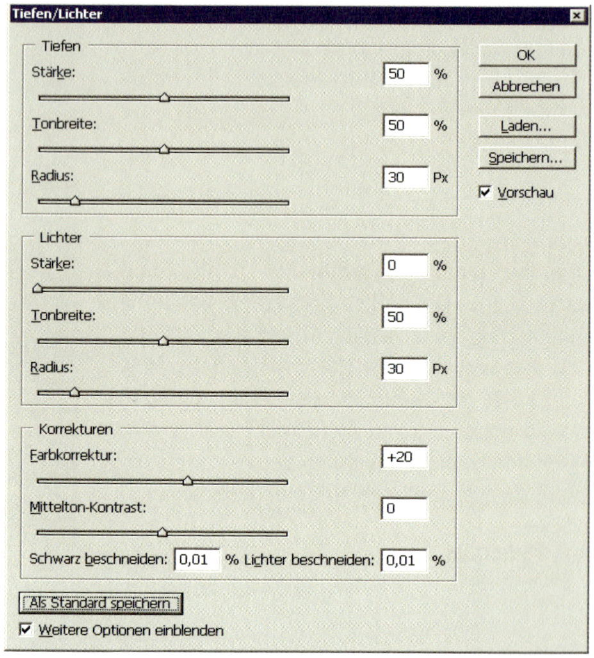

Schritt 4: Heben Sie die Tiefen an

Wir korrigieren zunächst die TIEFEN. Die STÄRKE liften wir forsch auf 100 Prozent – so wirkt der Befehl noch deutlicher.

Ein niedriger Wert bei TONBREITE sorgt dafür, dass Photoshop nur extrem dunkle Pixel anhebt und alles andere unberührt lässt. Eine hohe TONBREITE liftet dagegen auch mittlere Helligkeiten. Wir nehmen 55 Prozent.

Der RADIUS legt fest, wie stark dunkle Bereiche in die Umgebung eingeblendet werden. Der Wert hängt stark von der Bildauflösung ab. Für dieses Motiv eignen sich Werte wie 40 Pixel.

Schritt 5: Die Lichterkorrektur

Auch die LICHTER vertragen eine Korrektur: Der Himmel ist zu hell.

Der STÄRKE-Regler im Lichterbereich steht zunächst auf 0, das heißt, die Lichter verändern sich gar nicht. Wir heben den Wert auf 40 an. Jetzt dunkelt der Himmel deutlich ab.

Photoshop soll aber nur die allerhellsten Pixel abdunkeln, nicht das Meereswasser. Darum senken wir die TONBREITE bei den LICHTERN auf 10. Der RADIUS bekommt wieder den Wert 40.

Schritt 6: Kontrast und Farbsättigung

Das Bild hat nun völlig neue Mitteltöne bekommen. Für diesen Helligkeitsbereich stellen Sie in der Zone KORREKTUREN Farbsättigung und Kontrast ein.

Der FARBKORREKTUR-Regler steuert die Sättigung. Er stand bisher auf 20. Wir senken den Wert auf 10, damit die Hauttöne nicht zu rosig schillern – allerdings wirkt so auch der Badeanzug blasser.

Den MITTELTON-KONTRAST heben wir auf 15 an, das betont Konturen bei den Personen wie auch in den Wellen.

Prüfen Sie, ob Sie nach den Änderungen im Bereich KORREKTUREN neue Werte für die TIEFEN brauchen – ansonsten ist die Bildbearbeitung abgeschlossen.

Datei: Tiefen_02

Schritt 7: Speichern Sie einen neuen »Standard«

Wir könnten jetzt auf OK klicken und die Korrektur erfreut beenden. Aber: Wir haben noch weitere Fotos aus dieser Serie, allesamt mit Gegenlicht und viel zu dunklem Personal. Diese Aufnahmen können wir eventuell mit denselben Werten korrigieren wie unsere Datei »Tiefen_01«.

Klicken Sie auf ALS STANDARD SPEICHERN. Das Dialogfeld öffnet sich beim nächsten Mal mit den Einstellungen, die Sie momentan eingerichtet haben und hier im Dialogfeld sehen.

Dann erst klicken Sie auf OK.

Datei: Tiefen_02

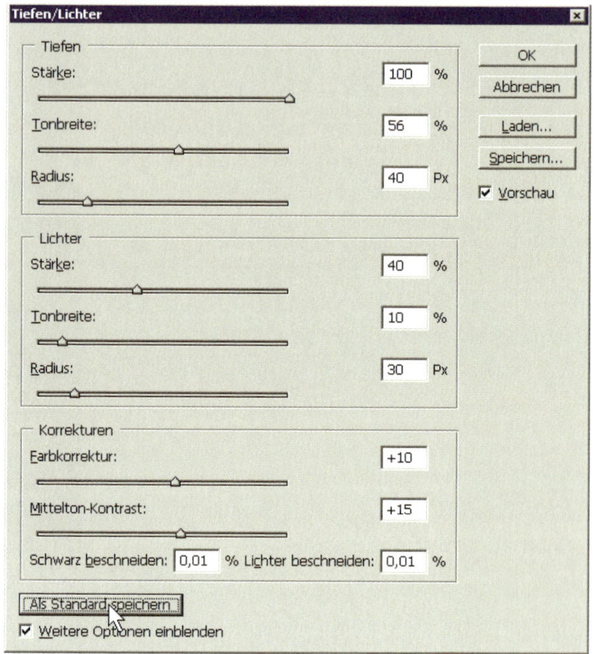

Schritt 8: Das zweite Foto

Laden Sie von der Buch-CD das Bild »Tiefen_03«. Es stammt aus derselben Aufnahmeserie wie unser erstes Motiv, die Taucher sind ähnlich unterbelichtet. Dann wählen Sie erneut **Bild: Anpassen: Tiefen/Lichter**.

Datei: Tiefen_03

Schritt 9: Die nächste Korrektur

Das Dialogfeld meldet sich nicht mehr mit Photoshops Standardwerten, die wir in Schritt 3 gesehen haben. Stattdessen erscheinen nun die Einstellungen, die wir in Schritt 7 abgebildet und gespeichert haben. Das Bild wird sofort deutlich aufgehellt.

Kann man die gespeicherten Werte auch für dieses Bild verwenden? Oder würden Sie hier etwas anders machen? Probieren Sie es aus!

Datei: Tiefen_04

Tipps & Tricks

- Sie vermeiden unterbelichtete Hauptdarsteller, wenn Sie beim Fotografieren einen Aufhellblitz zuschalten. Allerdings können Sie dann meist nicht kürzer als eine 1/250 Sekunde belichten; helle Hintergründe und Gegenlichtzonen werden so eventuell überbelichtet. Generell sollte man für Gegenlichtsituationen Spotmessung und Messwertspeicher verwenden oder die Belichtung völlig manuell einstellen; die automatische Belichtung ist bei Gegenlicht oft unberechenbar.
- Auch so sorgen Sie schon bei der Aufnahme für deutlich mehr Zeichnung in abgeschatteten Zonen: Halten Sie Reflektoren, die Sonnenlicht auf Ihr Hauptmotiv lenken. Verwenden Sie Klappreflektoren aus dem Fachhandel, aber auch große weiße Stücke Pappe oder Styropor.
- Die SPEICHERN-Schaltfläche sichert weitere Einstellungen in einer Datei, die Sie später wieder LADEN. Mit der ⇧-Taste erhalten Sie unten links die Schaltfläche STANDARDWERTE ZURÜCKSETZEN. Sie stellt Photoshops Werksvorgaben wieder her.
- Mitunter verwenden Sie nur den LICHTER-Bereich. Beispiele: Das abgeschattete Vordergrundmotiv in Ihrer Gegenlichtszene hat die richtige Helligkeit, doch die Landschaft dahinter frisst hell aus. Oder: Die angeblitzte Person im Vordergrund ist zu hell.

Teil 5: Bildfehler retuschieren

Passen Sie die Fotos Ihren Vorstellungen an: Wir glätten Poren, straffen Unterlider, färben Hemden um und tauschen den Himmel aus. Wir reparieren auch rotgeblitzte Augen und Unschärfe.

Übung 23: Produkt umfärben

Neue Farbe gefällig? Mit Photoshop färben Sie Ihre Motive beliebig um. Ob Auto, Haus, Fensterrahmen oder Freizeitkleidung – mit Photoshop erhalten die Dinge neue Farben und damit einen neuen Auftritt. Wir legen die Korrektur so an, dass Sie die Färbung jederzeit ändern oder abschalten können. Und keiner merkt es.

Auf einen Blick

Sie lernen kennen:	Zauberstab, Auswahlen per Maus vergrößern; Ebenentechnik
Aufwand:	mittel; höchstens 9 Schritte
Siehe auch:	Auswahl mit Zauberstab & Maskenretusche, Seite 228 Produktfoto freistellen und aufpeppen, Seite 238 Richtig speichern, Seite 372
Übungsdateien:	Farbton_01 etc.
Kommentar:	Färben Sie die Dinge beliebig um – kein Mensch bemerkt die Manipulation.

Schritt 1: Der Zauberstab

Schalten Sie den 1 Zauberstab ein. Klicken Sie auf 2 DER AUSWAHL HINZUFÜGEN – so vergrößert sich die Auswahl mit jedem weiteren Klick.

Wir stellen eine mittlere 3 TOLERANZ von 44 ein, so dass Photoshop nicht nur ganz eng verwandte Bildpunkte erfasst. Per 4 GLÄTTEN sorgen wir für eine nahtlose Montage ohne störende »Nähte«. Die Option 5 BENACHBART erfasst nur nebeneinander liegende Bildpunkte – also zum Beispiel das Gelb aus dem Hemd, aber nicht im gleichen Zug auch Hauttöne.

5 Klicken Sie mehrmals ins T-Shirt. Photoshop legt eine schwarzweiß schillernde Fließmarkierung um den größten Teil des gelben Hemdes.

Datei: Farbton_01

Schritt 2: Auswahl verfeinern

Um die Auswahl des Hemds abzuschließen, wählen Sie **Auswahl: Auswahl vergrößern**. Photoshop dehnt jetzt den ausgewählten Bereich in alle Richtungen aus, auf Basis der aktuellen Zauberstab-TOLERANZ. So erfassen Sie schon einmal die Konturen.

Eventuell gibt es noch Auswahlinseln innen im Textil. Dagegen hilft der Befehl **Auswahl: Auswahl verändern: Abrunden**, zum Beispiel mit einem RADIUS von drei Pixeln – der schluckt genau solche Lücken.

Schritt 3: Und jetzt die Kappe

Mit wenigen Klicks erfasst der Zauberstab dann auch die rote Schirmmütze. Damit steht die Auswahl.

Sicherheitshalber speichern wir die Auswahl, auch wenn das nicht zwingend erforderlich ist: Wir wählen **Auswahl: Auswahl speichern**.

Der Befehl **Auswahl: Auswahl laden** bringt dann die gestrichelte Auswahllinie jederzeit wieder her.

Datei: Farbton_02

Schritt 4: Die neue Einstellungsebene

Öffnen Sie mit F7 die Ebenen-Palette, dort klicken Sie auf die Schaltfläche NEUE FÜLLEBENE ODER EINSTELLUNGSEBENE. Im Menü gehen Sie auf **Farbton/Sättigung**. Dann präsentiert Photoshop das Dialogfeld **Farbton/Sättigung**.

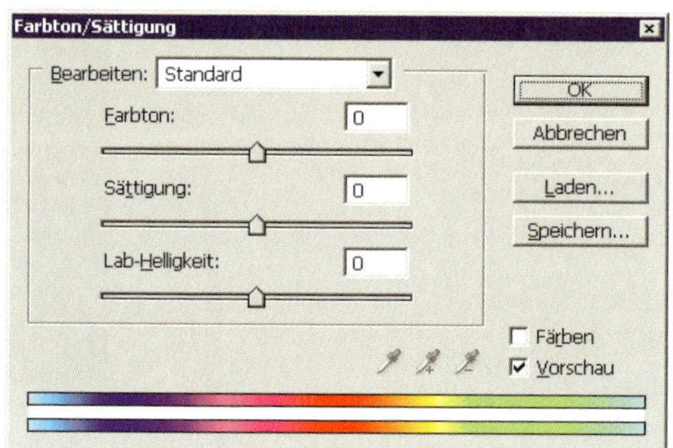

Schritt 5: Die erste Farbton-Verschiebung

Im Dialog **Farbton/Sättigung** ziehen wir den FARBTON-Regler nach rechts, bis zum Wert 138. Das zuvor gelbe T-Shirt erscheint dadurch türkis, die Kappe mutiert von ehedem rot zu grün.

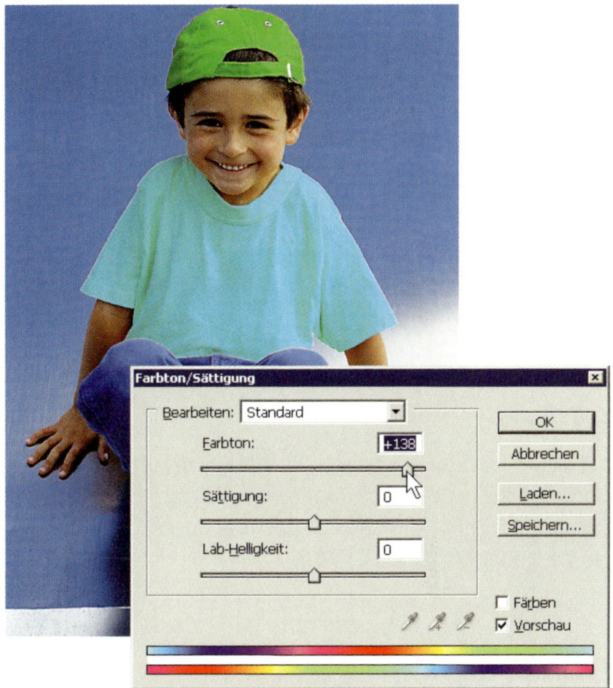

Was passiert da? In der Neutralstellung verändert der FARBTON-Regler gar nichts. Mit dem Regler drehen Sie die Farbe der ausgewählten Pixel auf dem Farbkreis (Seite 380) weiter: Um bis zu +180 Grad nach rechts oder um bis zu -180 Grad nach links.

Das heißt, geringe Veränderungen beim FARBTON-Regler führen zu geringen Farbton-Verschiebungen. Bewegen Sie den Regler dagegen auf +180 Grad, färben Sie den Bildteil mit der Farbe, die auf dem Farbkreis genau gegenüber liegt. Und in der entgegengesetzten Richtung, bei -180 Grad, erhalten Sie denselben Farbton wie bei -180 – dort treffen sich die beiden Enden des Farbkreises.

Schritt 6: Die zweite Variante

Nun bewegen wir den FARBTON-Regler nach links bis zum Wert -50. Das T-Shirt erscheint nun rot, das Käppi lila.

Das Rot wirkt sehr grell. Auf dem Monitor geht es noch, aber im Druck wird es matschig werden; wir senken darum die Sättigung auf -15. Dann klicken wir auf OK.

Datei: Farbton_03

Schritt 7: Die Ebenen-Palette

In der Ebenen-Palette sehen Sie jetzt die neue 1 Einstellungsebene FARBTON/SÄTTIGUNG 1. Sie sorgt für die Umfärbung im Bild, mit rotem T-Shirt und lila Kappe. Doch achten Sie auf die 2 HINTERGRUND-Ebene: Dort existiert immer noch das Ausgangsmotiv mit den ursprünglichen Farben.

Weil wir eine Auswahl im Bild hatten, bekommt die Einstellungsebene automatisch eine 3 Ebenenmaske mit schwarzen Bereichen. Diese schwarzen Zonen verhindern das Umfärben derjenigen Bildpartien, die Sie gar nicht verändern wollen.

Falls die Ränder zwischen korrigiertem und naturbelassenem Bereich noch nicht stimmen, können Sie per Maskenretusche nachbessern (siehe Übungen ab Seite 380).

Schritt 8: Die korrigierte Auswahl

Wir wollen die Kappe so lassen – aber das T-Shirt soll wieder in Originalfarbe erscheinen. Die Einstellungsebene soll also nur auf die Kappe wirken.

Schalten Sie das 1 Lasso ein und rahmen Sie den 2 Bereich des Hemds grob ein. Achten Sie darauf, dass in der Ebenen-Palette weiterhin die 3 Einstellungsebene FARBTON/SÄTTIGUNG 1 aktiviert ist.

Außerdem brauchen Sie 4 schwarze Hintergrundfarbe – Photoshop bietet sie automatisch an, wenn Sie eine Einstellungsebene bearbeiten.

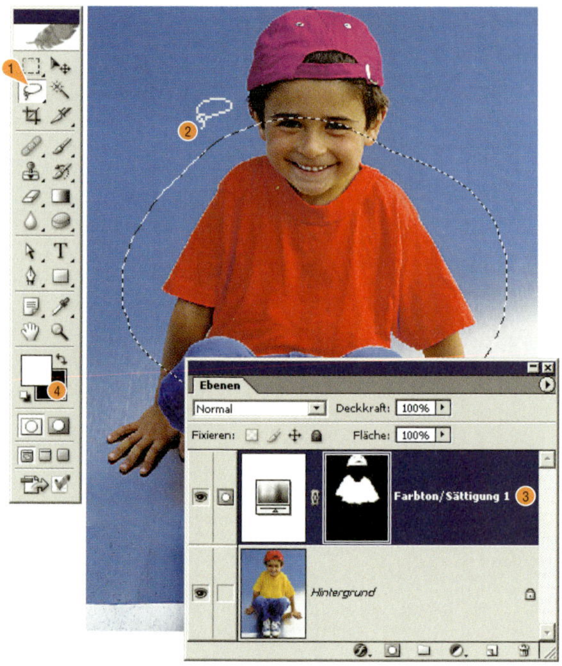

Schritt 9: Das Ergebnis

Drücken Sie die Entf-Taste, am Mac die ←-Taste – das T-Shirt erscheint wieder gelb.

Per Entf-Taste setzt Photoshop die aktuelle Hintergrundfarbe, also Schwarz, in den ausgewählten Bereich der Ebenenmaske. Das T-Shirt war in der Ebenenmaske zuvor weiß ausgespart, jetzt ist es schwarz überdeckt. Dort kann sich die Einstellungsebene nicht mehr auswirken, darum erhält das Hemd sein Gelb zurück.

Fertig! Speichern Sie das Bild im Photoshop-PSD-Dateiformat, bleibt die Einstellungsebene erhalten, Sie können jederzeit nach Doppelklick die Färbung ändern.

Möchten Sie aber die neue Farbe dauerhaft anwenden, verschmelzen Sie Einstellungsebene und Bildebene – zum Beispiel per **Ebene: Mit darunter liegender auf eine Ebene reduzieren**. Dann bleibt eine übliche HINTERGRUND-Ebene zurück, die Sie als JPEG oder in anderen Dateiformaten speichern und weitergeben können.

Datei: Farbton_04

Tipps & Tricks

- Wenn es schnell gehen soll, legen Sie nicht erst eine Einstellungsebene an. Wählen Sie den Bildbereich per Zauberstab aus, dann gehen Sie auf **Bild: Anpassen: Farbton/Sättigung**. Mit diesem Befehl färben Sie sofort die Pixel auf der HINTERGRUND-Ebene um, ohne Umweg über eine Einstellungsebene.
- Mit der Einstellungsebene sind Sie flexibel: Sie können die Farbtonänderung mit dem Augensymbol abschalten oder gleich ganz in den Mülleimer ziehen. Wollen Sie die Färbung ändern, klicken Sie doppelt auf die Miniatur der Einstellungsebene.
- Bei wichtigen Projekten prüfen Sie die neue Farbe im Ausdruck auf dem geplanten Papier.

Übung 24: Porträtfoto glätten

Filmkorn, Bildrauschen oder Hautunreinheiten entstellen Porträts, die Aufnahmen wirken zu hart. Andere Gesichter passen eigentlich, könnten aber einen Hauch mehr Romantik vertragen. Wie auch immer: Nutzen Sie unseren digitalen Weichzeichner für schönere Porträts.

Auf einen Blick

Sie lernen kennen:	Ebenen: HINTERGRUND-Ebene duplizieren, Deckkraft steuern, Ebenenmasken anlegen und mit Pinsel retuschieren, Ebenen verschmelzen; **Gaußscher Weichzeichner** (**Filter**-Befehl)
Aufwand:	gering; höchstens sieben Schritte
Siehe auch:	Gesichtsretusche, Seite 185 Gezielt unscharfer Hintergrund, Seite 303 Schnell & präzise zoomen, Seite 362 Richtig speichern, Seite 372
Übungsdateien:	Glatt_01 etc.
Kommentar:	Steuern Sie selbst, wie viel Details und wie viel duftige Weichzeichnung das Ergebnis zeigen soll.

Schritt 1: Die Neue Ebene

Das Porträt wirkt körnig und grieselig. Es wurde falsch scharfgezeichnet, lässt sich aber noch retten. Öffnen Sie das **Fenster**-Menü und klicken Sie auf **Ebenen**. So holen Sie die Ebenen-Palette auf den Bildschirm; sie zeigt zunächst nur eine ① HINTERGRUND-Ebene.

Drücken Sie [Strg]+[J] (am Mac wie üblich [⌘]-Taste+[J]). Dadurch verdoppeln Sie die HINTERGRUND-Ebene, es entsteht die neue ② EBENE 1. Das Gesamtbild sieht so schlecht aus wie zuvor.

Wir bearbeiten jetzt nur noch die neue EBENE 1, das Original bleibt unverändert erhalten.

Datei: Glatt_01

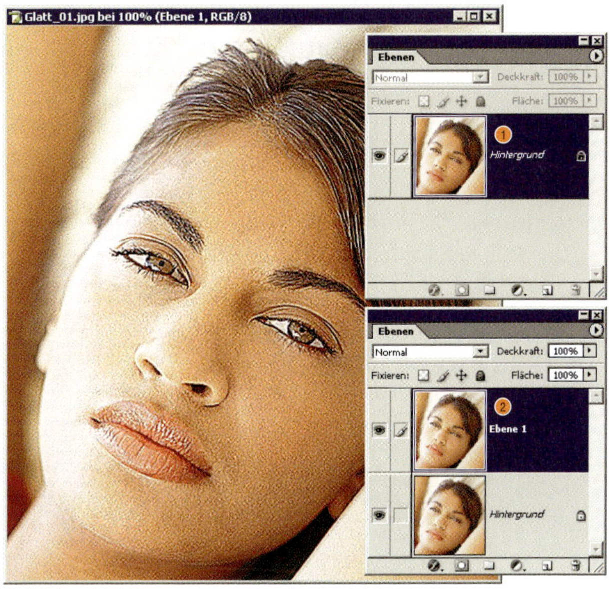

Schritt 2: Weichzeichnen

Für die folgenden Schritte nehmen wir die besonders zuverlässige Zoomstufe 100,0 Prozent (Erklärungen ab Seite 362); das erledigt der Befehl **Ansicht: Tatsächliche Pixel**. Photoshop meldet die Zoomstufe in der Titelleiste des Bilds.

Sie öffnen das Untermenü **Filter: Weichzeichnungsfilter** und gehen auf **Gaußscher Weichzeichner**. Im Dialogfeld stellen Sie einen RADIUS von drei Pixeln ein; der softet das Bild bereits kräftig ab. (Für sehr große Vorlagen, etwa vollformatige Porträts mit 2000 oder mehr Pixeln Seitenlänge, nehmen Sie einen deutlich höheren RADIUS, zum Beispiel 10 oder 20 Pixel.)

Datei: Glatt_02

Schritt 3: Deckkraft senken

Die Weichzeichnung wirkt in Schritt 2 noch zu stark, doch den Effekt steuern wir jetzt nach Maß. Ist die EBENE 1 noch aktiviert, also farbig hervorgehoben?

Dann senken Sie die DECKKRAFT mit dem Schieberegler oben rechts in der Ebenen-Palette. Wir verwenden hier 70 Prozent. Die obere, weichgezeichnete Ebene kann sich jetzt nicht mehr voll durchsetzen.

Stattdessen treten Details des darunter liegenden Originalbilds hervor – fast genau die richtige Mischung.

Datei: Glatt_03

Schritt 4: Eine neue Ebenenmaske

Die zuvor so körnige Haut sieht jetzt perfekt aus. Allerdings vermissen wir Detailzeichnung an markanten Stellen. Wir wollen an einzelnen Stellen das schärfer konturierte Originalbild wieder hervorholen. Dazu legen wir für die EBENE 1 eine Ebenenmaske an. Die verbirgt punktgenau zu verschwommene Bereiche der weichgezeichneten Ebene.

Ist EBENE 1 noch aktiviert? Dann klicken Sie auf ① EBENENMASKE HINZUFÜGEN.

Das Bild ändert sich dadurch noch nicht. Die Ebenenmaske erscheint als ② weiße Miniatur neben der Ebenenminiatur.

Und: Die Maske ist sofort zur Bearbeitung aktiviert; Sie erkennen das am ③ Maskensymbol neben der Ebene und am Hinweis ④ EBENE 1, EBENENMASKE in der Titelleiste.

Datei: Glatt_04

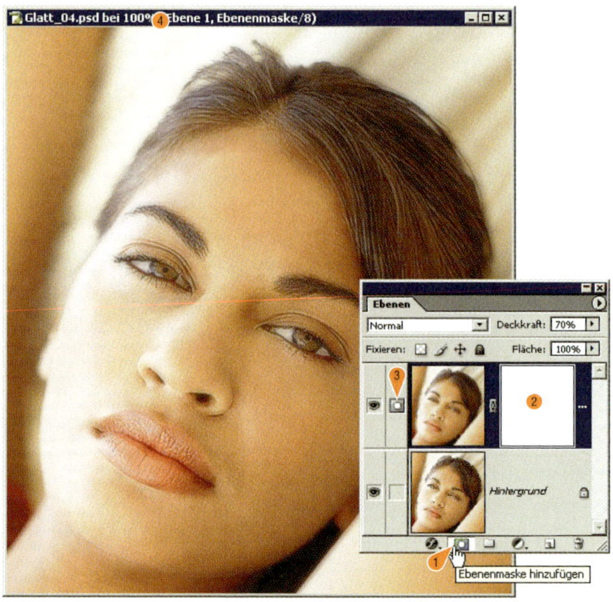

Schritt 5: Bereiten Sie den Pinsel vor

Schalten Sie in der Werkzeugleiste den ① Pinsel ein. Stellen Sie die ② DECKKRAFT auf 50 Prozent.

Nach einem Rechtsklick ins Bild bestimmen Sie die Pinselspitze: Für unser Beispielbild nehmen Sie einen ③ HAUPTDURCHMESSER von 30 Pixeln und null Prozent KANTENSCHÄRFE. (Am Mac statt Rechtsklick ein Klick bei gedrückter [ctrl]-Taste.)

Wohlgemerkt: Noch immer ist die Ebenenmaske aktiviert und deshalb zeigt die Werkzeugleiste unten Weiß als Vordergrundfarbe an. Stimmt das so bei Ihnen? Dann drücken Sie die Taste [X]; so wird Schwarz zur ④ Vordergrundfarbe (wie hier abgebildet).

Schritt 6: Die Retusche

Wir malen über die Augen des Modells. Der Effekt: Die Farbe in der Ebenenmaske dämpft die weichgezeichnete EBENE 1. Die stärker konturierte HINTERGRUND-Ebene tritt wieder hervor, die Augen wirken klarer.

Wir haben in Schritt 5 die DECKKRAFT des Pinsels auf 50 Prozent gesenkt. Deswegen erscheinen die Striche in der Ebenenmaske nicht sofort schwarz, sondern grau. Die Wirkung der Retusche ist nicht so stark, die Wirkung lässt sich genau steuern: Wollen Sie die Originalaugen komplett und nicht nur ein bisschen freilegen, dann malen Sie mehrfach hintereinander: Die Augen werden markanter, die Striche in der Ebenenmaske dunkler.

Betonen Sie auch Lippen und die Augenbrauen. Dabei sollten Sie die Pinselgröße ändern: Besonders schnell schrumpft die Pinselspitze mit der [#]-Taste; die [Ö]-Taste sorgt für größere Durchmesser.

Datei: Glatt_05

Schritt 7: Abschließende Arbeiten

Passt alles? Haben Sie die Ebenenmaske zu stark retuschiert, dann wechseln Sie mit der Taste [X] zu weißer Vordergrundfarbe; nun schwächen Sie die Wirkung der Maskenretusche – die korrigierten Partien erscheinen wieder stärker weichgezeichnet. Testen Sie mit der Ebenen-Palette auch noch einmal die optimale DECKKRAFT für EBENE 1.

Wir haben mit einer normalen JPEG-Datei begonnen; sie bestand nur aus einer üblichen Hintergrundebene. So gehen wir auch aus der Übung heraus: Wählen Sie **Ebene: Auf Hintergrundebene reduzieren**. Photoshop verschmilzt die zwei bisherigen Ebenen zu einer einzigen HINTERGRUND-Fläche; DECKKRAFT oder Ebenenmaske der oberen, weichgezeichneten Ebene lassen sich nun nicht mehr korrigieren. Aber Sie können das Motiv problemlos als JPEG-Datei speichern, an Druckdienste schicken und an Freunde mailen.

Datei: Glatt_06

Tipps & Tricks

- Verhindern Sie Bildstörungen und zu viele Details schon beim Fotografieren: Verwenden Sie niedrige Film- oder Kameraempfindlichkeiten wie 50 oder 100 ASA; so vermeiden Sie Korn und Bildrauschen. Bei Digitalkameras stellen Sie die eingebaute Scharfzeichnung ab, verzichten Sie auch auf das automatische Anheben von Kontrast und Farbsättigung. Arbeiten Sie mit gedämpftem Blitz oder ohne Blitz, unreine Haut kommt dann besser weg.
- Wollen Sie ein Foto mit Körnung oder unreiner Haut noch weiter scharfstellen, verwenden Sie **Filter: Scharfzeichnungsfilter: Unscharf maskieren**. Heben Sie den SCHWELLENWERT auf 5 oder 10 an. Das Programm stellt dann kleinere Kontrastunterschiede nicht mehr scharf – Bildrauschen, Pickel oder Mitesser werden also nicht durch Scharfzeichnung weiter betont (Seite 221). Schnelle Alternative: der Befehl **Konturen scharfzeichnen**.
- Alternativ zeichnen Sie direkt die HINTERGRUND-Ebene weich. Dann dämpfen Sie die Wirkung mit dem Befehl **Bearbeiten: Verblassen** und arbeiten Details wie die Augen mit dem Protokoll-Pinsel heraus.
- Für die DECKKRAFT-Änderung in Schritt 3 müssen Sie nicht am Regler in der Palette zurren. Tippen Sie einfach [5] für 50 Prozent, [4][4] für 44 Prozent oder [0] für 100 Prozent. Das funktioniert aber nur, wenn keine Mal- oder Retusche-Werkzeuge wie Pinsel oder Stempel aktiviert sind.
- Photoshop liefert auch ein paar Filter, die Bildrauschen und andere Unruheherde beruhigen sollen; sie lassen sich aber nicht fein steuern und überzeugen oft nicht. Testen Sie das Untermenü **Filter: Störungsfilter** mit den Befehlen **Helligkeit interpolieren** und **Störungen entfernen**. Weitere Möglichkeit: **Filter: Weichzeichnungsfilter: Selektiver Weichzeichner** mit dem Modus NORMAL.

Übung 25: Gesichtsretusche

Hier wird Photoshop zur digitalen Beautyfarm: Bearbeiten Sie rote Augen, graues Augenweiß, Kraterhaut und Falten. Vergessen Sie Skalpell und Schlammpackung, wir operieren mit Reparaturpinsel und Nachbelichter.

Auf einen Blick

Sie lernen kennen:	**Neues Fenster**, **Nebeneinander** (**Fenster**-Befehl); Farbe-ersetzen-Werkzeug ; Nachbelichter ; Hand ; **Farbton/Sättigung**, **Gradationskurven** (**Bild**-Befehle); Radiergummi ; Protokoll-Palette, Protokollpinsel ; **Gaußscher Weichzeichner** (**Filter**-Befehl); Lasso ; Reparaturpinsel ; Kopierstempel ;
Aufwand:	hoch; bis 20 Schritte
Siehe auch:	Typische Korrekturreihe, Seite 130 Porträtfoto glätten, Seite 180 Schnell & präzise zoomen, Seite 362 Pinselspitzen & Farbwahl, Seite 365
Übungsdateien:	Gesicht_01 etc.
Kommentar:	Korrigieren Sie rotgeblitzte Augen, dunkles Augenweiß, unebene Haut, Pickel und Falten mit einer Vielzahl von Verfahren.

Schritt 1: Doppelte Ansicht

Wir laden die Datei »Gesicht_01«. Bevor das Wellness-Programm beginnt, gehen Sie auf **Fenster: Anordnen: Neues Fenster für Gesicht_01.jpg**. So sehen Sie die Datei in zwei Fenstern gleichzeitig.

Dann klicken Sie auf **Fenster: Anordnen: Nebeneinander**: Photoshop stellt die zwei Ansichten ein und derselben Datei zwar nicht wirklich nebeneinander, aber doch untereinander. Aktivieren Sie die obere Darstellung und klicken Sie doppelt auf die Lupe 🔍 – so erscheint dieses Fenster in der verlässlichen 100-Prozent-Zoomstufe.

Im unteren Fenster rahmen Sie das rechte Auge mit der Lupe 🔍 ein, so dass es stark vergrößert erscheint. Sie können jetzt in der Vergrößerung retuschieren und – besonders wichtig bei Augen – gleichzeitig die Wirkung im Gesamtbild überprüfen.

Datei: Gesicht_01

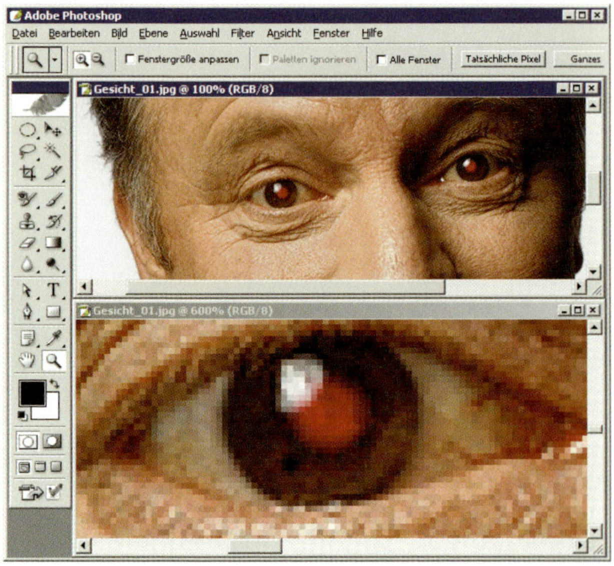

Schritt 2: Das Farbe-ersetzen-Werkzeug

Schalten Sie das ① Farbe-ersetzen-Werkzeug ein. Die Taste [D] richtet Schwarz als ② Vordergrundfarbe ein – meist die geeignete Ersatzfarbe für rotgeblitzte Augen.

Als ③ Modus nehmen Sie Farbe, für Sampling die Option Einmal und im Klappmenü Grenzen geben Sie Nicht aufeinander folgend an. Verwenden Sie das Glätten und eine niedrige Toleranz wie etwa 30 Prozent; so ändern Sie nicht mehrere Farben gleichzeitig.

Halten Sie die Pinselspitze über das rotgeblitzte Auge, sie erscheint als ④ Kreis mit Zielpunkt. Der Durchmesser sollte nicht größer als die Pupille sein: Verkleinern oder vergrößern Sie die Pinselspitze mit den Tasten [Ö] oder [#].

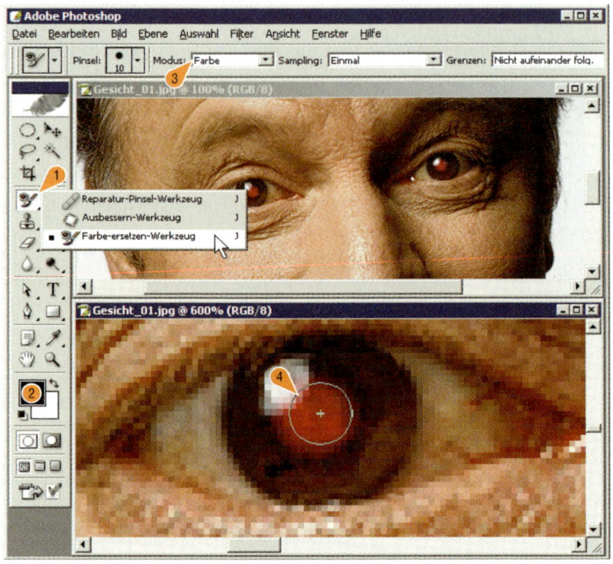

Schritt 3: Die erste Retusche

Das Farbe-ersetzen-Werkzeug ist eine vielgelobte Neuheit bei Photoshop CS. Mal sehen, was es leistet.

Klicken Sie auf einen roten Bereich – Photoshop ersetzt diese Farbe also durch Schwarz. Der Modus FARBE verhindert, dass der Farbauftrag zu glatt wirkt.

Jetzt ziehen Sie bei gedrückter Maustaste. Bleiben einige rote Stellen hartnäckig sichtbar, werden sie erneut angeklickt. Erhöhen Sie eventuell die TOLERANZ.

Das Ergebnis überzeugt noch nicht: Die Pupille wirkt zu hell – ein generelles Problem des Farbe-ersetzen-Werkzeugs bei hell rotgeblitzten Augen. Sie könnten oben zum Modus LUMINANZ wechseln; doch der sorgt schnell für zu viel Schwarz.

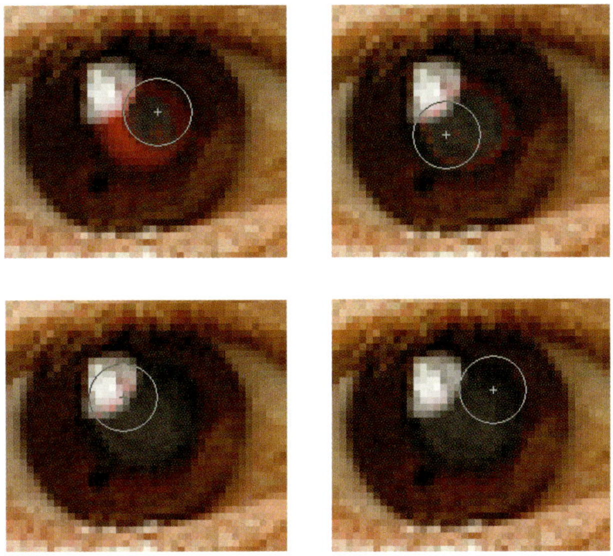

Datei: Gesicht_02

Schritt 4: Weiter abdunkeln

Wir korrigieren das Ergebnis. Schalten Sie den 1 Nachbelichter ein, Photoshops Werkzeug zum Abdunkeln, benannt nach einer Dunkelkammertechnik. In den Optionen verwenden Sie die 2 TIEFEN, Sie verändern also nur dunkle Bildpunkte. Die 3 BELICHTUNG, also die Intensität, stellen Sie auf vorsichtige 20 Prozent; so können Sie mehrmals hintereinander über die Pupille malen, ohne dass sie sofort pechschwarz wird. Über dem Bild erscheint der Nachbelichter als 4 Kreis in der Größe der Pinselspitze; die passen Sie wieder mit den Tasten Ö oder # an. Nach einem Rechtsklick ins Bild (am Mac ein Klick bei gedrückter Ctrl-Taste) stellen Sie eine weiche Kante ein, also null Prozent KANTENSCHÄRFE.

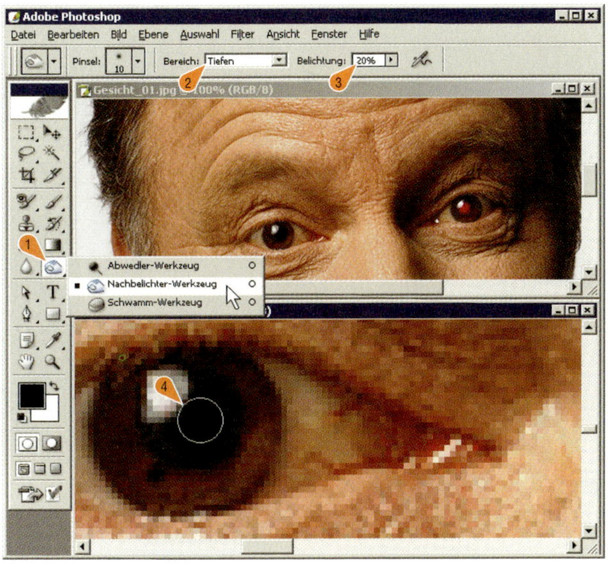

Dunkeln Sie die Pupille durch Übermalen ab, wechseln Sie eventuell auch von den TIEFEN zu den MITTEN.

Datei: Gesicht_03

Schritt 5: Korrigieren Sie das zweite Auge

Für das andere Auge testen wir ein anderes Verfahren. Drücken Sie die Leertaste; so bietet Photoshop vorübergehend die Verschiebehand, Sie können das linke Auge ins Bildfenster der vergrößert angezeigten Datei ziehen. Blenden Sie mit [F7] die Ebenen-Palette ein.

Rahmen Sie mit dem Lasso die Pupille großzügig ein, es darf ruhig etwas Iris oder sogar Haut dabei. Dann drücken Sie [Strg]+[J] (am Mac wie immer die [⌘]-Taste statt der [Strg]-Taste). So heben Sie die ausgewählte Pupille auf eine neue EBENE 1.

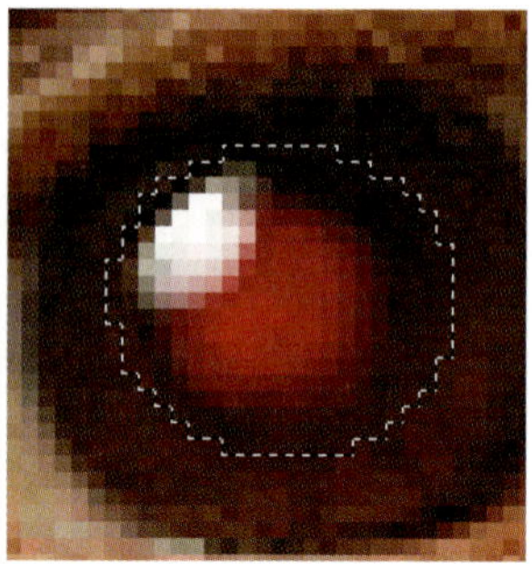

Datei: Gesicht_04

Schritt 6: Der Befehl »Farbton/Sättigung«

Sie wählen **Bild: Anpassen: Farbton/Sättigung.** Im Klappmenü BEARBEITEN nennen Sie zunächst einen beliebigen Farbbereich, zum Beispiel GELBTÖNE. Dann halten Sie den Mauszeiger über die rote Pupille, er erscheint hier als (1) Pipette. Klicken Sie auf einen roten Pixel – das Dialogfeld meldet jetzt den Farbbereich ROTTÖNE oder (2) ROTTÖNE 2, der auch unten in der (3) Farbleiste angezeigt wird.

Klicken Sie eventuell mit der (4) HINZUFÜGEN-Palette eine weitere Rot-Nuance an.

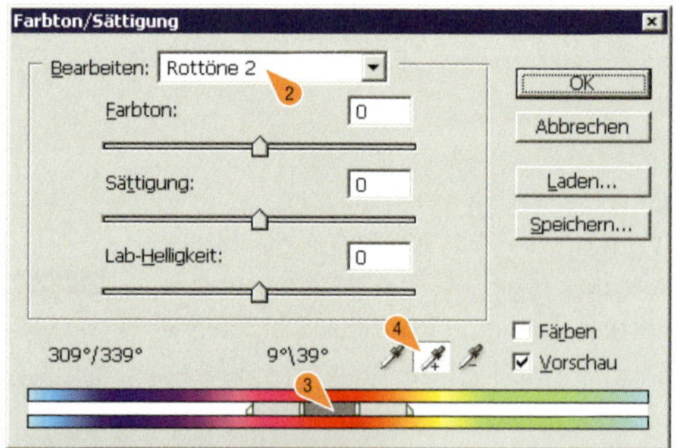

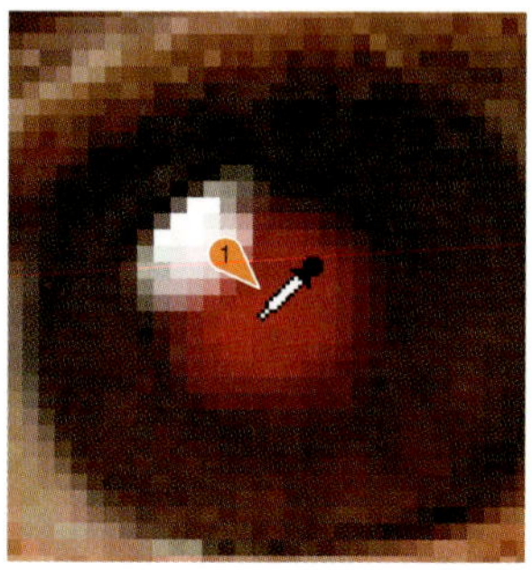

Schritt 7: Runter mit der Helligkeit

Wir senken die Werte für SÄTTIGUNG und LAB-HELLIGKEIT jeweils auf den Wert -90. Die Pupille wird so dunkel wie gewünscht.

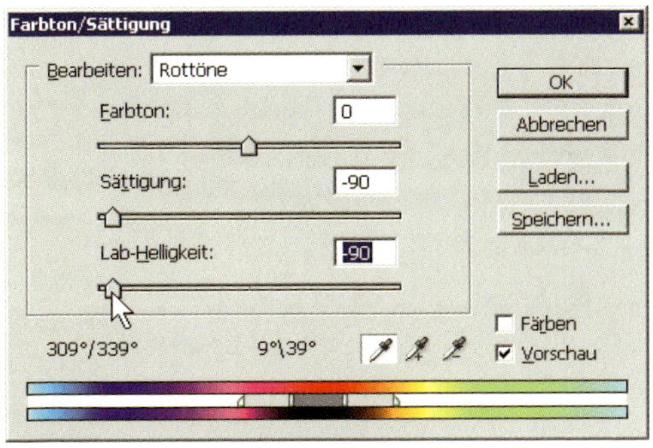

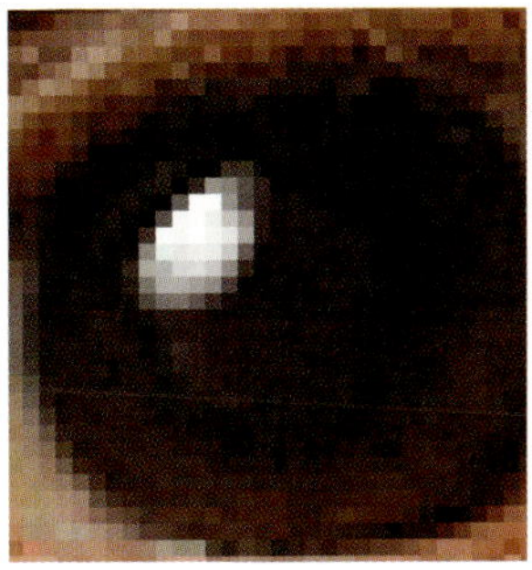

Schritt 8: Verfeinerung der Kanten

Wir hatten die Pupille ja nur grob ausgewählt und auf eine neue Ebene gehoben. Wir verfeinern jetzt die Kanten so, dass tatsächlich nur die Pupille umgefärbt erscheint, während die Iris braun bleibt. Die EBENE 1 ist weiterhin aktiviert.

Wechseln Sie zum (1) Radiergummi. Halten Sie den Mauszeiger über das Bild und richten Sie mit den Tasten [Ö] oder [#] eine kleine (2) Pinselspitze ein. Malen Sie an der Außenkante der Pupille entlang; Sie entfernen die in Schritt 7 mit abgedunkelte, braune Iris; das darunter liegende Original tritt wieder hervor. Im Gesamtbild bleibt aber weiter die abgedunkelte Pupille erhalten; sie wird nicht mit wegradiert.

Passt der Gesamteindruck? Auch in einer normalen Zoomstufe wie 100,00 Prozent? Per [Strg]+[E] verschmelzen Sie die obere Ebene mit dem Hintergrund. Das Bild besteht wieder aus einer einzigen (3) HINTERGRUND-Ebene.

Datei: Gesicht_05

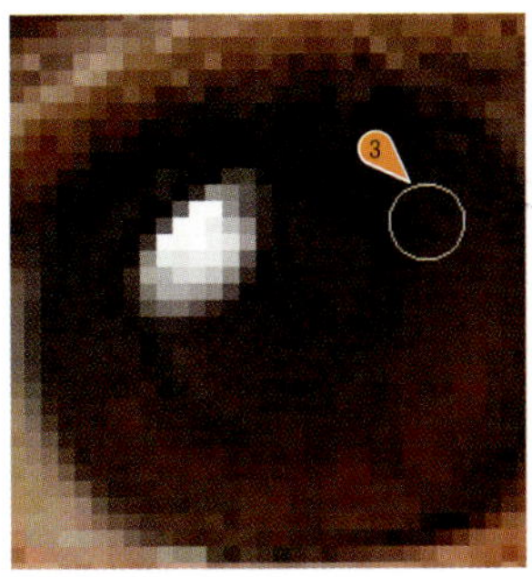

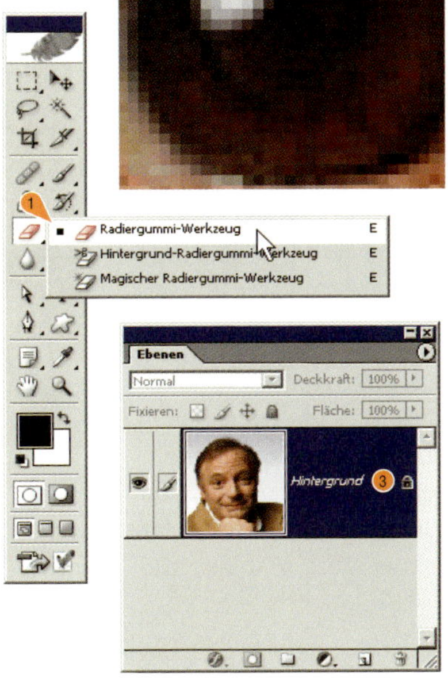

Schritt 9: Die Bindehaut-Behandlung: Ankerpunkt setzen

Die Pupillen hätten wir, jetzt soll das Augenweiß heller werden. Rufen Sie mit Strg+M die **Gradationskurven** auf (Details ab Seite 130). Klicken Sie bei gedrückter Strg-Taste einmal ins Augenweiß, der Cursor erscheint hier als 1 Pipette.

So entsteht ein 2 Ankerpunkt auf der Gradationskurve. In unserem Beispiel hat der angeklickte Bildpunkt nur eine mittlere Helligkeit von 3 136. (Die Skala reicht von 0 für Schwarz bis 255 für Weiß.)

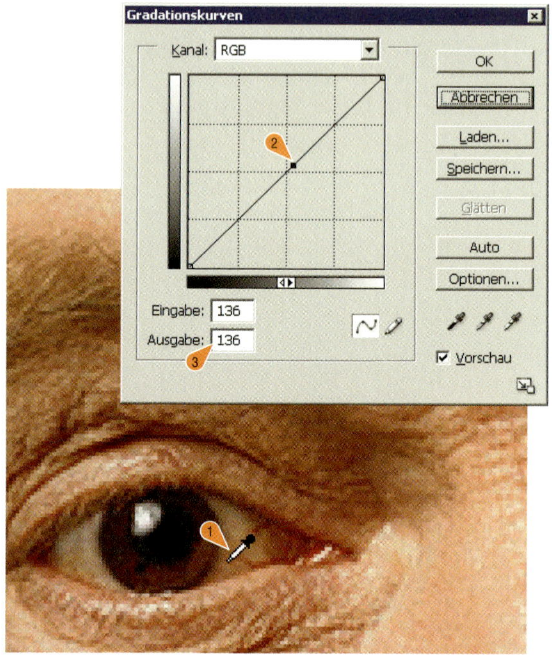

Schritt 10: Zunächst einmal das ganze Bild

Wir 1 ziehen den Ankerpunkt nach links oben, so dass Photoshop die mittleren Helligkeiten im gesamten Bild deutlich anhebt – der Wert 136 steigt auf 2 200, andere Mitteltöne steigen mit an. Zwar verändert sich das gesamte Motiv, doch wir brauchen hier nur einen guten Wert für das Augenweiß.

Wie in Schritt 1 haben wir hier mit dem Befehl **Fenster: Anordnen: Neues Fenster** eine zweite Ansicht von ein und derselben Datei geöffnet. So können wir im hochgezoomten unteren Fenster retuschieren, gleichzeitig beobachten wir die Veränderung im oberen Fenster mit seiner normalen 100-Prozent-Zoomstufe.

Dieser Blick aufs große Ganze ist wichtig: Gerade bei der Augenretusche entstehen leicht Übertreibungen, Ihre Lieben und Ihre Kunden mutieren zu Zombies. Gucken Sie also nicht nur gebannt auf die Vergrößerung – prüfen Sie schon Zwischenergebnisse stets in einer Gesamtansicht.

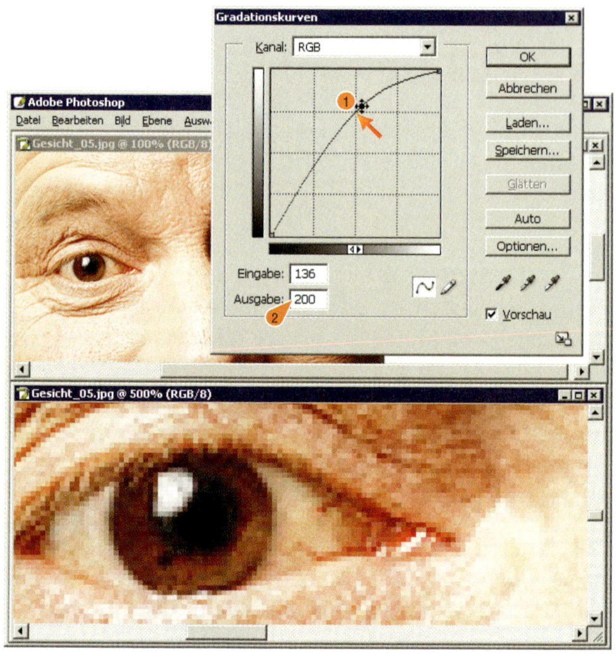

Schritt 11: Einen Schritt zurück

Kramen Sie im **Fenster**-Menü nach der **Protokoll**-Palette. Ihre bisherigen Taten bietet Photoshop hier zum Widerruf an. Ganz unten, als neuestes Manöver: die Gradationskurven.

Klicken Sie einmal auf den Balken 1 Mit darunter liegender Ebene gruppieren. Gemeint ist das Manöver aus Schritt 8, Sie hatten die Ebene 1 mit der Pupille und die Hintergrund-Ebene verschmolzen. Die starke Aufhellung der Gradationskurven ist damit widerrufen. Das Bild erscheint nicht mehr aufgehellt, der Balken Gradationskurven ist grau und kursiv.

Neben Gradationskurven klicken Sie in das leere Kästchen 2 Wählt die Quelle für den Protokoll-Pinsel. Dort präsentiert Photoshop das Symbol für den Protokoll-Pinsel. Die Aufhellung durch die **Gradationskurven** scheint passé. Doch jetzt malen wir diese Aufhellung per Protokoll-Pinsel punktgenau ins Bild.

Schritt 12: Helleres Weiß

Her mit dem 1 Protokoll-Pinsel! Senken Sie die 2 Deckkraft auf 40 Prozent – so hat der Protokoll-Pinsel nicht sofort durchschlagende Kraft, Sie steigern die Wirkung Zug um Zug.

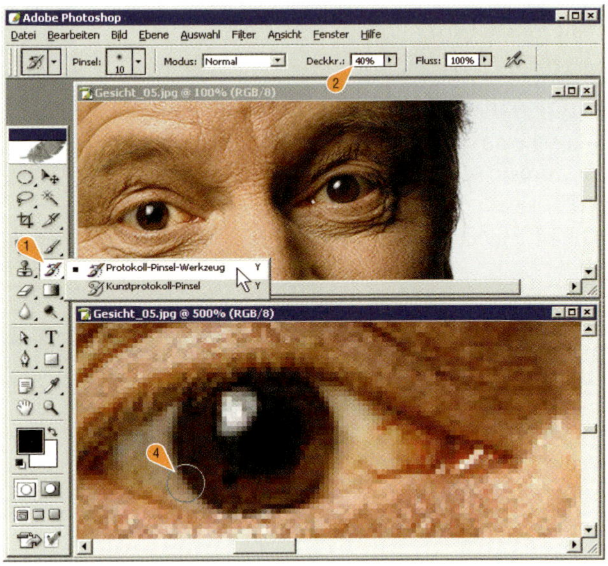

Nach einem Rechtsklick ins Bild stellen Sie einen niedrigen Hauptdurchmesser und 0 Prozent 3 Kantenschärfe ein.

Das Werkzeug erscheint als 4 Kreis in der Pinselspitzengröße über der Bindehaut. Malen Sie über dem Augenweiß – es wird etwas heller. In der Abbildung haben wir eine Hälfte des Auges bearbeitet, die andere kommt gerade dran; Sie sehen die Veränderung auch in der oberen Gesamtansicht.

Eine zu große Spitze wird sie mit der [#]-Taste verkleinert. Mit der Leertaste erhalten Sie die Verschiebehand: Ziehen Sie Auge 2 ins Dateifenster und retuschieren Sie es mit dem Protokoll-Pinsel.

Datei: Gesicht_06

Schritt 13: Glattere Haut

Einzelne Falten bearbeiten wir noch ab Schritt 16, zunächst glätten wir pauschal größere Bereiche der Haut ganz ohne Fettunterspritzung. Wir verwenden eine Variante unserer Übung »Porträtfoto glätten« ab Seite 130; sie kommt ohne Ebenen-Palette aus.

Wählen Sie **Filter: Weichzeichnungsfilter: Gaußscher Weichzeichner**. Stellen Sie einen Radius ein, der die gröberen Poren glättet, aber nicht alle Details verwischt. Für unser Bild reicht der Wert 1,3, doch höher aufgelöste Motive brauchen eventuell höhere Werte.

Der ganze aufwändig retuschierte Herr versinkt nun erst einmal in leichter Unschärfe.

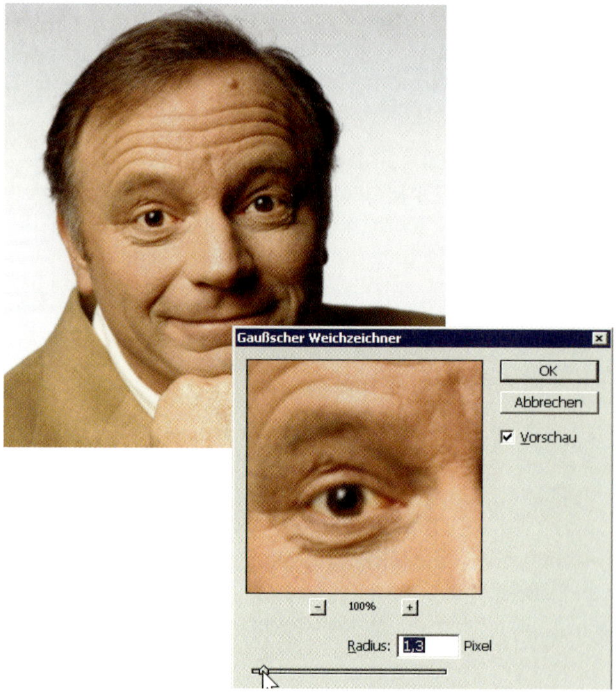

Schritt 14: Wieder die Protokoll-Palette

Der letzte Befehl Gaußscher Weichzeichner steht nun in der Protokoll-Palette ganz unten.

Klicken Sie einmal auf den vorletzten Befehl, ① Protokoll-Pinsel (das ist noch die Augenweiß-Retusche aus Schritt 12). Damit widerrufen Sie das Weichzeichnen, der Balken Gaußscher Weichzeichnern ist abgedimmt, unser Model erscheint wieder in voller Schärfe.

Neben Gaußscher Weichzeichner klicken Sie auf ② Wählt die Quelle für den Protokoll-Pinsel. Im Kästchen erscheint dann der Protokoll-Pinsel.

Wir malen die widerrufene Weichzeichnung jetzt mit dem Protokoll-Pinsel in ausgewählte Bildbereiche.

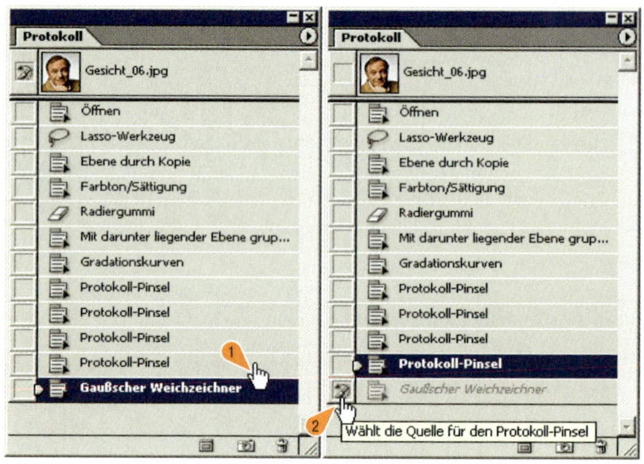

Schritt 15: Glattere Haut

Wieder greifen wir zum (1) Protokoll-Pinsel. Wir verwenden den Modus (2) Aufhellen und (3) 100 Prozent Deckkraft.

Der Protokoll-Pinsel erscheint als (3) Kreis in der Pinselspitzengröße. Malen Sie über gleichmäßige Hautbereiche wie die Wangen.

Sie bringen so die Weichzeichnung aus Schritt 13 örtlich wieder zurück. Durch den Modus Aufhellen wirkt sie jedoch abgeschwächt; sie führt nicht zu Plastikhaut. In unserer Abbildung haben wir die linke Hälfte des Fotos bearbeitet, der rechten Hälfte steht das digitale Micropeeling noch bevor.

(Reicht Ihnen die Wirkung nicht, wechseln Sie zum Modus Normal mit gesenkter Deckkraft von etwa 50 Prozent. Die Deckkraft ändern Sie besonders schnell mit den Zifferntasten: [5] für 50 Prozent, [6][7] für 67 Prozent, [0] für 100 Prozent.)

Datei: Gesicht_07

Schritt 16: Das Lasso

Mit [Strg]+[+] heben wir die Zoomstufe, dann setzen wir zur Korrektur der Tränensäcke das (1) Lasso ein. Wir verwenden eine (2) Weiche Kante von rund 5 Pixeln; sie sorgt für einen sanften Übergang zwischen retuschierten und naturbelassenen Partien.

Ziehen Sie einen großzügigen (3) Rahmen um den Faltenbereich; Photoshop zeigt eine schwarzweiß schillernde Auswahllinie.

Lasso Sie das Lasso eingeschaltet, dann (4) ziehen Sie den Auswahlbereich nach unten – über einen Bereich, der die Falten im nächsten Schritt überdecken soll.

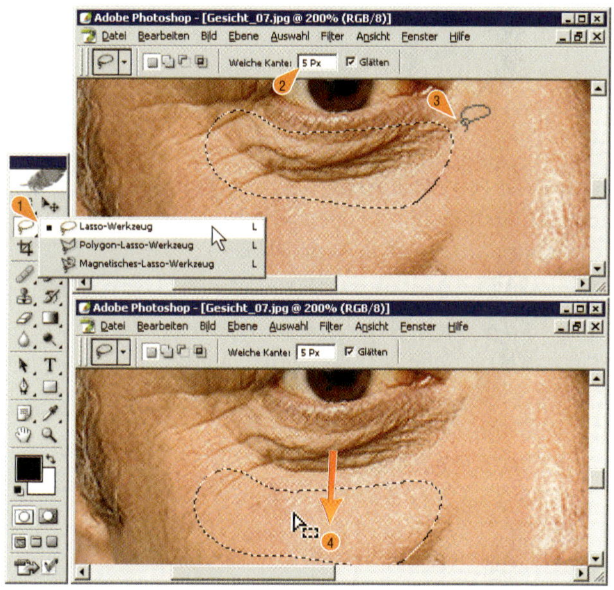

Schritt 17: Die Unterlidkorrektur

Drücken Sie [Strg]+[Alt]. Dann ① ziehen Sie den Hautbereich vom Backenknochen nach oben. Sie bewegen also nicht nur den Auswahlrahmen, sondern kopieren Bildpunkte nach oben.

Wie wirkt die Unterlidkorrektur? Drücken Sie [Strg]+[H]. So ② verstecken Sie die schillernde Auswahllinie, ohne sie zu löschen; die Ränder des korrigierten Bereichs lassen sich nun besser beurteilen.

Wählen Sie **Bearbeiten: Verblassen** und stellen Sie den Modus ③ AUFHELLEN ein. Nun wird der hochkopierte Bildausschnitt ④ anders überblendet, er mischt sich besser mit der Umgebung.

Klicken Sie mit dem Lasso ⑤ einmal außerhalb der Reparaturzone; so verschmelzen Sie den duplizierten Bildteil dauerhaft mit dem Untergrund.

Wiederholen Sie die Prozedur für das andere Auge und weitere Bildteile.

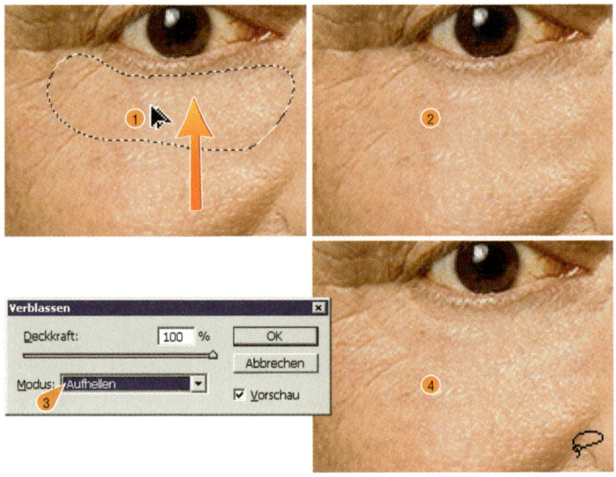

Datei: Gesicht_08

Schritt 18: Der Reparaturpinsel

Der ① Reparaturpinsel setzt das Wellnessprogramm fort. Für den Pickel müssen wir nicht groß Linien ziehen, ein Klick reicht.

Halten Sie den Mauszeiger über die Problemzone. Mit den Tasten [Ö] oder [#] stellen Sie die ② Pinselgröße so ein, dass der Pickel komplett umfasst wird.

Dann führen Sie den Mauszeiger über eine ③ Hautpartie, welche die Störstelle überdecken kann.

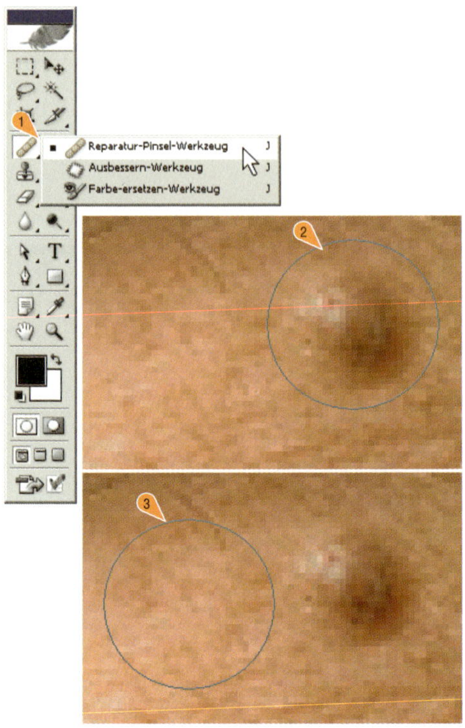

Schritt 19: Digitales Clearasil

Drücken Sie die Alt-Taste. Der Mauszeiger erscheint als 1 Zielkreuz. Das ist der Kopierursprung – also der Punkt, an dem Photoshop Bildpunkte aufnimmt, die den Pickel überdecken. Lassen Sie die Maustaste los und bewegen Sie den 2 Reparaturpinsel über den Pickel. Drücken Sie die Maustaste: Nun kopiert Photoshop Pixel von links 3 über die Fehlerstelle. Den Kopierursprung zeigt Photoshop durch ein 4 Kreuz an.

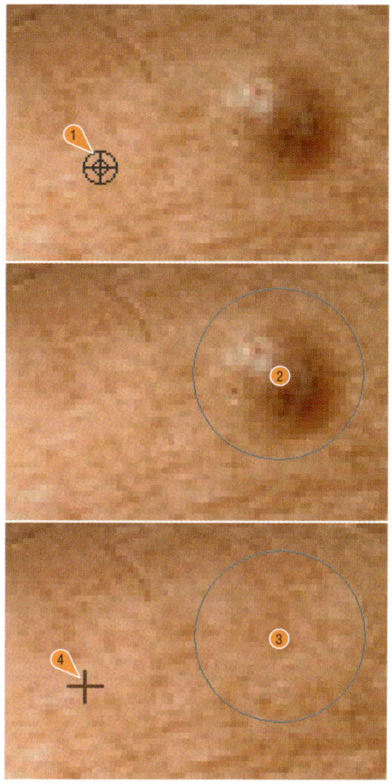

In diesem Beispiel sorgt ein einziger Klick für vollständige Regeneration. Der Reparaturpinsel gleicht automatisch Helligkeitsunterschiede zwischen Originalbereich und Darüberkopiertem aus.

Gelegentlich liefert das Werkzeug allerdings unschöne Ergebnisse. Nutzen Sie alternativ den Kopierstempel: Er wird genauso angewendet wie der Reparaturpinsel, versucht aber keinen Helligkeitsausgleich und ist deshalb eher berechenbar.

Datei: Gesicht_09

Schritt 20: Gesichtskontrolle

Fertig. Oder nicht?

Sie könnten die Lasso-Jobs aus dieser Übung teilweise mit Reparaturpinsel und Kopierstempel erledigen, und umgekehrt. Mitunter brauchen Sie das Ausbessern-Werkzeug oder den Kopierstempel, um ein Manöver mit Lasso oder Reparaturpinsel zu verfeinern. Mit Techniken aus dieser Übung bearbeiten Sie auch historische Fotos oder Sie tilgen Strommasten und unerwünschtes Personal.

Prüfen Sie das Porträt genau. Betrachten Sie eine Gesamtansicht, am besten in der Zoomstufe 100 Prozent.

Drucken Sie das Porträt, lassen Sie es wirken. Dann erst steht fest, ob das Facelifting gelungen ist.

Tipps & Tricks

- Vermeiden Sie die roten Augen schon durch die richtigen Einstellungen am Fotoapparat: Verzichten Sie auf den Blitz. Alternativ öffnen Sie die Blende (F2,8 statt 8,0), verlängern die Belichtungszeit (1/60 statt 1/250 Sekunde) oder erhöhen die Empfindlichkeit (200 statt 50 ASA); so entstehen kürzere, weniger schädliche Blitzzeiten. Einfache Alternative: Mehr Umgebungshelligkeit durch zusätzliche Lampen. Viele Kameras zünden zudem auf Wunsch einen Vorblitz. Dann zieht sich die Pupille zusammen, beim Auslösen wenige Sekunden später entstehen keine roten Augen mehr: Der Blitz dringt nicht mehr bis zu den Blutgefäßen in der Netzhaut vor.
- Frontal- und Telefotos bergen mehr Rote-Augen-Gefahr als Weitwinkelaufnahmen und seitliche Perspektiven. Externe Blitzgeräte halten Sie mindestens in einem Winkel von 5 Grad zum Modell. Blitzreflektoren (oder dünnes Papier) dämpfen die Blitzwirkung.
- Ist bei Ihrem Foto die Pupille vollständig zu sehen und nicht halb hinter dem Lid versteckt? Dann können Sie beim Auswählen der Pupille in Schritt 5 auch die Auswahlellipse nehmen; drücken Sie die [⇧]-Taste für kreisrunde Auswahlen.
- Beim Aufhellen des Augenweiß in Schritt 9 fiel uns zuerst Photoshops Aufhell-Pinsel, der Abwedler, ein. Doch mit seiner Beschränkung auf nur LICHTER, nur MITTELTÖNE oder nur TIEFEN wirkt das Gerät hier umständlich.
- Wie viele Schritte listet die Protokoll-Palette zum Widerruf auf? Das regeln Sie per [Strg]+[K] im Datenfeld PROTOKOLLOBJEKTE: 1000 sind möglich, 100 sollten es sein, Photoshop ist aber zunächst nur auf 20 eingerichtet.
- Natürlich hatten wir bei der Hautretusche ab Schritt 16 auch an das Ausbessern-Werkzeug gedacht, das Helligkeitsunterschiede an den Retuschekanten automatisch ausgleicht. Es eignet sich aber eher für großflächige Problemzonen und rechnet schnell falsche Werte ins Bild.

Übung 26: Urlaubsbild auffrischen

Das Motiv ist ganz nett, doch der Pepp fehlt. Heben Sie Kontrast und Farbsättigung gezielt an. Wir zeigen hier auch, wie Sie beim Auffrischen nur die gewünschten Farb- und Helligkeitswerte verändern.

Auf einen Blick

Sie lernen kennen:	**Gradationskurve**, **Farbton/Sättigung** (**Bild**-Befehle), Füllmethode ÜBERLAGERN, Abwedler-Werkzeug
Aufwand:	mittel; acht Schritte
Siehe auch:	Typische Korrekturreihe, Seite 130 Kontrastkorrektur mit Einstellungsebene, Seite 136 Auswahl mit Zauberstab & Maskenretusche, Seite 228 Einen Lockenkopf ausschneiden, Seite 256 Text als Schnittmaske, Seite 282 Gezielt unscharfer Hintergrund, Seite 303 Vielseitiger Nostalgie-Effekt, Seite 310 Pinselspitzen & Farbwahl, Seite 365 Richtig speichern, Seite 372
Übungsdateien:	Auffrischen_01 etc.
Kommentar:	Sie peppen ein blasses Foto mit Kontrasten und Farbsättigung auf.

Schritt 1: Die »Gradationskurven«

Wählen Sie **Bild: Anpassen: Gradationskurven.** Drücken Sie die [Strg]-Taste und bewegen Sie den Mauszeiger über das Gesicht der Darstellerin. ① Der Cursor erscheint hier als Pipette.

Klicken Sie auf einen dunkleren Hautton im Gesicht. ② Das Dialogfeld zeigt jetzt für EINGABE und AUSGABE den relativ dunklen Helligkeitswert 89. Auf der Kurve erscheint jetzt ein ③ Ankerpunkt. (Es spielt keine Rolle, wenn Sie zum Beispiel den Tonwert 83 oder 98 erwischen.)

EINGABE und AUSGABE sind noch gleich, deshalb verändert sich noch nichts. Deswegen läuft auch die Gradationskurve immer noch schnurgerade diagonal durchs Diagramm. Sie haben keine Helligkeitsbereiche angehoben oder abgesenkt.

Datei: Auffrischen_01

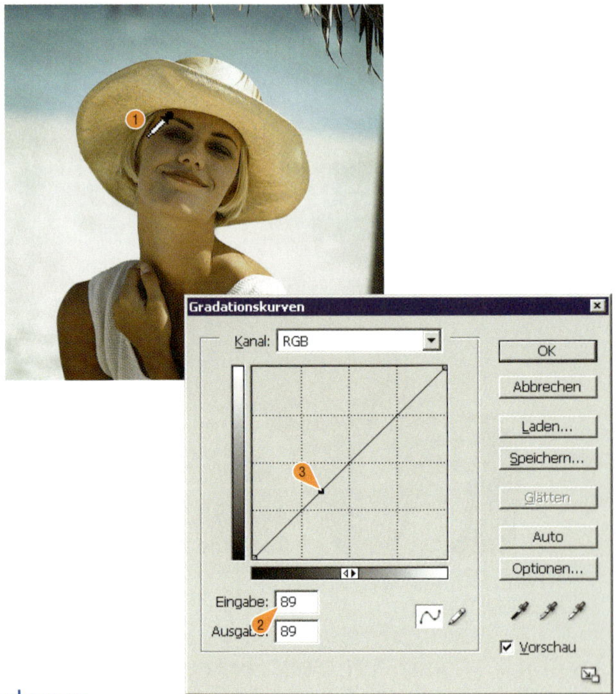

Schritt 2: Kontrastkorrektur per Gradationskurve

Für Hauttöne eignen sich oft mittlere Helligkeitswerte um 128. (0 ist Schwarz, 255 reines Weiß.) Um das Gesicht aufzuhellen, könnten Sie den Ankerpunkt einfach in die Höhe ziehen, bis das Feld AUSGABE den Wert »128« zeigt. Wir machen es noch genauer: Tippen Sie »128« in das AUSGABE-Feld. Sie heben also im gesamten Bild den vorhandenen (EINGABE-)Tonwert 89 auf den helleren (AUSGABE-)Wert 128 an.

Allerdings: Photoshop liftet noch weitere Tonwerte. So zeigt die Gradationskurve nicht etwa einen einsamen Gipfel für den Wert 128. Vielmehr hebt Photoshop auch umliegende Helligkeitswerte mit an; das verhindert harte Kontrastsprünge. Die ganz dunklen und ganz hellen Bildpunkte verändern sich dabei kaum oder gar nicht: Schwarz bleibt Schwarz und selbst ganz helle Bildpunkte liftet Photoshop nicht auf reines Weiß.

Klicken Sie auf OK. Sie haben nun die Mitten deutlich angehoben.

Datei: Auffrischen_02

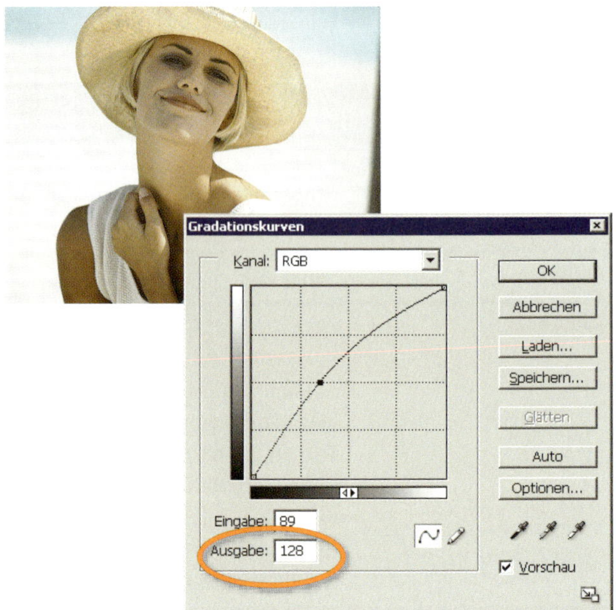

Schritt 3: Duplizieren Sie die Ebene

In Schritt 2 wurden die Schattenwerte zu stark mitgeliftet: Während die Hauttöne allein überzeugen, wirkt das Bild insgesamt etwas flau.

Blenden Sie mit F7 die Ebenen-Palette ein. Zunächst besteht Ihr Bild nur aus einer einzigen HINTERGRUND-Ebene. Ziehen Sie dieses Feld HINTERGRUND-Ebene unten in der Palette auf das Symbol 1 NEUE EBENE ERSTELLEN. Dadurch entsteht 2 die neue Ebene HINTERGRUND KOPIE. Die Bildwirkung verändert sich noch nicht.

Datei: Auffrischen_03

Schritt 4: Die neue Füllmethode

Oben links in der Ebenen-Palette sehen Sie das Klappmenü für die Füllmethoden. Zunächst steht es auf NORMAL. Wechseln Sie hier zu ÜBERLAGERN. Damit steigt der Kontrast deutlich – zu deutlich.

Datei: Auffrischen_04

Schritt 5: Senken Sie die »Deckkraft«

Schwächen Sie die Wirkung der oberen Ebene, die mit ihrer Füllmethode für die Kontraststeigerung sorgt. Senken Sie die DECKKRAFT auf 50 Prozent.

Datei: Auffrischen_05

Schritt 6: Hellere Augenpartie

Die Ebenentechnik samt Füllmethode ÜBERLAGERN hat den Kontrast wie gewünscht gesteigert, jetzt verschmelzen Sie die Ebenen wieder. Das erledigt der Befehl **Ebene: Auf Hintergrundebene reduzieren**. Die Ebenen-Palette zeigt nun wieder eine einzige 1 HINTERGRUND-Ebene.

Immer noch wirkt die Augenpartie zu dunkel. Schalten Sie in der Werkzeugleiste das 2 Abwedler-Werkzeug ein, quasi Photoshops Aufhellpinsel. Stellen Sie nach Rechtsklick auf das 3 Dreieck eine weiche, größere Pinselspitze ein (Details zu Pinselspitzen ab Seite 365). Verwenden Sie die 4 LICHTER und starten Sie mit einer niedrigen 5 BELICHTUNG von 20.

6 Fahren Sie mehrfach hintereinander über die Augenpartie. Weil Sie mit niedriger BELICHTUNG (also geringer Wirkung) arbeiten, verändert sich das Bild bei jeder Mausbewegung nur wenig, Sie steuern die Aufhellung Zug um Zug.

Datei: Auffrischen_07

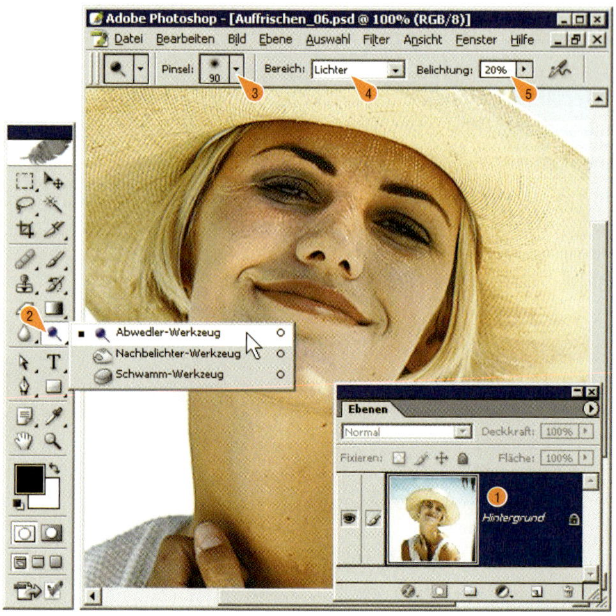

Schritt 7: Mehr Sättigung – aber gezielt

Der Befehl **Bild: Anpassen: Farbton/Sättigung** soll das Meer farbsatter machen. Aber Achtung: Liften Sie nicht sofort die SÄTTIGUNG. Denn dann verändern Sie auch die Hauttöne Ihres Modells – und das soll nicht als Brathuhn auftreten.

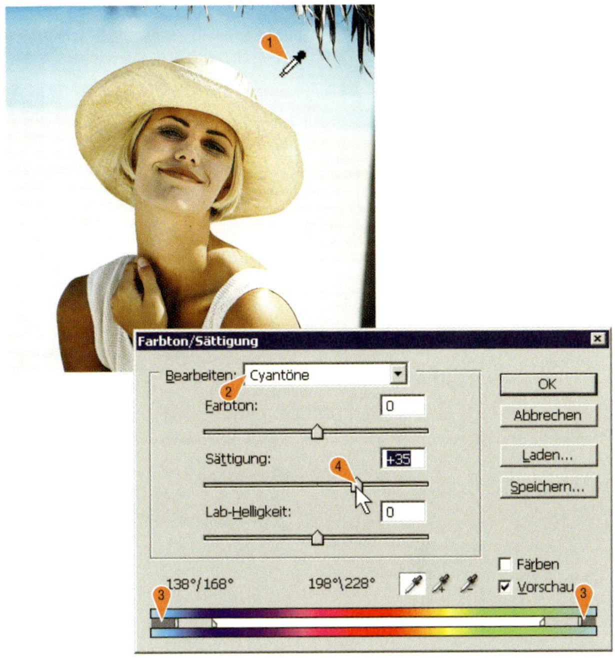

Das BEARBEITEN-Klappmenü steht zunächst auf STANDARD. Um nur das Meeresblau zu korrigieren, könnten Sie hier BLAUTÖNE oder CYANTÖNE angeben. Wir machen es noch präziser: Klicken Sie im BEARBEITEN-Klappmenü einen beliebigen Farbbereich an – ROTTÖNE, GRÜNTÖNE, egal.

Halten Sie dann den Mauszeiger über das Meeresblau, so dass Sie eine 1 Pipette sehen. Klicken Sie einmal – Sie haben diesen Farbbereich nun für die weitere Bearbeitung ausgewählt. Und tatsächlich: 2 Das Klappmenü meldet jetzt Cyantöne, unten in der Farbskala ist der 3 Cyan-Bereich ausgewählt.

4 Heben Sie jetzt die SÄTTIGUNG um 35 Prozent an.

Schritt 8: Ein anderer Farbton

Probieren Sie es auch mit einem anderen Farbton. Ein FARBTON-Wert von + 20 bewegt das Türkis des Meeres in Richtung Blau.

Klicken Sie auf OK. Sie haben ein flaues Bild deutlich aufgewertet – Kontraste und Farbstimmung wirken nun viel frischer als vorher. Das Ergebnis dieser Übung nutzen wir als Ausgangspunkt für Auswahl und Montage in der Übung 30 (Seite 365) und in der Übung 38 bekommt diese Montage noch einen gezielt unscharfen Hintergrund (Seite 365).

Datei: Auffrischen_07

Tipps & Tricks

- Für Korrekturen in der **Gradationskurve**: Strg+Z widerruft die allerletzte Veränderung. Überflüssige Ankerpunkte ziehen Sie einfach aus dem Diagramm heraus. Per Alt-Taste zeigt die ABBRECHEN-Schaltfläche die Beschriftung ZURÜCK; damit setzen Sie das Dialogfeld auf neutrale Werte, die nichts verändern.
- Zur DECKKRAFT-Absenkung müssen Sie nicht unbedingt den Schieberegler verwenden. Drücken Sie einfach die Taste 5 für 50 Prozent. Das funktioniert allerdings nicht, wenn Sie gerade ein Mal- oder Retuschewerkzeug wie Pinsel oder Abwedler eingeschaltet haben.
- Wollen Sie die Korrektur der Farbstimmung flexibel halten und später ändern, legen Sie eine Einstellungsebene an: Unten in der Ebenen-Palette klicken Sie auf das Symbol NEUE FÜLLEBENE ODER EINSTELLUNGSEBENE, dann wählen Sie **Farbton/Sättigung**. Wir besprechen Einstellungsebenen unter anderem genauer in der Übung 17, »Kontrastkorrektur mit Einstellungsebene«, Seite 136, in der Übung »Produkt umfärben«, Seite 174, und in der Übung 39, »Vielseitiger Nostalgie-Effekt« (Seite 310).

Übung 27: Himmel austauschen per Montage

Zypresse ade: Sie wollen Ihre Zweitresidenz verkaufen, doch das Foto zum Inserieren zeigt einen flauen Himmel. Eine kleine Montage zaubert mehr mediterrane Frische in die Aufnahme. Sie komponieren Ihren ganz persönlichen und verkaufsfördernden Hintergrund.

Auf einen Blick

Sie lernen kennen:	Zauberstab, Lasso, Auswahlen per Maus verkleinern und vergrößern, **Auswahl**-Befehle **Ähnliches auswählen** und **Auswahl speichern**, **Bearbeiten**-Befehle **In die Auswahl einfügen** und **Frei transformieren**, Ebenenmaske, **Tonwertkorrektur** (**Bild**-Befehl)
Aufwand:	mittel; elf Schritte
Siehe auch:	Seitenverhältnis und Größencheck für Fotodruckdienst, 56 Übergroße Datei auf Pixelzahl herunterrechnen, Seite 71 Himmel durch Farbverlauf ersetzen, Seite 210 Produktfoto freistellen und aufpeppen, Seite 238 Einen Lockenkopf ausschneiden, Seite 256 Weiche Überblendung, Seite 263 Hintergrundmuster per Wolken-Filter, Seite 332 Transformieren, Seite 368 Richtig speichern, Seite 372
Übungsdateien:	Himmel_01 etc.
Kommentar:	Sie tauschen mit wenig Aufwand den Himmel aus – Häuser und Landschaften bekommen eine völlig neue Wirkung.

Schritt 1: Der Zauberstab

Ein überflüssiger Skylight-Filter hat unserem Foto die Blautöne ausgetrieben. Bevor wir die Immobilie inserieren, sorgen wir mit einem frischen Ersatzhimmel für mehr Urlaubsflair.

Schalten Sie in der Werkzeugleiste den 1 Zauberstab ein.

Als 2 TOLERANZ verwenden wir den niedrigen Wert 20: So erfasst Photoshop zunächst nur kleine Bildbereiche, die wir dann ausbauen – besser als sofort eine zu große Auswahl. Wichtig ist auch das 3 GLÄTTEN – es sorgt für nahtlos glatte Auswahlkanten, die nicht hässlich aufgeklebt aussehen.

Schalten Sie die Option 4 BENACHBART ab. Der Vorteil: Nun wählen Sie nicht nur blaue Bildpunkte aus, die unmittelbar nebeneinander liegen; Sie erfassen auch die vielen Blau-Flächen, die durch Laubwerk abgetrennt sind.

Klicken Sie einmal 5 in den Himmel. Photoshop umgibt einen ersten Teil des Himmels mit einer schwarzweiß changierenden Auswahllinie.

Datei: Himmel_01

Schritt 2: Ähnliches auswählen

Wir könnten die Auswahl jetzt mit ⇧-Klicks weiter ausbauen. Wir nehmen stattdessen den Befehl **Auswahl: Ähnliches auswählen**; der bewirkt dasselbe wie der Zauberstab: Photoshop markiert weitere blaue Pixel – und zwar quer durchs Bild, auch in Bereichen, die deutlich vom Himmel getrennt sind. Dabei verwendet das Programm die aktuelle Zauberstab-Toleranz, also 20.

Beim ersten Mal **Ähnliches auswählen** bleiben rechts noch Auswahllücken zurück. Wir verwenden den Befehl einfach erneut – jetzt ist der Himmel sauber erfasst. (Müssen Sie noch weitere Bereiche auswählen, klicken Sie mit Zauberstab und gedrückter ⇧-Taste in die Zone.)

Schritt 3: Auswahlfehler korrigieren

Wir halten Strg + Leertaste gedrückt, wechseln so zur Vergrößerungslupe und rahmen einen kleinen Teil des Bildes zur Vergrößerung ein. (Am Mac ⌘-Taste statt Strg-Taste.)

Der Zoom enthüllt: Photoshop hat auch unhimmlische blaue Bildpunkte mit ausgewählt: ① ein Stück Autoblech, ② etwas Schatten. Diese Zonen sollen aus der Auswahl verschwinden:

Wechseln Sie zum ③ Lasso. Drücken Sie die Alt-Taste. So entfernen Sie Bereiche aus einer vorhandenen Auswahl – darum die eingedrückte SUBTRAHIEREN-Schaltfläche ④ und das Minuszeichen beim Lasso. Ziehen Sie einen Kreis um die unerwünschten Auswahlpartien, dann lassen Sie die Maustaste los – die eingerahmten Auswahlzonen verschwinden.

Säubern Sie im unteren Bildbereich noch mehr kleine Auswahlen mit Lasso und Alt-Taste. Kreisen Sie direkt beim ersten Anlauf mit dem Lasso den größten Teil von Luxusresidenz und Garten ein.

Schritt 4: Auswahl speichern

Sicherheitshalber speichern wir die Auswahl. Wählen Sie **Auswahl: Auswahl speichern**. Wir nennen die Auswahl HIMMEL und klicken auf OK.

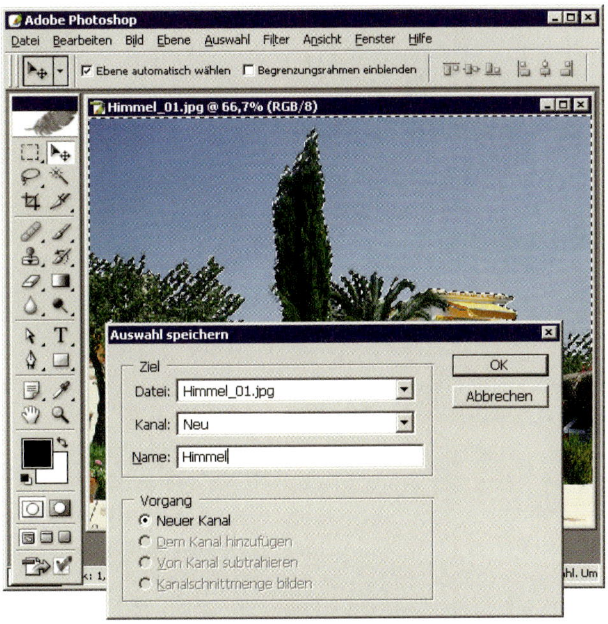

Die Auswahlinformation liegt in einem so genannten Alphakanal, den Sie bei Bedarf mit der **Kanäle**-Palette sehen. Ausführlich verwenden wir Alphakanäle etwa in der Übung »Gezielt unscharfer Hintergrund« ab Seite 130.

Wir hatten mit einer JPEG-Datei angefangen, doch jetzt speichern wir das Bild im Photoshop-eigenen Dateiformat PSD: Dieses Format sichert auch den Alphakanal mit und es verkraftet gleich auch die neue Ebene, die in Schritt 6 entsteht (Details zu Dateiformaten ab Seite 372).

Datei: Himmel_02

Schritt 5: Der Ersatzhimmel

Wir laden das Bild »Himmel_03« von der Buch-CD – es enthält unseren Ersatzhimmel. Beide Bilder erscheinen hier in derselben Zoomstufe 66,7 Prozent. Sie sehen schon, dass das Wolkenbild ein Stück größer ist; aber das kann uns nur recht sein, so haben wir mehr Wolken zum Hin- und Herschieben.

Schalten Sie das Auswahlrechteck ⬚ ein und ziehen Sie einen Rahmen um die hoffentlich kaufreizstimulierende blauweiße Pracht. Mit [Strg]+[C] kopieren Sie den Himmel in die Zwischenablage; dann schließen wir dieses Bild »Himmel_03« schon wieder.

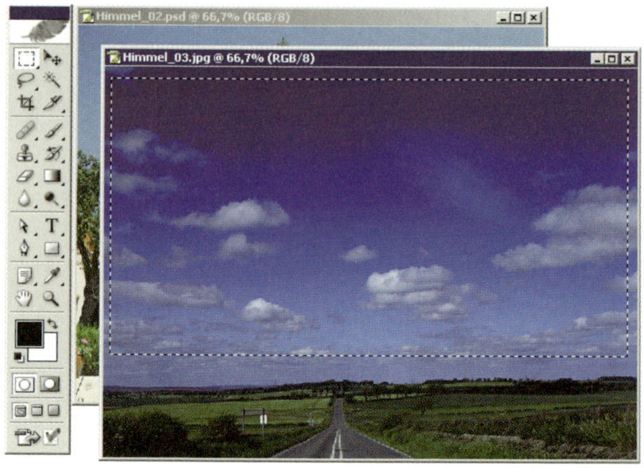

Schritt 6: In die Auswahl einfügen

Wir sind wieder bei unserem Hausfoto; die schwarzweiße Auswahllinie schillert noch im Bild. (Falls die Auswahl weg ist, wählen Sie **Auswahl: Auswahl laden.**)

Und jetzt kommt's: Sie klicken auf **Bearbeiten: In die Auswahl einfügen**.

Photoshop setzt das zuvor kopierte Stück Himmel mittig in die Auswahl im Immobilienfoto: Es überdeckt weder Garten noch Villa, sondern erscheint nur hinter den Pflanzen und Mauern. Der Althimmel ist aber momentan noch nicht komplett kaschiert.

Öffnen Sie mit dem **Fenster**-Menü die **Ebenen**-Palette: Photoshop hat den Himmel als neue ① EBENE 1 angelegt. Eine ② Ebenenmaske verbirgt die Bereiche des Wolkendachs, die in der neu entstandenen Montage hinter dem Anwesen liegen. Der kopierte Himmel ist insgesamt vollständig vorhanden, auch in den Teilen jenseits der Bildgrenzen – jetzt biegen wir ihn passend.

Datei: Himmel_04

Schritt 7: Vorbereitung für das »Transformieren«

Hätten wir den Himmel richtig vorbereitet, würde er bereits perfekt in das Hausfoto passen – die Übung wäre bei Schritt 6 zu Ende. Doch so einfach haben Sie es meist nicht, also justieren wir das Wolkendach nach.

Das Gute dabei: Wir können den Himmel vergrößern und verschieben, die Ebenenmaske verändert sich nicht mit. Die Maske ist nämlich von vornherein nicht mit dem Foto verbunden – Photoshop zeigt keine Gliederkette zwischen den beiden Miniaturen in der Ebenen-Palette.

Die Taste [F] bringt uns zum Vollbildmodus; die Bilddatei steht jetzt isoliert auf einer grauen Fläche.

Dann gehen Sie auf **Bearbeiten: Frei Transformieren**. Photoshop zeigt nun eine Rechteck-Box mit Anfasspunkten -□-. Die Box reicht über die Bildgrenzen hinaus – das signalisiert die tatsächliche Ausdehnung der Wolkenebene.

Schritt 8: Transformieren, Teil 1

Wir klicken zunächst in den Auswahlrahmen hinein und ① ziehen den kompletten Himmel ein Stück nach oben. Dann klicken wir auf den ② Eckanfasser rechts oben und ziehen das Bild in die Breite und in die Höhe. Normalerweise drückt man dabei die [⇧]-Taste, um das Höhe-Breite-Verhältnis zu wahren; doch einen Himmel können Sie ruhig etwas verzerren und ausdehnen, wir ziehen also ohne Zusatztaste.

Sehen Sie die ③ kleinen Wölkchen links? Die sollen um den Turm unseres Traumobjekts schweben. Wie bringen wir sie nach rechts? Wir wählen **Bearbeiten: Transformieren: Horizontal spiegeln**. Das funktioniert wohlgemerkt auch, wenn wie hier der Transformieren-Rahmen zu sehen ist.

Schritt 9: Transformieren, Teil 2

Hier sehen Sie den gespiegelten Himmel. Die Wölkchen sind nun wie gewünscht rechts, überschneiden sich aber zunächst mit dem Gemäuer. Wir ziehen die Wolkenebene darum noch an einem Mittelanfasser -□- in die Breite; dann ist das Haus von Blau umgeben, die Wolken segeln lässig vorbei – so soll es sein.

Gefällt Ihnen der Himmel jetzt? Dann bestätigen Sie Korrekturen durch einen Doppelklick in den Transformieren-Rahmen hinein. Photoshop berechnet die Änderungen jetzt endgültig. Die beim Transformieren etwas grobe Darstellung wird jetzt präziser.

Auch in der Ebenen-Palette erscheint die Himmelsebene jetzt größer als noch in Schritt 7.

Datei: Himmel_05

Schritt 10: Tonwertkorrektur

Der himmlische Überbau harmoniert noch nicht perfekt mit der irdischen HINTERGRUND-Ebene.

Ist die obere Ebene noch in der Palette aktiviert? Dann wählen Sie **Bild: Anpassen: Tonwertkorrektur**.

Das Histogramm sinkt ① rechts auf 0 ab – offenbar enthält die Ebene keine ganz hellen Tonwerte (Details zur **Tonwertkorrektur** ab Seite 130). Ziehen Sie das ② weiße Dreieck nach links, bis oben rechts der Wert ③ 220 erscheint – die hellsten vorhandenen Bildpunkte klettern so auf reines Weiß, die Vorlage wirkt heller und brillanter.

Das Blau wirkt aber noch zu dunkel. Wir liften deshalb noch die Mitteltöne, ohne helle Pixel weiter anzuheben: Wir ziehen das ④ graue Dreieck nach links, bis Photoshop den so genannten Gammawert von ⑤ 1,3 meldet.

Photoshop aktualisiert das Histogramm allerdings nicht sofort, die geänderte Tonwertverteilung ist nicht zu erkennen. Klicken Sie auf OK.

Datei: Himmel_06

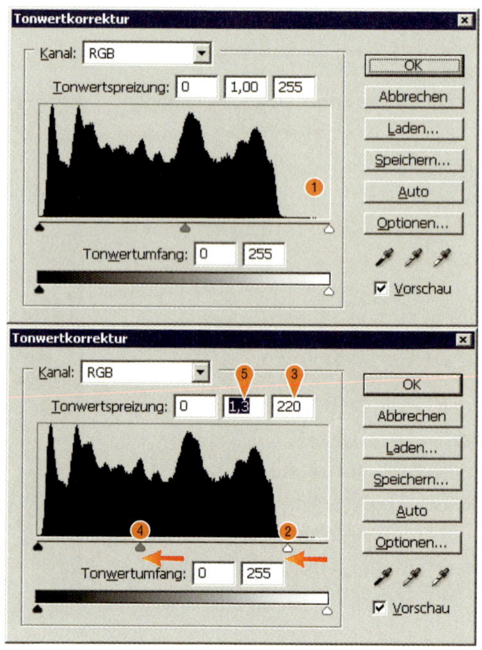

Schritt 11: Das Ergebnis

Ihr Bild zeigt ein veritables Prachtobjekt unter dem herrlichen, authentischen Himmel des Südens. Die Käufer werden Sie mit Geboten zuschütten.

Wollen Sie das Ergebnis an Interessenten oder an ein Immobilien-Magazin mailen, dann wählen Sie **Datei: Speichern unter** mit dem Dateiformat JPEG (Seite 372). Als QUALITÄT nehmen Sie 9 – so entsteht eine 185 Kbyte große Datei. Soll die Dateigröße weiter sinken, nehmen Sie Qualitätsstufe 5: Die Datei wird dann 93 Kilobyte groß; sie zeigt noch nicht die wertmindernden Farbflecken und Brillanzverluste der niedrigeren Stufen 3 oder 0.

Wollen Sie die Pixelzahl für eine Internetseite verkleinern, nehmen Sie **Bild: Bildgröße** (Seite 71). Brauchen Sie ein bestimmtes Seitenverhältnis für Postkartendruck oder eBay, nutzen Sie das Freistellwerkzeug (Seite 56).

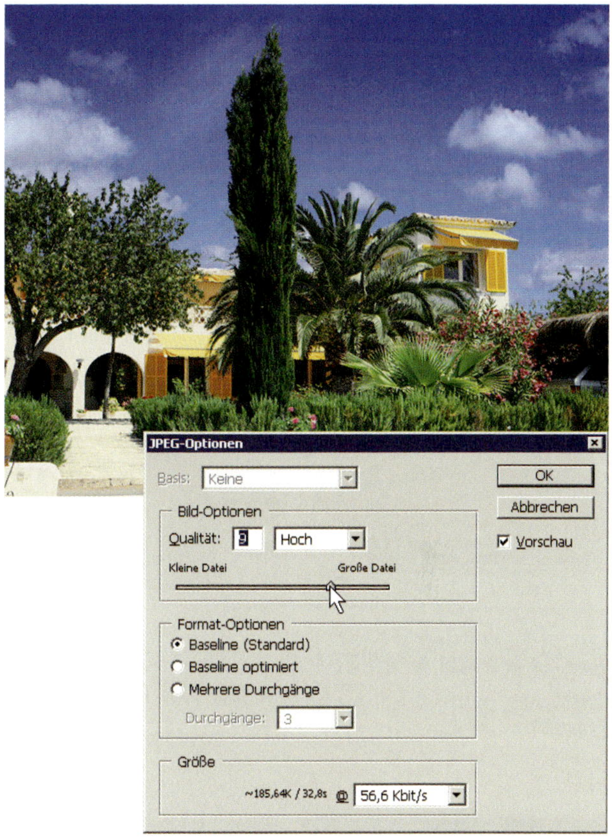

Tipps & Tricks

- Besonders intensive Blautöne und markante abgesetzte Wolken erzielen Sie schon beim Fotografieren mit einem Polarisationsfilter (Polfilter). Er wirkt am besten, wenn Sie ihn in die richtige Stellung drehen und wenn die Sonne schräg von hinten scheint. Prüfen Sie, ob für Ihre Kamera ein zirkularer oder linearer Polfilter erforderlich ist.
- Eine Alternative zu **Auswahl: Ähnliches auswählen** ist der Befehl **Auswahl vergrößern** aus demselben Hauptmenü. Er wählt ebenfalls zusätzliche, ähnlich gefärbte Bildpunkte aus, sucht aber nur nach benachbarten Pixeln, die nicht farblich abgetrennt sind.
- Wollen Sie Wolkengebilde komplett künstlich erzeugen, verwenden Sie **Filter: Renderingfilter: Wolken** mit Blau und Weiß als Vorder- und Hintergrundfarbe (Seite 332).
- Statt den Kontrast wie in Schritt 10 beschrieben zu ändern, können Sie manchmal auch die DECKKRAFT der Ebene 1 mit dem Regler oben rechts in der Ebenen-Palette senken.

Übung 28: Himmel durch Farbverlauf ersetzen

Es gibt kein schlechtes Wetter, nur schlechte Designer: Ein trüber Himmel kann uns nicht die Laune verderben, und auch nicht den Job. Das Bild soll im Prospekt frischer wirken. Darum ersetzen wir den flauen Himmel durch einen knackig-blauen Farbverlauf nach Maß.

Auf einen Blick

Sie lernen kennen:	Zauberstab, Navigator, Maskierungsmodus, Füllebene mit Farbverlauf, Rastern (**Ebene**-Befehl), **Frei transformieren** (**Bearbeiten**-Befehl)
Aufwand:	hoch; bis 18 Schritte
Siehe auch:	Himmel austauschen per Montage, Seite 203 Produktfoto freistellen und aufpeppen, Seite 238 Hintergrundmuster per Wolken-Filter, Seite 332 Schnell & präzise zoomen, Seite 362 Pinselspitzen & Farbwahl, Seite 365 Transformieren, Seite 368 Richtig speichern, Seite 372
Übungsdateien:	Verlauf_01 etc.
Kommentar:	Ersetzen Sie den einförmigen, faden Himmel durch einen Farbverlauf nach Maß; den Verlauf können Sie jederzeit ändern.

Schritt 1: Der Zauberstab

Der ausgebleichte, vergilbte Himmel eignet sich nicht für einen Fremdenverkehrsprospekt. Er wird ersetzt.

Schalten Sie den 1 Zauberstab ein und klicken Sie auf 2 DER AUSWAHL HINZUFÜGEN. So vergrößern Sie die Auswahl mit jedem neuen Mausklick. Eine niedrige 3 TOLERANZ von 20 sorgt dafür, dass Photoshop pro Klick nur wenige, sehr ähnliche Bildpunkte auswählt. Photoshop erfasst den blauen Himmel, ohne den türkis angelaufenen Turm gleich mit auszuwählen.

Das 4 GLÄTTEN sorgt für nahtlose Montage ohne hässliche Klebekanten. Die Option 5 BENACHBART legt fest, dass Photoshop nur benachbarte blaue Bildpunkte aus dem Himmel markiert – aber nicht bläuliche Stellen im Dach oder in den Fenstern. Klicken Sie einmal 6 links oben in den Himmel – Photoshop legt eine schwarzweiß schillernde Fließmarkierung um einen ersten Teil des blauen Hintergrunds.

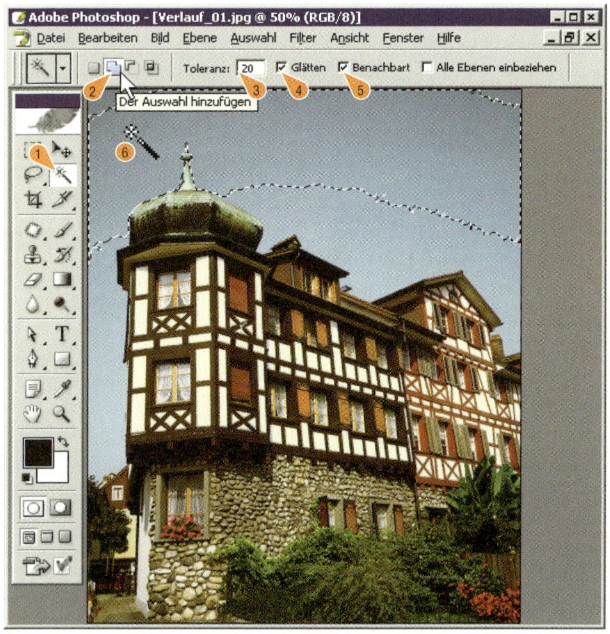

Datei: Verlauf_01

Schritt 2: Zusätzliche Auswahlbereiche

Der erste Klick schafft noch keine perfekte Auswahl. Klicken Sie weitere Male mit dem Zauberstab in nicht erfasste Bereiche des Himmels, so dass der Auswahlbereich immer größer wird. Der Zauberstab zeigt jetzt ein Pluszeichen, weil Sie die vorhandene Auswahl weiter ausdehnen.

Achten Sie darauf, dass keine Dächer und Giebel mit in die Auswahl gelangen.

Schritt 3: Genaue Arbeit am Auswahlrand

Die Auswahl wirkt zunächst gut, doch wie sieht es an den Rändern aus? Unsaubere Auswahlränder führen später zu hässlichen, klar sichtbaren »Nahtstellen«.

Im **Fenster**-Menü schalten wir den **Navigator** ein. Wir stellen die höchste Zoomstufe 1 1600 Prozent ein. Jetzt bewegen wir den 2 roten Rahmen an den Auswahlrändern entlang, also an den Dachfirsten. Photoshop zeigt im Bildfenster den Bereich innerhalb des roten Navigatorrahmens.

Wir entdecken mehrere Auswahllücken: Unter anderem wurde ein Stück Himmel zwischen einem Riegel und dem Dachfenster 3 nicht ausgewählt. Ein Klick mit dem Zauberstab und auch dieser Bereich ist 4 in der Auswahl.

Prüfen Sie weitere Randbereiche.

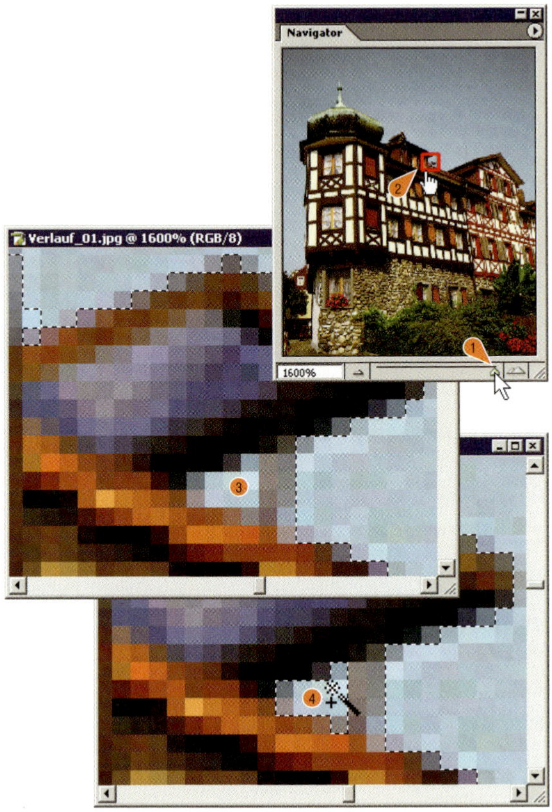

Schritt 4: Wie sitzt die Auswahl?

Prüfen wir kurz den Sitz der Auswahl: Klicken Sie in der Werkzeugleiste auf die Schaltfläche für den Maskierungsmodus. Photoshop überzieht den nicht ausgewählten Bildteil – also die Bauwerke – mit einer rötlichen so genannten Schnellmaske. Der Umriss wirkt gut, doch wir prüfen noch die umgekehrte Ansicht:

Klicken Sie bei gedrückter Alt-Taste erneut auf Maskierungsmodus: Jetzt deckt Photoshop den ausgewählten Bildteil ab – die Auswahl sieht sauber aus.

Sie können diese Schnellmaske auch für Korrekturen an der Auswahl verwenden. Wir stellen das Verfahren in den Übungen ab Seite 228 und 238 vor.

Schritt 5: Auswahl speichern

Wechseln Sie mit der Schaltfläche für den (1) STANDARDMODUS wieder zurück zur üblichen Darstellung: Die Auswahl erscheint wieder als schwarzweiße Fließmarkierung, das Bild ist normal sichtbar.

Sicherheitshalber speichern wir die Auswahl, auch wenn es nicht zwingend erforderlich ist. Klicken Sie auf **Auswahl: Auswahl speichern**. Im Dialogfeld nennen wir die Auswahl (2) »Himmel« und klicken auf OK.

Datei: Verlauf_02

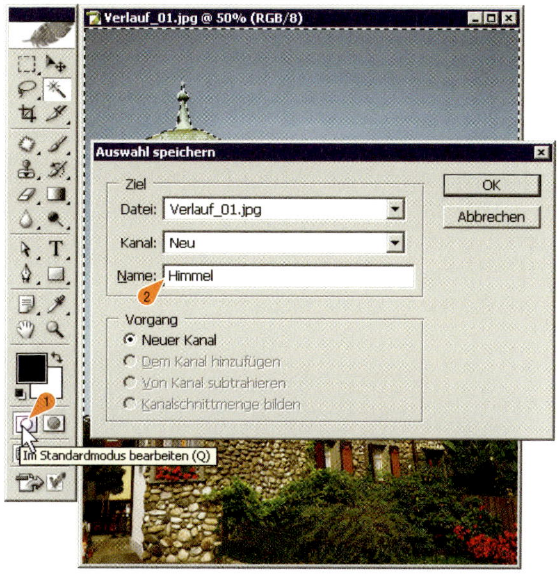

Schritt 6: Legen Sie die Füllebene an

Besteht die Auswahl noch in Ihrem Bild? Wenn nicht, verwenden Sie **Auswahl: Auswahl laden**; so holen Sie die in Schritt 5 gesicherte Auswahlmarkierung wieder hervor.

Kramen Sie im **Fenster**-Menü nach der **Ebenen**-Palette. Klicken Sie auf die Schaltfläche (1) NEUE FÜLLEBENE ODER EINSTELLUNGSEBENE. Im Menü gehen Sie auf (2) **Verlauf**.

Schritt 7: Die Verlaufsfüllung

Nach dem Klick auf **Verlauf** liefert Photoshop das Dialogfeld Verlaufsfüllung. Sofort legt sich ein erster (1) Verlauf über den ausgewählten Bildteil – meist basiert er auf den aktuellen Vorder- und Hintergrundfarben, hier Schwarz und Weiß. Öffnen Sie die Bibliothek für Farbverläufe mit einem Klick auf das (2) Dreieck ▼. Photoshop bietet verschiedene Farbverläufe an, weitere Sets mit neuen Verläufen können Sie über das (3) Palettenmenü ▶ nachladen.

Schritt 8: Wählen Sie einen Verlauf aus

Klicken Sie testhalber verschiedene Verläufe an. Photoshop füllt den gewählten Bildteil sofort farbig aus. Wir haben im oberen Bild das aparte Gebilde (1) Orange, Gelb, Orange angeklickt.

Letztlich klicken wir aber doppelt auf die Vorgabe (2) Schwarz, Weiss. Sie legt einen Schwarzweißübergang ins Bild, den wir noch bearbeiten.

Schritt 9: Der Verlauf wird verfeinert

Im Dialog VERLAUFSFÜLLUNG klicken Sie auf (1) UMKEHREN – so drehen Sie die Verlaufsrichtung um. Weiß ist jetzt unten, Schwarz oben.

Verwenden Sie auch die (2) DITHER-Einstellung. Photoshop rechnet so kaum sichtbare Farbstreuungen in den Verlauf – sie verhindern eventuell, dass im Ausdruck auffällige, gleichmäßige Farbstreifen entstehen.

Danach klicken Sie einmal auf den (3) VERLAUF-Balken oben im Dialogfeld. So öffnen Sie den Dialog VERLÄUFE BEARBEITEN.

Schritt 10: Den Farbwähler aufrufen

Im Dialogfeld (1) VERLÄUFE BEARBEITEN sehen Sie eine so genannte (2) FARBUNTERBRECHUNG links unten. Hier bestimmen Sie die Endfarbe des Verlaufs.

Klicken Sie doppelt auf diese FARBUNTERBRECHUNG. Damit erhalten Sie den (3) FARBWÄHLER, indem Sie eine neue Endfarbe für den Verlauf bestimmen. Im Farbwähler ist zunächst (4) Schwarz eingestellt; in Schritt 8 hatten wir ja den Verlauf SCHWARZ, WEISS angeklickt.

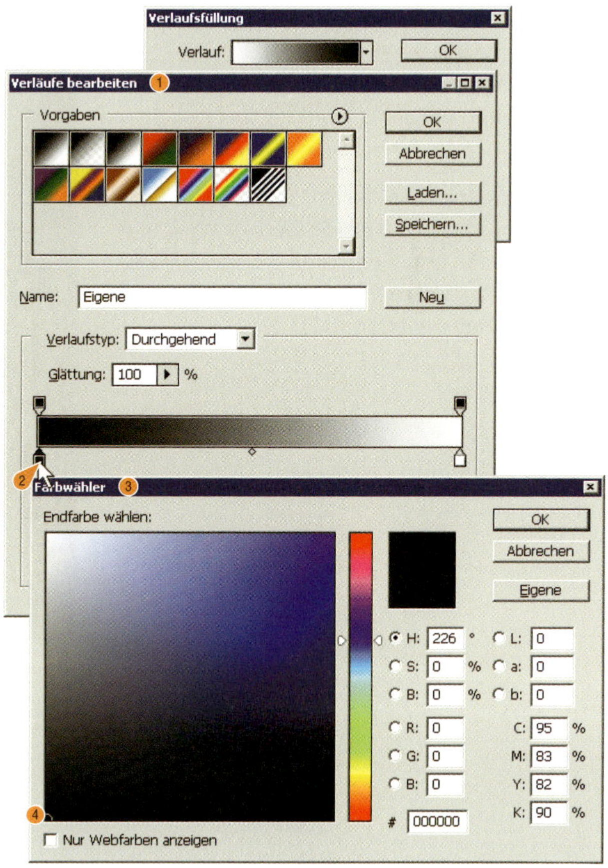

Schritt 11: Ein neuer Farbton

Im FARBWÄHLER richten Sie einen Blauton ein. Wenn Sie genau die Farben aus dieser Übung übernehmen möchten, tippen Sie die RGB- oder HSB-Werte aus der Abbildung ab. Der schwarze Hintergrund im Bildfenster erscheint jetzt blau. Auch das Dialogfeld VERLÄUFE BEARBEITEN präsentiert nun einen blauweißen Verlauf.

Schließen Sie den Farbwähler mit der OK-Schaltfläche und klicken Sie auch im Dialog VERLÄUFE BEARBEITEN auf OK.

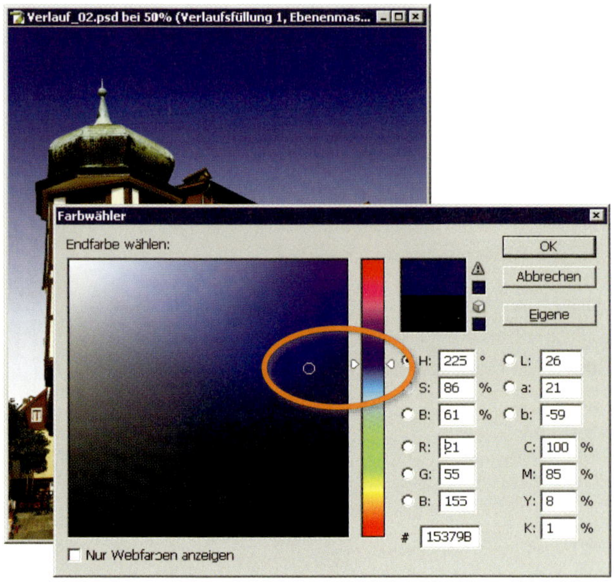

Schritt 12: So strecken Sie den Verlauf

Wir sind wieder beim Dialogfeld VERLAUFSFÜLLUNG gelandet. Der Verlauf wirkt etwas extrem – reines Weiß ganz unten brauchen wir nicht.

Wir heben darum die SKALIERUNG auf 140 Prozent. Dadurch rutschen die Endfarben Weiß und tiefes Blau aus dem sichtbaren Bereich heraus. Die Übergangstonwerte dazwischen erstrecken sich über einen breiteren Raum.

Schritt 13: Der Verlauf wird verschoben

Die SKALIERUNG aus Schritt 12 hat die tiefblauen Töne ganz oben aus dem Bild herausgeschoben. Die holen wir wieder her.

Noch bei geöffnetem Dialog VERLAUFSFÜLLUNG klicken Sie ins Bild und ziehen den Verlauf nach unten. Jetzt sehen Sie in den obersten Streifen des Himmels solides Blau, das dann nach unten hin etwas heller wird. Reines Weiß, also die Endfarbe des Verlaufs, haben wir per Skalieren und Verschieben ausgeschlossen.

Soviel zum Verlauf – klicken Sie auf OK.

Datei: Verlauf_03

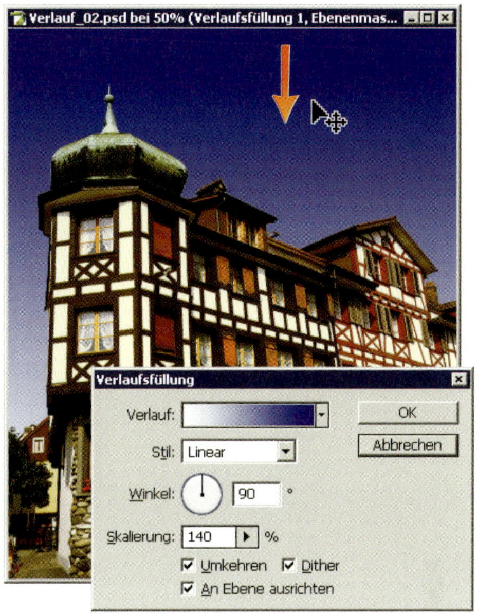

Schritt 14: Die neue Füllebene

Öffnen Sie mit dem **Fenster**-Menü die **Ebenen**-Palette. Sie erkennen, was Photoshop angerichtet hat: Die ursprüngliche Bilddatei ist noch komplett als 1 HINTERGRUND-Ebene vorhanden. Darüber liegt die neue so genannte Füllebene 2 VERLAUFSFÜLLUNG 1. Hier hat Photoshop den Verlauf angelegt. Dazu kommt eine 3 Ebenenmaske; sie macht den Verlauf nur in dem Bereich sichtbar, den Sie in Schritt 4 mit dem Zauberstab ausgewählt haben.

Verschiedenste Korrekturen sind jetzt möglich: Sie könnten den Verlauf mit dem 4 Augensymbol ausblenden und so das Originalbild wieder freilegen. Sitzt die Nahtstelle zwischen Hintergrund und Häusern unsauber, klicken Sie die Ebenenmaske zur Retusche an (wie etwa ab Seite 228, 263 und 274).

Auch Farbe und Form des Verlaufs selbst ändern Sie beliebig. Probieren Sie es aus: Klicken Sie doppelt auf die 5 Miniatur des Verlaufs.

Schritt 15: Geänderte Verlaufsfüllung

Nach dem Klick auf die Miniatur landen wir wieder im Dialog VERLAUFSFÜLLUNG. Ändern Sie den STIL von LINEAR auf RADIAL – jetzt legt sich das Blau kreisförmig um ein helleres Zentrum.

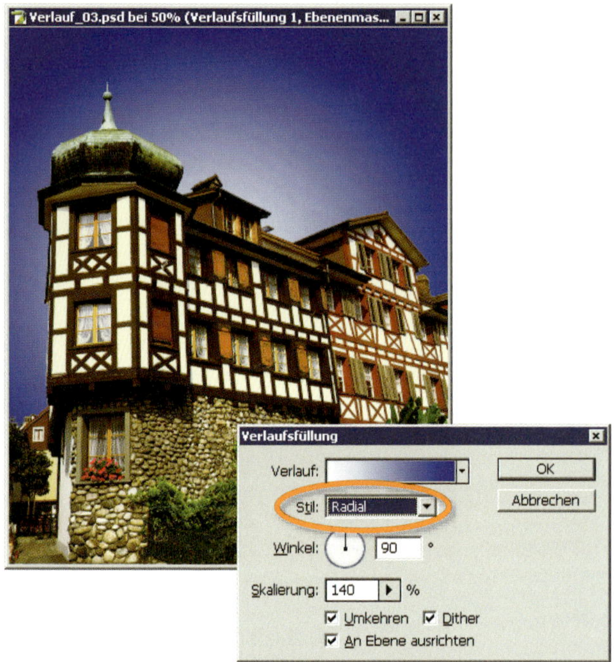

Schritt 16: Ausdehnung des Verlaufs

Mit zwei Schritten dehnen Sie den Verlauf jetzt noch aus: Heben Sie die SKALIERUNG auf den Höchstwert, das sind 150 Prozent. Und korrigieren Sie den WINKEL auf minus 145 Grad; ziehen Sie einfach an dem schwarzen Zeiger.

Dann, noch bei geöffnetem Dialog VERLAUFSFÜLLUNG, bewegen wir den Verlauf ein Stück nach rechts und nach unten; so passt er besser zum Bild.

Wieder fertig. Klicken Sie auf OK.

Datei: Verlauf_04

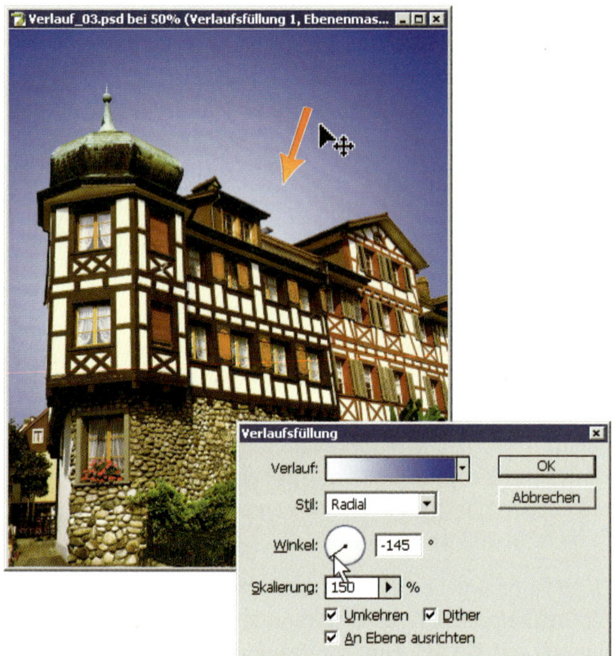

Schritt 17: Rastern Sie die Ebene

Wir wollen den Verlauf noch weiter umformen. Aber dazu müssen wir die Verlaufsfüllung umwandeln. Bisher hatten wir auf der Ebene quasi einen Rechentrick, der einen Farbverlauf ins Bild zaubert und sich jederzeit umstellen lässt.

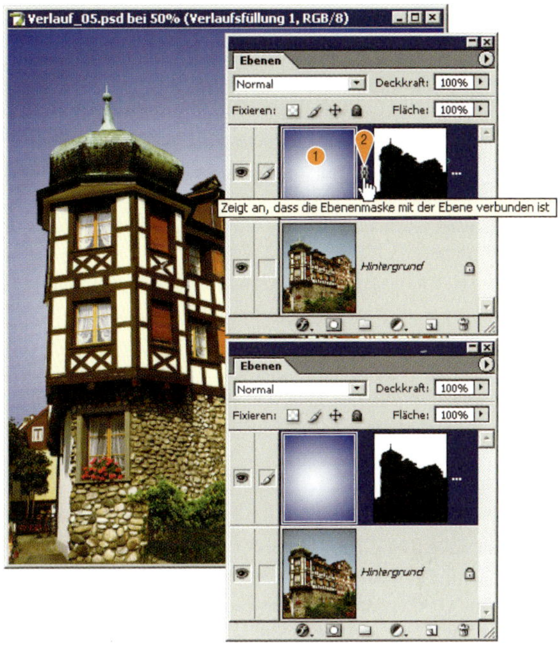

Wählen Sie jetzt **Ebene: Rastern: Füllfläche**. Beachten Sie Ebenen-Palette: Das Symbol für die Verlaufsfüllung, wie wir es in Schritt 14 gesehen haben, ist verschwunden. Die (1) Ebene ist jetzt dauerhaft mit Bildpunkten gefüllt. Das Bild verändert sich nicht. Doch nun erst können Sie die Ebene mit Filtern oder Kontrastkorrekturen bearbeiten – aber Sie können nicht mehr per Doppelklick den Verlauf umfärben.

Und noch etwas: Klicken Sie zwischen der Ebenenminiatur und der Ebenenmaske auf die (2) Gliederkette, so dass sie verschwindet. Nun können Sie die Bildebene verzerren, ohne dass sich die Maske mit verändert.

Datei: Verlauf_05

Schritt 18: Die Größenänderung

Für das **Freie Transformieren** wechseln Sie mit der Taste [F] in den Vollbildmodus. Alternative unter Windows: Klicken Sie oben rechts in der Titelleiste auf MAXIMIEREN. In der Ebenen-Palette ist jetzt die Bildebene mit dem Verlauf aktiviert und nicht die Ebenenmaske. Neben der Ebene zeigt die Palette also den (1) Pinsel, nicht das Maskensymbol; die EBENENMASKE steht nicht in der Titelleiste.

Mit [Strg]+[T] starten Sie das **Freie Transformieren**. Photoshop zeigt einen rechteckigen Rahmen mit Anfasspunkten. Ziehen Sie den Verlauf an den (2) Anfassern höher und breiter. Klicken Sie innen, um den gesamten Verlauf innerhalb der Montage zu (3) verschieben.

Klicken Sie doppelt in den Rahmen – Photoshop berechnet die Änderung endgültig, der neue Hintergrund ist fertig.

Datei: Verlauf_06

Tipps & Tricks

- Wollen Sie die gesamte Auswahl schnell entfernen, drücken Sie [Strg]+[D] für »Deselect«.
- Eine Alternative zum Navigator: Halten Sie [Strg]+Leertaste gedrückt. So bietet Photoshop vorübergehend die Vergrößerungslupe an; mit der klicken Sie so oft ins Bild, bis Sie eine hohe Zoomstufe erhalten. Dann drücken Sie nur die Leertaste; damit schaltet Photoshop zur Verschiebehand, Sie können den Bildausschnitt im Dateifenster verschieben.
- Sie müssen nicht unbedingt wie in Schritt 10 den FARBWÄHLER aufrufen. Laden Sie vorab ein Bild, das einen Himmel mit brauchbarer Farbe enthält – zum Beispiel »Himmel_06« von der Buch-CD. Dann klicken Sie die FARBUNTERBRECHUNG nur einmal an und klicken danach in den blauen Bereich des Bilds »Himmel_06«; so übernehmen Sie den Blauton aus dieser Datei in den Farbverlauf und damit auch in das aktuelle Bild »Verlauf_02«.
- Haben Sie in einem Dialogfeld zu viel verändert, drücken Sie die [Alt]-Taste. Die Schaltfläche ABBRECHEN zeigt jetzt die Beschriftung ZURÜCK; Sie können alles auf die Werte zurücksetzen, die beim Öffnen des Dialogs bestanden. Das funktioniert übrigens mit fast allen Dialogfeldern in Photoshop.
- Wirkt der Himmel zu glatt, hebt er sich von einem körnigeren Vordergrund unschön ab? Dann verwenden Sie **Filter: Störungsfilter: Störungen hinzufügen** mit einem Wert von 1 oder 2 und der Option MONOCHROM – aber erst nach dem **Rastern** wie in Schritt 17.
- Um den Himmel aufzufrischen, reicht es manchmal, nur die Sättigung im Blau anzuheben. Das erledigt der Befehl **Bild: Anpassen: Farbton/Sättigung** mit einer Beschränkung auf den blauen Farbbereich, wie in der Übung 23 ab Seite 197 beschrieben.

Übung 29: Scharfzeichnen

Die Dateien von Digikam und Scanner sind oft nicht so richtig scharf. Zum Glück liefert Photoshop kraftvolle Scharfmacher. Wir zeigen, wie Sie Ihre Motive verblüffend nachschärfen – ohne neue Störungen ins Motiv zu rechnen.

Auf einen Blick

Sie lernen kennen:	**Unscharf maskieren** (**Filter**-Befehl)
Aufwand:	gering; höchstens sechs Schritte
Siehe auch:	Zu große Datei auf Druckgröße kleinrechnen, Seite 63 Porträtfoto glätten, Seite 180 Schnell & präzise zoomen, Seite 362 Interpolationsmethoden, Seite 367
Übungsdateien:	Scharf_01 etc.
Kommentar:	Gezielte Scharfzeichnung wertet Ihre Bilder deutlich auf; aber vermeiden Sie die Fallstricke.

Schritt 1: Die richtige Zoomstufe

Fast alle Bilder vertragen noch eine Scharfzeichnung – bitte stets am Ende einer Korrektur. Scharfzeichnen sollten Sie besonders nach **Transformieren** oder **Bildgröße**-Befehl, sofern Sie nicht die Option BIKUBISCH SCHÄRFER verwenden (Seiten 63 und 367).

Die obere Abbildung erscheint mit der Zoomstufe 1 75 Prozent; Sie erkennen 2 gezackte Linien und verzerrte Strukturen in den Haaren. Aber gibt es diese Störungen wirklich im Bild?

Wir klicken doppelt auf das 3 Zoom-Werkzeug 🔍; Photoshop springt in die Zoomstufe 4 100 Prozent. Jetzt sind die Fehler verschwunden: Nun erscheint exakt ein Bildpixel auf einem Monitorpixel. In der verkleinernden 75-Prozent-Darstellung musste Photoshop einzelne Pixelreihen rauswerfen, so dass der unruhige Eindruck entstand (Seite 362).

Nur in der 100-Prozent-Fassung können Sie die Bildqualität exakt beurteilen.

Datei: Scharf_01

Schritt 2: »Unscharf maskieren«

Im Untermenü **Filter: Scharfzeichnungsfilter** lagert Photoshop vier Scharfmacher. **Scharfzeichnen**, **Stark scharfzeichnen** und **Konturen scharfzeichnen** ändern das Bild sofort und bieten gar kein Dialogfeld.

Wir greifen lieber zu **Unscharf maskieren**. Ziehen 1 Sie ein markantes Bildstück ins Vorschau-Fenster, das sowohl Konturen wie auch diffuse Flächen zeigt. Die 2 Plus- und Minusschalter ändern die Zoomstufe, doch verlässlich ist ja nur der Maßstab 100 Prozent.

Wir sorgen zunächst tatenfroh für Werte, die ordentlich scharfstellen: Eine hohe SCHÄRFE 250, ein relativ hoher RADIUS 2,5 und ein wirkungsloser SCHWELLENWERT 0. Aber das ist wohl übertrieben: Photoshop produziert dramatische Körnung und unpassende Farbsäume. Schalten Sie vorübergehend die 3 VORSCHAU ab, um wieder das Original im Bildfenster zu sehen.

Schritt 3: Weg mit der Körnung

Der Scharfzeichner betont hier auch Bildkörnung und Hautunreinheiten: Haut und Hintergrund wirken unschön grieselig. Auch Bildrauschen, das durch hohe Empfindlichkeiten wie 400 ASA entsteht, sticht so plötzlich hervor.

Abhilfe schafft der Schwellenwert-Regler: Wir heben den Wert auf 5 – die Körnung nimmt ab.

Der Hintergrund: **Unscharf maskieren** hebt den Schärfeeindruck durch Kontraststeigerung in Zonen, die ohnehin deutlich kontrastieren. Allerdings: Auch Bildrauschen oder unreine Haut zeigen kleinere Kontraste – und die werden stramm mit scharfgestellt.

Steigt der Schwellenwert nun auf 5, ignoriert der Filter solche niedrigen Kontrastzonen. Photoshop schärft nur noch markante Konturen wie die Umrisse der Darsteller; Hautflächen bleiben dagegen unverändert.

Für sehr klare Bilder nehmen Sie den Schwellenwert 1. Bei Bildrauschen und anderen Mikrodetails gehen Sie bis auf 10 hoch.

Schritt 4: Farbsäume kontrollieren

In Schritt 3 haben wir die Körnung gedämpft, doch die Farbsäume an Armen und Bein blieben. Jetzt muss der Radius ran: Wir senken den Wert auf 1,0. Die Blitzkanten nehmen so deutlich ab.

Mit dem Radius steuern Sie, wie weit sich Photoshops Scharfstellung um eine Kontrastzone herum ausbreiten darf. Je niedriger der Radius, desto feiner die entstehenden Linien. Meist arbeitet man mit einem Radius von 1,0 bis 1,5. Haben Sie jedoch unscharfe Architektur- oder Produktfotos, können Sie den Radius auch mal auf 4 anheben – die entstehenden Kantensäume stören eventuell nicht so.

Schritt 5: Die richtige »Stärke«

Senken wir auch noch die STÄRKE auf ein vernünftiges Maß: Der Wert 160 ist meist schon die Obergrenze für übliche Bilder, oftmals reichen auch 120 oder gar nur 80 Prozent. Mit Werten ähnlich wie hier – STÄRKE 160, RADIUS 1,0, SCHWELLENWERT 5 – können Sie viele Bilder gut korrigieren.

Beachten Sie jedoch: Je nach Bildauflösung wirken die Regler unterschiedlich stark. Drucken Sie mit 200 dpi, reicht vielleicht die STÄRKE 120 Prozent mit dem RADIUS 1,0. Bei 300 dpi hat das Bild jedoch mehr Pixel pro Quadratzentimeter; die Bemühungen des Scharfzeichners fallen deshalb relativ wenig auf; Sie müssen eventuell mit 150 Prozent STÄRKE und RADIUS 1,3 scharfstellen.

Datei: Scharf_02

Schritt 6: Eine ganz andere Einstellung

STÄRKE, RADIUS und SCHWELLENWERT hängen voneinander ab: Heben Sie die STÄRKE, sollten Sie den RADIUS verkleinern und eventuell den SCHWELLENWERT nachpegeln.

Hier haben wir erneut die unbearbeitete Vorlage »Schärfe_01« geöffnet und den STÄRKE-Regler kühn auf 400 Prozent gezogen. Das Bild war zunächst entstellt. Doch wir haben den RADIUS auf 0,6 gesenkt, so dass Photoshop nur hauchfeine Konturen scharfstellt. Den SCHWELLENWERT haben wir auf 10 angehoben; damit übersieht der Filter kleinere Bildstörungen und die Farbpunkte in der Haut, sie werden nicht mit scharfgezeichnet.

Eine solche Einstellung rettet auch recht verschwommene Motive. Sie erhalten ein sehr markantes, scharfkonturiertes Bild. Allerdings, wenn Sie Fotos ins worldweite Web stellen oder per E-Mail verschicken: Je knackiger die Kantenschärfe, umso weniger schrumpft die Dateigröße im JPEG-Dateiformat.

Datei: Scharf_03

Tipps & Tricks

- Digitalkameras stellen meist schon intern scharf – sofern Sie nicht Rohdateien speichern oder die interne Scharfzeichnung abschalten können.
- Wollen Sie Ihr Bild in einer **PDF-Präsentation** vorführen? Verwenden Sie die Einstellung PRÄSENTATION (Seite 324), erscheinen die Fotos zunächst in voller Monitorgröße. Auf unterschiedlichen Bildschirmen entstehen also unterschiedliche Zoomstufen, darunter auch krumme Werte wie 23,45 Prozent. Sie sollten dann Ihre Scharfzeichnung nicht nur in der Zoomstufe 100,0 Prozent, sondern auch in anderen Zoomstufen checken: Was in 100,0 Prozent knackscharf daherkommt, sieht auch im Druck gut aus. In der Monitorpräsentation mit 67,89 Prozent wirkt es dagegen verzerrt.
- Die Werte für STÄRKE und Co. können Sie auch mit den Pfeiltasten verstellen, Schrittchen für Schrittchen.
- Sogar bei geöffnetem Dialogfeld **Unscharf maskieren** können Sie die Zoomstufe ändern: Öffnen Sie einfach das **Ansicht**-Menü, für den 100-Prozent-Maßstab klicken Sie auf **Tatsächliche Pixel**.
- Mit [Strg]+[Alt]+[F] rufen Sie den letzten **Filter**-Dialog noch einmal auf. [Strg]+[F] lässt den letzten **Filter**-Befehl sofort erneut ablaufen, mit den Werten, die Sie zuletzt verwendet haben. Ein mögliches Verfahren: Wenden Sie **Unscharf maskieren** mit niedrigen Werten an; reicht die Wirkung nicht, wiederholen Sie den Filter per [Strg]+[F].

Teil 6: Auswählen & Montieren

Stellen Sie Produktfotos frei und schneiden Sie mühelos auch Lockenköpfe im Gegenlicht aus. Wir experimentieren aber auch mit weicher Überblendung, Landschaftspanorama und Doppelgängermontagen.

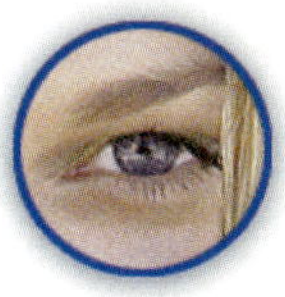

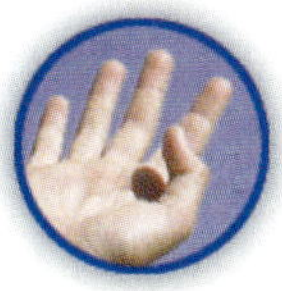

Übung 30: Auswahl mit Zauberstab & Maskenretusche

Wie wählt man ein Porträt am schnellsten aus, wenn es sich nicht so gut vom Hintergrund abhebt? Nutzen Sie Zauberstab und Lasso, korrigieren Sie Problemstellen mit Maskierungsmodus oder Radiergummi. Nur sehr saubere Arbeit ermöglicht nahtlose Montagen.

Auf einen Blick

Sie lernen kennen:	Zauberstab und Lasso; Auswahlen erweitern und als Alphakanal speichern; **Auswahl**-Befehle **Auswahl umkehren**, **Auswahl aufheben**, **Abrunden** und **Umrandung**; Maskierungsmodus; **Filter**-Befehl **Dunkle Bereiche vergrößern**
Aufwand:	hoch; 17 Schritte
Siehe auch:	Urlaubsbild auffrischen, Seite 197 Gezielt unscharfer Hintergrund; Seite 303 Schnell & präzise zoomen, Seite 362 Pinselspitzen & Farbwahl, Seite 365 Transformieren, Seite 368 Richtig speichern, Seite 372
Übungsdateien:	Freisteller_01 etc.
Kommentar:	Trennen Sie ein Porträtfoto sauber aus dem Hintergrund, um es zu montieren; beheben Sie letzte Fehler in der fertigen Montage.

Schritt 1: Die Zauberstab-Auswahl

In der Übung 23 ab Seite 197 haben wir das Porträt bereits deutlich aufgefrischt. Nun wollen wir die Darstellerin vor einen neuen Hintergrund setzen – vom Strand ins Ferienapartment. Das Verfahren: Wir wählen den Bildhintergrund aus und kehren die Auswahl um. Damit ist die Person selbst in der Auswahl und bereit für die Montage.

① Schalten Sie den Zauberstab ein. Oben in den Optionen stellen Sie die ② TOLERANZ auf 32. Sie verwenden das ③ GLÄTTEN für nahtlos glatte Kanten und die ④ Option BENACHBART – so wählt das Werkzeug zwar den beigen Strand, nicht aber beige Hemd- oder Hautbereiche mit aus.

⑤ Klicken Sie einmal in den blauen Hintergrund. Photoshop umgibt den ausgewählten Bereich mit einer ⑥ schwarzweiß changierenden Auswahllinie.

Datei: Freisteller_01

Schritt 2: Die Auswahl erweitern

Mit dem ersten Klick hat der Zauberstab nicht alles erfasst. ① Schalten Sie DER AUSWAHL HINZUFÜGEN ein. ② Nun klicken Sie weitere Male in den Sand links und in den blauen Himmel; ignorieren Sie vorerst das Blattwerk oben. ③ Der Zauberstab erscheint mit einem Pluszeichen – denn Sie erweitern die vorhandene Auswahl.

Schritt 3: Verringerte »Toleranz«

Die linke Schulter des Modells macht Probleme bei der Auswahl – sie hebt sich nicht so stark von der Umgebung ab: ① Der Zauberstab wählt nicht nur den Sandstrand, sondern gleich auch Hemd und Hut der Darstellerin aus. Widerrufen Sie diesen einen Auswahlschritt per [Strg]+[Z], ② dann senken Sie Ihre TOLERANZschwelle auf 10 oder sogar 5 ab. Klicken Sie erneut: ③ Diesmal läuft die Auswahllinie getreulich um die Person herum.

Wählen Sie Sand, Himmel und den Stamm rechts komplett mit dem Zauberstab aus. Gehen Sie an unruhige Übergänge gleich mehrfach mit unterschiedlichen TOLERANZ-Einstellungen. Das Blattwerk oben rechts bearbeiten wir im nächsten Schritt separat.

Schritt 4: Erweiterung per Lasso

Die Palmwedel oben wählen wir nicht mit dem Zauberstab aus. ① Schalten Sie zum Lasso um ② und achten Sie in den Einstellungen wieder auf DER EINSTELLUNG HINZUFÜGEN.

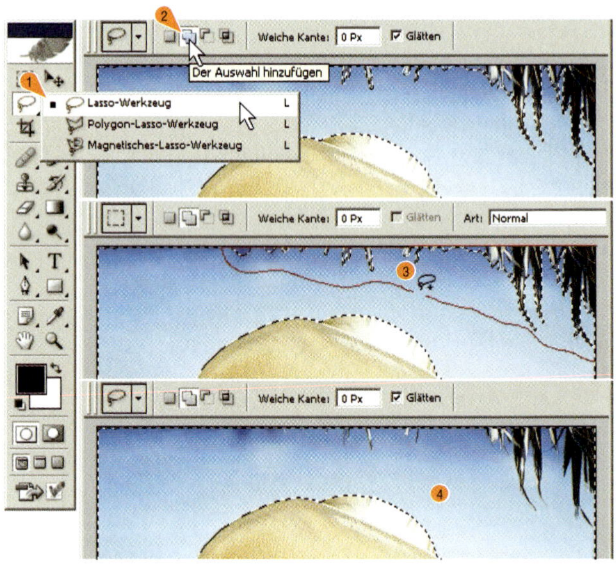

Dann rahmen Sie das Laubwerk ein – ③ umfahren Sie die noch nicht ausgewählten Bereiche großzügig und ziehen Sie dabei ruhig auch außerhalb des Bildrands. Erst wenn der fehlende Bereich eingefasst ist, lassen Sie die Maustaste los. Photoshop schließt jetzt den ausgewählten Bereich, ④ die eingerahmte Bildpartie wird komplett der bereits vorhandenen Auswahl hinzugefügt. Sie haben jetzt den gesamten Hintergrund ausgewählt.

Schritt 5: Auswahl umkehren

Der Hintergrund lässt sich leichter mit dem Zauberstab erfassen als die Darstellerin selbst. Darum haben wir bis jetzt den Hintergrund ausgewählt und nicht die Person selbst.

Um später die Hauptperson selbst montieren zu können, kehren Sie die Auswahlwirkung um. Das erledigt der Befehl **Auswahl: Auswahl umkehren** (oder kurz Strg+⇧+I). Die Auswahllinie läuft jetzt nur noch um das Hauptmotiv herum.

Schritt 6: Auswahl abrunden

Wir prüfen einzelne Auswahlzonen en detail. Drücken und halten Sie Strg+Leertaste; so stellt Photoshop vorübergehend die Vergrößerungslupe zur Verfügung. Dann rahmen Sie die Auswahlgrenze um die linke Schulter herum ein. Photoshop zoomt in diesen Bereich hinein und Sie erkennen, dass die Auswahl noch zu locker sitzt und insgesamt unruhig ist.

Wählen Sie **Auswahl: Auswahl verändern: Abrunden**. Wir nutzen hier einen RADIUS von 3 Pixeln. In diesem Umkreis um ausgewählte Bereiche herum glättet Photoshop Auswahlsprünge und Auswahllücken. Das Ergebnis sitzt noch nicht perfekt, lässt sich aber besser weiterbearbeiten.

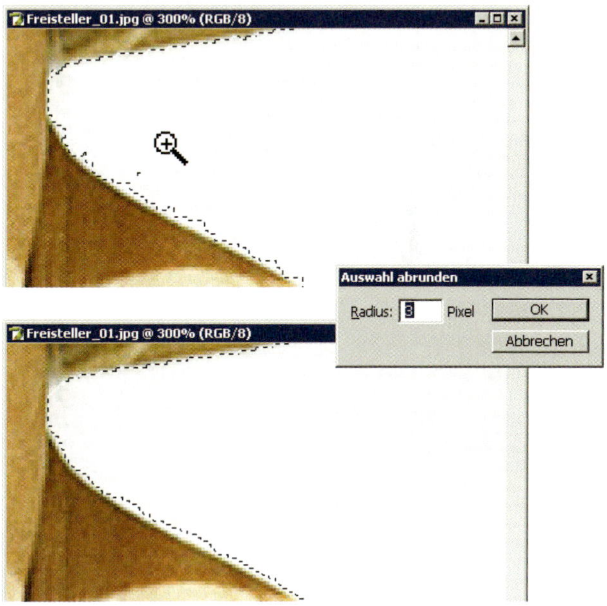

Schritt 7: Prüfen im Maskierungsmodus

Wir bearbeiten die Auswahl im Maskierungsmodus weiter. Klicken Sie in der Werkzeugleiste auf die Schaltfläche IM MASKIERUNGSMODUS BEARBEITEN. Photoshop überdeckt nicht ausgewählte Bereiche – also jetzt den Hintergrund – mit einer roten Schutzschicht. Das ist die so genannte Schnellmaske. Ausgewählte Bildzonen – hier die Hauptpersonen – bleiben voll sichtbar.

In der Titelleiste meldet Photoshop jetzt den MASKIERUNGSMODUS und auch in der Kanäle-Palette könnten Sie einen Extra-Kanal für den MASKIERUNGSMODUS sehen – es ist nichts anderes als ein vorübergehender Alphakanal, den Sie mit Pinsel und anderen Verfahren verfeinern.

Schritt 8: Passen Sie den Maskierungsmodus an

Ändern Sie die Darstellung der Schnellmaske, Sie erkennen die Auswahlwirkung dann deutlicher. Klicken Sie doppelt auf die Schaltfläche IM MASKIERUNGSMODUS BEARBEITEN, dann heben Sie die DECKKRAFT auf 90 Prozent an. Die Grenzen zwischen gewählten und nicht gewählten Bereichen treten nun klarer hervor. Sie könnten hier auch die Farbe der Schnellmaske ändern und statt der nicht gewählten Bildpartien genau umgekehrt die gewählten Bereiche per Schnellmaske verschleiern.

Sie erkennen, dass die Auswahl noch nicht überall perfekt sitzt.

Schritt 9: Pinselretusche in der Schnellmaske

Wir verfeinern die Schnellmaske, sie wird dann wieder in eine übliche Auswahl verwandelt.

Unruhige Auswahlfehler behebt am besten der 1 Pinsel. Sofern Sie die Schnellmaske eingeschaltet haben, bietet Photoshop automatisch 2 schwarze Vordergrundfarbe an – diese Farbe erscheint in der Schnellmaske dann rötlich. Klicken Sie mit rechts ins Bild und wählen Sie 3 eine kleine Pinselspitze von etwa 9 Pixeln aus.

Unsere Auswahl entstand mit der gängigen Lasso-Option Glätten. Darum sollten Sie den Pinsel mit einer 4 Kantenschärfe von 100 verwenden. So entstehen perfekte Auswahlränder ohne unschön krachharte »Klebestellen«, aber auch ohne federweiche Unschärfe.

5 Malen Sie über Bereiche, die sich ungewollt innerhalb der Auswahl befinden, also nicht komplett rot abgedeckt sind.

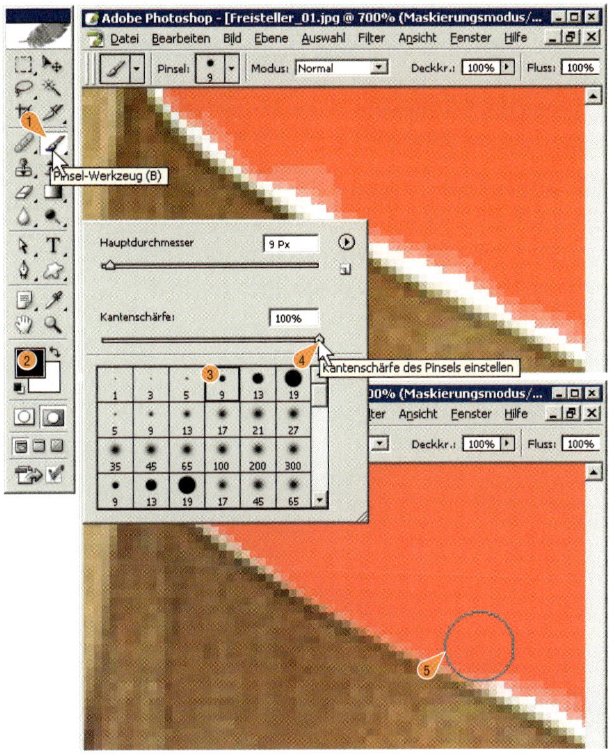

Schritt 10: Pinselretusche mit Weiß

Haben Sie zu viel übermalt oder überflüssiges Rot im Hauptmotiv? Sofern Sie zuvor mit Schwarz gearbeitet haben, liefert die Taste X nun 1 weiße Vordergrundfarbe. Damit 2 entfernen Sie Rot und machen den zuvor überdeckten Bereich wieder sichtbar. Das heißt, Sie holen diese Partie in die Auswahl zurück.

Manchmal steht man vor der Frage: Soll ich minimal Hintergrund sichtbar lassen oder soll ich das Hauptmotiv geringfügig anschneiden. Meist sollte man einen Randbereich des Hauptmotivs opfern und aus der Auswahl herauslassen – also rot abdecken. Sie verhindern so bei einer späteren Montage, dass noch Reste von stark kontrastierendem Hintergrund an Ihrem Modell kleben.

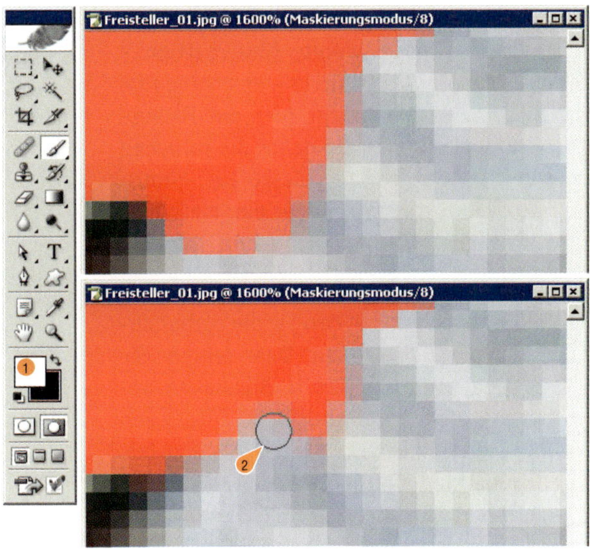

Schritt 11: Gleichmäßige Bereiche korrigieren

An der Hutkrempe sitzt die Maske über einen längere Bereich gleichmäßig neben der eigentlich gewünschten Auswahlkante. Solche Zonen retuschieren Sie nicht mit dem Pinsel, hier bietet sich ein Filter an.

Zur Vorbereitung schalten Sie wieder 1 das Lasso ein. Diesmal nehmen Sie oben in den Einstellungen eine 2 WEICHE KANTE von »2 Px«. Rahmen Sie einen ersten Bildbereich ein, in dem die Maske daneben sitzt.

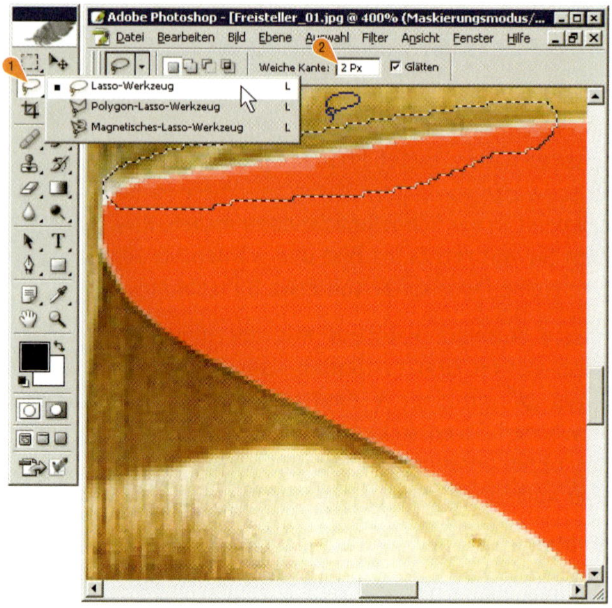

Schritt 12: »Dunkle Bereiche vergrößern«

Gehen Sie auf **Filter: Sonstige Filter: Dunkle Bereiche vergrößern**. Das Dialogfeld zeigt rötlich abgedeckte, also nicht ausgewählte Bildbereiche schwarz an. Gewählte Motivpartien – hier ein Detail der Darstellerin – erscheinen im Dialogfeld weiß. Uns reicht hier ein RADIUS-Wert von »1«: Dieser Befehl dehnt die rötlichen (also dunklen) Bereiche der Maske aus; Photoshop fasst die Hutkrempe enger ein, die weiße Kante zwischen Kopfbedeckung und rötlicher Schnellmaske verschwindet.

Klicken Sie auf OK, und heben Sie die vorhandene Auswahl per Strg+D auf. Dann rahmen Sie weitere unsauber ausgewählte Bildstellen mit dem Lasso ein und wenden den Filter auch dort an. Wechseln Sie bei Bedarf in den Einstellungen zum Modus DER AUSWAHL HINZUFÜGEN; nun rahmen Sie mehrere Bereiche mit ähnlich daneben liegender Auswahlkante gleichzeitig ein und rufen den Filter auf.

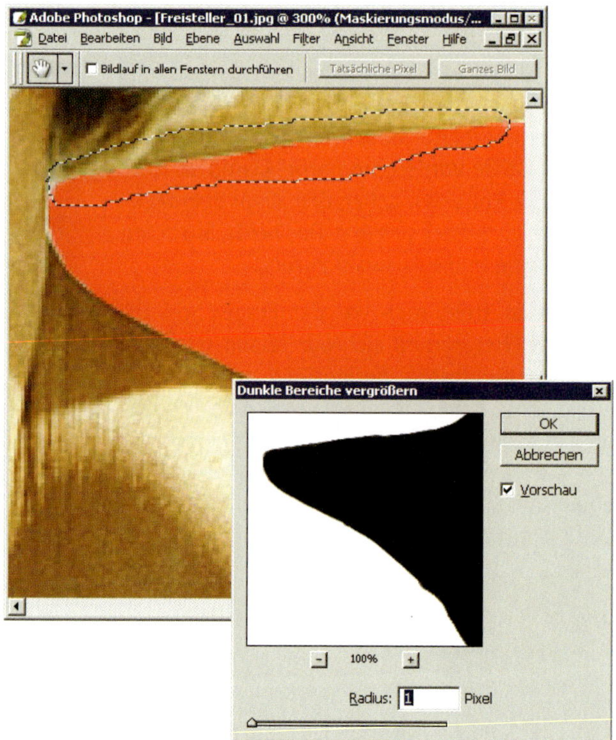

Schritt 13: Zurück zum »Standardmodus«

Sitzt die rote Maske hauteng an? Dann klicken Sie in der Werkzeugleiste auf die Schaltfläche IM STANDARDMODUS BEARBEITEN. Gemeint ist damit: Photoshop kehrt wieder zur üblichen Auswahllinie zurück. Der Hinweis MASKIERUNGSMODUS verschwindet aus der Titelleiste.

Schritt 14: Die Auswahl speichern

Um die Auswahl für die spätere Verwendung zu speichern, rufen Sie im **Fenster**-Menü die **Kanäle**-Palette auf. Dort klicken Sie auf das Symbol AUSWAHL ALS KANAL SPEICHERN. Photoshop legt nun einen neuen so genannten Alphakanal an: Sie erkennen unten in der Palette »Alpha 1«, eine Schwarzweißsilhouette Ihrer bisherigen Auswahl: Das ausgewählte Hauptmotiv erscheint weiß. Den Hintergrund zeigt der Alphakanal schwarz, denn den haben Sie ja nicht gewählt.

Die Bilddatei befand sich bisher im JPEG-Format. Dieser Dateityp nimmt jedoch keine Alphakanäle auf. Sie können das Bild also so nicht speichern. Wir wählen darum **Datei: Speichern unter** und sichern das Bild nach einem Klick ins FORMAT-Klappmenü mit dem Format PHOTOSHOP (*.PSD; *.PDD) (Details zum richtigen Speichern ab Seite 372). Jetzt können Sie problemlos Alphakanäle oder Ebenen verwenden, die Dateigröße steigt allerdings.

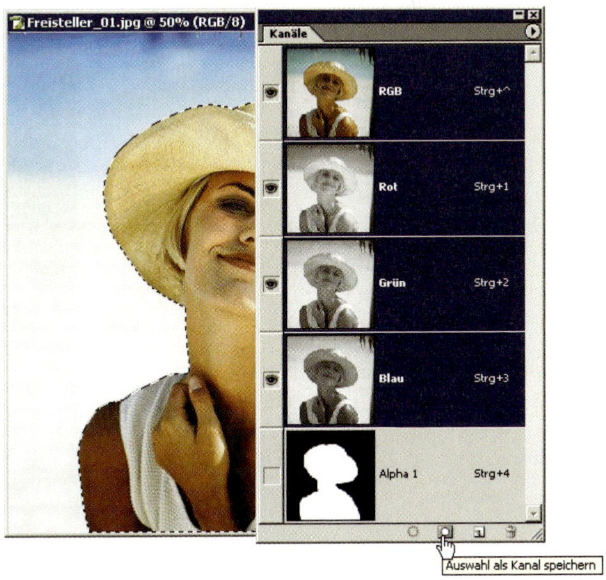

Datei: Freisteller_02

Schritt 15: Der neue Hintergrund

Öffnen Sie die Datei »Freisteller_03a« mit dem neuen Hintergrundmotiv, einem Apartmentblock. Schalten Sie in der Werkzeugleiste das Verschieben-Werkzeug ein.

Wechseln Sie dann wieder zu unserem Porträt »Freisteller_02«. Befindet sich die schillernde Auswahllinie noch im Bild? Wenn nicht, klicken Sie in der **Kanäle**-Palette »Alpha 1« mit gedrückter Strg-Taste an – so laden Sie die Fließmarkierung wieder.

Ziehen Sie die Hauptdarstellerin aus dem ursprünglichen Foto »Freisteller_02« vor den neuen Hintergrund in »Freisteller_03a«. Damit erscheint die Dame in der neuen Umgebung; das Ausgangsmotiv am Strand ändert sich in keiner Weise.

Blenden Sie mit dem **Fenster**-Menü die **Ebenen**-Palette ein: Das Porträt liegt als neue EBENE 1 über der HINTERGRUND-Ebene, dem Wohnbunker. Wir speichern die neue Montage als »Freisteller_03b«. Weil sie Ebenen enthält, nehmen wir wieder das Format PHOTOSHOP (*.PSD; *.PDD).

Dateien: Freisteller_03a, Freisteller_03b

Schritt 16: Korrekturen in der Montage

Hoppla, im montierten Bild entdecken wir immer noch Auswahlfehler: Am rechten Arm des Modells kleben noch (1) Spuren des weißen Hintergrunds. Für dieses Problem gibt es eigentlich den Befehl **Ebene: Basis: Weiß entfernen.** Der funktioniert jedoch nur ohne Auswahl, wir wollen aber nicht das Gesamtbild bearbeiten. Zudem bewirkt die Funktion bei unserer Vorlage so wenig wie bei vielen anderen Bildern. Wir gehen also einen anderen Weg.

Drücken Sie die Strg-Taste und klicken Sie in der Ebenen-Palette auf die (2) Miniatur EBENE 1. Dadurch erhalten Sie eine (3) Auswahl-Fließmarkierung, die genau die montierte Hauptdarstellerin umgibt.

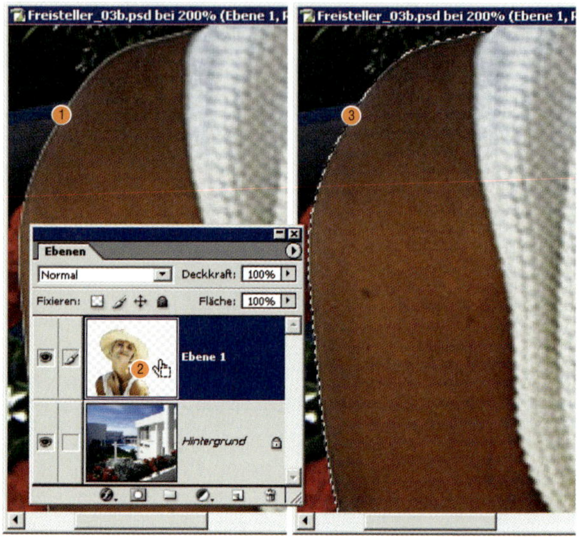

Schritt 17: Randspuren entfernen

Haben Sie die Fließmarkierung? Gehen Sie dann auf **Auswahl: Auswahl verändern: Umrandung** mit einer BREITE von 2 Pixeln. Nach dem Klick auf OK ist nur noch ein schmaler Streifen rings um Ihr Hauptmotiv herum ausgewählt – nicht mehr die Person selbst, sondern nur noch ihr Umriss.

Wählen Sie **Ansicht: Extras**. Damit versteckt Photoshop die ablenkende Auswahllinie – sie ist aber weiterhin wirksam: Sie können also nur die Umrisse der Darstellerin bearbeiten.

Schalten Sie den Radiergummi ein und radieren Sie über den Teil des Arms, der zu viel weiße Kante offenbart. Löschen Sie von außen nach innen – nicht mehr als nötig. Der unerwünschte Rand verschwindet.

Die Montage lässt sich noch verfeinern – durch gezielte Kameraunschärfe im Hintergrund hebt sich die Hauptperson besser ab. Diese Aufgabe lösen wir Schritt für Schritt in Übung 38 ab Seite 303.

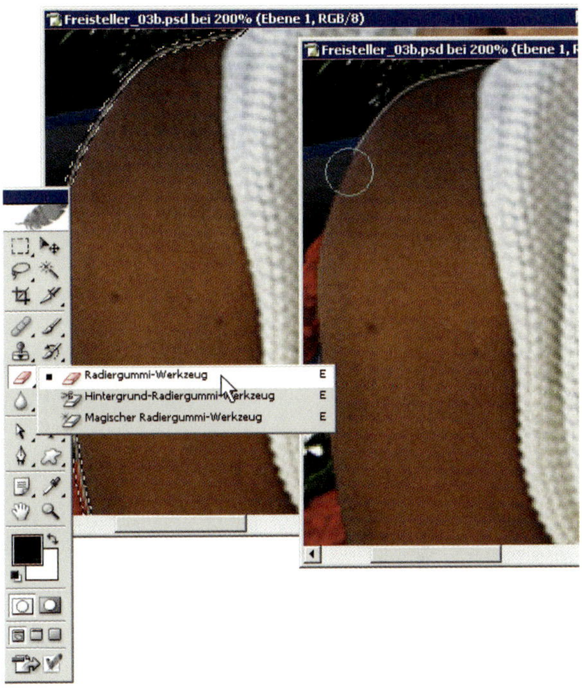

Datei: Freisteller_04

Tipps & Tricks

- Sie müssen nicht auf DER AUSWAHL HINZUFÜGEN klicken. Alternativ drücken Sie einfach die ⇧-Taste, auch so erweitern Sie eine bestehende Auswahl.
- Zauberstab und Lasso gehören zu den wichtigsten Werkzeugen. Sie lassen sich besonders schnell per Tastendruck aufrufen: ein W für den Zauberstab, ein L fürs Lasso.
- Statt die Schaltfläche IM MASKIERUNGSMODUS BEARBEITEN zu traktieren, genügt ein kurzer Druck aufs Q (für Quickmask) – auch so verwandeln Sie die Auswahllinie vorübergehend in eine rötliche Schnellmaske. Mit einem weiteren Q kehren Sie zur üblichen Auswahllinie zurück.
- Wollen Sie die komplette Auswahl verkleinern – und nicht nur einen Abschnitt daraus –, verzichten Sie auf Maskierungsmodus und den Befehl **Dunkle Bereiche vergrößern**. Zeigen Sie die Auswahl stattdessen als übliche Fließmarkierung an und gehen Sie auf **Auswahl: Auswahl verändern: Verkleinern**.
- Wollen Sie den Filter **Dunkle Bereiche vergrößern** wiederholt anwenden? Wenn Sie mehrfach hintereinander denselben RADIUS-Wert brauchen, drücken Sie einfach Strg+F – schon läuft der Filter erneut ab. Wollen Sie den Filterdialog erneut aufrufen, um den RADIUS zu ändern, heißt es Strg+Alt+F.
- Um eine gespeicherte Auswahlmarkierung wieder ins Bild zu holen, gehen Sie auf **Auswahl: Auswahl laden**. Alternative: Strg-Klick auf die Miniatur des Alphakanals in der Kanäle-Palette.

Übung 31: Produktfoto freistellen und aufpeppen

Fotografieren Sie für einen Warenkatalog oder wollen Sie alte Hardware über eBay versteigern? Egal, kurbeln Sie den Umsatz mit peppigen Produktfotos an. Wir zeigen, wie Sie das Gerät sauber auswählen und mit einem ansprechenden Farbverlauf unterlegen – das graue Ding wird zum Eyecatcher.

Auf einen Blick

Sie lernen kennen:	Zauberstab; mit Pinsel Geraden malen; Navigator; Pfadtechnik: Arbeitspfade, Wechseln zwischen Auswahl und Pfad, Pfade umformen; Farbregler-Palette; Ebenentechnik: Auswahl in Ebene verwandeln, Füllebene Verlaufsfüllung, Effekte SCHEIN NACH AUSSEN und SCHATTEN NACH INNEN, **In die Auswahl einfügen** (**Bearbeiten**-Befehl); mit Freistellwerkzeug Arbeitsfläche erweitern und Seitenverhältnis steuern
Aufwand:	hoch; bis 32 Schritte
Siehe auch:	Seitenverhältnis und Größencheck für Fotodruckdienst, Seite 56 Urlaubsbild auffrischen, Seite 197 Himmel austauschen per Montage, Seite 203 Himmel durch Farbverlauf ersetzen, Seite 210 Auswahl mit Zauberstab & Maskenretusche, Seite 228
Übungsdateien:	Produkt_01 etc., Alt_09
Kommentar:	Wählen Sie das Produkt sauber aus, dann unterlegen Sie es mit einem frischen, attraktiven Hintergrundverlauf.

Schritt 1: Die erste Auswahl mit dem Zauberstab

Schalten Sie den 1 Zauberstab ein. Klicken Sie auf 2 DER AUSWAHL HINZUFÜGEN – so vergrößert sich die Auswahl immer weiter.

Wir beginnen mit einer niedrigen 3 TOLERANZ von 10: So wählt Photoshop nur sehr kleine, farbähnliche Zonen aus. Denn der Unterschied zwischen Laptop-Oberkante und Hintergrund ist gering – mit höherer TOLERANZ erwischen Sie ungewollt Hintergrund und Gerät gleichzeitig.

Das 4 GLÄTTEN sorgt für nahtlose Montage ohne hässliche Klebekanten. Per Option 5 BENACHBART erfasst Photoshop nur nebeneinander liegende graue Bildpunkte aus dem Hintergrund – aber nicht ähnliche Stellen des Geräts selbst.

Klicken Sie einmal 6 links oben in den Hintergrund – Photoshop legt eine schwarzweiß schillernde Fließmarkierung um einen ersten Teil des blauen Hintergrunds. Ist der Gehäuserahmen bereits mit ausgewählt? Dann klicken Sie an einer etwas anderen Stelle.

Datei: Produkt_01

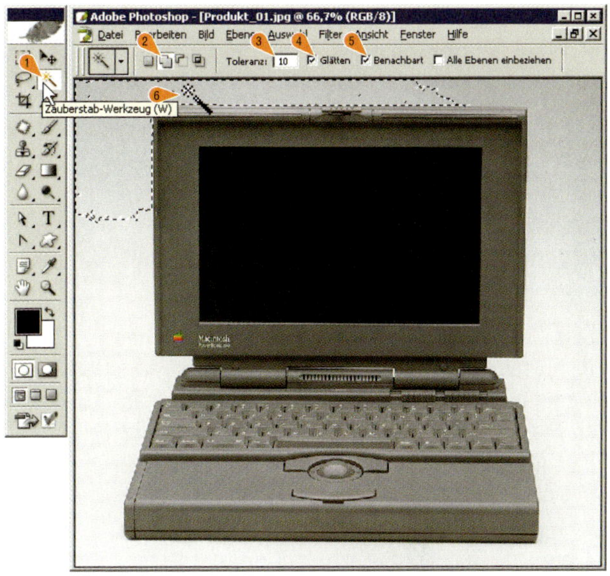

Schritt 2: Die weitere Auswahl

Klicken Sie ein weiteres Mal mit dem 1 Zauberstab rechts oben. Der obere Hintergrund ist ausgewählt.

Für die untere Bildhälfte mit gut kontrastierenden Motivgrenzen setzen wir unsere TOLERANZ-Schwelle hoch. Halten Sie den 2 Mauszeiger über das Wort TOLERANZ, dann klicken und ziehen Sie langsam nach rechts. Je weiter Sie ziehen, desto höher steigt der TOLERANZ-Wert – wir nehmen 32.

Klicken Sie einmal 3 unten links – jetzt haben Sie den gesamten Hintergrund ausgewählt.

Dieser ältere Scan ist etwas körnig, einzelne Pixel fallen deutlich dunkler oder heller aus der Umgebung heraus. Sie werden vom Zauberstab zunächst nicht erfasst, wir haben ein paar 4 Auswahllücken – darum kümmern wir uns noch in Schritt 4.

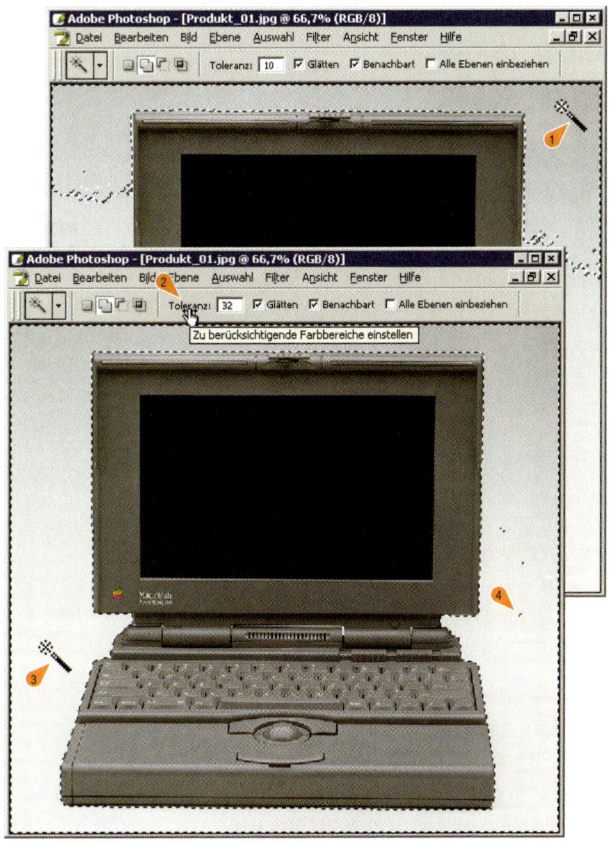

Schritt 3: Auswahl umkehren

Klicken Sie auf **Auswahl: Auswahl umkehren**. Jetzt umgibt die Auswahl nicht den Hintergrund – das Produkt selbst ist ausgewählt.

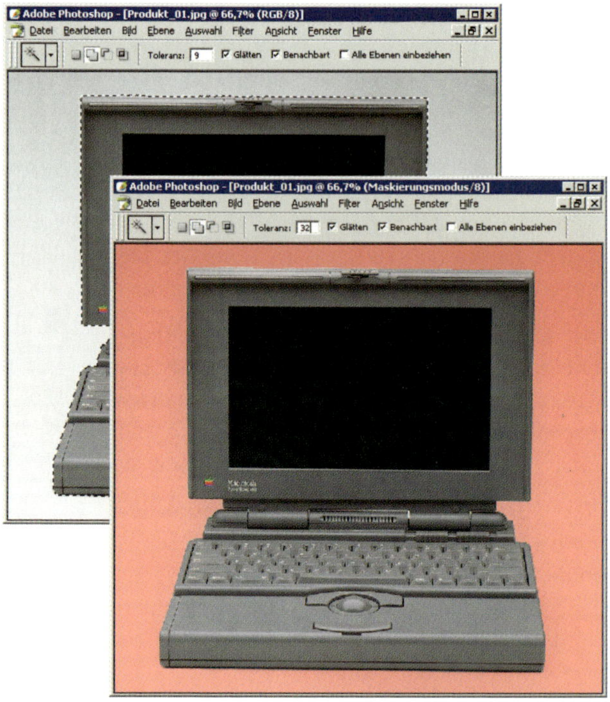

Bei einfachen Bildern stimmt jetzt bereits alles, Sie können das Hauptmotiv mit dem Verschieben-Werkzeug in eine neue Datei ziehen oder per Strg+C in die Zwischenablage kopieren (am Mac wie immer die ⌘-Taste statt der Strg-Taste).

Dieses Motiv braucht aber noch Zuwendung. Wir prüfen zunächst den Sitz der Auswahl. Mit einem Druck auf die Taste Q wechseln wir in den Maskierungsmodus. Photoshop deckt nicht gewählte Bereiche mit rötlichem »Schutzlack« ab. Wir erkennen schon, dass an den Rändern des Gehäuses nicht alles glatt läuft, auch die Durchgucke am Scharnier des Monitors befinden sich offenbar noch nicht in der Auswahl. Die nächsten Korrekturen führen wir direkt in diesem Maskierungsmodus durch.

Schritt 4: Beginn der Maskenretusche

Mit dem **Fenster**-Menü laden wir den **Navigator**, stellen die höchste Zoomstufe 1 1600 Prozent ein und schieben den 2 roten Rahmen in der Navigator-Vorschau über den Bereich mit dem Bildfehler – Photoshop zeigt diese Zone vergrößert im Dateifenster: Einzelne 3 dunklere Ausreißer-Pixel sind hier noch nicht rötlich abgedeckt – sie befinden sich also ungewollt noch in der Auswahl.

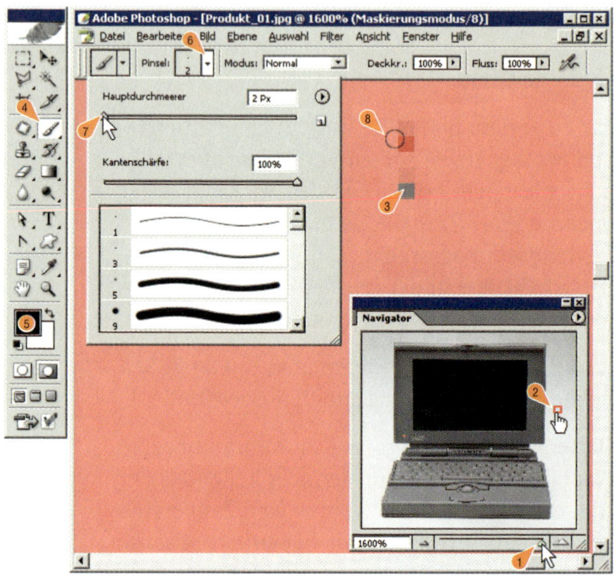

Schalten Sie den 4 Pinsel ein und achten Sie auf 5 schwarze Vordergrundfarbe – sie sollte beim Wechsel in den Maskierungsmodus automatisch erscheinen. Nach einem Klick auf das 6 gekippte Dreieck stellen Sie eine sehr kleine Pinselspitze mit 7 2 Pixel HAUPTDURCHMESSER ein.

Jetzt 8 übermalen Sie die Störstellen. Die verwendete schwarze Vordergrundfarbe erscheint hier rötlich. Durch das rötliche Abdecken der grauen Pixel (wie beim oberen Fehler) fliegen die Bereiche aus der Auswahl heraus.

Schritt 5: Geraden auswählen

Ungewollt ist auch die 1 »Luft« zwischen Monitor und Scharnier noch in der Auswahl, denn Photoshop deckt sie nicht rötlich ab. Schließen wir diese Lücke:

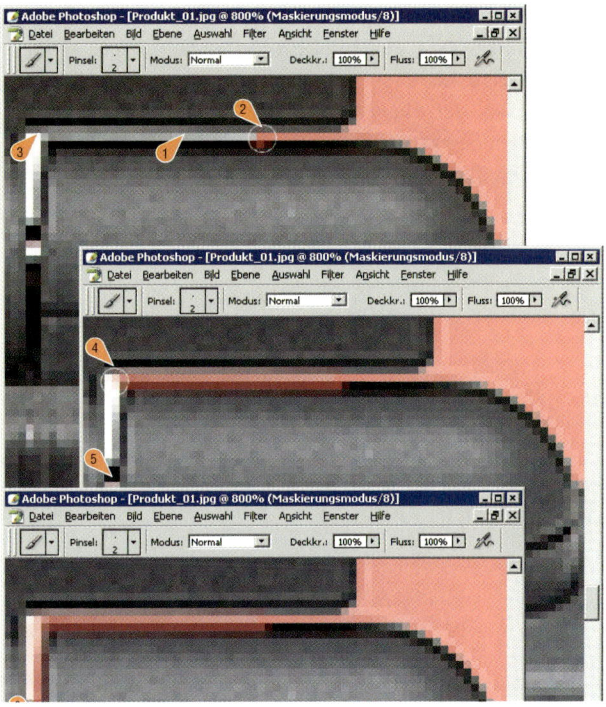

Klicken Sie bei weiter aktiviertem Pinsel einmal auf die 2 Stelle, an der die bisherige, rötliche Auswahl endet. Dann lassen Sie die Maustaste los und bewegen den Pinsel-Cursor ans 3 Ende dieser Geraden. Drücken Sie die ⇧-Taste, dann 4 klicken Sie – und Photoshop zieht eine gerade Farblinie zwischen den beiden letzten Klickstellen. Die erste Lücke zwischen Scharnier und Monitor ist perfekt geschlossen.

Nehmen Sie wieder den Finger von der Maustaste und bewegen Sie den Zeiger nach unten zum 5 letzten Pixel mit hellem Hintergrundgrau. Drücken Sie wieder herzhaft die (Umschalt)-Taste, dann ein 6 Klick; Photoshop legt eine weitere Gerade an, diesmal nach unten; auch diese Lücke ist gefüllt.

Schritt 6: Weitere Geraden

Über dem Sockel warten weitere Lücken. Diesmal drücken wir die ⇧-Taste, dann 1 klicken-und-ziehen wir den Pinsel. So erzeugen Sie exakt horizontale und vertikale Geraden.

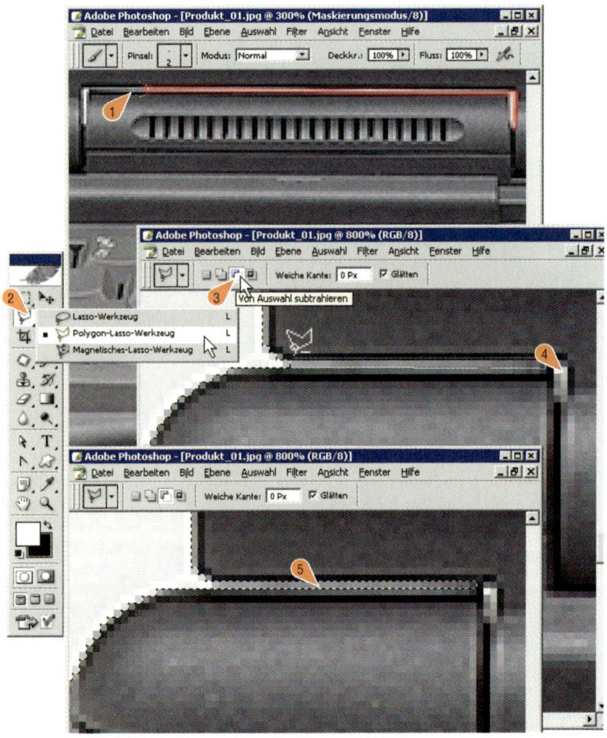

An der rechteckigen Lücke auf der gegenüberliegenden Seite erproben wir eine weitere Technik: Beenden Sie die rötliche Schnellmaske mit der Taste Q; jetzt sehen Sie wieder die Auswahl-Fließmarkierung – samt der Änderungen aus der Maskenretusche. Schalten Sie das 2 Polygon-Lasso mit diesen Optionen ein: 3 VON AUSWAHL SUBTRAHIEREN, 0 Pixel WEICHE KANTE, das GLÄTTEN ist wie meist eingeschaltet.

Mit dem Polygon-Lasso setzen Sie nur noch einzelne Klicks in die 4 Ecken, um das freie Rechteck zu markieren. Zum Schluss bewegen Sie das Polygon-Lasso an den Punkt des ersten Klicks; erscheint ein Kreis neben dem Werkzeug, klicken Sie einmal – die 5 Auswahl ist fertig gestellt.

Schritt 7: Zurück zur Gesamtansicht

Klicken Sie doppelt auf die Hand in der Werkzeugleiste; so zeigt Photoshop wieder das gesamte Bild an. Sie erkennen die korrigierte Auswahl an der Fließmarkierung. An der unglücklichen Schattenkante unten wie auch an der oberen Kante sollten wir noch etwas tun.

Schritt 8: Ein neuer Pfad

Wir verwandeln die Auswahl in einen Pfad. Der lässt sich bequem korrigieren und wieder in eine Auswahl zurückverwandeln.

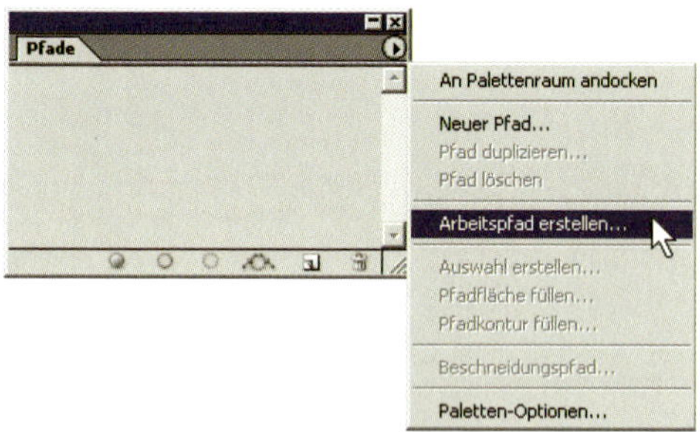

Laden Sie via **Fenster**-Menü die **Pfade**-Palette. Dort öffnen Sie das Palettenmenü mit dem Dreieckschalter und klicken auf **Arbeitspfad erstellen**.

Photoshop bedient Sie jetzt mit dem Dialogfeld ARBEITSPFAD ERSTELLEN und fragt nach Ihrer TOLERANZ. Was bedeutet das hier?

Mit einer hohen TOLERANZ läuft der Pfad ungenauer um das Hauptmotiv herum – zum Beispiel gibt es nur alle fünf oder alle acht Pixel einen Ankerpunkt. Das klingt schlecht, allerdings: Wenn Sie weniger Ankerpunkte haben, können Sie die Konturen großräumiger korrigieren und müssen nicht allenthalben erst wieder Ankerpunkte aus dem Weg räumen.

Wir verwenden 2 Pixel TOLERANZ und klicken auf OK.

Schritt 9: Vom »Arbeitspfad« zu »Pfad 1«

Die Auswahl verschwindet aus Ihrem Bild, eine dünne graue Linie liegt nun um den Laptop – das ist der neue ① ARBEITSPFAD, wie Sie in der Pfade-Palette erkennen.

Arbeitspfade können Sie leicht verlieren, etwa wenn Sie mit dem Zeichenstift experimentieren. Wir klicken darum doppelt auf die Miniatur des Arbeitspfads. Im Dialogfeld ② PFAD SPEICHERN übernehmen wir den Namen PFAD 1 und klicken auf OK.

Dieser ③ PFAD 1 erscheint jetzt in der Pfade-Palette. Photoshop speichert diesen Pfad fortan mit in der Datei.

Sie können den Pfad wieder in eine Auswahl umwandeln (siehe Schritt 14). Beim Speichern von Auswahlen bieten Pfade also eine Alternative zum Alphakanal. Ein Pfad braucht viel weniger Speicherplatz als ein Alphakanal. Er sichert aber keine weichen Übergänge, sondern nur übliche harte Konturen wie in dieser Übung.

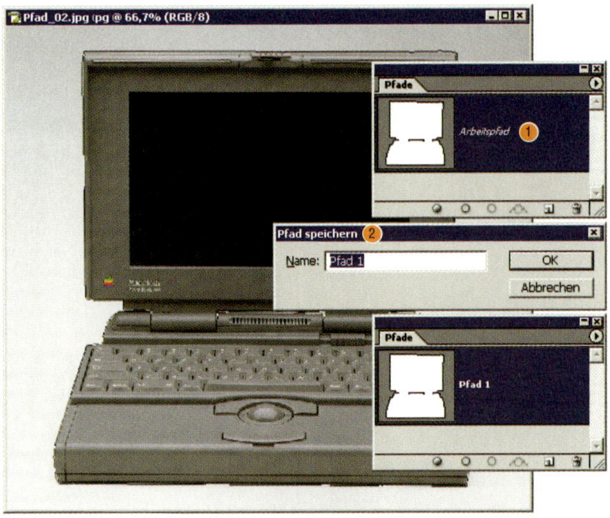

Schritt 10: Pfadbereiche aktivieren

Schalten Sie in der Werkzeugleiste das ① Direkt-Auswahl-Werkzeug ein; damit markieren und bearbeiten Sie einzelne oder mehrere Ankerpunkte eines Pfads.

Wir zoomen auf die linke untere Ecke des Bildes. Sie erkennen, dass der Pfad nicht ganz sauber läuft: Der Schatten unter dem Gerät ist voll in der Auswahl – ein Problem des Zauberstabs . Außerdem läuft der Pfad zu rund um das schnurgerade Gehäuse herum; das hätte eine niedrigere TOLERANZ wie 0,5 verhindert. Ankerpunkte sind erst einmal nicht zu sehen.

Klicken Sie auf die ② Pfadecke links unten. Nun zeigt Photoshop ③ zwei lichte Vierecke – zwei Ankerpunkte.

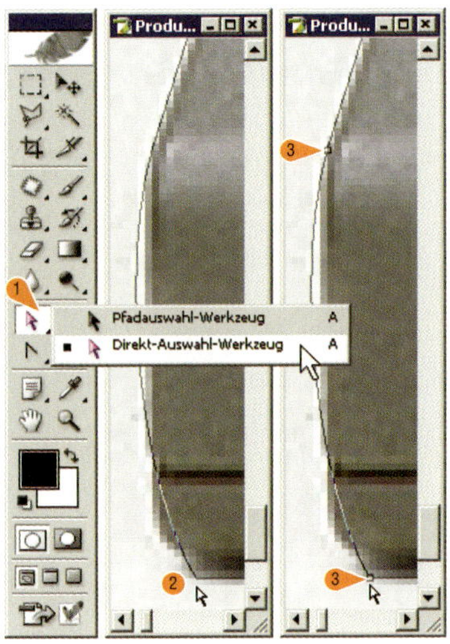

Schritt 11: So formen Sie den Pfad

Klicken Sie ein weiteres Mal auf den unteren 1 Ankerpunkt: Jetzt erscheint er gefüllt. Von beiden Ankerpunkten gehen nun auch Grifflinien aus, die mit Kontrollpunkten enden.

Um den Schatten aus der Auswahl zu verbannen, 2 schieben wir den Ankerpunkt nach oben, direkt an die Gehäusekante.

Dadurch biegt sich der Pfad weiter oben aber stärker durch. Wir 3 klicken auf den Kontrollpunkt der oberen Grifflinie und 4 ziehen die Grifflinie parallel zum Gehäuse. So glätten Sie die Ausbuchtung im Pfad, er läuft jetzt genau an den Konturen des Schlepptops entlang.

Sie könnten auch die untere Kurve mit der Grifflinie korrigieren. Grundsätzlich sollten Sie das Gerät eng auswählen. Es ist besser, einzelne Randpixel des Produkts bei der Auswahl zu verlieren; bei großzügiger Auswahl bleibt an einzelnen Stellen Hintergrund um das Hauptmotiv herum kleben – und das sticht in jeder Montage unschön hervor.

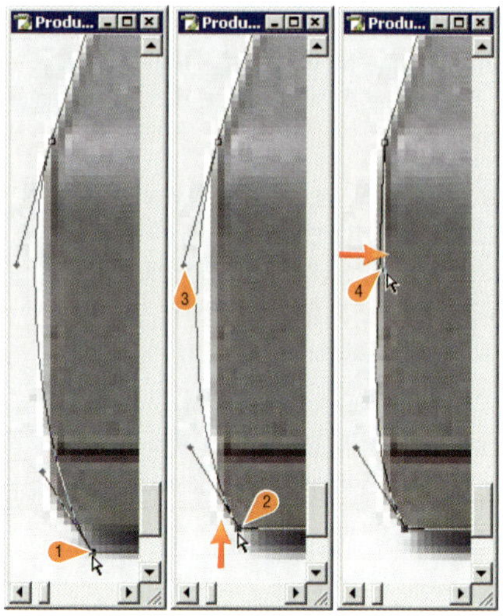

Schritt 12: Weitere Pfadkorrektur

Per [Strg]+[0] zeigen Sie wieder das Gesamtbild. Jetzt sehen Sie Ankerpunkte um den gesamten Pfad herum. Gefüllt – also aktiviert – ist allerdings nur der 1 korrigierte Ankerpunkt links unten.

Wir haben den Schatten ja erst auf der linken Seite des Bilds ausgesperrt. Rechts unten liegt die Auswahl noch zu tief. Drücken Sie darum [Strg]+ Leertaste für die Vergrößerungslupe 🔍 und rahmen Sie die rechte untere Bildecke ein – Photoshop zeigt den Bereich nun vergrößert.

Klicken Sie einmal auf den 2 Ankerpunkt rechts unten, um ihn zu aktivieren. Schieben Sie den Ankerpunkt 3 nach oben, bis der Schatten außen liegt. Auf der Strecke zwischen den beiden Gehäuseecken gibt es keine weiteren Ankerpunkte, darum ist jetzt die untere Kante sauber ausgewählt. Rechts biegt sich die Linie falsch durch, Sie korrigieren das mit den Grifflinien wie in Schritt 11.

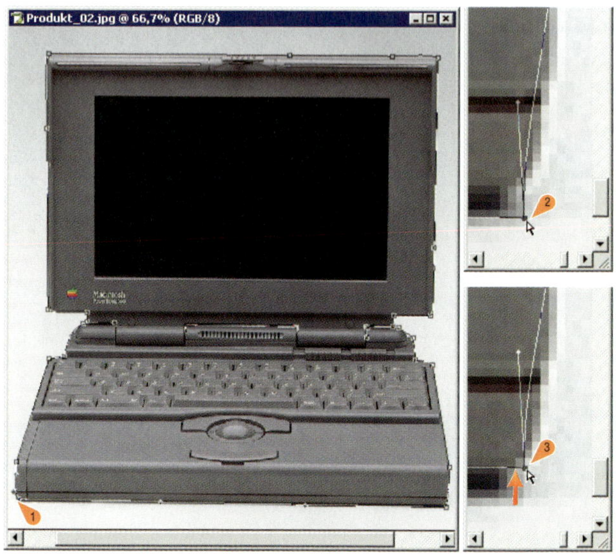

Schritt 13: Ein neuer Ankerpunkt

Wir entdecken eine Kante, die der Pfad schlicht ignoriert. Hier legen wir einen neuen Ankerpunkt an.

Ist das Direkt-Auswahl-Werkzeug noch aktiv? Klicken Sie mit der rechten Maustaste auf die (1) Stelle im Pfad, an der Sie den Ankerpunkt brauchen. (Am Mac statt Rechtsklick ein Klick bei gedrückter ctrl-Taste.) Im Kontextmenü nehmen Sie **Ankerpunkt hinzufügen**.

Photoshop produziert einen neuen (2) Ankerpunkt samt Grifflinien, die Pfadform ändert sich nicht.

Drücken Sie Strg+Alt für das Punkt-Umwandeln-Werkzeug. (3) Klicken Sie auf den neuen Ankerpunkt und halten Sie die Maustaste gedrückt, der Pfad erhält nun an der Stelle des (4) Ankerpunkts einen Knick. Lassen Sie die Maustaste noch nicht los.

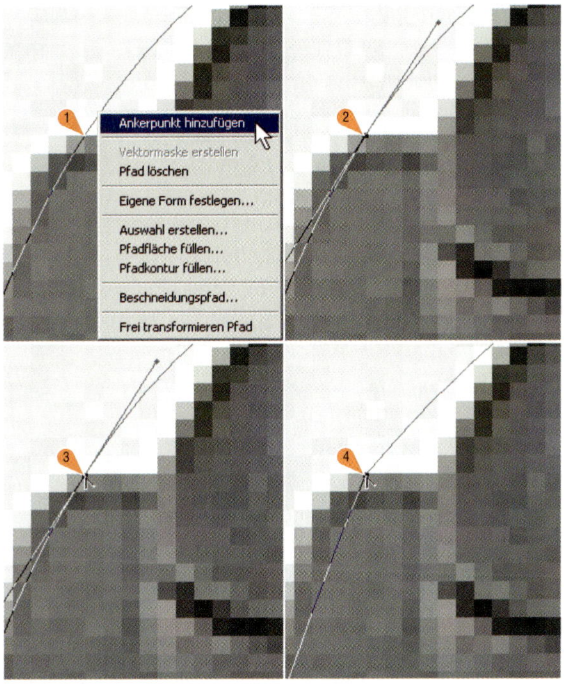

Schritt 14: Der Pfadabschnitt wird geformt

Nach dem ersten Klick auf den neuen Ankerpunkt (1) ziehen Sie gleich nach rechts – so entstehen Grifflinien, die Pfadform wird geschwungen.

Klicken Sie einmal (2) außerhalb der Pfadlinie, um den Ankerpunkt abzuschalten. Dann klicken Sie den (3) Ankerpunkt einmal an. So entsteht eine Grifflinie nur auf einer Seite des Ankerpunkts. Nun formen Sie den Pfad durch (4) Ziehen des Kontrollpunkts.

Sie haben nun gesehen, wie Sie den Pfad perfekt an die Gehäuseform anpassen. Merken Sie jedoch, dass der Pfad insgesamt zu ungenau verläuft, kehren Sie zur Auswahl zurück und legen Sie wie in Schritt 8 einen neuen Pfad an – diesmal mit weniger TOLERANZ. Oder zeigt der Pfad umgekehrt zu viele Ankerpunkt, so dass sich die Umrisse nicht großräumig formen lassen? Dann probieren Sie es ebenfalls mit einem neuen Pfad – diesmal mit erhöhter TOLERANZ.

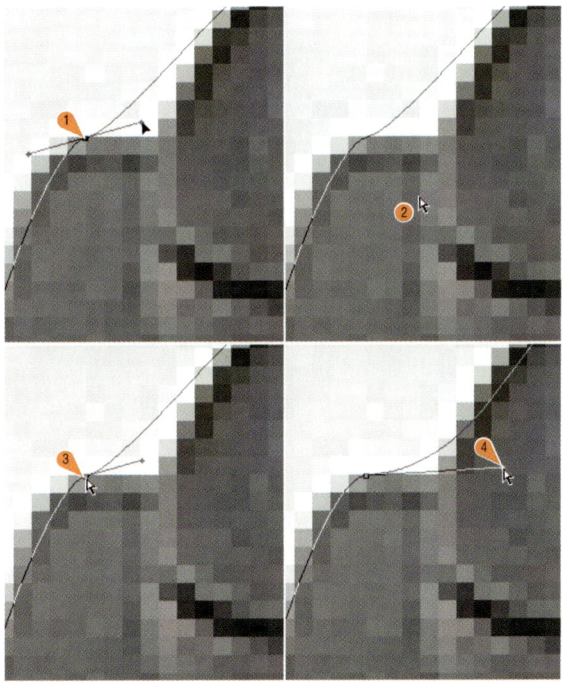

Datei: Produkt_03

Schritt 15: Zurück zur Auswahl

Speichern Sie das Bild nun in den Dateiformaten Photoshop-PSD, JPEG, EPS, PDF oder TIFF, bleibt der Pfad dauerhaft in der letzten Fassung erhalten. Fangen Sie einen neuen Pfad an, wird der vorhandene PFAD 1 nicht überschrieben; stattdessen entsteht ein weiterer ARBEITSPFAD.

Öffnen Sie das Menü zur Pfade-Palette mit dem Dreieckschalter ▶ und klicken Sie auf AUSWAHL ERSTELLEN. In diesem Dialogfeld geben Sie 0 Pixel WEICHE KANTE und das GLÄTTEN vor. Nach dem Klick auf OK haben Sie wieder eine normale, schwarzweiß changierende Auswahl-Fließmarkierung im Bild; sie umgibt das Gerät. Die Auswahllinie entspricht der zuletzt eingerichteten Form des Pfads. Photoshop blendet den Pfad aus – er bleibt aber wohlgemerkt voll erhalten; ein Klick auf die Miniatur in der Pfade-Palette zeigt den Pfad jederzeit wieder an.

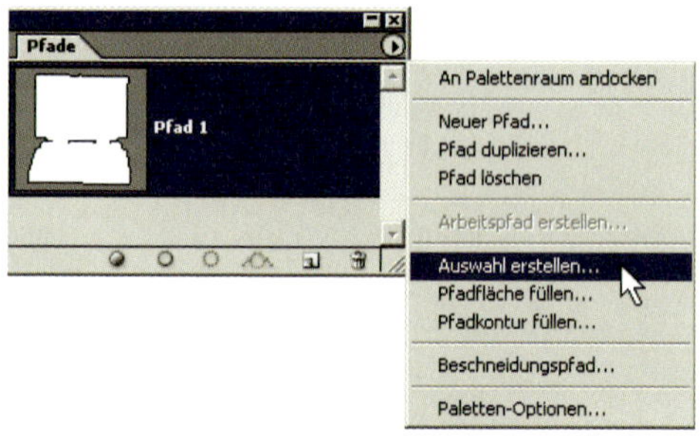

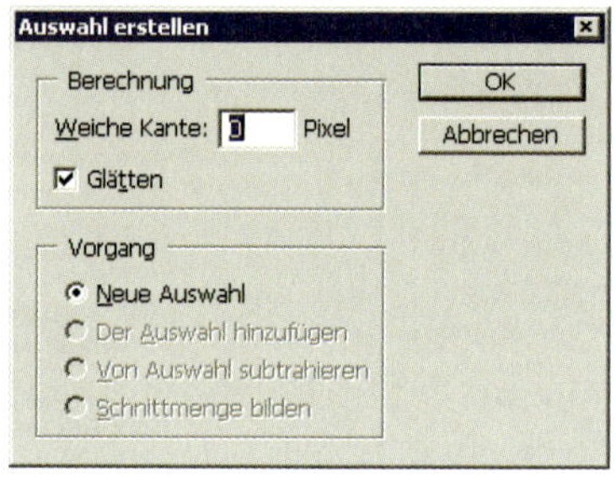

Schritt 16: Die neue Ebene

Der Laptop ist jetzt perfekt ausgewählt, die 1 Fließmarkierung umfasst die Konturen exakt. Sie könnten das Gerät nun ohne Umgebung mit dem Verschieben-Werkzeug in ein anderes Datei-Fenster ziehen, um den Hintergrund zu ändern. Wir gehen aber einen anderen Weg.

Blenden Sie mit der Taste F7 die Ebenen-Palette ein.

Drücken Sie Strg+J. Dadurch heben Sie das Hauptmotiv auf eine neue 2 EBENE 1; dort steht das Gerät ausgeschnitten ohne grauen Studiohintergrund; Sie erkennen das an den 3 Karos in der Bildminiatur, sie kennzeichnen transparente Bereiche.

Die Gesamtansicht der Datei verändert sich nicht, denn die Ebene HINTERGRUND mit dem Gesamtbild bleibt ja sichtbar. Allerdings verschwindet die Auswahllinie.

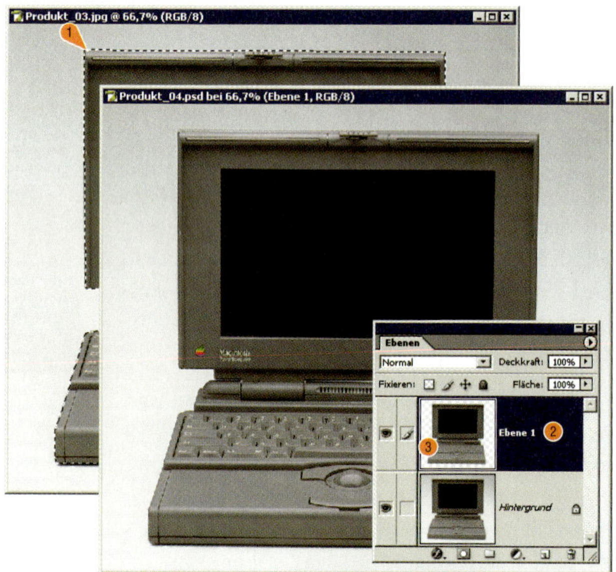

Datei: Produkt_04

Schritt 17: Vorbereitung für den Farbverlauf

Im **Fenster**-Menü klicken Sie auf **Farbe**, so zeigt Photoshop die FARBREGLER-Palette. Mit der Taste [D] richten Sie zunächst Schwarz und Weiß als Vorder- und Hintergrundfarben ein. Aktivieren Sie die (1) Vordergrundfarbe durch einen einzelnen Klick, so dass sie durch ein extra Rähmchen hervorgehoben wird.

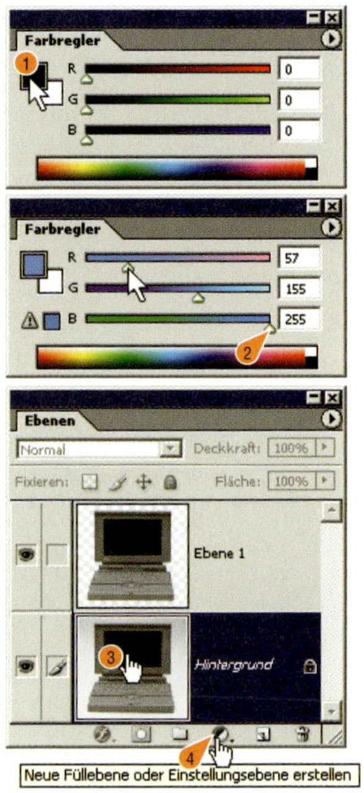

Stellen Sie dann mit den Reglern einen kräftigen Blauton ein: Sie ziehen zunächst den (2) Blauregler ganz nach rechts auf 255, dann mischen Sie Grün und Rot zu. Der folgende Verlauf basiert also auf Blau und Weiß, diese Farben zeigt auch die Werkzeugleiste.

In der Ebenen-Palette klicken Sie einmal unten auf die (3) HINTERGRUND-Ebene, so dass sie aktiviert ist. Der Vorteil: Die jetzt geplante Verlaufsfüllung landet unmittelbar über dieser Ebene – und damit wie gewünscht unterhalb der EBENE 1. Klicken Sie unten in der Palette auf das Symbol (4) NEUE FÜLLEBENE ODER EINSTELLUNGSEBENE, dann gehen Sie auf **Verlauf**.

Schritt 18: Die Verlaufsfüllung

Photoshop tischt jetzt das Dialogfeld VERLAUFSFÜLLUNG auf. Öffnen Sie die Bibliothek für Farbverläufe mit einem Klick auf das (1) Dreieck. Klicken Sie gleich auf die erste Verlaufsvorgabe ganz links, (2) VORDERGRUND-HINTERGRUND. Hier bietet Photoshop einen Blauweißübergang an, weil das die aktuellen Vorder- und Hintergrundfarben sind. Unter dem Laptop erstreckt sich jetzt bereits der Verlauf.

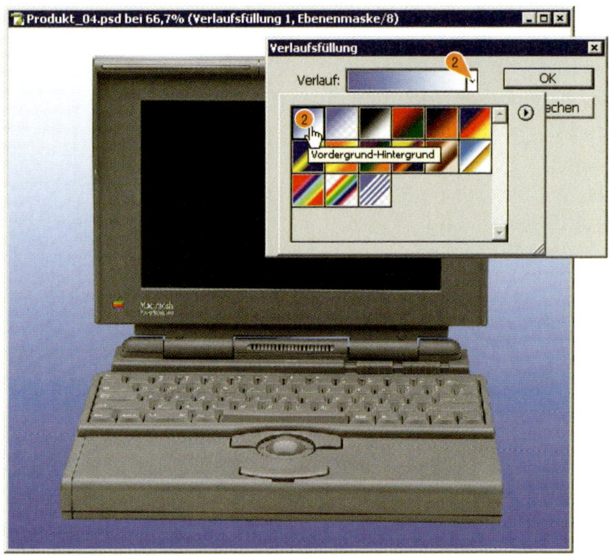

Schritt 19: Richtungsänderung

Schalten Sie im Dialogfeld VERLAUFSFÜLLUNG den Stil GESPIEGELT ein. Damit sehen Sie die Endfarbe Weiß zweimal, Blau erscheint in der Mitte.

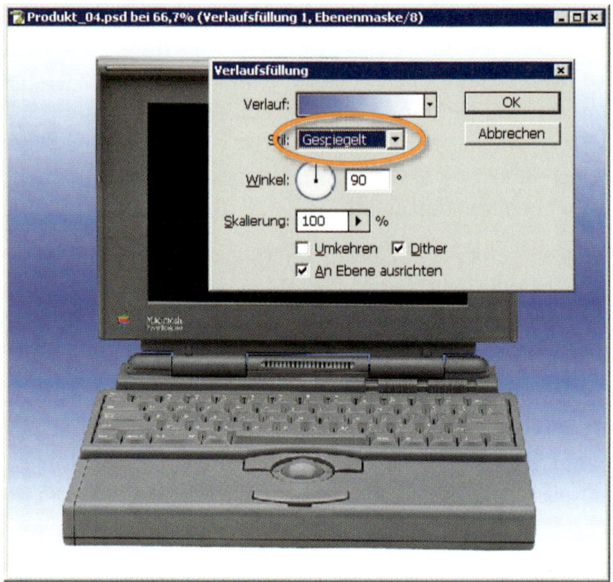

Schritt 20: Eine letzte Korrektur am Verlauf

Wir möchten Weiß in der Mitte haben, Blau an den Bildrändern. Darum klicken wir in der Verlaufsfüllung auf UMKEHREN. Jetzt zeigt der Bildhintergrund in der Mitte Weiß, das nach oben und unten in Blau übergeht. Damit das Weiß nicht genau durch die Bildmitte läuft, sondern eher durch das untere Drittel, ziehen wir den Verlauf noch bei geöffnetem Dialogfeld nach unten.

Wir klicken hier auf OK.

Datei: Produkt_05

Schritt 21: Die neue Ebene »Verlaufsfüllung«

Die Ebenen-Palette zeigt jetzt die neue Ebene (1) VERLAUFSFÜLLUNG 1. Durch Doppelklick auf die Miniatur ändern Sie den Verlauf jederzeit; weitere Anregungen dazu liefert die Übung 28 ab Seite 210.

Der Computer bekommt noch einen Lichthof. Dazu klicken Sie doppelt auf die (2) Miniatur der Ebene 1.

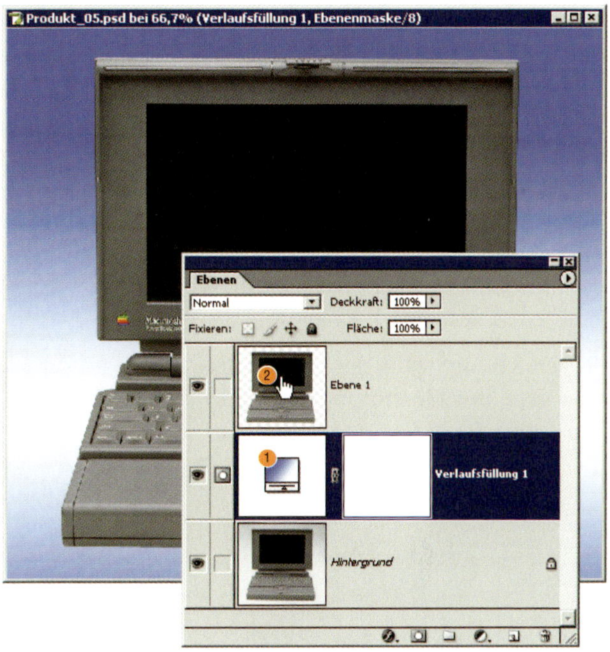

Schritt 22: Der »Schein nach außen«

Der Doppelklick auf die Miniatur öffnet das Dialogfeld EBENENSTIL. Klicken Sie hier auf den Balken (1) SCHEIN NACH AUSSEN (nicht nur auf das Kästchen). Nun gestalten Sie den Lichthof für den Tragbaren.

Das (2) ÜBERFÜLLEN heben wir auf 13 an: So vergrößern Sie den Bereich des Lichthofs, der nicht weich ausklingt, sondern das Gerät voll deckend umgibt. Steigern Sie auch die (3) GRÖSSE bis auf rund 100 Pixel; so dehnt sich der »Schein« ordentlich aus.

Photoshop liefert den Schein zunächst in Gelb, das ändern wir: Klicken Sie auf das (4) Farbfeld. Das ruft den Farbwähler auf den Plan, dort stellen Sie (4) reines Weiß ein.

Klicken Sie im Farbwähler auf OK, danach auch im Dialogfeld EBENENSTIL.

Datei: Produkt_06

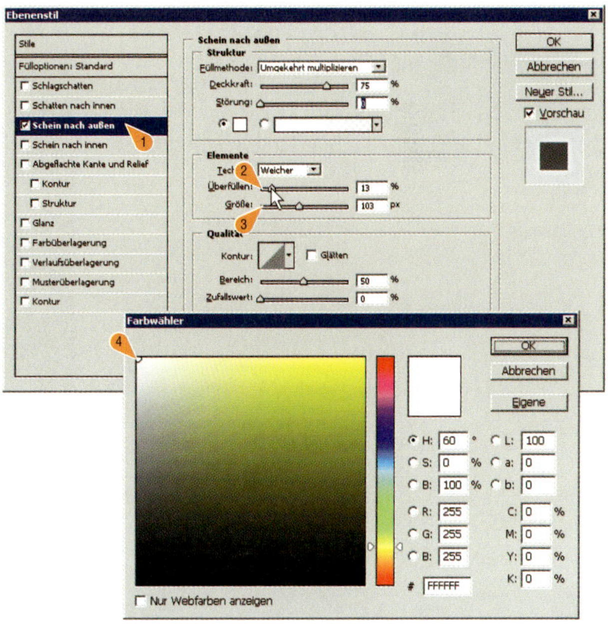

Schritt 23: Das Zwischenergebnis

Die Ebene 1 mit dem freigestellten Laptop zeigt jetzt den Effekte-Balken (1) Schein nach aussen. Mit dem Augensymbol können Sie den Lichthof jederzeit ausblenden.

Wäre es verkaufsfördernd, wenn ein netter Mensch aus dem Bildschirm herausguckt? Wir prüfen es: Schalten Sie den (2) Zauberstab ein, nehmen Sie eine (3) Toleranz von 50 und die Optionen Glätten und Benachbart, die wir schon in Schritt 1 besprochen haben.

Klicken Sie dann (4) in die Mattscheibe. Photoshop fasst den Monitor mit einer schwarzweißen Auswahllinie ein.

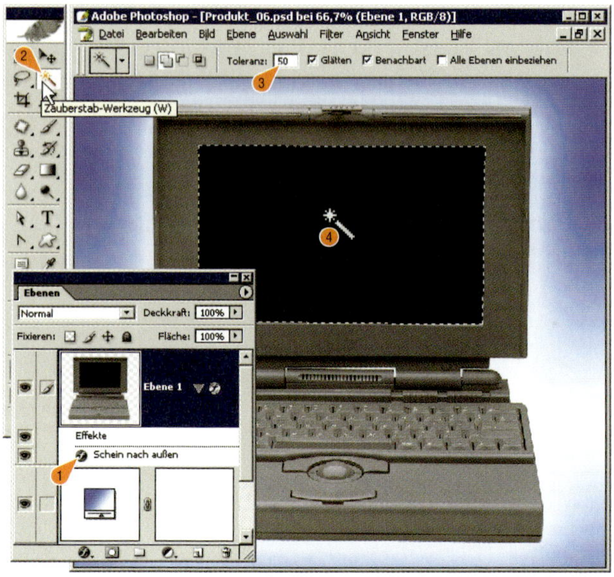

Schritt 24: Das neue Gesicht

Von der Buch-CD holen wir uns die Datei »Alt_09«. Wählen Sie das Gesamtbild mit [Strg]+[A] aus, so dass es von einer schwarzweißen Auswahllinie umgeben ist.

Kopieren Sie das Motiv mit [Strg]+[C] in die Zwischenablage, dann schließen Sie die Datei wieder.

Datei: Alt_09a

Schritt 25: In die Auswahl einfügen

Zurück zum Laptop-Foto. Hier existiert noch die Auswahl der Mattscheibe. Klicken Sie im **Bearbeiten**-Menü auf **In die Auswahl einfügen**.

Photoshop setzt das Porträt jetzt als neue Ebene ins Bild – der Bereich außerhalb der Monitorfläche wird durch eine Ebenenmaske abgedeckt (wir besprechen das Verfahren auch in der Übung 27 ab Seite 203).

Datei: Produkt_07

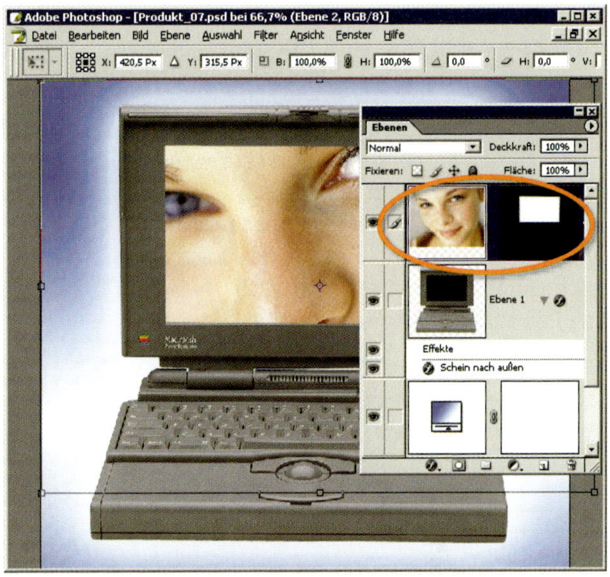

Schritt 26: Transformieren

Das eingefügte Porträt ist zunächst zu groß. Wechseln Sie mit der Taste F zum Vollbildmodus, dann starten Sie den Befehl **Frei transformieren** per Strg+T. Photoshop zeigt jetzt eine Rechteckbox mit Anfasspunkten; dieser Rahmen ragt zunächst über die Bildgrenzen hinaus, weil auch die Porträtdatei in der Breite mehr Bildpunkte hat als unser Produktfoto.

Wichtig: Zuerst klicken Sie oben in den Einstellungen auf (1) SEITENVERHÄLTNIS ERHALTEN; so stellen Sie sicher, dass Sie das Gesicht gleichmäßig verkleinern, ohne das Höhe-Breite-Verhältnis zu verzerren.

Klicken Sie auf den Eckanfasser, dann (2) ziehen Sie nach innen – so schrumpft das Porträt. Klicken Sie in den Rechteckrahmen, dann können Sie das Bild neu platzieren (mehr übers **Transformieren** ab Seite 368).

Passt alles? Per Enter-Taste bestätigen Sie die Änderung endgültig.

Datei: Produkt_08

Schritt 27: Der »Schatten nach innen«

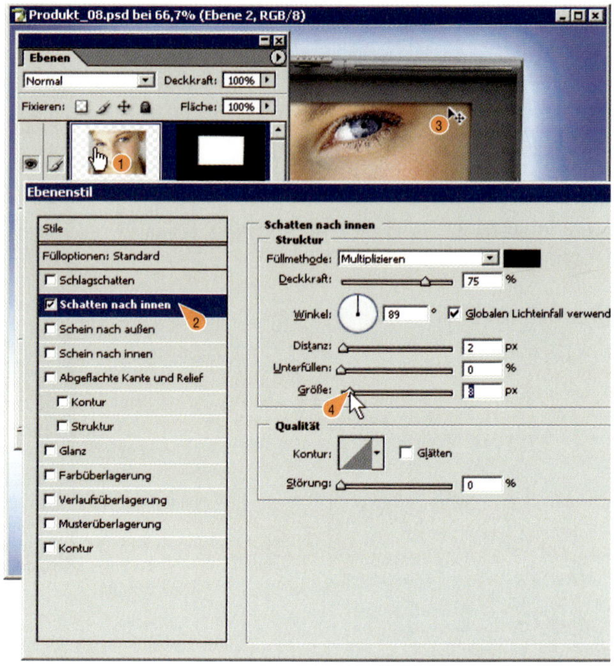

Verlassen Sie den Vollbildmodus aus dem letzten Schritt bei Bedarf, indem Sie noch ein oder zweimal die Taste [F] bearbeiten.

Um dem eingefügten Bild etwas mehr Tiefe zu geben, klicken Sie doppelt auf die (1) Ebenenminiatur der neuen Porträtebene. Im Dialogfeld EBENENSTIL klicken Sie auf den Balken (2) SCHATTEN NACH INNEN (nicht nur auf das Kästchen). Jetzt entsteht ein dünner Schatten zwischen Monitorrahmen und Porträtebene, der plastische Eindruck wird verstärkt.

Bei geöffnetem Dialogfeld (3) ziehen wir den Schatten in die gewünschte Richtung. Die (4) GRÖSSE erhöhen wir leicht auf 8. Klicken Sie auf OK.

Datei: Produkt_09

Schritt 28: Mit dem Freistellwerkzeug zum neuen Seitenverhältnis

eBay und andere Onlinehändler zeigen Produktfotos oft im Seitenverhältnis 4:3. Unsere Datei ist dagegen fast quadratisch – noch.

Wir korrigieren das Seitenverhältnis mit dem (1) Freistellwerkzeug. Diesmal kappt es keinen Bildrand, sondern es baut die Arbeitsfläche noch aus.

Wechseln Sie mit der Taste [F] zum Vollbildmodus oder klicken Sie unter Windows auf die MAXIMIEREN-Schaltfläche oben rechts.

In den Optionen tragen Sie als (2) BREITE »4 cm« und als (3) HÖHE »3 cm« ein. Die (4) AUFLÖSUNG bleibt leer.

Mit diesen Angaben ändert sich die Bildqualität nicht – Sie stellen nur die 4:3-Proportion und die eingespeicherte Druckgröße ein; das Druckmaß ändern Sie aber jederzeit verlustfrei, zum Beispiel per **Datei: Drucken mit Vorschau**, per **Bild: Bildgröße** ohne NEU BERECHNEN oder im Layoutprogramm (Seite 56). Fürs Internet spielt es ohnehin keine Rolle.

Schritt 29: Die erste Auswahl

Klicken Sie mit dem Freistellwerkzeug 1 oberhalb der linken oberen Bildecke. Ziehen Sie den Rahmen so weit es geht bis nach 2 rechts unten. Photoshop erlaubt nur noch das 4:3-Seitenverhältnis, deswegen können Sie den Bildbereich nicht frei festlegen.

Wenn Sie den rechten Bildrand erreicht haben, geht es erst einmal nicht weiter. Sie erhalten einen Bildausschnitt, der mit dem ersten Bildpunkt links oben beginnt und an der Bildkante ganz rechts endet.

Lassen Sie die Maustaste los.

Schritt 30: Erweitern Sie die Arbeitsfläche

Nachdem Sie die Maustaste losgelassen haben, klicken Sie erneut auf den Anfasspunkt rechts unten. Jetzt können Sie ihn über die Bildgrenzen hinausziehen.

Ziehen Sie den Rahmen so weit nach rechts unten, bis die Unterkante des Bildes erreicht ist.

Jetzt könnten Sie bereits auf die [↵]-Taste drücken und so die Arbeitsfläche erweitern. Allerdings würde der Monitor dann ganz links im Bild landen.

Schritt 31: Verschieben Sie den Rahmen

Klicken Sie in den Auswahl-Rahmen hinein. Schieben Sie den Rahmen bei gedrückter Maustaste nach links, bis das Bild genau in der Mitte erscheint. Drücken Sie eventuell die [⇧]-Taste – so erzwingen Sie eine exakt horizontale Bewegung.

Gefällt Ihnen der Bildausschnitt, bestätigen Sie Ihre Auswahl mit der [↵]-Taste.

Schritt 32: Das Ergebnis

Nach dem Freistellen erhalten Sie ein breiteres Bild, exakt im Seitenverhältnis 4:3. Die Verlaufsfüllung dehnt sich automatisch in Bildbereiche aus, die durch die Freistellauswahl neu entstanden sind.

Fertig! Wollen Sie etwas Speicherplatz sparen, ziehen Sie die überflüssige HINTERGRUND-Ebene in den Mülleimer der Ebenen-Palette.

Möchten Sie das Bild an Interessenten oder eBay schicken, verwenden Sie den Befehl **Datei: Speichern unter** mit dem JPEG-Dateiformat. Dabei entsteht eine JPEG-Bilddatei mit einer einzigen HINTERGRUND-Ebene; sie lässt sich mit allen Programmen und Computern problemlos betrachten.

Tipps & Tricks

- Denken Sie schon beim Fotografieren an das spätere Auswählen per Zauberstab: Achten Sie auf einen homogenen Hintergrund, der sich vom Hauptmotiv gut abhebt. Vermeiden Sie Schatten und Unschärfe im Übergang zwischen Hauptmotiv und Hintergrund.
- Deckkraft und Farbe des Maskierungsmodus können Sie einstellen, wie wir auch in Übung 30 ab Seite 228 zeigen; klicken Sie doppelt auf die Schaltfläche MASKIERUNGSMODUS in der Werkzeugleiste.
- Mit der Taste [Ö] wird die Pinselspitze größer, mit [#] kleiner.
- Wie groß zeigt Photoshop die Pfade in der Palette? Öffnen Sie das Palettenmenü mit dem Dreieckschalter und klicken Sie auf **Paletten-Optionen**.
- Klicken Sie in der Pfade-Palette auf das Symbol ARBEITSPFAD AUS AUSWAHL ERSTELLEN, produziert Photoshop sofort einen Arbeitspfad auf Basis der zuletzt verwendeten Toleranz. Klicken Sie das Symbol bei gedrückter [Alt]-Taste an, erhalten Sie das Dialogfeld ARBEITSPFAD ERSTELLEN wie in Schritt 8.
- Wenn Sie einen **Arbeitspfad erstellen**, verschwindet die aktuelle Auswahl. Sie lässt sich nicht mehr ganz exakt aus dem Pfad rekonstruieren, besonders bei hohen TOLERANZ-Werten. Im Zweifelsfall sichern Sie die Auswahl zusätzlich als Alphakanal (**Auswahl: Auswahl speichern**). Ein Alphakanal gibt die aktuelle Auswahl 1:1 wieder.
- Ein neuer Ankerpunkt entsteht nicht nur, wie in Schritt 14, mit dem Kontextmenü, sondern auch mit dem Ankerpunkt-hinzufügen-Werkzeug.
- Vorsicht: Ein Pfad, den Sie gar nicht als BESCHNEIDUNGSPFAD definiert haben, wird von Layoutprogrammen mitunter als Freistellpfad interpretiert; Bildteile außerhalb des Pfads erscheinen also nicht mehr auf der Druckseite. Ziehen Sie den Pfad im Zweifelsfall in den Mülleimer der Pfade-Palette.
- Um einen Pfad schnell in eine Auswahl zu verwandeln, klicken Sie auf das Symbol PFAD ALS AUSWAHL LADEN unten in der Pfade-Palette. Oder klicken Sie bei gedrückter [Strg]-Taste auf die Pfadminiatur in der Palette. Dabei verwendet Photoshop Ihre letzten Einstellungen aus dem Dialogfeld **Auswahl erstellen** (Schritt 15).
- Wenn Sie den SCHEIN NACH AUSSEN einrichten (Schritt 22), experimentieren Sie auch einmal mit STÖRUNG und KONTUR.
- Das Freistellen ab Schritt 29 geht leichter, wenn Sie neben den **Ansicht**-Befehlen **Ausrichten** und **Ausrichten an: Dokumentbegrenzungen** ein Häkchen ✔ setzen.
- Der SCHEIN NACH AUSSEN kann sich innerhalb der Bildgrenzen nicht vollständig ausdehnen; wollen Sie ihn vollständig sehen, wählen Sie **Bild: Alles einblenden**.

Übung 32: Einen Lockenkopf ausschneiden

Möchten Sie einen Strubbelkopf oder Buschwerk ausschneiden und neu montieren? Das schaffen Sie kaum mit Werkzeugen wie Lasso oder Zauberstab: Die Umrisse im Bild sind zu komplex, Hauptmotiv und Umgebung mischen sich fast unauflöslich. Sie wollen Ihre Lieben aber dennoch digital umtopfen? Dann klicken Sie auf Extrahieren – diese Funktion trennt selbst Lockenschöpfe im Gegenlicht sicher heraus.

Auf einen Blick

Sie lernen kennen:	FILTER-Befehl EXTRAHIEREN, Pinsel, Alphakanäle, Ebenen-Palette, Magischer Radiergummi, Protokoll-Funktionen
Aufwand:	mittel bis hoch; zehn bis zwölf Schritte
Siehe auch:	Schnelle Auswahl mit Zauberstab & Maskenretusche, Seite 228 Pinselspitzen & Farbwahl, Seite 365
Übungsdateien:	Extra_01 etc.
Kommentar:	Starke Methode, die auch komplexe bis »unmögliche« Motive montiert.

Schritt 1: Ein neuer Alphakanal

Sie könnten den Umriss, der für die **Extrahieren**-Funktion erforderlich ist, direkt im **Extrahieren**-Dialogfeld malen. Wir legen die Kontur jedoch vorab in einem Alphakanal an. Das bringt handfeste Vorteile: Nur per Alphakanal speichert Photoshop den gemalten Umriss dauerhaft, er steht nach missglückten Versuchen weiter zur Verfügung. Außerdem: Im Alphakanal malen Sie viel bequemer mit dem Pinsel als in einem beengten Dialogfeld.

Blenden Sie also mit dem **Fenster**-Menü die **Kanäle**-Palette ein. Dort klicken Sie bei gedrückter [Alt]-Taste unten auf das Symbol NEUEN KANAL ERSTELLEN. In den KANAL-OPTIONEN nehmen Sie FARBE KENNZEICHNET: AUSGEWÄHLTE BEREICHE.

Nach dem OK-Klick entsteht »Alpha 1« – so heißt der neue so genannte Alphakanal. Sie sehen ihn als weißes Rechteck unten in der Kanäle-Palette. Auch das Bildfenster selbst zeigt nur Weiß: Photoshop blendet das eigentliche Foto erst einmal aus, nur der schneeweiße Alphakanal prangt auf dem Schirm.

Dateien: Extra_01, Extra_02

Schritt 2: Die richtige Darstellung

Blenden Sie das Hauptmotiv wieder ein: Dazu klicken Sie oben in der Kanäle-Palette in das leere Kästchen neben der RGB-Miniatur. Photoshop präsentiert hier die Meldung EIN-/AUSBLENDEN EINES KANALS. Nach dem Klick kommt das Foto auf den Monitor zurück. Die zuvor leeren Kästchen für die RGB-Gesamtansicht und für die Grundfarben Rot, Grün und Blau zeigen das Augensymbol.

Damit haben Sie das Bild zur Orientierung eingeblendet – jedoch wohlgemerkt nicht zur Bearbeitung freigegeben: Herausgehoben in der Kanäle-Palette erscheint weiterhin nur der Alphakanal. Und in der Titelleiste des Bilds lesen Sie »Alpha 1/8«. Will sagen: Sie sehen zwar das Gesamtbild, doch verändern können Sie nur den Alphakanal »Alpha 1« (bei üblicher Acht-Bit-Farbtiefe, deshalb »/8«).

Schritt 3: Ziehen Sie die Kontur nach

Schalten Sie mit der Kurztaste [B] (für Brush) den Pinsel ein. Klicken Sie mit rechts ins Bild und nehmen Sie im Pinselspitzendialog eine kleine runde Spitze – zum Beispiel 20 Pixel breit. Wichtig: 100 Prozent KANTENSCHÄRFE. Falls erforderlich, richten Sie mit der Taste [D] noch Schwarz als Vordergrundfarbe ein – beachten Sie die Darstellung unten in der Werkzeugleiste (alles über Pinsel und Farbwahl ab Seite 365).

Malen Sie über den Umriss des Hauptmotivs. Der Strich erscheint rot im Bild. Sie verändern hier wohlgemerkt nicht das Foto selbst. Lediglich der Alphakanal nimmt die Farbe auf und die wird zurzeit über das Foto geblendet. Sie erkennen den Umriss auch Schwarz auf Weiß in der Miniatur »Alpha 1« unten in der Kanäle-Palette.

Datei: Extra_03

Schritt 4: So wird der Umriss perfekt

Malen Sie über klar abgegrenzte Bereiche nur eine sehr dünne Linie. Das gilt zum Beispiel für die Ohren des Pferds: Hier kontrastiert der äußere Lichtsaum mit dem dunklen Fell einerseits und mit dem grünen Hintergrund andererseits: Breite Striche in diesem Bereich irritieren Photoshop, das Programm erkennt den freizustellenden Bereich nicht; übermalen Sie nur Lichtsaum plus Hintergrund. Mit [#] und [Ö] ändern Sie schnell die Pinselgröße.

Diffuse Bereiche und Lockenwirrwarr übertünchen Sie komplett. Haben Sie zu viel Farbe aufgetragen, wechseln Sie mit der Taste [X] zurück zu weißer Vordergrundfarbe – damit tilgen Sie überflüssige Farbe. Wo das Hauptmotiv an den Bildrand angrenzt, brauchen Sie keine Linie. Das heißt für unser Motiv: Links und unten müssen Sie keine Spuren hinterlassen.

Wichtig insgesamt: Präzise Arbeit! Zoomen Sie in die Details hinein (Seite 362). Wollen Sie das Bild zwischenspeichern, verwenden Sie die Dateiformate Tiff oder Photoshop – nur die nehmen auch Alphakanäle auf.

Schritt 5: Wechsel zur normalen Bildbearbeitung

Passt die Kontur? Dann klicken Sie zunächst oben in der Kanäle-Palette auf das ① RGB-Miniaturbild: Nun arbeiten Sie wieder am Bild selbst und nicht am Alphakanal. Die rötliche Kontur sehen Sie aber noch immer. Weg damit: Klicken Sie in der Palette neben »Alpha 1« auf das Augensymbol; das ② Kästchen dort ist dann leer. So verstecken Sie den Kanal komplett. Jetzt sollten Palette und Bildfenster an Ihrem Monitor so aussehen wie hier abgebildet.

Schritt 6: Das Dialogfeld »Extrahieren«

Öffnen Sie das **Filter**-Menü und klicken Sie auf **Extrahieren**. ① Im Dialogfeld geben Sie nun zuerst den Kanal »Alpha 1« an. ② Danach zeigt Photoshop den Umriss aus dem Alphakanal als giftgrüne Linie. Die Kontur lässt sich noch korrigieren: ③ Per Kantenmarker dehnen Sie den Strich aus, ④ das Radiergummi verkleinert die Linie. ⑤ Passen Sie die Pinselgröße genau an.

Schritt 7: Feinarbeiten im »Extrahieren«-Dialog

Die Kontur sitzt, passt, wackelt und hat Luft? Klicken Sie auf das Füllwerkzeug und dann ins Innere der Auswahl – Photoshop überdeckt Ihr Hauptmotiv bläulich. Danach verpassen Sie der VORSCHAU-Schaltfläche einen Klick – Photoshop zeigt das Hauptmotiv freigestellt vor kariertem Hintergrund. Nutzen Sie die eingebaute Lupe, oder zoomen Sie auch hier besonders zügig mit üblichen Kurztasten wie [Strg]+[+] (Seite 362).

Falls Sie jetzt noch überflüssigen Hintergrund sehen – das Werkzeug BEREINIGEN entfernt verbliebene Spuren. Nutzen Sie den Kantenverfeinerer, um Konturen in diffusen Bereichen herauszuarbeiten.

Schritt 8: Das Ergebnis – vorerst

Klicken Sie im **Extrahieren**-Dialog auf OK: Das Bildfenster zeigt nun Ihr Hauptmotiv ausgeschnitten vor kariertem Hintergrund. Achtung – bevor Sie Ihr Hauptmotiv in eine neue Umgebung ziehen, prüfen Sie, ob es noch Korrekturen braucht. Ausbesserungen fallen hier im Bildfenster sogar leichter als im Dialogfeld; später allerdings geht gar nichts mehr.

Wollen Sie Ihren Darsteller jedoch sofort verpflanzen und nichts mehr verfeinern, springen Sie sofort zu »Schritt 11: Der neue Hintergrund«.

Datei: Extra_04

Schritt 9: Stopfen Sie Löcher

Der **Extrahieren**-Befehl tilgt mitunter zu viel vom Hauptmotiv, das Ergebnis zeigt Lücken. Doch Photoshop stellt die vermissten Originalbildpunkte brav wieder her. Dazu rufen Sie über das **Fenster**-Menü die **Protokoll**-Palette auf. Sie zeigt, dass EXTRAHIEREN Ihr letzter Befehl war.

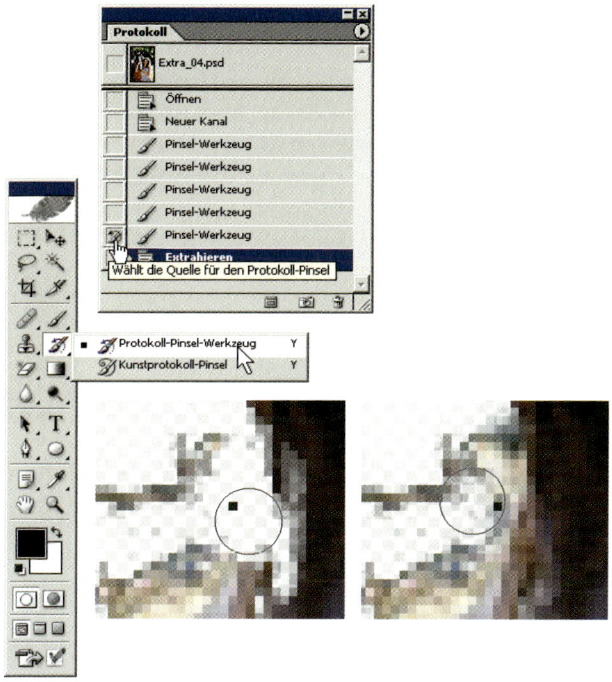

Die Arbeitsschritte davor heißen PINSELWERKZEUG – Sie hatten mit dem Pinsel den Umriss in den Alphakanal gestrichelt.

Klicken Sie neben dem Arbeitsschritt PINSELWERKZEUG in das leere Kästchen mit der Einblenderklärung WÄHLT DIE QUELLE FÜR DEN PROTOKOLLPINSEL. Dort erscheint das Symbol für den Protokollpinsel. Der Schritt EXTRAHIEREN bleibt aber in der Protokoll-Palette weiter blau hervorgehoben.

Nun rekonstruieren Sie den Urzustand nach Maß: Schalten Sie den Protokollpinsel in der Werkzeugleiste ein. Malen Sie an den löchrigen Stellen in Ihrem ausgeschnittenen Bild – sie werden mit den Originalbildpunkten gefüllt.

Schritt 10: Überflüssige Randbereiche verschwinden

An einigen Haarsträhnen klebt noch überflüssiger Hintergrund. Doch diese Altlast verschwindet zügig: Schalten Sie in der Werkzeugleiste den Radiergummi, den Magischen Radiergummi oder den Hintergrund-Radiergummi ein und rubbeln Sie die verbliebene Umgebung einfach weg.

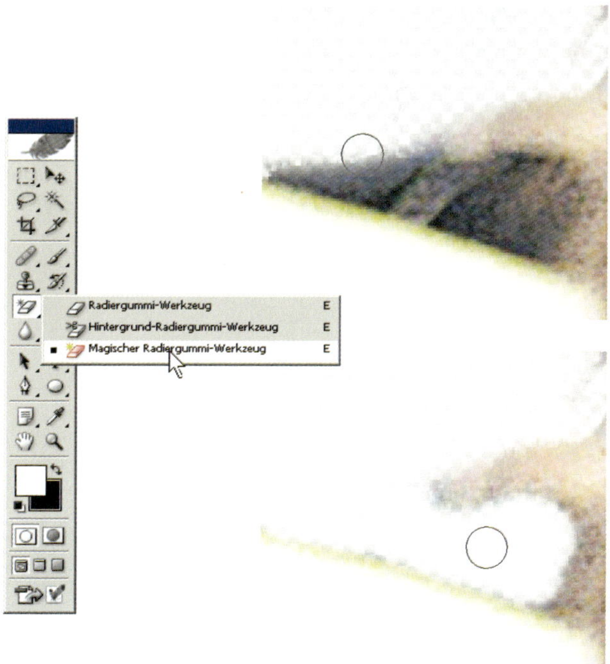

Alternatives Verfahren: Wählen Sie den unerwünschten Bereich mit dem Lasso aus, dabei ist das GLÄTTEN eingeschaltet; die [Entf]-Taste entsorgt den Auswahlinhalt.

Schritt 11: Der neue Hintergrund

Laden Sie ein weiteres Bild, dann ziehen Sie das freigestellte Motiv mit dem Verschieben-Werkzeug ins neue Dateifenster und platzieren es nach Wunsch. Rufen Sie die Ebenen-Palette mit F7 auf, dort erscheint die montierte Darstellerin als neue »Ebene 1«. Passen Sie bei Bedarf die Größe durch TRANSFORMIEREN an (Strg+T, Seite 368).

Dateien: Extra_05, Extra_06

Tipps & Tricks

- Bei manchen Motiven kann man den rötlich deckenden Alphakanal schlecht erkennen. Ändern Sie dann Farbe und Deckkraft des eingeblendeten Alphakanals; dazu klicken Sie doppelt auf die Alphakanalminiatur in der Kanäle-Palette.
- Die Größe der Miniaturen steuern Sie in den **Paletten-Optionen**, erreichbar über den Dreieckschalter im Palettenmenü.
- Wie groß zeigt Photoshop die Miniaturen in der Ebenen-Palette? Öffnen Sie das Palettenmenü mit dem Dreieckschalter und klicken Sie auf **Paletten-Optionen**.

Übung 33: Weiche Überblendung

Ein Bild allein ist langweilig – mischen Sie Ihre Motive in stimmungsvollen Überblendungen. In diesem Workshop legen wir die Montage flexibel an: Sie können das Hauptmotiv jederzeit verschieben oder andere Bildpartien betonen. Alle Bildteile bleiben komplett erhalten und lassen sich immer neu überblenden.

Auf einen Blick

Sie lernen kennen:	Pinsel, Werkzeugspitzen, Verlaufswerkzeug, Ebenenmasken
Aufwand:	mittel; fünf Schritte
Siehe auch:	Einen Lockenkopf ausschneiden, Seite 256 Doppelgänger-Porträt, Seite 274 Pinselspitzen & Farbwahl, Seite 365 Transformieren, Seite 368
Übungsdateien:	Blende_01 etc.
Kommentar:	Sie blenden zwei oder mehr Bilder schnell und flexibel ineinander.

Schritt 1: Die neue Ebene

Sie laden das Porträt »Blende_01« und wählen das Gesamtbild mit Strg+A aus (am Mac ⌘-Taste+A); Photoshop umgibt das Bild mit einer schwarzweiß schillernden Auswahlmarkierung. Nun kopieren Sie das Foto mit Strg+C in die Zwischenablage, bevor Sie es schon wieder schließen.

Jetzt öffnen Sie das Wolkenmotiv »Blende_02«. Mit dem Tastendruck Strg+V fügen Sie das Porträt ein. Das Gesicht überdeckt den Himmel vollständig.

Suchen Sie im **Fenster**-Menü nach der **Ebenen**-Palette – Sie zeigt, dass die neue »Ebene 1« mit dem Porträt über dem Wolkenbild liegt.

Dateien: Blende_01, Blende_02, Blende_03

Schritt 2: Legen Sie die Ebenenmaske an

Teile des Porträts wollen wir per Ebenenmaske ausblenden. Klicken Sie unten in der Ebenen-Palette auf das Symbol EBENENMASKE HINZUFÜGEN . Die Bildwirkung ändert sich nicht. Doch in der Ebenen-Palette sehen Sie eine weiße Miniatur neben dem Porträt der »Ebene 1«. Photoshop hat die Ebenenmaske zunächst mit Weiß gefüllt – deswegen ist das Porträt komplett sichtbar.

Diese neue Ebenenmaske ist sofort für die weitere Bearbeitung aktiviert: Sie erkennen das ① am Hinweis EBENENMASKE in der Titelzeile des Bilds; ② die Ebenen-Palette zeigt das Maskensymbol neben der Porträt-»Ebene 1«. In den folgenden Schritten bearbeiten Sie also sofort die Maske und nicht etwa das Bild selbst.

Datei: Blende_04

Schritt 3: Bereiten Sie das Verlaufswerkzeug vor

Um Teile des Porträts weich auszublenden, brauchen Sie in der Ebenenmaske einen Verlauf von Weiß über Grau bis Schwarz. Die Maske ist ja noch aktiviert und wird jetzt bearbeitet. 1 Für einen stufenlosen Übergang schalten wir das Verlaufswerkzeug ein. Sie brauchen Weiß als Vorder- und Schwarz als Hintergrundfarbe. 2 Photoshop richtet diese Farben automatisch ein, wenn – wie hier – die Ebenenmaske aktiv ist.

3 In den Werkzeugeinstellungen bietet Photoshop unterschiedliche Verläufe an; meist müssen Sie diese Übersicht gar nicht öffnen, weil der erste Verlauf VORDERGRUND-HINTERGRUND genau für unser Projekt passt. Er erzeugt hier einen Übergang von Weiß nach Schwarz, denn das sind die aktuellen Vorder- und Hintergrundfarben. 4 Schalten Sie den kreisförmigen RADIALVERLAUF ein.

Schritt 4: So entsteht der Verlauf

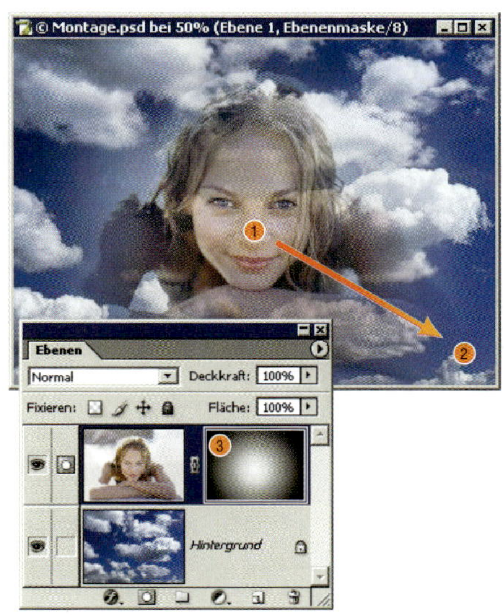

Klicken Sie auf die Nasenspitze 1 des Modells und ziehen Sie das Verlaufswerkzeug bei gedrückter linker Maustaste bis in eine untere Bildecke 2. Danach erscheint nur noch das Zentrum des Porträts halbwegs markant im Bild. Nach außen setzen sich zunehmend die Wolken durch.

Gucken Sie sich die 3 Ebenenmaske in der Palette an: Die Maske ist innen weiß – dort setzt sich das Porträt voll durch. Nach außen wird die Maske jedoch immer dunkler; darum blendet Photoshop die Porträtebene zunehmend aus, die Wolken setzen sich allmählich durch.

Datei: Blende_05

Schritt 5: Maskenretusche mit dem Pinsel

Wir verfeinern den Ebenen-Mix und schalten in der Werkzeugleiste den Pinsel ein. Nach einem Rechtsklick ins Bild nehmen Sie eine große, runde Pinselspitze mit weicher Kante, also null Prozent KANTENSCHÄRFE: zum Beispiel RUND WEICH 200 PIXEL.

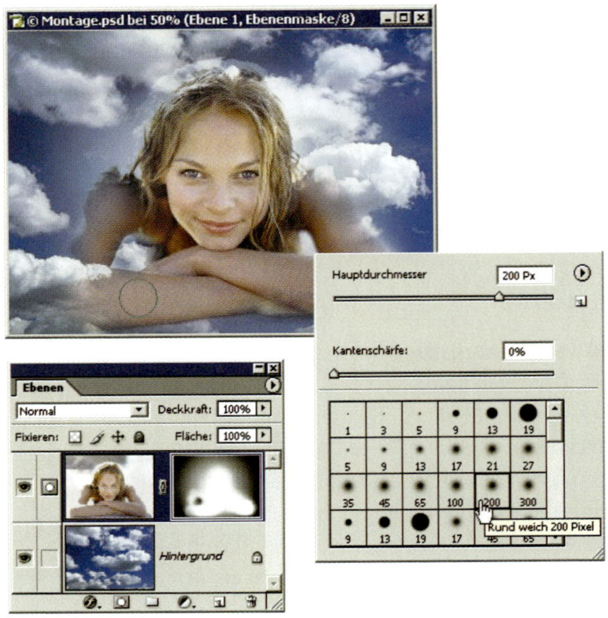

Wohlgemerkt: Noch immer ist die Ebenenmaske aktiviert und die Werkzeugleiste zeigt Weiß als Vordergrundfarbe an. Stimmt das so bei Ihnen? Dann beginnen Sie mit der Retusche in der Bildmitte und arbeiten Sie sich nach außen vor. Die weich ausklingende Pinselspitze sorgt für sanfte Übergänge. Die Unterarme holen wir mit erhöhter KANTENSCHÄRFE komplett in den Vordergrund.

Wollen Sie wieder Wolken nach vorn holen, wechseln Sie mit der Taste X zu schwarzer Vordergrundfarbe. Experimentieren Sie auch mit wechselnder Deckkraft (Details zu Pinseln und Farbwahl ab Seite 365). Jetzt haben Sie eine weiche Überblendung nach Maß.

Datei: Blende_06

Tipps & Tricks

- Falls das eingefügte Bild zu groß ist, verkleinern Sie es mit der Transformieren-Funktion (Strg+T, Seite 368). Das erledigen Sie am besten, bevor Sie die Ebenenmaske bearbeiten.
- Lassen Sie bei Bedarf Bildteile außerhalb des sichtbaren Bereichs; die ziehen Sie später mit dem Verschieben-Werkzeug zurück ins Geschehen. Speichern Sie dazu im Photoshop-PSD-Dateiformat, damit die Außenstände auch wirklich nicht verloren gehen.
- Statt mit der Ebenenmaske können Sie auch mit dem Radiergummi arbeiten: Legen Sie das Porträt über die Wolken, dann rubbeln Sie überflüssige Partien mit dem Radierer ein für allemal weg.
- Gefällt Ihnen der erste Verlauf nicht, setzen Sie das Verlaufswerkzeug sofort ein zweites Mal an – Sie müssen den Schritt nicht erst widerrufen oder die Ebenenmaske leerlöschen.
- Soll der Übergang nicht von innen nach außen, sondern von links nach rechts oder von oben nach unten gehen, dann nutzen Sie die Vorgabe LINEARER VERLAUF.
- Sie können das Hauptmotiv anders im Bild platzieren: Klicken Sie in der Palette zunächst auf die Bildminiatur »Ebene 1«; so bearbeiten Sie nicht länger die Maske, sondern die Ebene selbst. Schalten Sie das Verschieben-Werkzeug ein, dann ziehen Sie das Porträt über die Bildfläche; die Maske wandert dabei mit.

Übung 34: Ein Panorama montieren

Landschaften und Horizonte ohne Ende: Setzen Sie Bildreihen zu eindrucksvollen Fotopanoramen zusammen. Die Einzelbilder müssen nicht einmal nahtlos aneinander passen – Photoshop verschmilzt auch uneinheitliche Aufnahmen zu eindrucksvollen Breitwandansichten.

Auf einen Blick

Sie lernen kennen:	**Photomerge**-Befehl; Ebenenmasken retuschieren
Aufwand:	mittel; höchstens zehn Schritte
Siehe auch:	Horizont geraderücken mit Messwerkzeug, Seite 46 Seitenverhältnis und Größencheck für Fotodruckdienst, Seite 56 Gesichtsretusche, Seite 185 Weiche Überblendung, Seite 263 Doppelgänger-Porträt, Seite 274 Große Datenmengen verarbeiten, Seite 358 Schnell & präzise zoomen, Seite 362 Pinselspitzen & Farbwahl, Seite 365 Transformieren, Seite 368
Übungsdateien:	Panorama_01a etc.
Kommentar:	Setzen Sie auch ungleichmäßige Bildserien zu nahtlosen Panoramen zusammen.

Schritt 1: Bilder sammeln

Für dieses Panorama öffnen wir die vier Bilder »Panorama_01a« bis »Panorama_01d« in Photoshop: Ein Strand wurde hier in vier Abschnitten fotografiert. Wir testen die Panoramafunktion zunächst in einer schnellen und danach in einer aufwändigen Variante.

Sie wählen **Datei: Automatisieren: Photomerge**. Photoshop bietet im ersten Dialogfeld die vier geöffneten Dateien an. Sie könnten einzelne Dateien markieren und ENTFERNEN oder nach einer Änderung im Klappmenü VERWENDEN andere Dateien dazunehmen. Photoshop soll auf jeden Fall VERSUCHEN, QUELLBILDER AUTOMATISCH ANZUORDNEN. Klicken Sie auf OK.

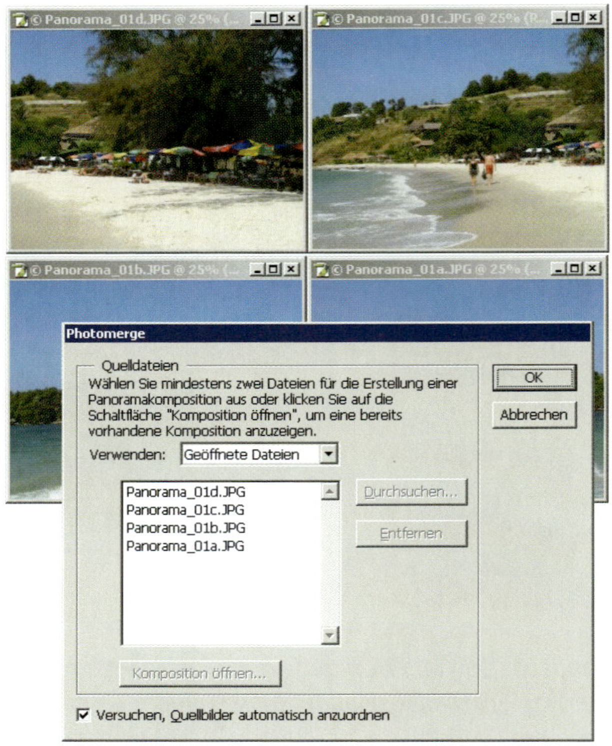

Schritt 2: Orientierung im Dialogfeld

1 Photoshop empfängt Sie mit einer ernüchternden Nachricht: NICHT ALLE BILDER KONNTEN AUTOMATISCH ZU EINEM PANORAMA ANGEORDNET WERDEN. Ein OK-Klick in dieser Meldung zeigt die Bescherung: Die drei ersten Aufnahmen fügt das Programm halbwegs ordentlich zusammen, doch für die Datei »Panorama_01d« findet Photoshop offenbar keine Anschlusspunkte. Deshalb landet dieses Bild in der 2 Ablagefläche über der Vorschau.

Hat Photoshop sonst gut gearbeitet? Zoomen Sie in die bereits vorhandenen Übergänge hinein. 3 Verwenden Sie Lupe und Hand, nehmen Sie Lupe und Alt-Taste für Verkleinerungen. Schneller noch wechseln Sie Zoomstufe und Bildausschnitt mit dem 4 Navigator, der genauso funktioniert wie die **Navigator**-Palette aus Photoshops **Fenster**-Menü. Besonders flott zoomen Sie mit üblichen Tastengriffen Strg+Leertaste (alles Wichtige zum Zoomen ab Seite 362).

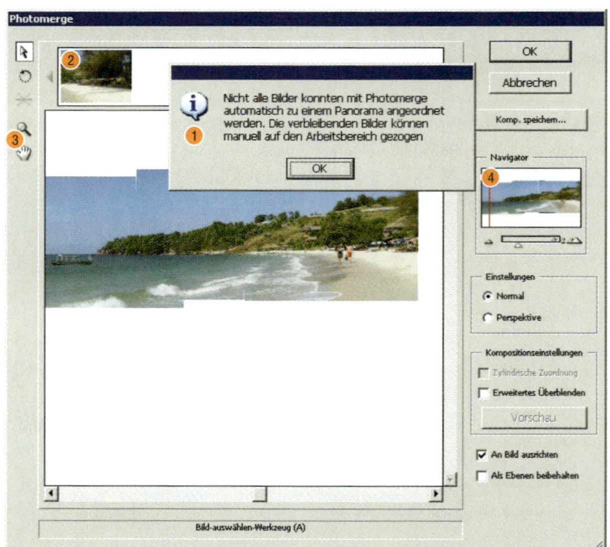

Schritt 3: Bildteile anbauen

1 Nutzen Sie die Option AN BILD AUSRICHTEN. Damit rasten die Motive automatisch passend ein. 2 Nehmen Sie das Bild-auswählen-Werkzeug und 3 ziehen Sie das Einzelfoto von der Ablagefläche an den rechten Rand der Hauptmontage.

Bewegen Sie das Bild bei gedrückter Maustaste, bis es gut sitzt. Sobald Sie die Maustaste loslassen, schnappt es mit ordentlicher Überlappung ein. Sieht doch gar nicht übel aus.

4 Das aktive Einzelbild zeigt nun einen roten Rahmen. Falls nötig, verschieben Sie es mit dem Bild-auswählen-Werkzeug oder in Trippelschritten per Pfeiltaste. Schalten Sie AN BILD AUSRICHTEN eventuell aus, wenn das Bild an den falschen Stellen andocken will.

Klicken Sie bei Bedarf andere Bilder an, die Sie verschieben oder mit dem Werkzeug BILD DREHEN rotieren lassen. Klicken Sie auf OK.

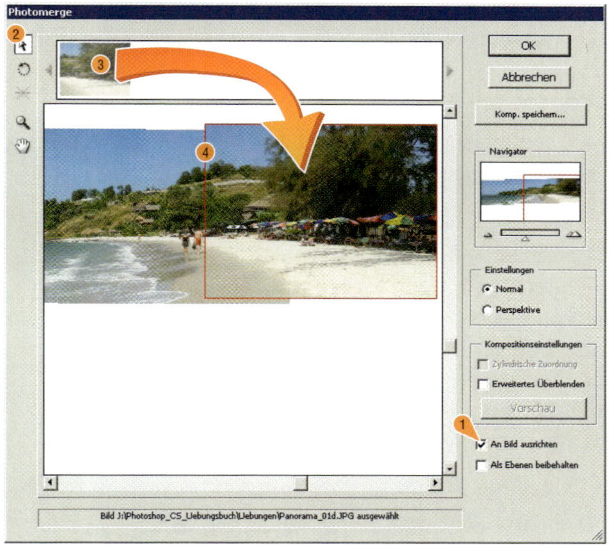

Schritt 4: Ein erstes Ergebnis

Photoshop liefert das Panorama in einer neuen Datei »Unbenannt-1« ab. Die Einzelbilder sind verschmolzen.

Das Ergebnis überzeugt nicht. Der Versatz am oberen und unteren Bildrand stört weniger, den kann man schnell wegschneiden oder retuschieren (siehe unten). Aber die Überblendung der Wellen hat nicht geklappt und selbst im blauen Himmel liefert Photoshop störende diagonale Nähte.

Sie könnten es nun erneut probieren und im **Photomerge**-Dialog ERWEITERTES ÜBERBLENDEN anklicken. Dabei erzeugt Photoshop in diffusen Partien viel breitere, weniger auffällige Übergänge; in stark detailreichen Zonen bleibt der Übergang weiterhin nur wenige Pixel breit. Die Option hilft hier für unser Motiv jedoch kaum weiter.

Datei: Panorama_02

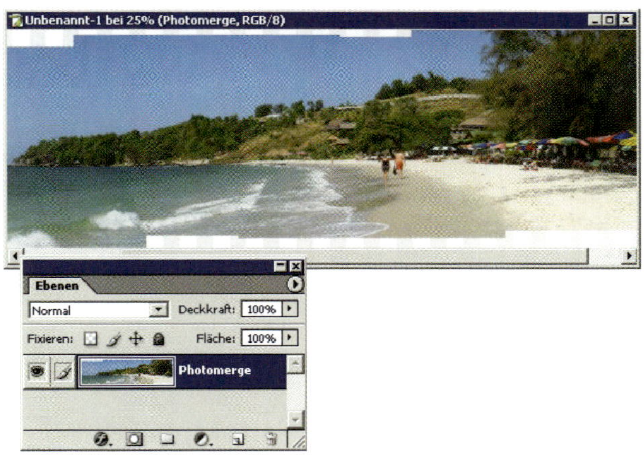

Schritt 5: Behalten Sie Ebenen bei

Wir legen nun ein Panorama mit Einzelebenen an. Das Verfahren lässt Ihnen viele Korrekturmöglichkeiten. Wir verzichten einstweilen auf das vierte Bild »Panorama_01d« und laden die Vorlagen a bis c wie in Schritt 1 beschrieben in den **Photomerge**-Dialog.

Rücken Sie Einzelbilder bei Bedarf mit dem Bild-auswählen-Werkzeug oder per Pfeiltaste zurecht. 1 Nach einer solchen Anpassung klicken Sie auf KOMP. SPEICHERN. So sichern Sie die Namen und Positionen der Einzelbilder; beim nächsten **Photomerge**-Aufruf markieren und ENTFERNEN Sie zunächst die angezeigten Dateien, dann klicken Sie dort auf KOMPOSITION ÖFFNEN.

Besonders wichtig für unser Panorama: 2 Verwenden Sie diesmal die Einstellung ALS EBENEN BEIBEHALTEN. Dann klicken Sie auf OK.

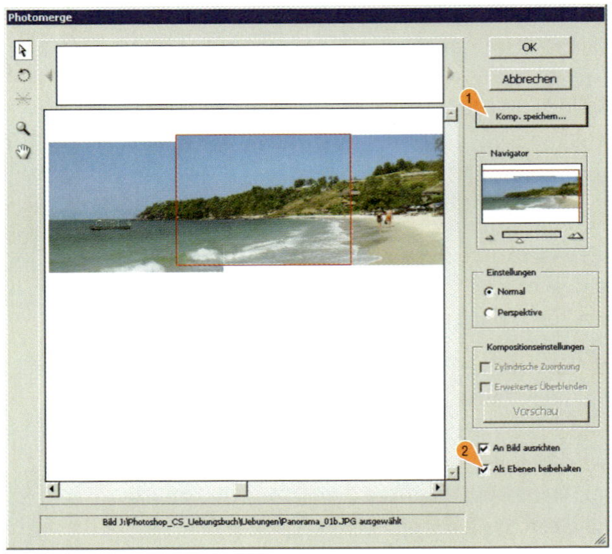

Schritt 6: Die Arbeit mit Einzelebenen

In der neuen Panorama-Datei verschmelzen die Bildränder gar nicht – Sie sehen harte senkrechte Grenzen. Die Ebenen-Palette F7 zeigt, dass die Fotos als separate Ebenen übereinander liegen.

Verhindern Sie, dass Sie die mühsam platzierten Panorama-Segmente noch aus Versehen mit dem Verschieben-Werkzeug bewegen: Klicken Sie eine Einzelebene in der Palette an; 1 danach klicken Sie oben in der Palette auf das Symbol POSITION FIXIEREN. 2 Ein Vorhängeschloss signalisiert nun, dass man die Ebene nicht mehr bewegen kann. Ebenso nageln Sie die zwei weiteren Ebenen fest.

Die harten Kanten werden in Schritt 7 mit Ebenenmasken vermischt. Klicken Sie die mittlere Ebene in der Palette an, 3 dann klicken Sie auf EBENENMASKE HINZUFÜGEN. 4 Die Ebenenmaske erscheint als weißer Kasten neben der Ebenenminiatur. Auch der oberen Ebene spendieren Sie eine Ebenenmaske.

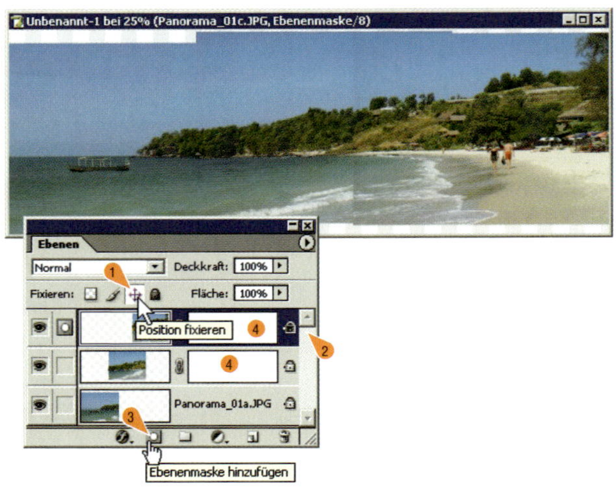

Datei: Panorama_03

Schritt 7: Übergänge per Ebenenmaske

Zuerst ist die oberste Ebenenmaske aktiviert. Sie sehen also den Hinweis (1) EBENENMASKE in der Titelleiste und das (2) Maskensymbol neben der Ebene. Wenn nicht, klicken Sie die obere Maskenminiatur an. In der Werkzeugleiste schalten Sie den (3) Pinsel und dann (4) schwarze Vordergrundfarbe ein; nach einem Rechtsklick ins Bild nehmen Sie eine größere, weiche Pinselspitze (Seite 365).

Malen Sie schwarz über den linken Rand dieser Ebene; Photoshop blendet die Ebene aus, es entsteht ein unauffälliger Übergang zur Ebene darunter. Sie erkennen den retuschierten, jetzt schwarzen (5) Streifen in der Ebenenmaske.

Klicken Sie dann die (6) Maske der mittleren Ebene an und mischen Sie auch deren Bildteil ein. Haben Sie zu viel Schwarz aufgetragen, steuern Sie mit Weiß (Kurztaste X) dagegen.

Datei: Panorama_04

Schritt 8: Lücken schließen

Passen alle Ebenenmasken? Klicken Sie in der Palette erst auf die oberste Ebene, dann auf (1) NEUE EBENE ERSTELLEN; so entsteht ganz oben die neue »Ebene 1« für weitere Korrekturpixel. (2) Schalten Sie den Kopierstempel ein; nach einem Rechtsklick ins Bild wählen Sie eine weiche Pinselspitze. Der Kopierstempel soll nun Farbe aus mehreren Panoramaebenen in die leere »Ebene 1« tünchen; (3) darum aktivieren Sie ALLE EBENEN EINBEZIEHEN.

Bei gedrückter Alt-Taste klicken Sie rechts von der Lücke in den Himmel. Photoshop zeigt ein Fadenkreuz ⊕; Sie haben damit den Kopierursprung bestimmt. (4) Malen Sie über den leeren Bereich; Photoshop legt Bildpunkte aus dem gewählten, intakten Bereich über die Lücke. (5) Den Kopierursprung kennzeichnet Photoshop durch ein Kreuz +. Setzen Sie den Ursprung immer wieder neu per Alt-Klick, bis der Himmel überall den Bildrand erreicht.

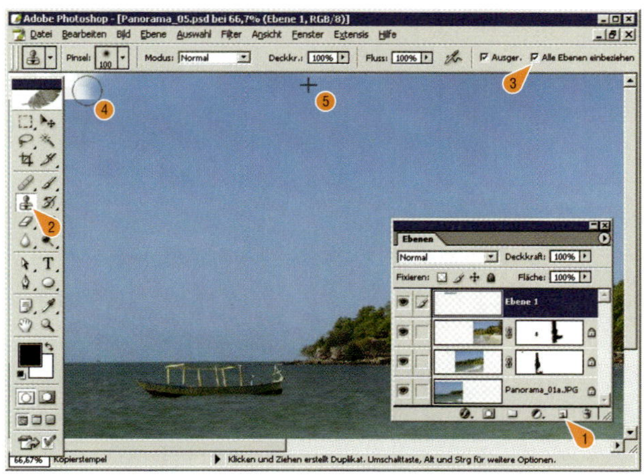

Datei: Panorama_05

Schritt 9: Bildteile verdoppeln

1 Die Lücken im unteren Bildbereich füllen Sie ebenfalls mit dem Kopierstempel auf. Bearbeiten Sie wieder »Ebene 1«.

Wo der Schaumkranz auf den Sand trifft, gehen wir anders vor: Schalten Sie das Lasso ein und nehmen Sie vier Pixel Weiche Kante. 2 Rahmen Sie ein brauchbares Strandstück ein.

Denken Sie vor dem Duplizieren an Folgendes: Die gewählte Bildpartie könnte technisch auf zwei Ebenen liegen, auch wenn der Übergang nicht zu sehen ist. Einfaches Kopieren erfasst den Bildbereich dann nicht komplett. Die Lösung: Wählen Sie **Bearbeiten: Auf eine Ebene reduziert kopieren**. So kopieren Sie den kompletten sichtbaren Bildausschnitt, auch wenn sich dort mehrere Ebenen mischen.

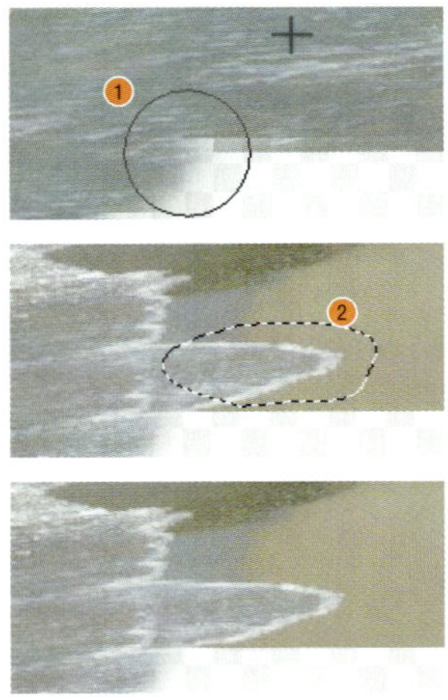

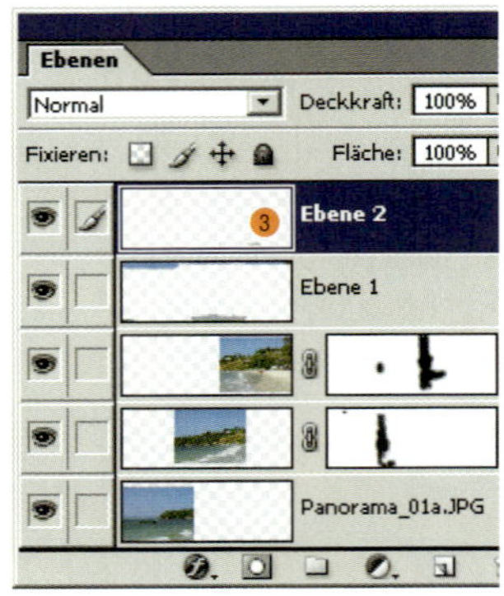

Mit Strg+V fügen Sie den Strandschnipsel wieder ein. 3 Er taucht als neue »Ebene 2« auf, verändert das Bild aber zunächst kaum.

Schritt 10: Passen Sie das Duplikat an die Umgebung an

Mit der Taste V schalten Sie das Verschieben-Werkzeug ein und 1 bewegen die neue »Ebene 2« nach unten. Die Lasso-Auswahl aus Schritt 9 war nicht optimal - Sand überdeckt den Bereich, der Wasser braucht. Kein Problem: Schalten Sie zum Radiergummi, 2 dann rubbeln Sie überschüssige Pixel einfach weg.

Auch die Größe des »Flickens« passt nicht. Wechseln Sie zum Verschieben-Werkzeug, dann starten Sie mit Strg+T das Transformieren (Details auf Seite 368). 3 Ziehen Sie bei gedrückter ⇧-Taste, bis sich der Wellenkranz optimal einfügt.

Feilen Sie weitere störende Randpixel mit dem Radiergummi weg, 4 dann füllen Sie die restlichen Lücken mit dem Kopierstempel.

Datei: Panorama_06

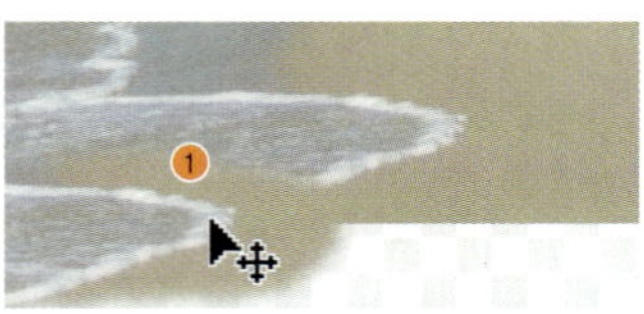

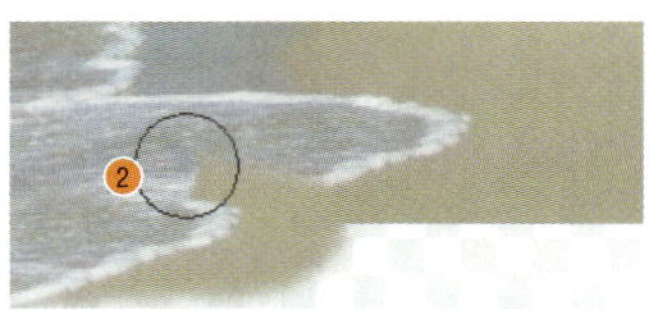

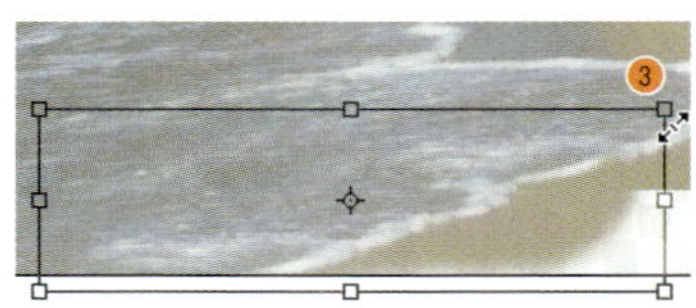

Tipps & Tricks

- Sorgen Sie schon beim Fotografieren für brauchbare Vorlagen. Nutzen Sie die Panoramafunktion, falls Ihre Kamera eine hat. Wenn nicht: Schalten Sie Belichtungsautomatik, Schärfeautomatik und Blitz ab, so dass alle Bilder gleich belichtet werden. Drehen Sie den Apparat um die Kameraachse, nicht um Ihre Achse. Die Bilder sollten sich um rund 15 bis 30 Prozent überlappen. Nützlich sind markante Konturen im Überlappungsbereich – sofern sie sich nicht bewegen.
- Möchten Sie den Befehl **Photomerge** mit einem schnellen Tastendruck aufrufen? Das regeln Sie per **Bearbeiten: Tastaturbefehle** (Seite 78).
- Sie können die Einzelbilder für ein Panorama auch im Dateibrowser per [Strg]-Klick auswählen; dann gehen Sie im Dateibrowser-Menü auf **Automatisieren: Photomerge**.
- Mit [Strg]+[Z] annullieren Sie schrittweise mehrere Änderungen, [Strg]+[⇧]+[Z] hebt das peu à peu wieder auf.
- Vorsicht beim Verschieben oder Drehen von Einzelbildern im **Photomerge**-Dialog: Segmente, die nicht außen liegen, passen nach dem Manöver vielleicht auf einer Seite; sie schließen dann aber an der anderen Seite nicht mehr gut an. Verschieben oder drehen Sie am besten zuerst außen liegende Bilder.
- Wollen Sie das Panorama auf ein bestimmtes Druckmaß oder Seitenverhältnis zuschneiden? Schalten Sie das Freistellwerkzeug ein und tragen Sie in den Optionen zum Beispiel »45 cm« mal »15 cm« ein, die AUFLÖSUNG lassen Sie leer. Dabei verändern Sie die Bildqualität nicht (Seite 56).
- Im Internet finden Sie interessante Panoramen und Tipps, so unter *http://axis1.bizland.com/lhelwig/pano1.html*, *www.thumm.de*, *http://robertdfeinman.com* und *www.fotocommunity.de/pc/pc/cat/1876*.
- Sie müssen Panoramen nicht selbst drucken. Viele Fotodruckdienste belichten Breiten wie 60x15, 75x25, 80x20, 100x25, 120x30 150x40, 200x50 oder 300x100 Zentimeter.

Übung 35: Doppelgänger-Porträt

Zwilling oder Pixel-Trick? Mit wenigen Klicks setzen Sie Ihre Lieben gleich mehrfach ins Bild. Dabei hantieren Sie gar nicht erst mühsam mit Zauberstab und anderen Auswahlgerätschaften. Achten Sie aber schon beim Fotografieren auf optimale Vorlagen.

Auf einen Blick

Sie lernen kennen:	Ebenentechnik: Ebenen einfügen und bewegen, Ebenenmaske, Füllmethode DIFFERENZ; Verlaufswerkzeug ; **Bild**-Befehl **Alles einblenden**; Seitenverhältnis mit Freistellwerkzeug herstellen
Aufwand:	gering bis mittel; höchstens elf Schritte
Siehe auch:	Seitenverhältnis und Größencheck für Fotodruckdienst, Seite 56 Weiche Überblendung, Seite 263 Ein Panorama montieren, Seite 267 Pinselspitzen & Farbwahl, Seite 365 Richtig speichern, Seite 372
Übungsdateien:	Doppel_01a etc.
Kommentar:	Zeigen Sie eine Person mehrfach im Bild, ohne sie erst mühsam auszuschneiden – einfach verblüffend, verblüffend einfach.

Schritt 1: Die Bilder

Um einheitliche Belichtung und Schärfe sicherzustellen, haben wir beim Fotografieren alle Automatiken der Digitalkamera abgeschaltet. Fokus und Zeit-Blenden-Kombination wurden von Hand eingerichtet und nicht mehr verändert. So entstehen Bilder mit gleichbleibender Schärfe und Belichtung, die sich gut kombinieren lassen.

Die Datei »Doppel_01b« zeigt das Mädchen in der rechten Bildhälfte. Dieses Foto wählen wir komplett mit dem Befehl [Strg]+[A] aus (am Mac wie immer die [⌘]-Taste statt der [Strg]-Taste). Photoshop umgibt das Motiv mit einer schwarzweiß changierenden Fließlinie.

Per [Strg]+[C] kopieren wir das Bild in die Zwischenablage, dann schließen wir es.

Dateien: Doppel_01a, Doppel_01b

Schritt 2: Die erste Montage

Jetzt wechseln wir zum Bild »Doppel_01a«, hier steht das Kind auf der linken Seite. Mit [Strg]+[V] fügen Sie das b-Bild ein.

Rufen Sie mit [F7] die Ebenen-Palette her: Das kopierte und eingefügte Bild erscheint hier als neue EBENE 1. Diese neue Ebene überdeckt das ursprüngliche Foto komplett.

Datei: Doppel_02

Schritt 3: Die perfekte Überlappung

Am besten hätten wir die Kamera für das Doppelgänger-Porträt auf ein Stativ, auf eine Kaffeetasse oder auf ein Mäuerchen gesetzt. Und wir hätten per Fernauslöser oder Selbstauslöser belichtet: So entstehen perfekt deckungsgleiche Hintergrundbereiche ohne Verwackler.

Doch wir haben bequem aus der Hand geknipst. Das beschert uns jetzt mehr Arbeit in Photoshop. Wenn Ihre eigenen Einzelbilder aber schon perfekt übereinander liegen, überspringen Sie die folgende Korrektur und arbeiten weiter ab Schritt 7.

Schalten Sie die EBENE 1 auf die Füllmethode (1) DIFFERENZ um. Wo sich die zwei Ansichten perfekt überdecken, sollte das Gesamtbild nun tiefes Schwarz zeigen. Doch der (1) helle Kranz um die Baumkronen signalisiert: Die Hintergrundzonen liegen derzeit nicht deckungsgleich übereinander.

Datei: Doppel_03

Schritt 4: Rücken Sie die »Ebene 1« zurecht

Klicken Sie in der Ebenen-Palette auf den Balken der HINTERGRUND-Ebene, dann wieder auf EBENE 1. Erst jetzt ist sichergestellt, dass Sie mit den Pfeiltasten wirklich die EBENE 1 bewegen und nicht etwa verschiedene Füllmethoden durchlaufen.

Bewegen Sie die EBENE 1 mit den Pfeiltasten nach rechts oben, bis der helle Ring um die Bäume verschwunden ist.

Perfekt sitzt das obere Bild damit nicht. Aber letztlich muss die Überlappung auch nur in einer dünnen Zonen zwischen den beiden Doppelgängerinnen passen und der unscharfe Hintergrund kaschiert gnädig leichte Unregelmäßigkeiten.

Datei: Doppel_04

Schritt 5: Rückkehr zur Normalität

Stellen Sie die Ebene wieder auf die Füllmethode 1 NORMAL um. Während sich die Hintergrundbäume nun gut überdecken, liegen die Pixelflächen der zwei Bildebenen nicht mehr gut übereinander. 2 Links und unten reicht die EBENE 1 gar nicht mehr bis zum Bildrand, dafür hängt sie rechts und oben ein paar Pixel breit aus dem sichtbaren Bereich heraus.

Datei: Doppel_05

Schritt 6: Alles einblenden

Wir wollen zunächst nichts vom Motiv verlieren und dehnen die Datei so aus, dass die herausgerutschten Teile der EBENE 1 wieder sichtbar werden.

Dazu wählen wir **Bild: Alles einblenden**. Die Datei wird nun geringfügig größer, sie braucht mehr Platz auf dem Bildschirm, der Überstand rechts und oben ist wieder sichtbar. Zuschneiden können wir später immer noch.

Datei: Doppel_06

Schritt 7: Eine neue Ebenenmaske

Von der EBENE 1 wollen wir die linke Hälfte ausblenden. Dort soll die Schülerin von der HINTERGRUND-Ebene erscheinen. Dazu brauchen wir eine Ebenenmaske.

Ist die EBENE 1 in der Ebenen-Palette noch blau markiert? Dann klicken Sie auf die Schaltfläche (1) EBENENMASKE HINZUFÜGEN.

Das Bild ändert sich dadurch noch nicht. Die Ebenenmaske erscheint als (2) weiße Miniatur neben der Ebenenminiatur.

Wichtig: Die Maske ist sofort zur Bearbeitung aktiviert; Sie erkennen das am (3) Maskensymbol neben der Ebene und am Hinweis (4) EBENE 1, EBENENMASKE in der Titelleiste. Unsere weiteren Schritte verändern also nur die Ebenenmaske, nicht etwa die Fotos selbst.

Datei: Doppel_07

Schritt 8: Vorbereitung für das Verlaufswerkzeug

Schalten Sie in der Werkzeugleiste das (1) Verlaufswerkzeug ein. Klicken Sie oben auf (2) das Dreieck neben dem Verlauf; so öffnen Sie die Bibliothek mit weiteren Verläufen.

Hier klicken Sie einmal auf den dritten Verlauf (3) SCHWARZ, WEISS. Achten Sie darauf, dass Sie die Form (4) LINEARER VERLAUF verwenden.

Unser Plan: Die linke Hälfte der EBENE 1 soll verschwinden; das heißt, die Ebenenmaske muss in der linken Hälfte schwarz sein. Die rechte Hälfte der EBENE 1 wollen wir komplett sehen – darum brauchen wir dort Weiß in der Maske.

Und zwischen den beiden Bereichen möchten wir bitte einen ganz unauffälligen Übergang. Dafür sorgt gleich das Verlaufswerkzeug mit einem schmalen Verlauf von Schwarz (rechts) nach Weiß (links).

Schritt 9: Der neue Übergang

Klicken Sie mit dem Verlaufswerkzeug unmittelbar 1 rechts neben der unteren, noch verdeckten Darstellerin ins Bild. Halten Sie die Maustaste gedrückt; drücken Sie zusätzlich die ⇧-Taste – so sorgt Photoshop für einen perfekt waagerechten Verlauf. Unmittelbar 2 vor der rechten, voll sichtbaren Darstellerin lassen Sie die Maustaste los.

In der Ebenenmaske entsteht jetzt ein dünner 3 Schwarzweißübergang mit viel Schwarz links. Dieses Schwarz blendet die obere Ebene aus und verschafft der Schülerin von der HINTERGRUND-Ebene wieder einen Platz an der Sonne.

Ist der Verlauf zu breit oder an der falschen Stelle? Dann wiederholen Sie die Prozedur mit dem Verlaufswerkzeug , Sie müssen nicht erst widerrufen.

Datei: Doppel_08

Schritt 10: Das neue Druckmaß

Wir könnten jetzt die weißen Lücken im Bild so retuschieren wie bei der Panorama-Montage ab Seite 267. Wir wollen das Bild aber lieber zuschneiden und dann Abzüge davon bestellen. Das heißt, die Löcher werden gekappt.

Schalten Sie das 1 Freistellwerkzeug ein. Oben in den Einstellungen tippen Sie als 2 BREITE »15 cm« ein, als HÖHE geben Sie »15 cm« vor. Das Feld für die 3 AUFLÖSUNG lassen Sie leer. So fallen zwar Bildpunkte außen heraus. Der verbleibende Bildinhalt wird aber nicht neu berechnet, die Bildqualität bleibt unverändert (Seite 56).

Schritt 11: Der Bildausschnitt

Mit dem Freistellwerkzeug ziehen Sie einen Rahmen um den gewünschten Bildbereich. Dann drücken Sie die Eingabetaste. Photoshop entsorgt jetzt die Außenstände, das Bild erscheint etwas kleiner als zuvor am Monitor.

Fertig! Möchten Sie die Montage schnell an einen Druckdienst mailen, nehmen Sie **Datei: Speichern unter** und verwenden Sie das JPEG-Dateiformat mit Qualitätsstufe 9. Dabei verwendet Photoshop zwangsläufig den Modus ALS KOPIE; Sie erhalten eine übliche Bilddatei ohne Montageebenen, die nicht viel Speicherplatz kostet.

Doch die Montage mit den separaten Bildebenen bleibt vollständig auf dem Monitor erhalten. Sie können die Datei weiterbearbeiten und mit Einzelebenen im Photoshop-PSD-Dateiformat speichern.

Datei: Doppel_9

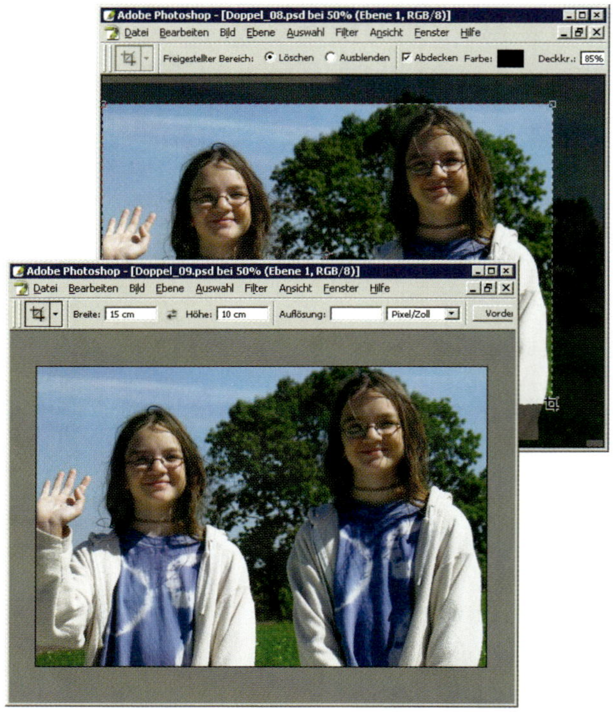

Tipps & Tricks

- Nehmen Sie für die linke und rechte Hälfte Ihres Porträts gleich mehrere Varianten auf, am besten mit Stativ und Draht- oder Fernauslöser. Die Varianten können Sie in der Montage alle untereinander legen und mit dem Augensymbol der Ebenen-Palette abwechselnd anzeigen.
- Ein unscharfer Hintergrund erleichtert die spätere Montage. Wenig Tiefenschärfe erzielen Sie mit niedrigen Blendenwerten wie f2,8 oder f4, die mit kurzen Belichtungszeiten einhergehen. Solche Werte entstehen auch mit dem Porträt-Programm. Hohe Blendenwerte wie f8 oder f16 (an Spiegelreflexkameras) sorgen dagegen für Scharfzeichnung über weitere Bereiche.
- Achten Sie beim Fotografieren darauf, dass sich auch die Schatten der Doppelgänger nicht in die falsche Bildhälfte verirren.
- In den Schritten 1 und 2 arbeiten wir mit Kopieren und Einfügen. Alternative: Verwenden Sie das Verschieben-Werkzeug und ziehen Sie das zweite Bild bei gedrückter ⇧-Taste über das erste; die Zusatztaste sorgt dafür, dass die zwei Fotos deckungsgleich übereinander liegen.
- Die untere HINTERGRUND-Ebene ist zunächst völlig verdeckt. Beim Anlegen des Verlaufs möchten Sie diese Ebene vielleicht zur Orientierung sehen. Senken Sie dann in EBENE 1 die DECKKRAFT mit dem Regler rechts oben in der Ebenen-Palette. Wenn der Verlauf gut sitzt, heben Sie die Deckkraft wieder auf 100 Prozent.
- Bei schwierigen Motiven möchten Sie die Ebenenmaske vielleicht auch mit dem Pinsel retuschieren; dieses Verfahren besprechen wir unter anderem in der Übung »Weiche Überblendung« ab Seite 263.

Teil 7: Effekte

Peppen Sie Ihre Motive auf, schaffen Sie Hingucker. Wir mischen Text und Bild mit einer raffinierten Schnittmaske, zeigen Fotos in Sprechblasen und rechnen gezielt Kameraunschärfe ins Motiv. Ein vielseitiger Nostalgie-Effekt sorgt für die besondere Note.

Übung 36: Text als Schnittmaske

Ein Schriftzug einmal anders – Bild und Text sollen sich mischen und das am besten noch mit knackiger 3D-Kante. Verschmelzen Sie Fotos und Lettern mit Schnittmasken und Ebeneneffekten zu verblüffenden Hinguckern.

Auf einen Blick

Sie lernen kennen:	Textfunktionen: Textwerkzeug, Text verkrümmen, Lettern verbreitern mit **Filter**-Befehl **Dunkle Bereiche vergrößern**; Ebenentechnik: Schnittmaske, Ebeneneffekte Abgeflachte Kante und Relief, Schlagschatten, Schein nach aussen, Ebenen verbinden, Ebenen außerhalb der Bildgrenzen, Ebenen aktivieren; Freistellwerkzeug mit Option Ausblenden; Zoomstufen; Transformieren; **Bild**-Befehle **Alles einblenden**, **Zuschneiden**;
Aufwand:	hoch; 22 Schritte
Siehe auch:	Aktion aufzeichnen – Zuschneiden und Copyright-Schriftzug, Seite 85 Auswahl mit Zauberstab und Maskenretusche, Seite 228 Große Datenmengen verarbeiten, Seite 358 Transformieren, Seite 368 Richtig speichern, Seite 372
Übungsdateien:	Text_01 etc.
Kommentar:	Starke Methode, die Bild und Text verblüffend mischt; spielen Sie das Ganze einmal in Ruhe durch – schon für den zweiten Schriftzug brauchen Sie nur noch fünf Minuten.

Schritt 1: Die neue Textebene

Schalten Sie das 1 horizontale Textwerkzeug T ein. Wir verwenden die breit laufende 2 Schriftart ARIAL BLACK – sie bietet viel Fläche, in der sich das Bild ausbreiten kann. Als 3 SCHRIFTGRAD (Texthöhe) tippen wir »170 Px« ein, die Lettern werden also 170 Pixel (Bildpunkte) hoch. Wir richten den Text 4 linksbündig ein und verwenden 5 schwarze Textfarbe. Die Einstellungen sind aber nicht wirklich wichtig.

Klicken Sie links ins Bild und tippen Sie »Sommer« ein. Photoshop zeigt wie geplant schwarze Lettern. Beenden Sie die Eingabe mit [Strg]+[T] (am Mac die [⌘]- statt der [Strg]-Taste).

Achten Sie auf die Ebenen-Palette ([F7]): Hier entstand die neue 6 Ebene SOMMER. An dem Textsymbol T erkennen Sie, dass es sich nicht um eine übliche Bildebene handelt, sondern um jederzeit korrigierbaren Text.

Dateien: Text_01, Text_02

Schritt 2: Vergrößern Sie den Schriftzug

Wir vergrößern den Schriftzug. Natürlich könnten Sie die Lettern mit einer Mausbewegung markieren und im Feld SCHRIFTGRAD eine neue Höhe eintippen. Wir machen es uns aber einfacher: Während noch das Textwerkzeug T eingeschaltet ist, drücken wir die [Strg]-Taste und anschließend [Strg]+[T]. Damit starten Sie das »Transformieren«: Photoshop zeigt einen Rahmen und Anfasspunkte.

Wir ziehen den Schriftzug mit den 1 Eckanfassern größer. Anschließend ziehen wir am 2 Anfasser in der Mitte der unteren Rahmenlinie. Dadurch dehnen wir die Schrift unproportional in die Länge. Sie erkennen, dass wir die 3 Breite auf 142, die Höhe aber auf 424 Prozent ausdehnen.

Die Schrift erscheint in der Vorschau zunächst grobkantig. Wenn die Ausdehnung passt, klicken Sie doppelt in den Rahmen. Photoshop berechnet die Lettern neu – mit glatten Konturen.

Datei: Text_03

Schritt 3: Verwandlung der »Hintergrund«-Ebene

Klicken Sie doppelt auf die HINTERGRUND-Ebene in der Palette. Photoshop präsentiert das Dialogfeld NEUE EBENE; hier klicken Sie einfach auf OK. Die vormalige HINTERGRUND-Ebene heißt jetzt EBENE 0. Das Bild verändert sich nicht. Wir haben die Ebene aber so für die Verlagerung im nächsten Schritt vorbereitet.

Schritt 4: »Ebene 0« nach oben

Ziehen Sie die Ebene 0 in der Palette nach oben, über die Textebene, dann lassen Sie los. Jetzt liegt das Blumenbild über dem Schriftzug und verdeckt ihn – von den Lettern ist nichts mehr zu sehen.

Datei: Text_04

Schritt 5: Die neue Schnittmaske

Und jetzt kommt's: Drücken Sie die [Alt]-Taste und halten Sie den Mauszeiger über der Palette genau auf die Trennlinie zwischen den Ebenen SOMMER und EBENE 0. Dabei erscheint der Zeiger als ① Doppelkreis.

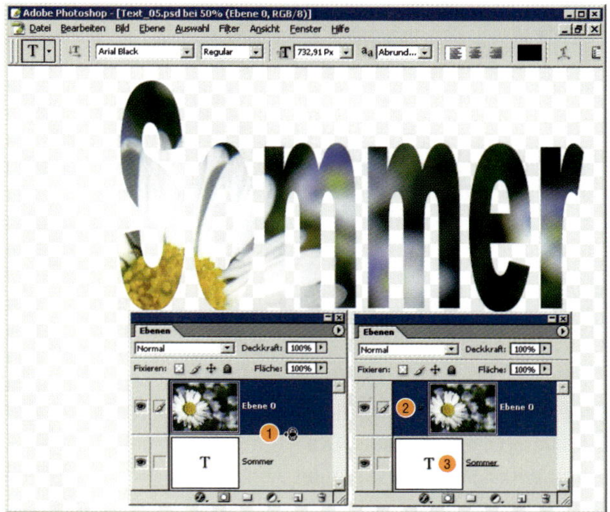

Klicken Sie. Sie richten nun eine so genannte Schnittmaske ein: Das Blumenbild EBENE 0 erscheint nach dem Klick nur noch innerhalb des Schriftzugs von der Ebene SOMMER. Die Karos um die Schrift herum signalisieren, dass es hier keine Pixel gibt, sondern dass das Bild hier transparent ist.

Auch die Ebenen-Palette zeigt sich verändert: Die ② EBENE 0 erscheint eingerückt neben dem Schnittmaskensymbol. Den Namen der ③ Ebene SOMMER unterstreicht Photoshop, das ist die »Grundebene«: Alle der Grundebene SOMMER zugeordneten Ebenen wie EBENE 0 zeigt Photoshop nur innerhalb der Buchstaben. (Ab Schritt 12 bauen wir eine weitere Ebene ein.)

Datei: Text_05

Schritt 6: Neuer Schwung für den Schriftzug

Ist das Textwerkzeug T noch aktiviert? Klicken Sie in der Ebenen-Palette auf die Textebene SOMMER, dann klicken Sie oben in Optionen auf ① VERKRÜMMTEN TEXT ERSTELLEN. Im Dialogfeld TEXT VERKRÜMMEN öffnen Sie das STIL-Klappmenü und gehen auf ② FLAGGE. Photoshop verkrümmt den Schriftzug zunächst viel zu stark. Reduzieren Sie den Wert für BIEGUNG auf +12 – so erhalten Sie eine leichte Schwingung.

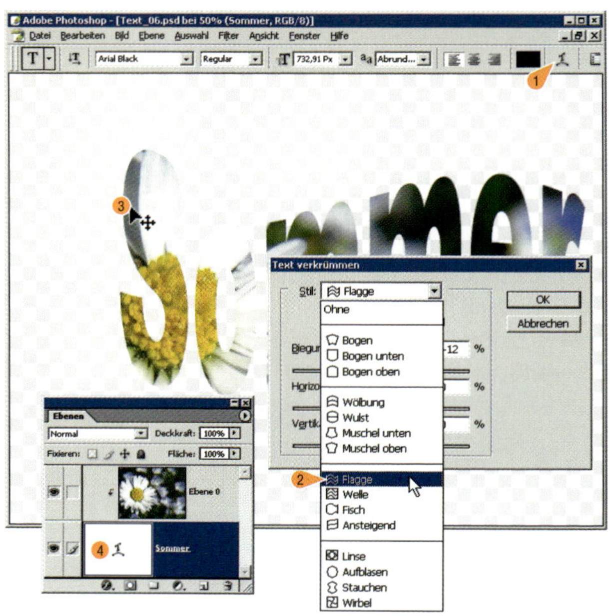

Bei geöffnetem Dialogfeld ③ verschieben Sie den Schriftzug so über dem Bild, dass genau der richtige Teil des Blumenmotivs von Ebene 0 sichtbar wird. Dann klicken Sie auf OK.

Die Textebene in der Palette zeigt jetzt das spezielle ④ Symbol für »verkrümmten« Text. Sie können Ihre Buchstaben jederzeit umformatieren, die Kantenschärfe leidet nicht.

Datei: Text_06

Schritt 7: Die 3D-Kante

Die Montage soll sich besser vom Hintergrund abheben und eine plastische Kante bekommen.

Ist die Textebene noch aktiviert? Klicken Sie unten in der Ebenen-Palette auf 1 EBENENEFFEKT HINZUFÜGEN und dann auf **Abgeflachte Kante und Relief**. Im Dialogfeld EBENENSTIL achten Sie auf den Stil 2 ABGEFLACHTE KANTE INNEN. Die 3 GRÖSSE stellen Sie auf »8« Pixel.

Achten Sie auf das Bild – es zeigt bereits eine 3D-Kante.

Klicken Sie unten auf 4 das Dreieck neben GLANZKONTUR. Im Klappmenü klicken Sie auf die Option 5 RING. Die Kante erhält dadurch ein metallisches Schillern.

Klicken Sie noch nicht auf OK.

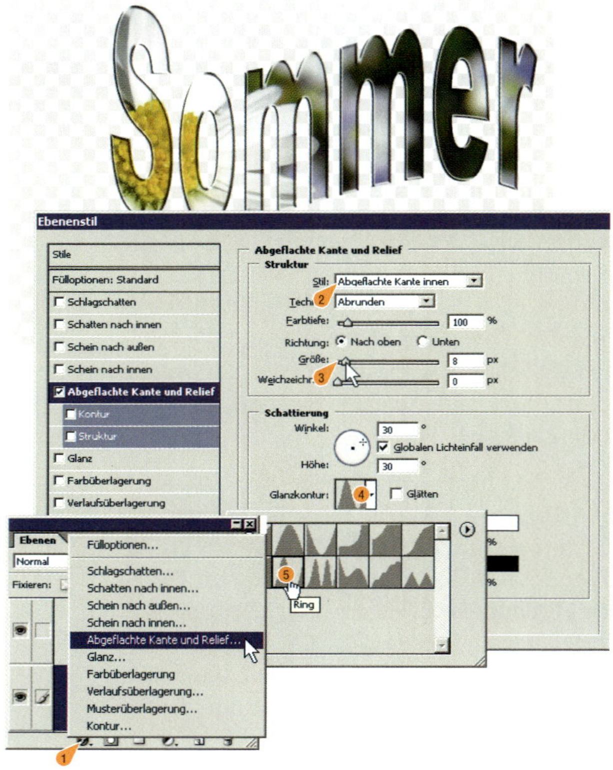

Schritt 8: Der »Schlagschatten«

Klicken Sie links auf das Wort 1 SCHLAGSCHATTEN (nicht nur auf das Kästchen). Photoshop unterlegt die Lettern jetzt mit einem dünnen Schatten. Noch bei geöffnetem Dialogfeld EBENENSTIL halten Sie den Mauszeiger über das Bild, dort erscheint der Cursor als 2 Verschieben-Werkzeug. Damit ziehen Sie den Schatten unter den Lettern in die gewünschte Richtung. Dabei verändern sich die Werte für WINKEL und DISTANZ im Dialogfeld.

Sehen Sie's? Während Sie den Schatten bewegen, ändern sich auch Lichter und Dunkelzonen an der Glanzkante aus Schritt 7 – denn die Effekte SCHLAGSCHATTEN und ABGEFLACHTE KANTE UND RELIEF orientieren sich an einer gemeinsamen Lichtrichtung, erkennbar an der eingeschalteten Option 3 GLOBALEN LICHTEINFALL VERWENDEN.

Eine 4 GRÖSSE von »8« softet die Schattenkante. Ändern Sie die Helligkeit des Schattens mit der 4 DECKKRAFT, dann klicken Sie auf OK.

Datei: Text_07

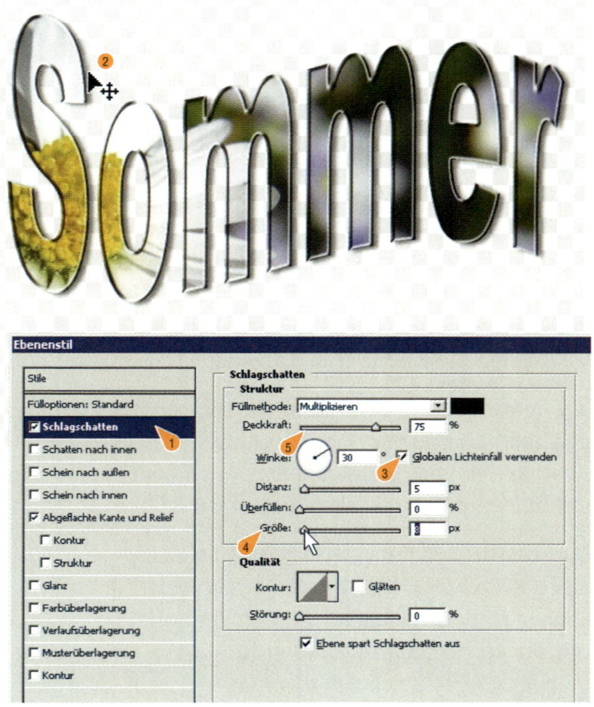

Schritt 9: Die neuen Effekte

Die Ebenen-Palette zeigt die neuen Effekte der Textebene SOMMER: 1 SCHLAGSCHATTEN und ABGEFLACHTE KANTE UND RELIEF erscheinen als Objekte unter der Ebenenminiatur. Mit den Augensymbolen können Sie einzelne Effekte verbergen und ganz überflüssige Effekte ziehen Sie in den Mülleimer. Die Effekte lassen sich jederzeit verändern – dazu klicken Sie doppelt auf eine Leiste wie SCHLAGSCHATTEN und Photoshop tischt wieder das bekannte Dialogfeld aus den Schritten 7 und 8 auf.

Wir schneiden jetzt überflüssigen Bildrand weg. Schalten Sie dazu das 2 Freistellwerkzeug ein. Oben die Felder für 3 BREITE, HÖHE und AUFLÖSUNG müssen leer sein. Wenn Sie dort noch irgendwelche Werte sehen, klicken Sie auf 4 LÖSCHEN – das entfernt alle Einträge.

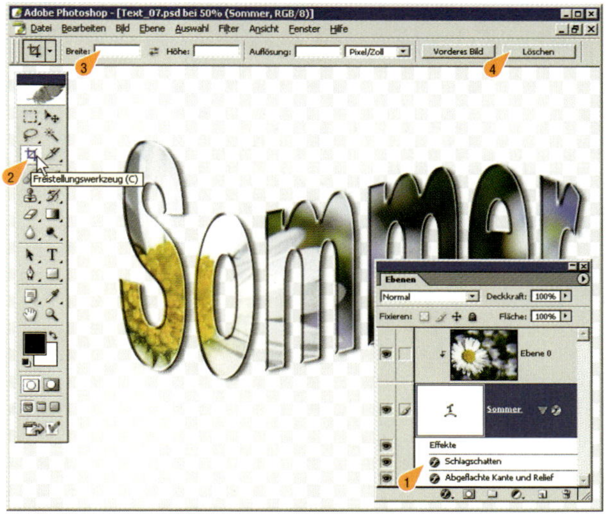

Schritt 10: Der Freistellrahmen

Ziehen Sie den Freistellrahmen eng um den Schriftzug herum. Verfeinern Sie den Ausschnitt durch Ziehen an einzelnen Anfassern.

Photoshop deckt den Außenbereich dunkel ab. Mit der Leiste oben können Sie die Abdunkelung ändern oder ganz abschalten.

Besonders wichtig: Wechseln Sie von der üblichen Option LÖSCHEN zu 1 AUSBLENDEN. Denn falls Sie LÖSCHEN verwenden, schneiden Sie die Bildränder auf Nimmerwiedersehen weg. Anders beim AUSBLENDEN: Die gekappten Bildteile bleiben in der Datei – sie liegen nur jetzt außerhalb des sichtbaren Bereichs. Ihr Vorteil: Sie können immer noch Teile des Blumenfotos in den sichtbaren Bereich ziehen, die scheinbar längst abgeschnitten wurden.

Unabhängig davon spielt es keine Rolle, ob Sie den Schatten unter der Schrift anschneiden – er lässt sich weiterhin bearbeiten und bei Bedarf komplett anzeigen. Bestätigen Sie die Freistellung mit der [Enter]-Taste.

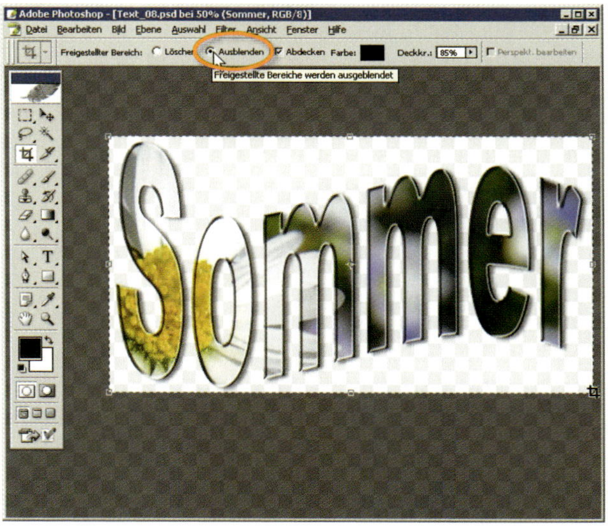

Datei: Text_08

Schritt 11: Das Zwischenergebnis

Die Datei zeigt nun weniger Arbeitsfläche als zuvor. Um ein weiteres Bild einzubauen, klicken Sie in der Ebenen-Palette auf die Miniatur der ① Ebene 0. So sorgen Sie dafür, dass die neu eingefügte Ebene noch darüber rangiert – und nicht etwa versteckt unter der Bild-Ebene 0 landet. Auch am Hinweis ② Ebene 0 in der Titelzeile erkennen Sie, dass diese Ebene jetzt aktiviert ist.

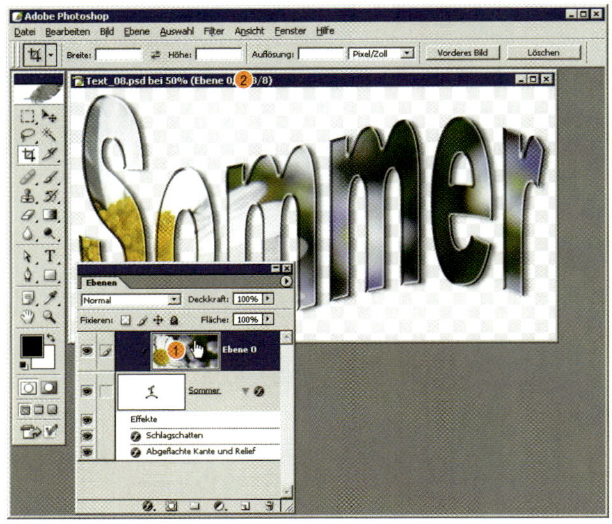

Schritt 12: Das neue Bild

Wir verbauen jetzt die Darstellerin, die wir bereits in der Übung 30 (Seite 228) freigestellt haben. Laden Sie dazu die Ergebnisdatei »Freisteller_04«.

Doch passen die Größenverhältnisse von Porträt und Schriftzug überhaupt zusammen? Am besten ist ein Vergleich mit identischen Zoomstufen. Bild »Text_08« erscheint momentan im 50-Prozent-Maßstab und so soll das neue Foto auch erscheinen. Aktivieren Sie »Text_08« durch einen Klick auf die Titelleiste, dann wählen Sie **Fenster: Anordnen: Gleiche Zoomstufe**. Jetzt schnellt auch die neu geholte Datei »Freisteller_04« in die 50-Prozent-Ansicht.

Aktivieren Sie »Freisteller_04« durch einen Klick auf die Titelleiste und klicken Sie in der Ebenen-Palette einmal auf die ① EBENE 1. Schalten Sie das ② Verschieben-Werkzeug ein und ③ ziehen Sie die Dame aus dem Bildfenster in die Datei »Text_08«.

Dateien: Freisteller_04, Text_08

Schritt 13: Die erweiterte Montage

Das Model landet als neue ① EBENE 1 in der Textmontage und kann dort verschoben werden. Diese Ebene wird zunächst nicht von der Schnittmaske erfasst und breitet sich deshalb auch außerhalb der Lettern-Umrisse aus.

Der Hut befindet sich sogar außerhalb der Bildgrenzen, das ist aber kein Problem: Sie können die Kopfbedeckung jederzeit mit dem Verschieben-Werkzeug ins Bild ziehen. Wenn Sie das Photoshop-Dateiformat PSD verwenden, sichert Photoshop auch solche Bildpunkte außerhalb der Bildgrenzen dauerhaft komplett mit. Nichts geht verloren. Wir speichern dieses Zwischenergebnis als »Text_09«.

Die Sommerfrischlerin soll ebenfalls Teil der Schnittmaske werden. Wiederholen Sie also das Prozedere aus Schritt 5: Drücken Sie die [Alt]-Taste und klicken Sie genau auf die Trennlinie zwischen EBENE 1 und EBENE 0. Dabei sehen Sie wieder den ② Schnittmasken-Cursor.

Schritt 14: Transformieren

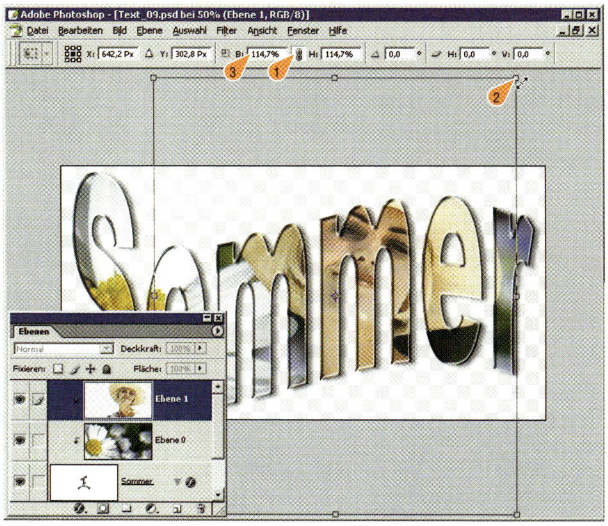

Nach dem [Alt]-Klick auf die Trennlinie zeigt Photoshop die Person nur noch innerhalb der Grenzen des Schriftzugs. Sie sollte jedoch etwas größer erscheinen. Um den Rahmen des Transformieren-Modus besser zu sehen, klicken wir oben rechts auf MAXIMIEREN.

Starten Sie das Transformieren mit [Strg]+[T]. Dann klicken Sie auf die ① Schaltfläche SEITENVERHÄLTNIS ERHALTEN. Nun ziehen Sie das Bild an einem ② Eckanfasser größer auf. Bei uns zeigt die Optionenleiste eine ③ Veränderung auf gut 114 Prozent der alten Größe.

Schieben Sie die Ebene im gleichen Zug auch zurecht. Die Vorschau erscheint zunächst grob. Wenn die Vergrößerung passt, klicken Sie doppelt in den Rahmen – so bestätigen Sie die Änderung und Photoshop berechnet die Ebene neu in hoher Qualität (Details zum Transformieren ab Seite 368).

Datei: Text_10

Schritt 15: Filtern Sie die Textebene

Die Buchstaben sollen sich stärker ausdehnen, damit die Bilder besser herauskommen. Allerdings: Photoshop bläht zwar die meisten Textebenen mit dem Befehl **Faux fett** auf (diese Funktion erreichen Sie über den Dreieckschalter ▶ in der Zeichen-Palette, zu finden im **Fenster**-Menü); wir haben jedoch in Schritt 6 schon das VERKRÜMMEN genutzt und danach verweigert Photoshop **Faux fett**. Also kräftigen wir die Lettern mit einem **Filter**-Befehl.

Aktivieren Sie die ① Textebene SOMMER durch einen einzelnen Klick in der Ebenen-Palette. Stimmt die Textebene? Schriftart, Größe, Verkrümmung, alles bestens? Ändern Sie Texteigenschaften bei Bedarf jetzt. Dann erst wählen Sie **Filter: Sonstige Filter: Dunkle Bereiche vergrößern**. Photoshop warnt Sie zunächst: ② DIESE TEXTEBENE MUSS GERASTERT WERDEN... DER TEXT DER EBENE KANN NACH DEM RASTERN NICHT MEHR BEARBEITET WERDEN.

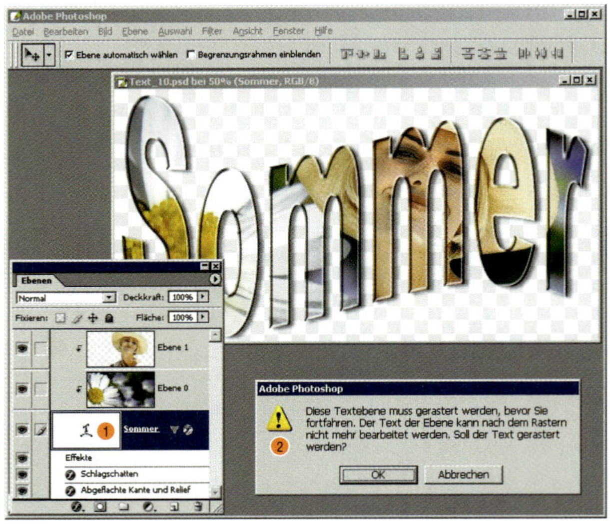

Schritt 16: Aus Text werden Pixel

Gemeint ist: Damit der **Filter**-Befehl funktioniert, wandelt das Programm die Textebene in normale Pixel um. Probieren Sie es aus: Klicken Sie in der Warnung aus Schritt 15 auf OK. Photoshop liefert dann den Filter-Dialog. Zugleich ändert sich die ① Textebene in der Palette: Statt des Symbols für eine »verkrümmte« Textebene sehen Sie nur noch schwarze Pixel, die buchstabenförmig angeordnet sind. Typische Textkorrekturen gehen jetzt nicht mehr: etwa Änderungen bei Schriftart oder VERKRÜMMUNG. Wollen Sie diese Ebene per »Transformieren« vergrößern oder verkleinern, werden die Ränder unscharf.

Im Dialogfeld **Dunkle Bereiche vergrößern** stellen Sie ② 10 Pixel RADIUS ein. Die Lettern bieten nun viel mehr Fläche.

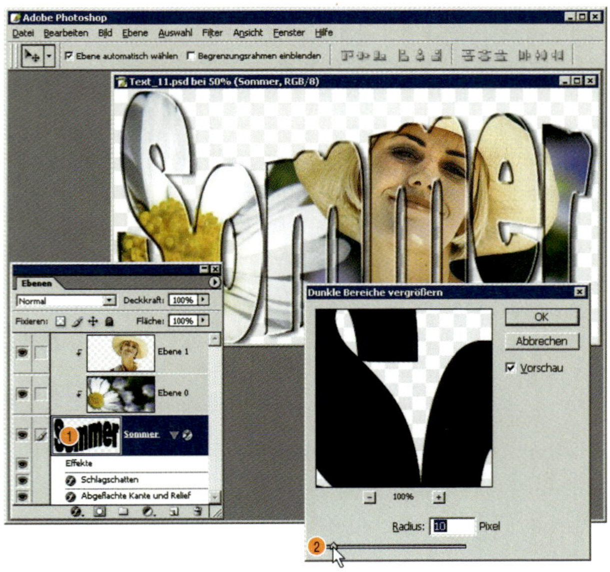

Datei: Text_11

Schritt 17: Die Ebenen werden verschoben

Ist das ① Verschieben-Werkzeug eingeschaltet? Oben in den Optionen nehmen Sie ② EBENE AUTOMATISCH WÄHLEN. Jetzt klicken Sie auf die Person in der Montage: Diese EBENE 1 ist damit automatisch ausgewählt; Sie erkennen das an der ③ Hervorhebung in der Palette und am ④ Ebenen-Namen in der Titelleiste. Jetzt schieben Sie die Ebene neu zurecht – sichtbar wird sie nur innerhalb der Lettern.

Danach klicken Sie in die Blumen links im Bild. Die Ebene wird automatisch aktiviert und Sie können diese EBENE 0 neu arrangieren. Auch Teile des Blumenbilds, die Sie in Schritt 10 scheinbar weggeschnitten haben, lassen sich wieder ins Bild ziehen; wir haben ja mit der Einstellung AUSBLENDEN zwar die Bildgrenzen enger gezogen, aber die Außenstände nicht weggeworfen.

Datei: Text_12

Schritt 18: Der Befehl »Alles einblenden«

Der Filter **Dunkle Bereiche vergrößern** hat den Schriftzug verbreitert – jetzt passt er nicht mehr ganz ins Bildfenster.

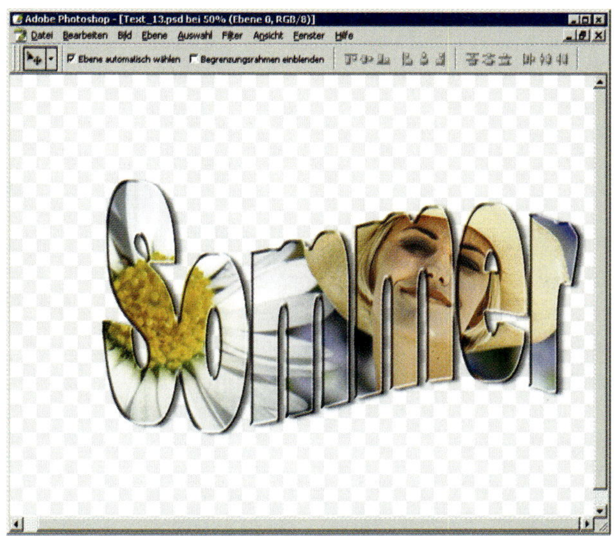

Um alles anzuzeigen, was möglicherweise jenseits der Bildgrenzen versteckt ist, wählen wir **Bild: Alles einblenden**. Photoshop vergrößert die Arbeitsfläche jetzt drastisch: Die Blumen-Ebene, die durch das Freistellen in Schritt 10 versteckt, aber nicht endgültig abgeschnitten wurde, bekommt jetzt wieder ihren vollen Platz. Sichtbar ist sie allerdings trotzdem nicht, weil der Schriftzug noch als Schnittmaske wirkt.

Jetzt ist die Arbeitsfläche so groß, dass alle Bildpunkte innerhalb der Bildgrenzen liegen.

Datei: Text_13

Schritt 19: Perfekt zugeschnittene Arbeitsfläche

Eigentlich wollten wir ja nur die angeschnittenen Buchstaben hervorholen und nicht die ganze Leerfläche auch noch. Wir trimmen das Bild nun auf die aktuell sichtbaren Pixel.

Gehen Sie auf **Bild: Zuschneiden** und wählen Sie im Dialogfeld die TRANSPARENTEN PIXEL. Nach dem Klick auf OK ist das Motiv perfekt zugeschnitten: Alle Zonen ohne jeden Bildpunkt hat Photoshop weggesägt. Wo auch nur der Hauch eines Schatten-Effekts existiert, bleibt das Bild erhalten. Allerdings: Bereiche der Person und der Blumenebene, die außerhalb der neuen Bildgrenze liegen, haben Sie nun endgültig verloren. Sie lassen sich nicht mehr ins Bild ziehen.

Datei: Text_14

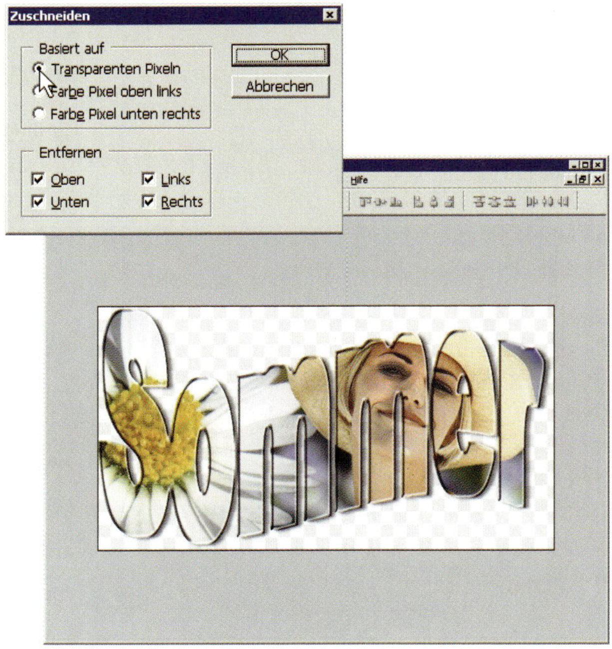

Schritt 20: »Schein nach außen«

Die Person könnte sich durch einen Lichthof noch besser vom Hintergrund abheben. Das erledigen wir mit derselben Effekte-Technik wie in den Schritten 7 und 8.

Diesmal reicht es, doppelt auf die Miniatur der EBENE 1 zu klicken – schon zeigt Photoshop den EBENENSTIL-Dialog. Klicken Sie links einmal auf 1 SCHEIN NACH AUSSEN. Heben Sie zunächst die 2 GRÖSSE auf 100 Pixel an – das Modell im Schriftzug zeigt einen deutlichen Lichthof.

Klicken Sie unten auf 3 das Dreieck neben KONTUR. Im Klappmenü nehmen Sie die Option 4 RING. Der Lichthof löst sich dadurch in mehrere luftige Ringe auf. Experimentieren Sie nach einem Klick auf das gelbe Quadrat mit anderen Farben.

Nach dem Klick auf OK sehen Sie den 5 Effekt auch in der Ebenen-Palette. Er lässt sich mit dem Augensymbol verbergen oder mit dem Mülleimer ganz löschen.

Datei: Text_15

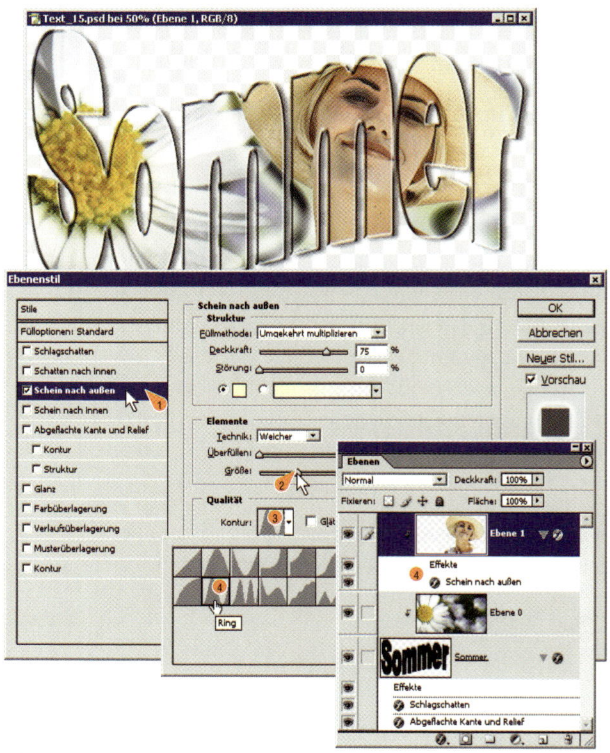

Schritt 21: Ebenen verbinden

Wir können das Bild jetzt als JPEG-Datei speichern; dann erhält es einen weißen Hintergrund und kann in Druckseiten montiert werden.

Doch wie zieht man die gesamte Schrift samt Bildfüllung en bloc durchs Bild oder in eine neue Datei? Momentan können Sie nur Einzelebenen bewegen – die anderen Ebenen verharren auf ihrer Stelle, die Komposition zerbricht.

Wenn Ebene 1 noch aktiviert ist, klicken Sie neben allen anderen Ebenen in das zunächst leere Kästchen mit der Einblenderklärung ZEIGT AN, OB EINE EBENE VERBUNDEN IST. In diesen Kästchen erscheint nach dem Klick die Gliederkette.

Die Bildwirkung ändert sich dadurch nicht – Sie können die verbundenen Ebenen aber jetzt gemeinsam im Bild verschieben, gemeinsam per **Frei transformieren** verkleinern und drehen oder in neue Dateien ziehen.

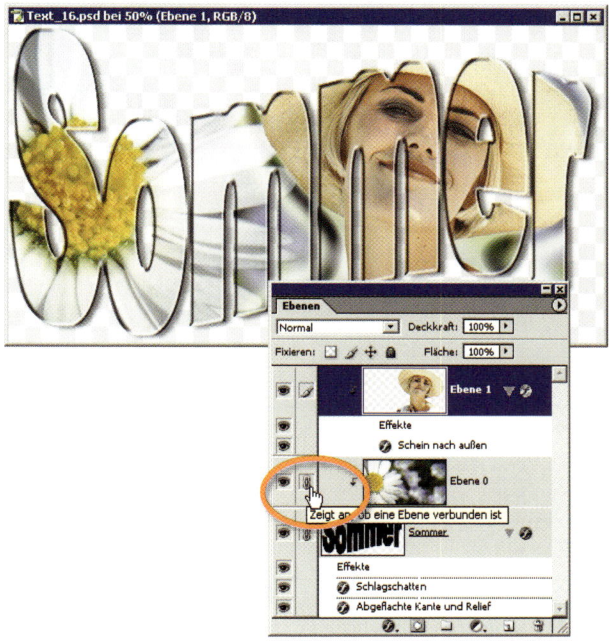

Datei: Text_16

Schritt 22: Eine neue Montage

Wie sieht also der Schriftzug vor einem neuen Hintergrund aus? Wir laden die Datei »Text_17« mit einem Wolkenhimmel.

Falls das Verschieben-Werkzeug nicht eingeschaltet ist, drücken Sie die [Strg]-Taste – so schalten Sie fast immer vorübergehend zum Verschieben-Werkzeug um. Ziehen Sie den Schriftzug in die neue Datei »Text_17« – und die Montage landet im neuen Bild komplett mit allen drei Einzelebenen samt Schnittmaske.

Falls Sie noch die Größe anpassen wollen, drücken Sie [Strg]+[T].

Datei: Text_18

Tipps & Tricks

- Schnittmasken und Ebeneneffekte kosten viel Rechenpower; eventuell merken Sie, wie Photoshop beim Bildaufbau und beim Verschieben der fertigen Bild-Text-Montage lahmt. Auf Seite 358 finden Sie Tipps, wie Sie Ihren Rechner fit machen für große Datenmengen.
- Statt die Texteingabe mit Strg+T zu beenden, können Sie auch auf das OK-Häkchen ✔ in den Werkzeugoptionen klicken oder ein anderes Werkzeug in der Werkzeugleiste einschalten.
- Um den Schriftzug zu »transformieren«, müssen Sie die Texteingabe nicht unbedingt erst per Strg+T oder ähnlich abschließen. Aus der Texteingabe heraus können Sie die Strg-Taste drücken. Danach zeigt Photoshop den Rahmen zum »Transformieren« an (Seite Transformieren, Seite 368). Verwenden Sie zunächst die Anfasspunkte an den Ecken; wenn Sie die Anfasspunkte in der Rahmenmitte nehmen, wird der Text perspektivisch verzerrt.
- Auch wenn ein völlig anderes Werkzeug aktiviert ist, können Sie den Text schnell transformieren: Schalten Sie erst das Verschieben-Werkzeug ein, aktivieren Sie die Textebene in der Ebenen-Palette, dann drücken Sie Strg+T.
- Um eine Text-»Verkrümmung« wieder loszuwerden, aktivieren Sie die Textebene und das Textwerkzeug **T**, dann klicken Sie erneut auf VERKRÜMMTEN TEXT ERSTELLEN und gehen im STIL-Menü auf **Ohne**.
- Das AUSBLENDEN beim Freistellwerkzeug bietet Photoshop nur für Ebenen-Montagen – nicht für Bilder, die nur aus einer einzigen HINTERGRUND-Ebene bestehen. Die Option AUSBLENDEN hilft allerdings nicht beim Senken der Dateigröße. Wollen Sie die verborgenen Bildteile endgültig löschen, wählen Sie **Auswahl: Alles auswählen** und dann **Bild: Freistellen**.
- Statt Ebenen aus Bildfenstern heraus zu ziehen, können Sie auch direkt die Miniaturen aus der Ebenen-Palette in neue Bildfenster ziehen.
- In Schritt 20 öffnen wir den EBENENSTIL-Dialog per Doppelklick auf die Ebenenminiatur. Das funktioniert nur bei normalen Bildebenen, aber nicht bei Textebenen.

Übung 37: Bild in Form-Ausschnitt

Immer nur Vierecke sind öde: Zeigen Sie Ihr Foto in freien Umrissen, zum Beispiel innerhalb einer Sprechblase. Dabei legen Sie eine flexible Vektormaske – die Kontur lässt sich elegant umformen und jederzeit abschalten, das Originalbild bleibt voll erhalten.

Auf einen Blick

Sie lernen kennen:	Pfadtechnik: Geschlossene Pfade anlegen und umformen, Form-Bibliothek, Eigene-Form-Werkzeug, Pfadauswahl-Werkzeug, Direktauswahl-Werkzeug; Ebenentechnik: Formebene, Vektormaske, Effekte SCHATTEN NACH INNEN, KONTUR, SCHLAGSCHATTEN, ABGEFLACHTE KANTE UND RELIEF; **Zuschneiden** (**Bild**-Befehl)
Aufwand:	mittel; zwölf Schritte
Siehe auch:	Produktfoto freistellen und aufpeppen, Seite 238 Weiche Überblendung, Seite 263 Text als Schnittmaske, Seite 282 Richtig speichern, Seite 372
Übungsdateien:	Form_01 etc.
Kommentar:	Ein verblüffender Hingucker: Zeigen Sie Ihr Foto in den Umrissen eines Puzzlestücks, Kleeblatts oder innerhalb einer Sprechblase.

Schritt 1: Ebenentechnik

Öffnen Sie mit [F7] die Ebenen-Palette. Die Vorlage besteht zunächst aus einer einzigen (1) HINTERGRUND-Ebene; das eignet sich nicht für Form-Ausschnitte.

Klicken Sie doppelt auf die Miniatur der Ebene. Photoshop wartet mit dem Dialogfeld (2) NEUE EBENE auf; dort übernehmen Sie den vorgeschlagenen Namen EBENE 0 und klicken auf OK.

Ihr Foto sieht so aus wie vorher, doch jetzt haben Sie eine (3) EBENE 0; die lässt sich freier verarbeiten.

Dateien: Form_01, Form_02

Schritt 2: Form-Sachen

Schalten Sie das (1) Eigene-Form-Werkzeug ein. Öffnen Sie die Form-Bibliothek mit dem (2) gekippten Dreieck.

Das Angebot überzeugt noch nicht, wir laden nach: Wir öffnen das Menü zur Bibliothek mit dem (3) eingekreisten Dreieck. Unten im Menü laden Sie verschiedene Form-Sammlungen. Wir klicken bescheiden auf (4) Alle.

Photoshop fragt: (5) SOLLEN DIE AKTUELLEN FORMEN ... ERSETZT WERDEN? Klicken Sie auf OK, bietet Photoshop anschließend nur noch die neuen Formen an; bisherige, eventuell veränderte Formen verfallen. Klicken Sie dagegen auf ANFÜGEN, versammelt die Form-Bibliothek anschließend bisherige und neu geladene Umrisse.

Wir haben in der bisherigen Form-Bibliothek noch nichts geändert und die Figuren sind komplett in der Sammlung ALLE enthalten – darum können Sie hier auf OK klicken oder auf ANFÜGEN, Sie erhalten dasselbe Ergebnis.

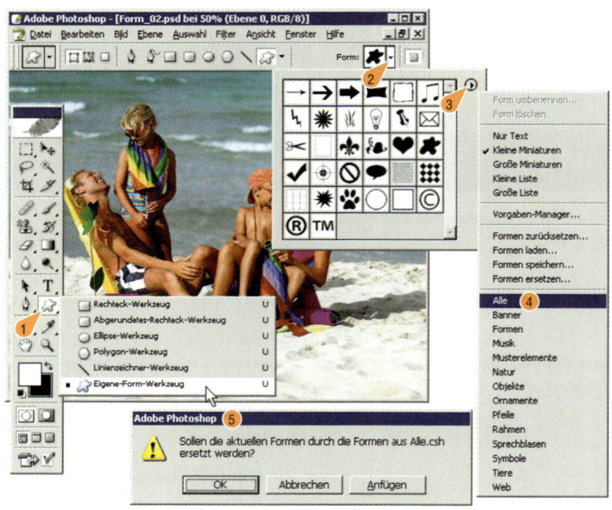

Schritt 3: Die große Auswahl

Nun zeigt Photoshop schon mehr Formen. Wir klicken einmal auf den Umriss SPRECHBLASE 3.

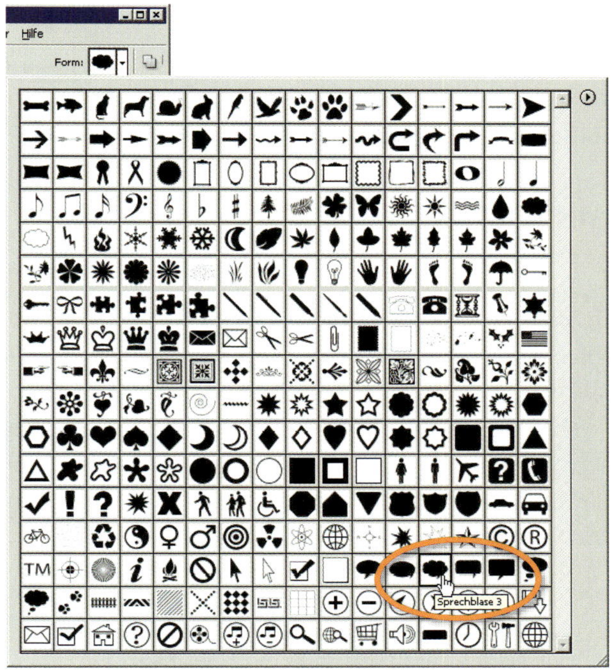

Schritt 4: Der neue Pfad

Wir arbeiten weiterhin mit dem Eigene-Form-Werkzeug. Klicken Sie in den Optionen auf 1 PFADE.

Klicken Sie links oben ins Bild und ziehen Sie bei gedrückter Maustaste nach 2 rechts unten. Dabei drücken Sie die ⇧-Taste; so wird die Form nicht unproportional verzerrt.

Als dünne graue Linie prangt jetzt ein so genannter geschlossener Pfad im Bild. Er sitzt noch nicht perfekt. Wir könnten Position und Form schon jetzt korrigieren, warten aber noch bis Schritt 6.

Datei: Form_03

Schritt 5: Die Vektormaske

Der Pfad ist noch im Bild sichtbar? Dann klicken Sie auf **Ebene: Vektormaske hinzufügen: Aktueller Pfad**.

Die Bildpartie außerhalb des Pfads verschwindet damit; Photoshop zeigt die Aufnahme nur noch innerhalb des Pfads.

Werfen Sie einen Blick in die Ebenen-Palette: Die EBENE 0 hat eine 1 Vektormaske erhalten – einen geschlossenen Pfad, der außen liegende Bildteile versteckt. Sie sind aber weiterhin vorhanden und in den nächsten Schritten zeigen wir sie wieder an.

Um die neue so genannte Formebene herum sehen Sie 2 Karos. So kennzeichnet Photoshop transparente Bildbereiche. Die Karos signalisieren, dass es hier keine Pixel gibt. Die Kästchen werden aber nicht mitgedruckt; stattdessen erscheint beim Ausdrucken im Bereich der Karos Weiß.

Datei: Form_04

Schritt 6: Neuer Bildausschnitt

Schalten Sie das 1 Pfadauswahl-Werkzeug ein und klicken Sie einmal ins Bild. Jetzt sehen Sie die einzelnen 2 Ankerpunkte des Pfads. 3 Ziehen Sie den Pfad nach links oben, so dass die Darsteller links voll innerhalb der Maske erscheinen.

Wenn Sie die ⇧-Taste drücken, bewegen Sie den Pfad exakt horizontal.

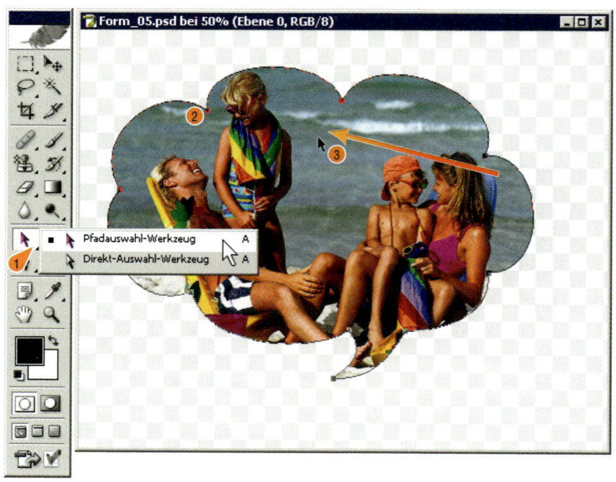

Datei: Form_05

Schritt 7: Größerer Bildausschnitt

Die Vektormaske wirkt noch zu klein. Wir wählen **Bearbeiten: Frei transformieren Pfad**. Photoshop zeigt eine Box mit Ankerpunkten rund um die Formebene. Wir ziehen den mittleren Anfasspunkt unten weiter nach Süden, so dass der Umriss in der Höhe wächst.

Sie merken es: Die Manöver aus Schritt 6 und 7 ändern nur die Maske. Ob Sie die Maske verschieben oder vergrößern – das Foto selbst bewegt sich nicht und es wird auch nicht mit vergrößert.

Diese reine Maskenkorrektur bei unverändertem Bild erlaubt Photoshop, solange Sie Pfadauswahl-Werkzeug, Direktauswahl-Werkzeug oder ein anderes Pfadwerkzeug verwenden. Schalten Sie dagegen das Verschieben-Werkzeug ein, verändern Sie beim **Transformieren** Maske und Bildebene gleichzeitig.

Datei: Form_06

Schritt 8: Angriff auf die Ankerpunkte

Wir korrigieren die Form, wechseln aber zunächst mit der Taste [F] in den Vollbildmodus; das Bild steht so vor 1 grauem Hintergrund.

Das 2 Direktauswahl-Werkzeug wählt nicht komplette Pfade, sondern einzelne Ankerpunkte aus. Klicken Sie einmal ins Bild, um zunächst sämtliche bisher aktivierten Ankerpunkte abzuschalten.

3 Rahmen Sie den Bereich mit dem ersten Ankerpunkt ein. Klicken Sie den Ankerpunkt einmal an, dann 4 ziehen Sie ihn nach links.

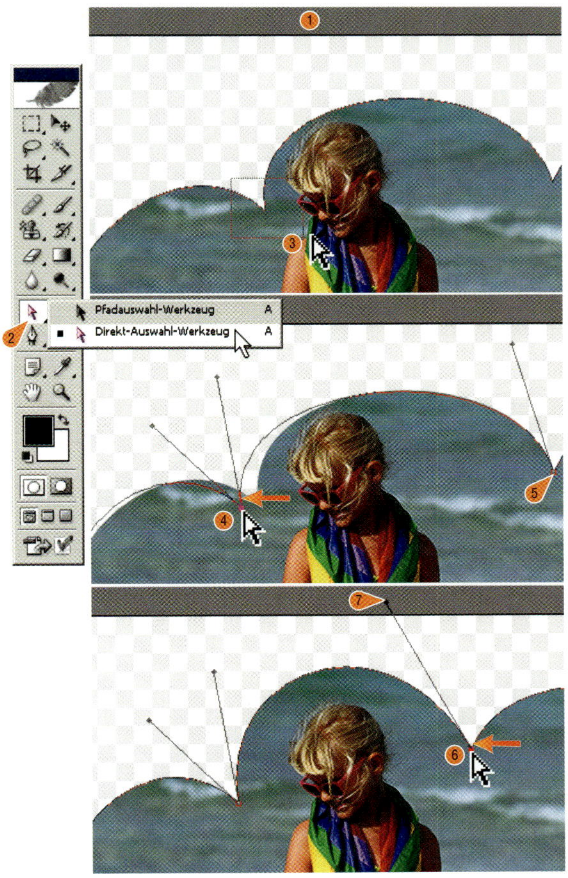

Der Ankerpunkt rechts vom Kopf erschien bisher 5 nicht gefüllt, er hat sich also nicht mitbewegt. Klicken Sie ihn einmal an, dann 6 ziehen Sie diesen Punkt ebenfalls nach links. Die Rundung dieses Pfadsegments biegen wir danach durch Ziehen an einer 7 Grifflinie zurecht. Korrigieren Sie weitere Segmente nach Bedarf.

Datei: Form_07

Schritt 9: Ebeneneffekte, Versuch 1

Klicken Sie doppelt auf die Miniatur des Fotos in der Ebenen-Palette. So wartet Photoshop mit dem EBENENSTIL-Dialog auf. Klicken Sie zuerst auf den Balken ① SCHATTEN NACH INNEN. Bei geöffnetem Dialogfeld ziehen Sie einen Schatten ins Bild hinein und korrigieren eventuell die GRÖSSE.

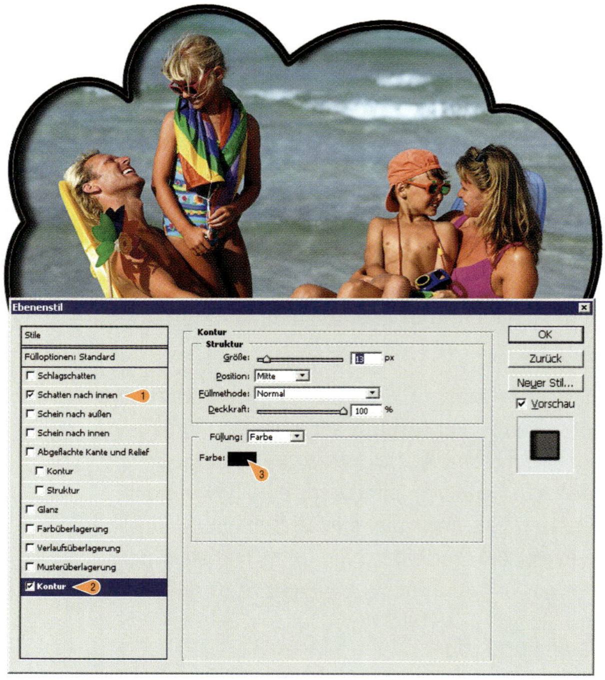

Dann klicken Sie einmal auf den ② KONTUR-Balken. Nach einem Klick auf das ③ Farbfeld richten wir schwarze Farbe ein, wir stellen die GRÖSSE auf 13 Pixel und die POSITION auf MITTE.

Dann ändern sich unsere Pläne – wir drücken die [Alt]-Taste; die ABBRECHEN-Schaltfläche heißt jetzt ZURÜCK; ein Klick, und alle Effekte sind wieder abgestellt.

Aber bevor wir andere Effekte einrichten: Photoshop zeigt immer noch den Pfad als graue Linie im Bild. Der wird nicht mitgedruckt und stört nur bei der Beurteilung. Wir verbergen ihn mit dem Befehl **Ansicht: Extras**; dieser steht auch bei geöffnetem Dialogfeld zur Verfügung.

Schritt 10: Der zweite Versuch

Jetzt klicken wir erst auf ① SCHLAGSCHATTEN und ziehen bei geöffnetem Dialogfeld einen Schatten unter dem Bild hervor; passen Sie auch hier wieder die GRÖSSE an.

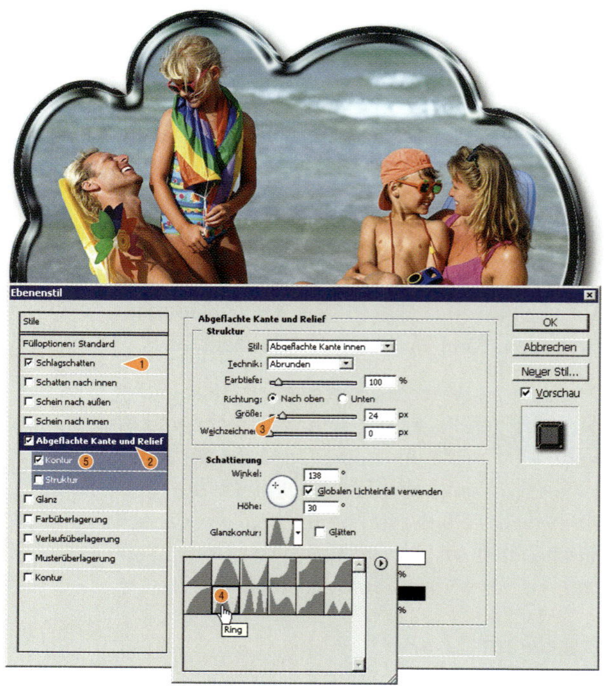

Dann klicken Sie auf ② ABGEFLACHTE KANTE UND RELIEF, erhöhen die ③ GRÖSSE auf 24 und wechseln bei der GLANZKONTUR auf ④ RING. Anschließend klicken Sie noch auf den ⑤ KONTUR-Balken und stellen ebenfalls den RING ein.

Dann klicken Sie auf OK.

Datei: Form_08

Schritt 11: Der endgültige Zuschnitt

Die Datei zeigt jetzt viel leere Fläche, die wir wegschneiden. Das erledigt der Befehl **Bild: Zuschneiden** mit der Option TRANSPARENTE PIXEL. Überflüssiger Rand verschwindet, aber Formkante oder Schatten werden nicht angetastet.

Datei: Form_09

Schritt 12: Finis

Mit dem Verschieben-Werkzeug können Sie die Figur jetzt in andere Dateien ziehen.

Die Ebenen-Palette zeigt die Effekte SCHLAGSCHATTEN und ABGEFLACHTE KANTE UND RELIEF; sie lassen sich mit dem Augensymbol abschalten oder nach Doppelklick umstellen.

Wollen Sie wieder das Gesamtbild ohne Formumriss sehen, klicken Sie die Miniatur der Vektormaske bei gedrückter ⇧-Taste an. Sie können dann den Pfad korrigieren und das Gesamtbild im Blick behalten.

Sie haben gesehen, wie schnell Sie Ihr Bild in eine Formebene verwandeln. Vielleicht zeigen Sie Ihr nächstes Exponat als Puzzlestück, Kleeblatt oder Stern?

Tipps & Tricks

- Den Pfad aus Schritt 4 können Sie unter Windows mit den Dateiformaten PSD, JPEG, EPS, DCS, PDF und TIFF mitspeichern und bei Bedarf über die Pfade-Palette wieder aktivieren. Am Mac speichern viele Dateiformate Pfade mit. Details zur Pfade-Verwaltung besprechen wir in Übung 31 ab Seite 238.
- Farbe und Größe der Karos für transparente Bereiche können Sie ändern: Wählen Sie unter Windows **Bearbeiten: Voreinstellungen: Transparenz & Farbumfang-Warnung**; am Mac **Photoshop: Voreinstellungen: Transparenz & Farbumfang-Warnung**. Sie können das Muster auch ganz abschalten, dann lässt sich allerdings am Bildschirm nicht mehr direkt zwischen weißer Farbe und durchsichtiger Fläche unterscheiden.
- Mit der Taste [A] schalten Sie entweder das Pfadauswahl-Werkzeug oder das Direktauswahl-Werkzeug ein. Mit [⇧]+[A] wechseln Sie zwischen diesen Werkzeugen hin und her.
- Eventuell ragen bei Ihren Arrangements Bildteile, KONTUR oder SCHLAGSCHATTEN über die Bildgrenzen hinaus; das macht zunächst nichts, im Photoshop-PSD-Dateiformat werden sie mitgespeichert. Der Befehl **Bild: Alles einblenden** dehnt die Arbeitsfläche so aus, dass die Außenbereiche wieder sichtbar werden.

Übung 38: Gezielt unscharfer Hintergrund

Was tun, wenn sich das Hauptmotiv nicht richtig vom Hintergrund abhebt? Die Lösung: Zeichnen Sie den Hintergrund gezielt unscharf. Berücksichtigen Sie dabei auch die Dimensionen: Räumlich weit entfernte Zonen soften Sie stärker ab als Bildpartien in der Nähe Ihres Fotomodells.

Auf einen Blick

Sie lernen kennen:	Ebenen duplizieren, Alphakanäle, Verlaufswerkzeug, **Bild**-Befehl **Tonwertkorrektur**, **Filter**-Befehl **Verwackeln**
Aufwand:	mittel bis hoch; 11 Schritte
Siehe auch:	Porträtfoto glätten, Seite 180 Urlaubsbild auffrischen, Seite 197 Auswahl mit Zauberstab & Maskenretusche, Seite 228 Große Datenmengen verarbeiten, Seite 358 Pinselspitzen & Farbwahl, Seite 365 Richtig speichern, Seite 372
Übungsdateien:	Unscharf_01 etc.
Kommentar:	Schaffen Sie gezielt Unschärfe im Bild, steuern Sie die Detailgenauigkeit mit einem Alphakanal.

Schritt 1: Die Sicherheitsebene

Das Bild für diese Übung wurde in der Übung 23 aufgefrischt (Seite 197), in Übung 30 haben wir es vor einen neuen Hintergrund montiert (Seite 228) und als »Freisteller_04.psd« gespeichert.

Laden Sie also »Freisteller_04«. Bevor wir die Hintergrund-Ebene per Unschärfe verfremden, duplizieren wir sie sicherheitshalber: Rufen Sie im **Fenster**-Menü die **Ebenen**-Palette auf. Ziehen Sie dort die ① Hintergrund-Ebene auf ② das Symbol Neue Ebene erstellen. Dabei entsteht die neue Ebene ③ Hintergrund Kopie. Die Bildwirkung bleibt unverändert.

Die neue Ebene ist sofort aktiviert. Wir bearbeiten im Folgenden nur diese Kopie-Ebene: Die verunstalten Sie beim Experimentieren getrost – einfach in den ④ Mülleimer damit, dann legen Sie mit einer weiteren Kopie von vorn los.

Dateien: Freisteller_04, Unscharf_01

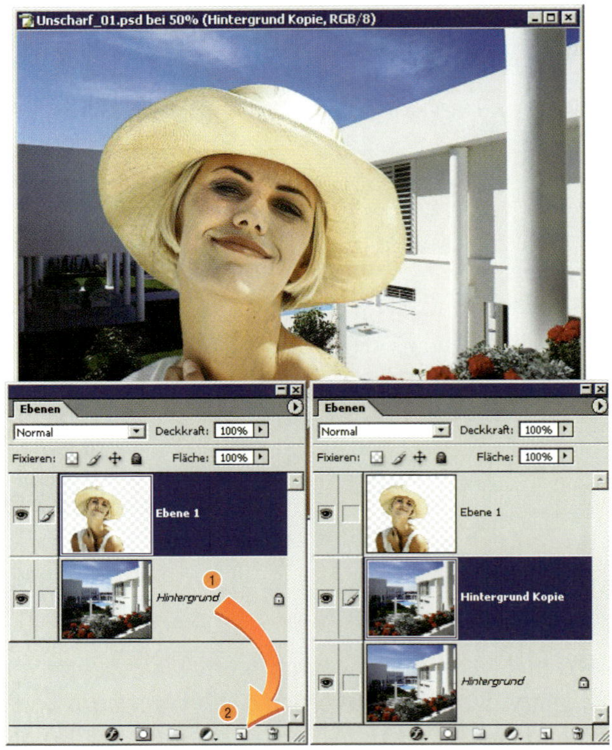

Schritt 2: Ein neuer Alphakanal

Der scharfe Hintergrund soll weichgezeichnet werden. Das Ziel: Je größer die räumliche Distanz, desto unschärfer der Hintergrund. Die Geranien direkt hinter dem Modell sollen weniger verschwimmen als das entfernte Gemäuer.

Aber wie erfährt Photoshop, welche Bereiche wie viel Abstand zum Hauptmotiv haben? Die Antwort: Durch Graustufen-Übergänge im Alphakanal.

Kramen Sie also im **Fenster**-Menü die **Kanäle**-Palette hervor. Per Klick auf ① Neuen Kanal erstellen entsteht ein neuer, leerer Alphakanal.

Das Ergebnis: Ein neuer schwarzer ② Kanal namens »Alpha 1«. Photoshop zeigt im Bildfenster nur mehr den schwarzen Kanal und blendet die Grundfarben des Fotos aus. Darum stehen Sie jetzt vor einer pechschwarzen Bilddatei. Und nur der Alphakanal ist zur Bearbeitung freigegeben; das erkennen Sie an dem ③ Hinweis Alpha 1 in der Titelleiste.

Datei: Unscharf_02

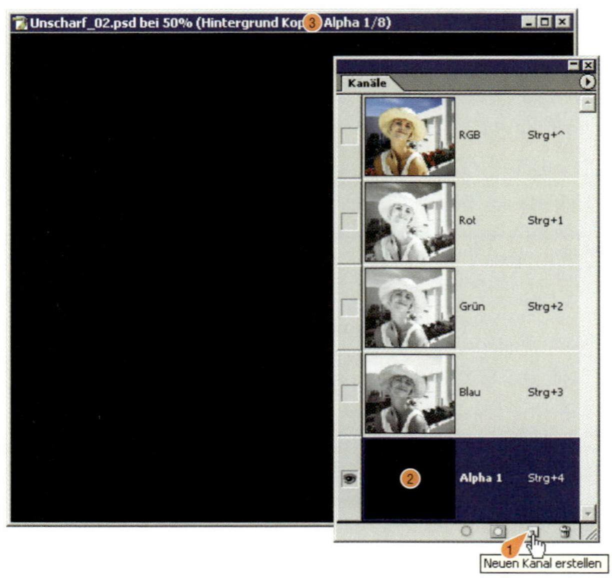

Schritt 3: Geänderte Darstellung

Nur der Alphakanal ist zur Bearbeitung freigegeben. Wählen Sie **Bild: Anpassen: Umkehren**; (1) der Kanal wird damit weiß, auch das Bild im Dateifenster ist zunächst weiß.

Wir blenden das Bild nun zur Übersicht mit ein. Dazu klicken Sie neben der RGB-Miniatur auf (2) EIN-/AUSBLENDEN EINES KANALS.

Damit erscheint wieder die Montage selbst im Bildfenster. Sie ist jedoch nicht zur Bearbeitung freigegeben: Korrigieren können Sie weiterhin nur den Kanal ALPHA 1. Denn nur diesen Kanal hebt Photoshop (3) in der Kanäle-Palette und in der (4) Titelleiste hervor.

Datei: Unscharf_03

Schritt 4: Das Verlaufswerkzeug

Schalten Sie (1) das Verlaufswerkzeug ein. Sie brauchen (2) Schwarz als Vorder- und Weiß als Hintergrundfarbe. Photoshop richtet diese Farben automatisch ein, wenn Sie – wie hier – einen Alphakanal beackern.

(3) Die Übersicht für unterschiedliche Verläufe müssen Sie meist gar nicht öffnen: Der erste Verlauf VORDERGRUND-HINTERGRUND eignet sich ohnehin optimal für unser Projekt. Er erzeugt hier einen Übergang von Schwarz nach Weiß, denn das sind die aktuellen Vorder- und Hintergrundfarben. (4) Klicken Sie auf das Symbol LINEARER VERLAUF.

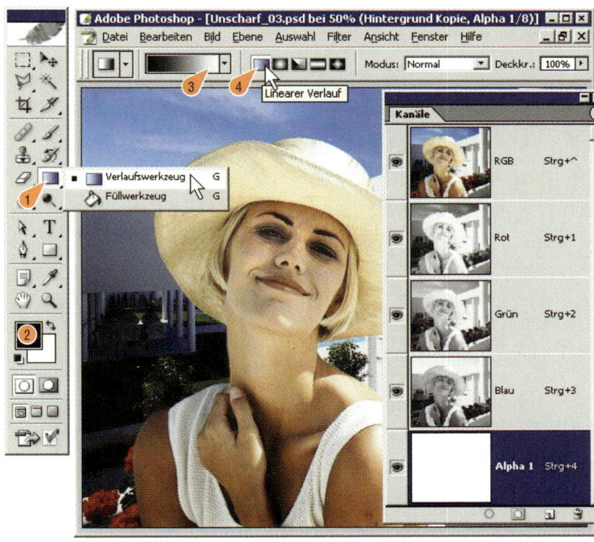

Schritt 5: Der erste Verlauf

Räumlich nahe gelegene Bildteile sollen im Alphakanal schwarz unterlegt werden, weit Entferntes bekommt Weiß. Klicken Sie mit dem Verlaufwerkzeug 1 ganz unten links ins Bild. Ziehen Sie bei gedrückter Maustaste, bis Sie 2 die Blüte am rechten Arm des Modells erreicht haben. Dort lassen Sie die Maustaste los.

Photoshop produziert eine rötliche Schutzschicht im Dateifenster. Auf diese Art blendet das Programm den Alphakanal, den Sie ja gerade bearbeiten, ins Gesamtbild. Gucken Sie in die Kanäle-Palette selbst: Im 3 Alphakanal entstand ein Schwarzweißverlauf. Der Blumenbalkon ist nun als »nah« definiert, denn Sie haben ihn schwarz unterlegt. Es gibt einen kurzen Übergang von Dunkelgrau über Hellgrau zu Weiß. Alles weitere – im Alphakanal weiß unterlegt und im Bildfenster voll sichtbar – bekommt später volle Unschärfe.

Datei: Unscharf_04

Schritt 6: Zweiter Verlauf, erster Versuch

Das gemauerte Blumenbeet haben Sie nun als »nah« festgelegt. Doch die hintere Wand, die sich in der Tiefe verliert, soll ebenfalls einen Übergang von relativ scharf zu weniger scharf erhalten. Darum erhält das Bild einen zweiten Verlauf.

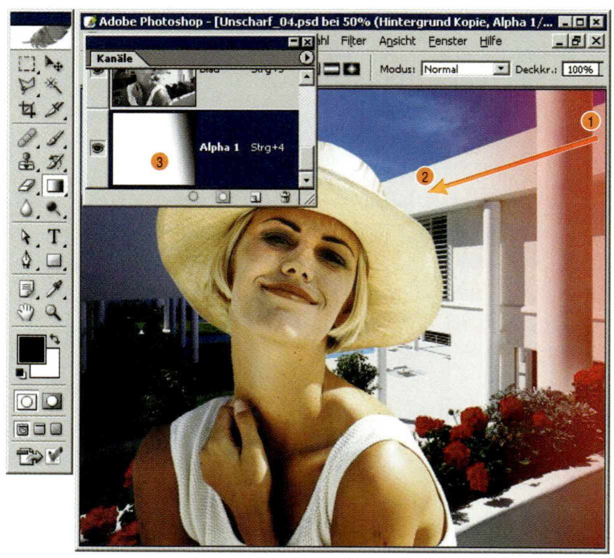

Klicken Sie 1 links oben und ziehen Sie parallel zur Dachkante bis zu dem 2 Punkt, an dem Sie maximale Unschärfe sehen wollen.

Doch das war wohl nichts: Zwar haben Sie einen schönen Verlauf im rechten Bildteil. Doch der neue Verlauf überlagert den bisherigen Verlauf vollständig – 3 die schwarze Schicht unter der Blumenreihe ist verschwunden. Es nützt auch nichts, jetzt erneut den ersten Verlauf ins Bild zu klicken – der überdeckt wieder nur den vorherigen Verlauf.

Das Vorgehen ist nicht zielführend. Wir widerrufen diesen Verlauf schnell mit Strg + Z und arbeiten mit dem Ergebnis aus Schritt 5 weiter.

Schritt 7: Zweiter Verlauf, diesmal richtig

Wir arbeiten also mit dem ersten Verlauf aus Schritt 5 weiter. Unsere Anforderung an den neuen Verlauf: Vorhandenes Weiß soll dunkel überdeckt werden. Vorhandenes Schwarz wie beim Blumenbeet soll dagegen erhalten bleiben. Darum schalten Sie im 1 Modus-Klappmenü auf Abdunkeln. Diese so genannte Füllmethode sorgt dafür, dass sich der neue Verlauf nur dort durchsetzt, wo er dunkler ist als die schon vorhandene Farbe; das Weiß am Ende des Verlaufs kann damit das Schwarz unter der Blumenreihe nicht mehr überlagern.

Ziehen Sie den Verlauf so wie in Schritt 6 beschrieben: von der 2 linken Bildkante bis zu dem 3 Punkt für maximale Unschärfe.

Dank Abdunkeln bleibt der 4 schwarze Bereich unter den Blumen erhalten, wir können das Zwischenergebnis speichern.

Datei: Unscharf_05

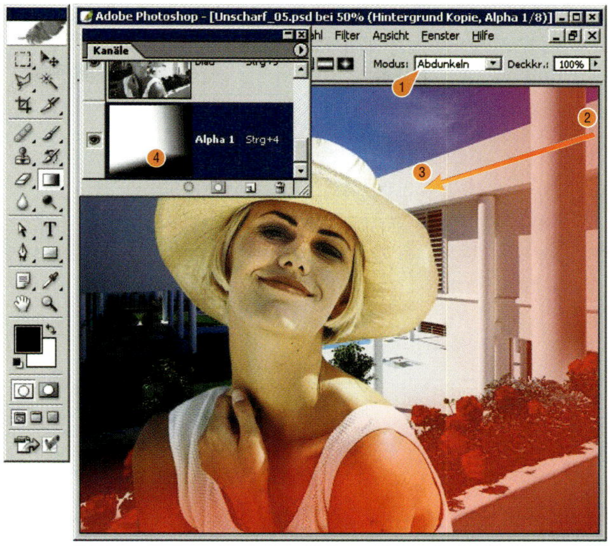

Schritt 8: Alphakanal aufhellen

Schwarz im Alphakanal steht für unverändert scharfe Bildbereiche. Allerdings: Der Hintergrund soll an gar keiner Stelle vollständig scharf werden – selbst räumlich nahe gelegene Teile des Hintergrundmotivs möchten wir bereits leicht unscharf sehen.

Darum hellen wir die schwarzen Zonen im Alphakanal auf. Wählen Sie **Bild: Anpassen: Tonwertkorrektur**. Im Dialog **Tonwertkorrektur** schieben Sie den 1 schwarzen Regler für Tonwertumfang bis auf den Wert 2 80. Das heißt: Sie setzen alle ganz dunklen Tonwerte von 0 (reines Schwarz) bis 79 einheitlich auf 80. Ganz dunkle Pixel von 79 bis herunter zu 0 gibt es im Alphakanal nicht mehr. Unverändert scharf bleibt also keine Zone des Hintergrundmotivs.

Nach dem Klick auf OK erscheinen 3 die dunklen Teile des Alphakanals nicht mehr schwarz, sondern grau.

Datei: Unscharf_06

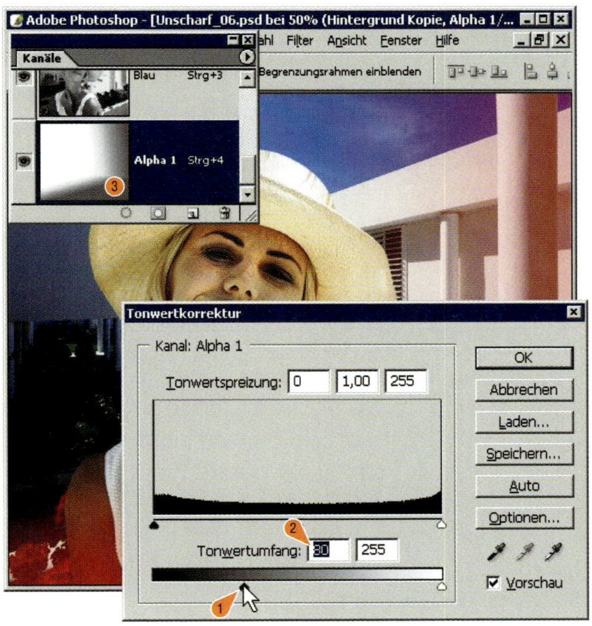

Schritt 9: Andern Sie die Bilddarstellung

Jetzt geht es endlich ans Weichzeichnen. Klicken Sie in der Ebenen-Palette auf ① die Ebene HINTERGRUND KOPIE; damit geben Sie diese Bildebene zur Bearbeitung frei.

Photoshop versteckt im gleichen Zug den zuvor rötlich eingeblendete Alphakanal, Sie können ihn zudem nicht mehr verändern. Photoshop hebt den Alphakanal ② in der Titelleiste und ③ in der Palette nicht mehr hervor.

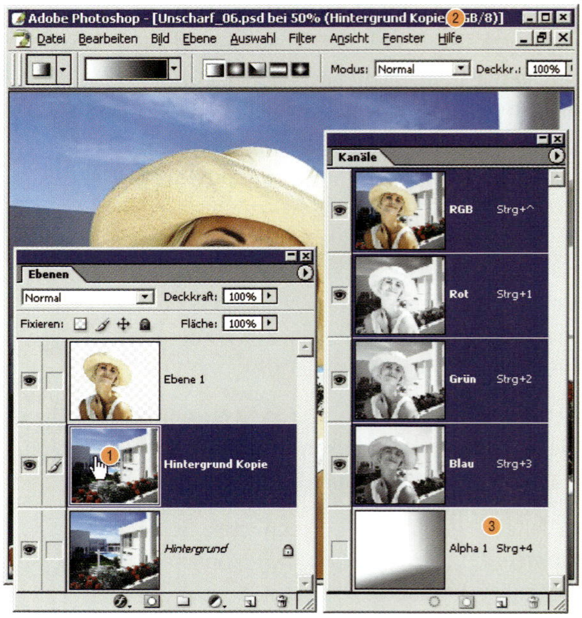

Schritt 10: Der »Verwackeln«-Filter

Wählen Sie **Filter: Weichzeichnungsfilter: Verwackeln**; die Funktion ist trotz des irreführenden Namens erste Wahl für subtil steuerbare Kameraunschärfe.

Nennen Sie zunächst eine QUELLE für die TIEFEN-VERSETZUNG: Klicken Sie im ① Klappmenü auf ALPHA 1. Die Blumen erscheinen damit leicht weichgezeichnet, der Hintergrund ist stärker verfremdet.

② Der RADIUS-Regler steuert die Stärke der Weichzeichnung. Im Bereich SPIEGELARTIGE LICHTER setzen Sie Spitzlichter, unscharfe Bereiche bleichen nach Weiß aus. Ziehen Sie dort den ③ SCHWELLENWERT auf hohe 220. Damit hebt Photoshop nur helle Bildpunkte mit Werten von 220 bis 255 stark an – aber nur innerhalb des weichgezeichneten Bereichs. Wie stark Photoshop den gewählten Helligkeitsbereich oberhalb des Schwellenwerts liftet, steuern Sie per ④ HELLIGKEIT. Wir verwenden die hier abgebildeten Werte und klicken auf OK.

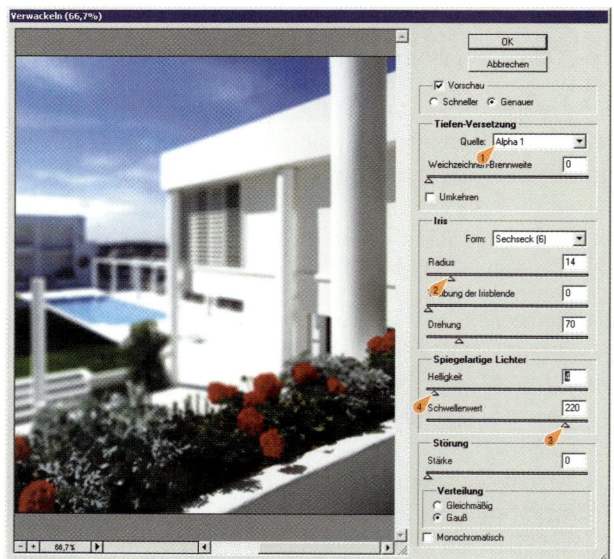

Datei: Unscharf_07

Schritt 11: Effekt verstärken

Sie haben nun die Ebene HINTERGRUND KOPIE mit dem **Verwackeln**-Filter weichgezeichnet. Wollen Sie den Effekt verstärken, lassen Sie den Filter einfach noch einmal ablaufen – Strg+F reicht dazu.

Brauchen Sie dagegen ganz andere Werte, widerrufen Sie mit Strg+Z, anschließend laden Sie den Filterdialog mit Strg+Alt+F erneut.

Wenn gar nichts mehr hilft, entsorgen Sie die Ebene HINTERGRUND KOPIE in den Mülleimer und legen eine neue Kopie an wie in Schritt 1 beschrieben.

Tipps & Tricks

- Sie möchten den Alphakanal auf einen Schlag wieder weiß machen und neu mit Verläufen anfangen? Drücken Sie Strg+A, dann Entf (am Mac ←) – so wählen Sie erst alles aus, dann löschen Sie es leer und überschreiben den Inhalt mit der aktuellen Hintergrundfarbe; das ist bei der Alphakanalretusche meist Weiß.
- Die Darstellung des Alphakanals ähnelt weitgehend dem Maskierungsmodus, den Sie in Übung 30, »Auswahl mit Zauberstab & Maskenretusche«, kennen lernen (Seite 228). Auch im Alphakanal können Sie Farbe und Deckkraft umstellen: Klicken Sie doppelt auf die Miniatur Alpha 1 in der Kanäle-Palette.
- Das Ergebnis hier ist nicht perfekt fotorealistisch, sondern leicht stilisierend. Für noch präzisere Verteilung von scharfen und unscharfen Zonen können Sie den Alphakanal unter anderem mit dem Pinsel retuschieren. Ein Beispiel für Pinselretusche im Alphakanal liefert Übung 33, »Weiche Überblendung« (Seite 263).
- Um das Schwarz im Alphakanal aufzuhellen, müssen Sie nicht unbedingt die **Tonwertkorrektur** nehmen, auch der Befehl **Bild: Anpassen: Helligkeit/Kontrast** eignet sich. Weitere Möglichkeit: Senken Sie noch vor dem ersten Verlauf die DECKKRAFT in den Einstellungen.
- Den Schärfe-Punkt im **Verwackeln**-Filter können Sie beliebig verlagern. Am einfachsten klicken Sie dazu im Dialogfeld auf den Punkt, der in voller Schärfe erscheinen soll – Photoshop präsentiert den Mauszeiger hier als Kreuz. So erscheint zum Beispiel der Pool im Hintergrund scharf, die Blumen wirken sehr unscharf. Dabei verändert sich die Stellung des Reglers WEICHZEICHNEN-BRENNWEITE. Sie können diesen Regler auch direkt bewegen. Um zur ursprünglichen Darstellung zurückzukehren, setzen Sie die WEICHZEICHNEN-BRENNWEITE auf 0.

Übung 39: Vielseitiger Nostalgie-Effekt

Ein Nostalgie-Effekt verleiht Porträts und anderen Motiven eine spezielle Note. In dieser Übung verwenden wir einen ganzen Cocktail von Effekten – Filmkorn, ungleichmäßige Entwicklung und Schwefeltonung. Das Besondere: Einzelne Merkmale des Nostalgie-Effekts schalten Sie jederzeit ab – zum Beispiel Körnung oder Tonung. Bei Bedarf ziehen Sie andere Fotos in die Verfremdung hinein.

Auf einen Blick

Sie lernen kennen:	Pinsel, Werkzeugspitzen, Filter-Befehle Körnung und Wolken, Ebenen-Palette, Einstellungsebenen Kanalmixer und Farbton/Sättigung (zum Tonen)
Aufwand:	mittel bis hoch; maximal neun Schritte
Siehe auch:	Pinselspitzen & Farbwahl, Seite 365 Transformieren, Seite 368 Richtig speichern, Seite 372
Übungsdateien:	Alt_01 etc.
Kommentar:	Die Eigenschaften des Effekts bleiben abschaltbar; Sie können andere Motive in die fertige Verfremdung ziehen.

Schritt 1: Eine neue Einstellungsebene

Falls noch nicht auf dem Schirm zu sehen, dann zeigen Sie mit F7 die Ebenen-Palette an. Sie klicken unten in der Ebenen-Palette auf die Schaltfläche NEUE FÜLLEBENE ODER EINSTELLUNGSEBENE.

Datei: Alt_01

Schritt 2: Tonung per »Färben«

Die Tonung legen wir als so genannte Einstellungsebene an: Eine solche Veränderung liegt wie ein Filterglas über dem Bild und erscheint in der Ebenen-Palette als eigenes Objekt. Sie können die Tonung per Einstellungsebene jederzeit ändern oder abschalten.

Im Menü wählen Sie FARBTON/SÄTTIGUNG. 1 In diesem Dialogfeld schalten Sie zuerst das FÄRBEN ein. 2 Der FARBTON-Regler steuert die Farbstimmung. Ein Wert um 30 sorgt für Sepiatonung. 3 Die SÄTTIGUNG sollte meist bei 20 oder 25 Prozent liegen; höhere Werte wirken zu aufdringlich.

4 Photoshop zeigt die neue Einstellungsebene auch in der Ebenen-Palette an. Sie können diese Manipulation jederzeit ändern oder ganz abschalten. Das Originalbild bleibt unberührt, es erscheint lediglich am Monitor verfremdet.

Datei: Alt_02

Schritt 3: Eine neue Ebene für die Körnung

Ebenso wie die Tonung legen Sie auch die Körnung auf eine eigene Ebene.

Klicken Sie bei gedrückter [Alt]-Taste unten in der Ebenen-Palette auf das Symbol NEUE EBENE ERSTELLEN. Photoshop präsentiert die Optionen für die neue Ebene. (1) Wir nennen die neue Ebene »Körnung«. (2) Verwenden Sie den Modus HARTES LICHT. (3) Verwenden Sie die NEUTRALE FARBE; so füllt Photoshop die Ebene sofort mit Neutralgrau.

(4) Die neue Ebene erscheint zunächst als neues, graues Objekt in der Ebenen-Palette. Das Foto im Bildfenster bleibt jedoch sichtbar, weil Grau im Überblendmodus HARTES LICHT sich nicht durchsetzen kann.

Datei: Alt_03

Schritt 4: Richten Sie die »Körnung« ein

Ist die oberste Ebene »Körnung« noch aktiviert? Dann öffnen Sie das Untermenü **Filter: Strukturierungsfilter** und gehen auf **Körnung**. In der Filtergalerie (1) sehen Sie jetzt nur die graue Ebene, nicht das Gesamtbild. Bringen Sie die Vorschau mit den (2) Plus- und Minusschaltflächen unten links in die einzig verlässliche 100-Prozent-Zoomstufe. (3) Im Klappmenü KÖRNUNGSART nutzen wir die SPRITZER, testen Sie aber auch andere Optionen.

Klicken Sie auf OK – erst jetzt erkennen Sie die Wirkung auf das Gesamtbild. Richten Sie auch dort unbedingt die Zoomstufe 100 Prozent ein ([Strg]+[Alt]+[0]).

Gefällt Ihnen die Bildwirkung gar nicht, widerrufen Sie schnell mit [Strg]+[Z], dann laden Sie den Filter **Körnung** erneut per [Strg]+[Alt]+[F]. (4) Wirkt die Körnung lediglich etwas zu stark, senken Sie die DECKKRAFT oben rechts in der Ebenen-Palette.

Datei: Alt_04

Schritt 5: Bessere Tonwerte mit dem »Kanalmixer«

Für bessere Kontraste legen wir noch einen korrigierenden Kanalmixer als weitere Einstellungsebene ins Bild. 1 Klicken Sie zunächst auf die HINTERGRUND-Miniatur mit dem Porträt ganz unten in der Ebenen-Palette – so entsteht die neue Einstellungsebene unmittelbar darüber. 2 Dann nehmen Sie wieder die Schaltfläche NEUE FÜLLEBENE ODER EINSTELLUNGSEBENE, diesmal wählen Sie den **Kanalmixer**.

3 Im Dialogfeld schalten Sie zuerst die Option MONOCHROM ein, um ein Graustufen-Ergebnis zu erhalten. 4 Hohe ROT-Werte sorgen für helle Hauttöne. 5 Der KONSTANTE-Regler ändert die Gesamthelligkeit.

Schritt 6: Eine neue Ebene zum Malen

Den weißen Rand tuschen wir in eine weitere neue Ebene – damit erhalten Sie das Originalbild unverändert und Sie können den gemalten Rand später in andere Bilder ziehen.

1 Klicken Sie in der Ebenen-Palette auf die Ebene »Körnung«; so landet die neu entstehende Ebene noch darüber ganz oben. 2 Dann klicken Sie unten in der Ebenen-Palette auf das Symbol NEUE EBENE ERSTELLEN. 3 Photoshop tischt prompt eine neue, leere »Ebene 1« auf. Das Motiv im Bildfenster ändert sich dadurch nicht.

Datei: Alt_06

Schritt 7: Farben und Pinsel einrichten

1 Schalten Sie in der Werkzeugleiste den Pinsel ein und wechseln Sie zu weißer Vordergrundfarbe – drücken Sie das D, dann das X; 2 Sie sehen Weiß in der Werkzeugleiste.

Klicken Sie mit rechts ins Bild, um an den Dialog für die Pinselspitzen zu kommen; 3 dort wählen Sie eine rauhe, »natürliche« Werkzeugspitze wie ÖL MITTEL NASS. Die bietet Photoshop gar nicht an? 4 So etwas lässt sich schnell über das Palettenmenü nachinstallieren, alles Wichtige über Pinsel und Farbwahl steht auf Seite 365.

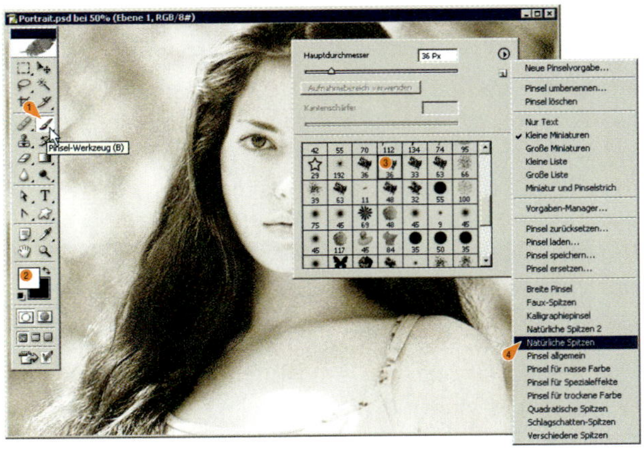

Schritt 8: Der gemalte Rand

Für den hingetuschten Rand wechseln Sie Größe, Form und Deckkraft der Spitze immer wieder ab. Überflüssige Farbe entfernen Sie mit dem Radiergummi.

Auch hier stellen Sie nach Rechtsklick zunächst eine rauhe, ungleichmäßige Werkzeugspitze ein; wechseln Sie die Werte für DECKKRAFT und HAUPT-DURCHMESSER mehrfach.

Datei: Alt_07

Schritt 9: Einzeleffekte ändern

Ändern Sie die Effektmontage nach Belieben: ① Machen Sie einzelne Effekte durch einen Klick auf das Augensymbol in der Ebenen-Palette unsichtbar. ② Oder dämpfen Sie die Wirkung stufenlos mit dem DECKKRAFT-Regler. ③ Nach einem Doppelklick auf die Miniaturen der Einstellungsebenen ändern Sie die Werte für **Farbton/Sättigung** oder **Kanalmixer**. ④ Effekte, die Sie endgültig nicht mehr brauchen, ziehen Sie in den Mülleimer unten rechts in der Palette – das spart Speicherplatz und Rechenzeit.

Für unser neu getontes Beispiel schieben wir den FARBTON-Wert im Dialogfeld FARBTON/SÄTTIGUNG auf 220, um einen Blauton zu erhalten; die Ebene »Körnung« wurde ausgeblendet.

Datei: Alt_08

Schritt 10: Neue Motive testen

Testen Sie auch völlig neue Motive im Nostalgie-Look. Klicken Sie zunächst die unterste HINTERGRUND-Ebene an, damit das neue Bild unmittelbar darüber ankommt. Dann öffnen Sie die neue Datei und ziehen sie mit dem Verschieben-Werkzeug in die Nostalgie-Montage.

In unserem Beispiel passt die Größe noch nicht auf Anhieb. Um das Bild zu verkleinern, lassen Sie das Verschieben-Werkzeug eingeschaltet und drücken [Strg]+[T]; so starten Sie das TRANSFORMIEREN. Nun ziehen Sie an den Eckanfassern; drücken Sie dabei aber unbedingt die [⇧]-Taste; so verhindern Sie unproportionale Verzerrungen.

Dateien: Alt_09a, Alt_09b

Tipps & Tricks

- Lassen Sie die Vorlage noch älter aussehen: Testen Sie zum Beispiel einen Weichzeichner (**Filter: Weichzeichnungsfilter: Gaußscher Weichzeichner**) oder senken Sie den Kontrast (**Bild: Anpassen: Helligkeit/Kontrast**).
- Soll es schnell gehen, verzichten Sie auf die Ebenentechnik und rechnen Sie alle Verfremdungen direkt ins Originalbild. **Farbton/Sättigung** wie auch den **Kanalmixer** finden Sie im Untermenü **Bild: Anpassen**; fangen Sie mit dem **Kanalmixer** an und greifen Sie erst zum Schluss zum Pinsel.
- Wollen Sie die Körnung nachträglich ändern, klicken Sie die Ebene in der Palette an, füllen sie mit Neutralgrau (**Bearbeiten: Fläche füllen**), anschließend wählen Sie den Befehl **Körnung** erneut.
- Statt neue Bilder in die vorhandene Montage zu ziehen, können Sie natürlich einzelne oder mehrere Effektebenen über neue Dateien ziehen. Falls die Größe nicht passt, verwenden Sie wieder das TRANSFORMIEREN. Sollen die neuen Elemente automatisch am linken oder oberen Bildrand andocken, achten Sie auf die Option **Ansicht: Ausrichten an: Dokumentbegrenzungen**.
- Generell können Sie im Photoshop-Dateiformat Bildteile auch außerhalb des sichtbaren Bereichs speichern – sie lassen sich jederzeit wieder ins Foto ziehen; oder erweitern Sie die Arbeitsfläche mit dem Befehl **Bild: Alles einblenden**.

Teil 8: Präsentation am Monitor

Günstige Alternative zum Drucken: Präsentieren Sie Ihre gesammelten Werke am Monitor. Das geht mit einer Diaschau aus Photoshop heraus, mit einer PDF-Präsentation oder auch als Webgalerie nach Maß.

Übung 40: Diaschau, schnell und unkompliziert

Die Digifotos vom Wochenende sollen eins nach dem anderen über den Monitor flimmern. Der ganze Photoshop-Verhau mit Paletten und Leisten soll dabei bitteschön nicht von der Bilderpracht ablenken. Machen Sie den Schirm frei – nur ein paar schnelle Klicks, und Ihre besten Bilder können Revue passieren.

Auf einen Blick

Sie lernen kennen:	Zoommethoden; unterschiedliche Darstellungen der Programmfläche; Wechsel des aktiven Bilds per Taste
Aufwand:	gering; höchstens neun schnelle Schritte
Siehe auch:	Rang, Markierung, Drehen, Kopieren, Seite 20 Seitenverhältnis und Größencheck für Fotodruckdienst, Seite 56 Aktion aufzeichnen – Zuschneiden und Copyright-Schriftzug, Seite 85 Diaschau per PDF-Präsentation, Seite 324 Die eigene Internetgalerie, Seite 340
Übungsdateien:	Verzeichnis Urlaub_3 (oder beliebige andere Bilder)
Kommentar:	Schnell ein paar gute Bilder über den Schirm laufen lassen – mit wenigen Klicks startet die Show.

Schritt 1: Bilder auswählen

Wir laden den Dateibrowser mit der Schaltfläche oben rechts in den Werkzeugeinstellungen. Wir verwenden das Verzeichnis »Urlaub_3« von der Buch-CD. Beliebige andere Fotos tun es genauso gut.

Klicken Sie die einzelnen gewünschten Bilder bei gedrückter [Strg]-Taste an (am Mac wie immer die [⌘]- statt der [Strg]-Taste). Ist Ihnen ein Bild zu viel mit in die Auswahl gerutscht, klicken Sie erneut mit gedrückter [Strg]-Taste.

Steht die Auswahl? Dann klicken Sie doppelt auf eins der gewählten Fotos.

Verzeichnis: Urlaub_3

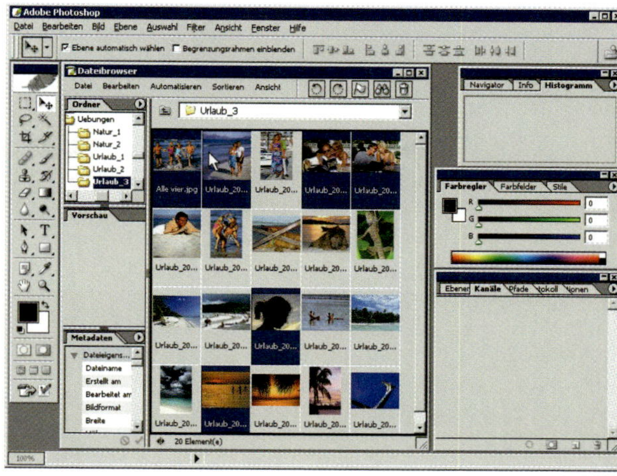

Schritt 2: Die geöffneten Bilder

Nach dem Doppelklick im Dateibrowser hievt Photoshop die gewählten Fotos auf die Programmfläche. Sie können die Motive jetzt schon Revue passieren lassen: Drücken Sie mehrfach [Strg]+[⇆] – ein Foto nach dem anderen springt in den Vordergrund, die anderen liegen dicht gestaffelt dahinter. Teilweise spitzt auch der Dateibrowser durch.

Richtig gut sieht die Schau damit noch nicht aus. Wir sorgen in den nächsten Schritten für die optimale Zoomstufe und räumen die Arbeitsfläche auf.

Schritt 3: Räumen Sie den Schirm auf

Wir blenden alle Paletten aus, weil sie nur Platz und Konzentration kosten. Drücken Sie auf die ⇥-Taste – der Palettenverhau verschwindet, auch die Statusleiste, Werkzeugleiste und Werkzeugoptionen gehen auf Tauchstation. Zudem verbannen wir auch den Dateibrowser mit dem Befehl **Fenster: Dateibrowser**. Jetzt sieht alles schon aufgeräumter aus.

Für Windows-Anwender gilt zudem: Stellen Sie Photoshop schirmfüllend dar, indem Sie oben rechts im Programmfenster auf Maximieren klicken.

Schritt 4: Wechsel der Zoomstufe

Anders als typische Vorführprogramme zoomt Photoshop nicht jedes Bild auf die optimale, schirmfüllende Größe. Wir müssen uns vorab für eine einheitliche Zoomstufe entscheiden. Sie können allerdings bei der Vorführung immer noch die Größe ändern.

Die gewählten Bilder haben alle ungefähr gleich viel Bildpunkte hoch mal quer und möglichst schirmfüllend sollen sie erscheinen. Wählen Sie **Ansicht: Ganzes Bild**. Damit zoomt Photoshop das vordere Bild so groß, wie es gerade noch vollständig am Schirm angezeigt werden kann.

In unserem Beispiel schnellt das vordere Bild auf eine Zoomstufe von 103 Prozent. Die Zoomstufe steht in der Titelleiste. Wir verwenden hier eine Datei mit wenig Bildpunkten in einem sehr kleinen Programmfenster – bei Ihnen kommen vielleicht völlig andere Zoomstufen zustande.

Schritt 5: Gleiche Zoomstufe für alle

Wollen Sie es bei dieser Zoomstufe belassen? Öffnen Sie das **Fenster**-Menü mit dem Untermenü **Anordnen** und gehen Sie auf **Gleiche Zoomstufe**.

Photoshop stellt jetzt alle Bilder auf die Zoomstufe 103 Prozent um. Am Bildschirm sehen Sie davon momentan nichts, denn das zuvor hochgezoomte vordere Bild überdeckt alle anderen Dateifenster.

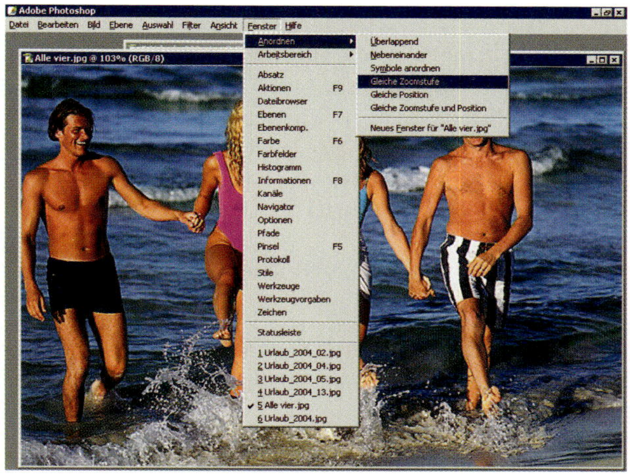

Schritt 6: Her mit der Werkzeugleiste

Nun brauchen wir die Werkzeugleiste wieder. Wir könnten zwar die [⇆]-Taste drücken, um sämtliche Paletten und Leisten zu sehen – doch das beschert uns wieder den ganzen Palettenwust. Einfacher: Wählen Sie **Fenster: Werkzeuge**.

Drücken Sie die [⇧]-Taste, danach klicken Sie unten in der Werkzeugleiste auf das Symbol VOLLBILDMODUS.

Schritt 7: Der Vollbildmodus

Nach dem Klick auf VOLLBILDMODUS verschwindet die Menüleiste oben. Photoshop umgibt das Bild mit (1) schwarzer Fläche. Die Werkzeugleiste ist noch zu sehen und sie zeigt unter Windows eine neue (2) Schaltfläche ganz oben: Hier rufen Sie die Menüs wie **Datei, Bearbeiten** und so weiter mit allen Befehlen auf.

Jetzt muss nur noch die Werkzeugleiste verschwinden.

Klicken Sie zweimal hintereinander auf die [Tab]-Taste: Beim ersten Mal tischt Ihnen Photoshop seine (3) gesammelten Paletten auf, beim zweiten Mal herrscht wohltuende Ordnung: Nur noch (4) Bild pur auf dem Monitor, Schirm frei für die Show.

Schritt 8: Showtime

Sie haben es ja schon in Schritt 2 gesehen: Mit [Strg]+[Tab] und [Tab]-Taste holen Sie ein Motiv nach dem anderen auf den Schirm. Lassen Sie Ihre Fotos in aller Ruhe Revue passieren.

Nota bene: Sie können dabei jederzeit einzelne Bilder bearbeiten. Schalten Sie zum Beispiel mit der Taste [S] den Kopierstempel für eine Retusche ein. Oder wechseln Sie mit dem [C] zum Freistellwerkzeug, wenn Sie Rand kappen wollen.

Unter Windows können Sie Menüs weiterhin mit den typischen Kurztasten öffnen, zum Beispiel [Alt]+[D] für das Datei-Menü. Für einen Blick in die Ebenen-Palette drücken Sie [F7]. Oder öffnen Sie das **Fenster**-Menü per [Alt]+[F], dort werden alle Paletten einzeln angeboten.

Schritt 9: Zoomen und Verschieben

Manche Bilder erscheinen vielleicht zu klein am Schirm. Zoomen Sie mit [Strg]+[+] schrittweise größer. Zu große Fotos schrumpfen per [Strg]+[-]. Oder drücken Sie die Leertaste, dann erhalten Sie die Verschiebehand – damit schieben Sie übergroße Fotos auf dem Schirm zurecht und zeigen neue Bildausschnitte.

Besonders praktisch: Der Tastengriff [Alt]+[0] zoomt die Motive schirmfüllend. Für die besonders verlässliche 100-Prozent-Darstellung greifen Sie zu [Strg]+[Alt]+[0].

Aber wie beendet man die Showtime? Ein Hieb auf die [⇆]-Taste beschert Ihnen wieder die gesammelten Paletten und die Werkzeugleiste. Klicken Sie unten in der Werkzeugleiste auf STANDARDMODUS: Nun zeigt Ihr Photoshop-Fenster wieder alle Bildschirmelemente wie beim Start.

Und die ganzen Bilder, die noch im Programmfenster herumliegen? Sie verschwinden mit **Datei: Alle schließen**.

Tipps & Tricks

- Für eine Gesamtübersicht der geöffneten Bilder nehmen Sie **Fenster: Anordnen: Nebeneinander**. Bei Dateien mit hohen Pixelzahlen sehen Sie nur kleine Ausschnitte. Zoomen Sie ein Bild mit [Strg]+[Alt]+[-] kleiner, dann wählen Sie **Fenster: Anordnen: Gleiche Zoomstufe**. Danach klicken Sie eventuell erneut auf **Nebeneinander**.
- Wollen Sie die Bildzusammenstellung für eine Schau sichern, markieren Sie die Fotos im Dateibrowser mit der Flagge (Seite 20). Wollen Sie die Paletten verbergen, die Werkzeuge aber behalten, drücken Sie [⇧]+[⇆].
- Den üblichen VOLLBILDMODUS liefert Photoshop auch durch mehrfaches Drücken der Taste [F] oder mit dem Untermenü **Ansicht: Bildmodus**. Für unsere Schau ist es jedoch erforderlich, bei gedrückter [⇧]-Taste auf das Symbol VOLLBILDMODUS in der Werkzeugleiste zu klicken.
- Sollen die Bilder den Monitor komplett ausfüllen, brauchen sie das Seitenverhältnis des Sichtgeräts – oft 4:3 (Seite 56). Auch bei **PDF-Präsentation** (Seite 324) und **Web-Fotogalerie** (Seite 340) entstehen Diaschauen.
- Eine schnelle Diaschau können Sie auch direkt aus Windows XP heraus starten, dabei ist ein automatischer Bildwechsel möglich: Sie klicken mit rechts auf eine Bilddatei im Windows-Explorer und gehen auf **Öffnen mit: Windows Bild- und Faxanzeige**. Dort klicken Sie auf DIASCHAU STARTEN.
- Die schnellen Diaschauen aus Photoshop und Windows vergrößern die Fotos nicht automatisch auf Monitormaße und Sie können die Dateien nicht en passant umbenennen oder löschen. Solchen Komfort bieten jedoch die kostenlosen Windows-Bildbetrachter IrfanView (*www.irfanview.de*) und XnView (*www.xnview.de*).

Übung 41: Diaschau per PDF-Präsentation

Zeigen Sie Ihre besten Fotos als flotten Bilderreigen auf dem Monitor. Der Befehl PDF-Präsentation produziert eine vielseitige Diaschau im PDF-Format – sie läuft auf jedem Rechner mit dem Gratisprogramm Adobe Reader. Wir zeigen, wie Sie die Vorführung optimal einrichten.

Auf einen Blick

Sie lernen kennen:	**PDF-Präsentation** (**Datei**-Befehl); Programm Adobe Reader 6
Aufwand:	mittel; höchstens zwölf Schritte
Siehe auch:	Stichwörter & Beschreibungen, Seite 30 Übergroße Datei auf Pixelzahl herunterrechnen, Seite 71 Befehl auf Tastatur legen, Seite 78 Aktion aufzeichnen – Zuschneiden und Copyright-Schriftzug, Seite 85 Aktionen abspielen, Seite 118 Diaschau, schnell und unkompliziert, Seite 318 Die eigene Internetgalerie, Seite 340 Richtig speichern, Seite 372
Übungsdateien:	Verzeichnis »Sommer_2«
Kommentar:	Reichen Sie Ihre besten Fotos an Freunde weiter, und zwar als peppige Monitor-Schau; steuern Sie Größe und Abspielmodus nach Maß.

Schritt 1: Das Dialogfeld

Sie nehmen **Datei: Automatisieren: PDF-Präsentation**. Das Dialogfeld zeigt zunächst ein völlig leeres (1) Feld für die verwendeten QUELLDATEIEN. Haben Sie Bilder geöffnet, die in Ihre Schau gehören, dann klicken Sie auf (2) GEÖFFNETE DATEIEN HINZUFÜGEN.

Das brauchen wir hier jedoch nicht: Unsere Motive liegen bereits komplett in einem Ordner parat. Wir klicken darum auf (3) DURCHSUCHEN.

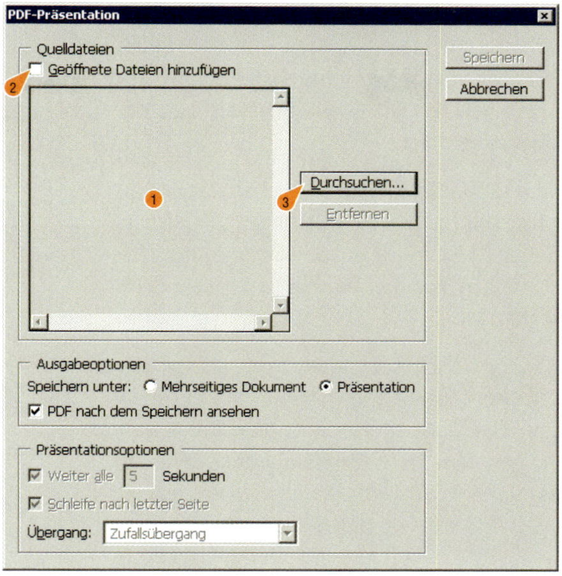

Schritt 2: Dateien auswählen

Im ÖFFNEN-Dialog nehmen Sie das Verzeichnis »Sommer_2« von der Buch-CD. Es enthält 27 Dateien. Alle sind 1024 mal 768 Pixel groß. Das eignet sich für ansehnliche Monitor-Schauen, kann jedoch nicht sehr groß gedruckt werden. Das Seitenverhältnis von 4:3 füllt die meisten Bildschirme komplett aus, bei der Vorführung entsteht kein schwarzer Rand.

Die Dateien im Verzeichnis »Sommer_2« basieren auf den viel größeren Bildern im Ordner »Sommer_1«. Die hatten wir mit einer automatischen Befehlsfolge (Aktion) auf 1024 mal 768 Pixel gestutzt und so für die Vorführung per PDF-Präsentation eingerichtet. Die gleiche Befehlsreihe hatte noch einen Copyright-Schriftzug in die Bilder gestanzt.

Drücken Sie [Strg]+[A], um alle Bilder auszuwählen. Dann klicken Sie auf ÖFFNEN.

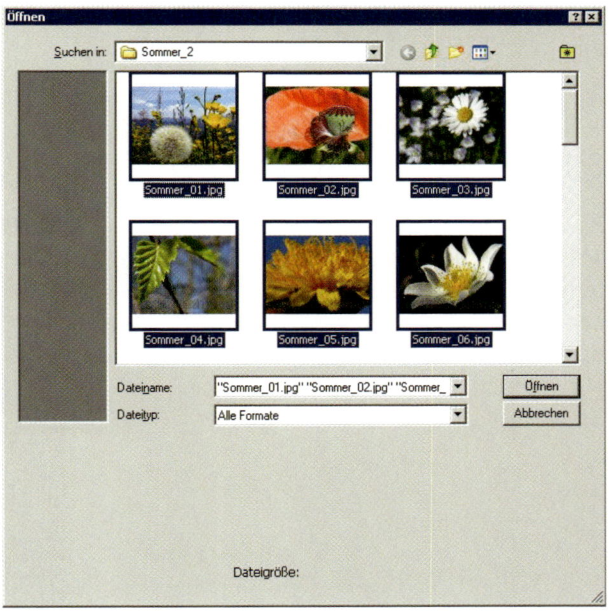

Verzeichnis: Sommer_2

Schritt 3: Einstellungen für die Präsentation

Der Dialog **PDF-Präsentation** zeigt jetzt die 1 Liste der Dateien. Sie könnten einzelne Bilder anklicken, in die gewünschte Reihenfolge ziehen oder per 2 ENTFERNEN-Schalter aus der Vorführung verbannen.

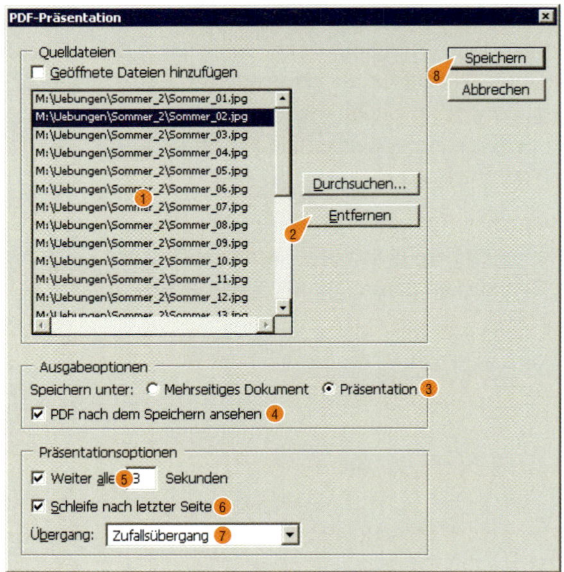

Mit der Option 3 PRÄSENTATION tritt die Schau zunächst schirmfüllend auf, ohne alle Menüs und Schaltflächen des Reader-Programms. Natürlich wollen wir das 4 PDF NACH DEM SPEICHERN ANSEHEN.

Zum automatischen Bildwechsel geben wir einen 5 Acht-Sekunden-Takt vor; der Betrachter kann das Motiv immer noch von Hand weiterschalten. Wir verwenden überdies eine 6 Endlos-SCHLEIFE. Wir entscheiden zudem auf 7 ZUFALLSÜBERGANG – so blendet das Reader-Programm jedes Foto mit einem anderen Effekt ein. (Vorsicht: Langsame Rechner zeigen Übergänge mit großen Dateien unschön ruckelig; die Option OHNE liefert einen harten Bildwechsel ohne Budenzauber und Effekt.)

Klicken Sie auf 8 SPEICHERN.

Schritt 4: Wo wird gespeichert?

Im SPEICHERN-Dialog geben Sie ein Verzeichnis auf Ihren Festplatten an, in dem Photoshop die fertige PDF-Präsentation sichert. Wir verwenden hier direkt das Laufwerk C. Als DATEINAME tippen wir PDF-PRAESENTATION ein.

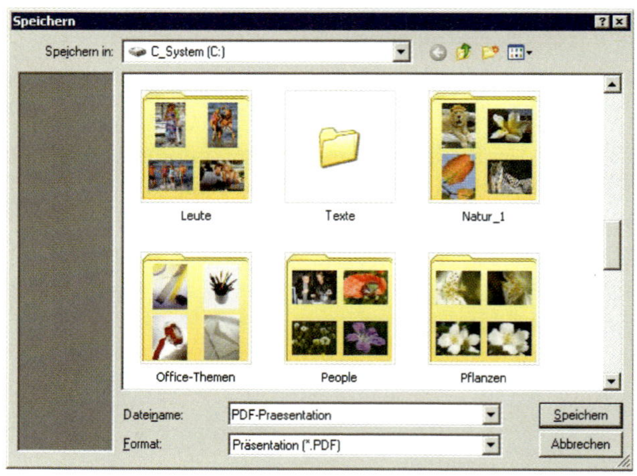

Schritt 5: PDF-Optionen

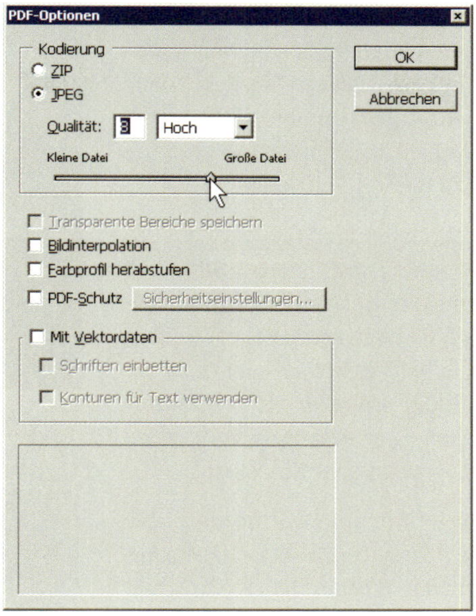

In den PDF-Optionen regeln Sie unter KODIERUNG die Datenkomprimierung. Wir nehmen JPEG mit der Qualitätsstufe 8. Das heißt, die PDF-Datei verstaut die Bilder intern mit JPEG-Technik – nicht völlig verlustfrei. Aber bei Stufe 8 bleiben die Fehler unmerklich und wir sparen kräftig Speicherplatz (Details zu JPEG ab Seite 372).

Die ZIP-Option verdichtet die Daten zwar verlustfrei, kostet aber zu viel Speicher: Die JPEG-Einstellung 8 liefert eine 5,2-Mbyte-Datei; die ZIP-Kodierung beansprucht fast 32 Mbyte.

Per PDF-SCHUTZ könnten Sie Ihre Schau mit einem Passwort sichern und die Bildentnahme verhindern. Die BILDINTERPOLATION glättet kleine Fotodateien bei der Anzeige auf großen Monitoren. Sie erscheinen dann nicht mehr so ausgezackt-pixelig – stattdessen aber verwaschen. Wir verzichten auf diese Möglichkeiten.

Klicken Sie auf OK.

Schritt 6: Die Verarbeitung läuft

Die Bilder schnellen auf den Schirm und verschwinden gleich wieder – sie werden in die entstehende PDF-Datei eingebunden.

Falls Sie schon eine **Web-Fotogalerie** angelegt haben (Seite 340), fällt ein Unterschied auf: Am Monitor ist nicht zu erkennen, dass Photoshop die Datei auf verschiedene Pixelzahlen herunterrechnet.

Denn die werdende PDF-Datei enthält Ihre Bilder in der Original-Pixelzahl. Ein Beispiel: Sechs-Megapixel-Dateien mit rund 3000x2000 Bildpunkten führen zu einer reichlich großen PDF-Datei – die Bilder enthalten zu viele Bildpunkte, wenn sie nur auf üblichen Monitoren mit 1600 oder 1280 Pixeln Breite erscheinen und nicht gedruckt werden.

Rechnen Sie also große Vorlagen herunter. Wir haben das ja bereits mit der Aktion ZUSCHNEIDEN UND SCHRIFTZUG erledigt (Seiten 85, 98 und 118). Einen anderen Weg zu kleinen Dateien zeigt die Übung 9 ab Seite 71.

Schritt 7: Der erste Eindruck

Sie finden die fertige PDF-Datei »PDF-Praesentation.pdf« natürlich auch im Verzeichnis »Uebungen« auf der Buch-CD. Wenn Sie den Adobe Reader 6 installiert haben und die »PDF-Praesentation« per Doppelklick starten, können Sie unsere Schritte ab hier mitvollziehen.

Sind alle Bilder durchgenudelt, startet das Programm Adobe Reader 6. Es lässt ein Bild nach dem anderen samt Übergangseffekt Revue passieren. Die Fotos füllen den kompletten Monitor, von Menüs und Schaltflächen ist nichts zu sehen. Sollen die Bilder schneller als im gewählten Acht-Sekunden-Takt ablaufen, verwenden Sie Pfeiltasten, Leertaste oder Maustaste.

Die Esc-Taste unterbricht die Vorführung – Sie sehen jetzt die normale Reader-Oberfläche. Dazu verkündet das Programm stolz: DIESE ADOBE PDF-DATEI VERFÜGT ÜBER BESONDERE FUNKTIONEN. Das gucken wir uns natürlich an.

Datei: PDF-Praesentation.pdf

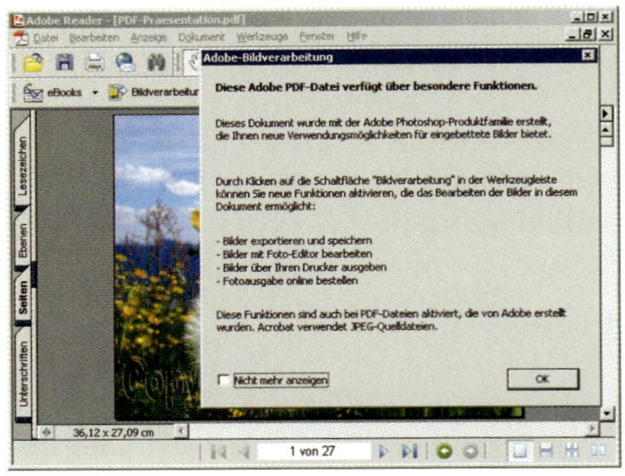

Schritt 8: Orientierung im Reader

Wir verwenden in dieser Übung das Programm Adobe Reader 6; es liegt auf der CD mit Photoshop CS und wird zur Installation mit angeboten. Sie dürfen es oft kostenlos weitergeben. Es eignet sich optimal für die PDF-Präsentation. Frühere Varianten wie Adobe Acrobat Reader 5 bieten weniger Möglichkeiten.

Klicken Sie links auf den Reiter 1 SEITEN. Photoshop zeigt nun pro Foto eine anklickbare Miniatur, auch mehrspaltig. Die 2 OPTIONEN oben in der SEITEN-Leiste ändern die Miniaturengröße.

Interessant ist die 3 Taskleiste BILDVERARBEITUNG. Falls sie nicht automatisch auftaucht, wählen Sie **Anzeige: Task-Schaltflächen: Bildverarbeitung**. Klicken Sie einmal auf BILDVERARBEITUNG – der Reader stellt nun rechts verschiedene Themen vor, etwa 4 BILDER EXPORTIEREN und BILDER DRUCKEN. Wir verbannen die Leiste wieder mit der Schaltfläche 5 AUSBLENDEN.

Schritt 9: Bilder zum Druck auswählen

Klicken Sie in der Taskleiste BILDVERARBEITUNG auf das Dreieck ▼ und dann auf **Bilder drucken**. Im Fenster BILDER AUSWÄHLEN markieren Sie einzelne Dateien durch einfache Klicks – die Strg-Taste brauchen Sie nicht. Irrtümlich gewählte Motive fliegen mit einem weiteren Klick wieder aus der Auswahl.

Wollen Sie eine ganze Bildreihe festlegen, klicken Sie das erste Motiv an und dann bei gedrückter ⇧-Taste auf das letzte Exponat aus dieser Sequenz. Sie möchten die Reihe doch nicht verwenden? Dann klicken Sie auf ALLE LÖSCHEN – so heben Sie jede Auswahl auf; der Reader bietet die Bilder jedoch weiter im Dialogfeld an, sie verschwinden nicht etwa.

Steht die Auswahl? Dann klicken Sie auf WEITER >.

Schritt 10: Das Drucklayout

Der Dialog BILDER AUSWÄHLEN bietet nun ① Papierformate wie A4, vor allem aber unterschiedliche Bildgrößen in Zoll; ein Zoll (Inch) misst 2,54 Zentimeter. Wir wählen ② 3,5 x 5 ZOLL, also 8,89 mal 12,7 Zentimeter. So passen vier Dateien gleichzeitig auf die A4-Seite.

Allerdings: Unsere Vorlagen tendieren zu sehr ins Quadratische. Sie erscheinen mit vollem Bildinhalt, werden aber nicht 12,7 Zentimeter breit. Alle beide Seitenlängen von 8,89 mal 12,7 Zentimeter stellt der Reader nur mit der Option ③ PASSEND BESCHNEIDEN her; nun kappt das Programm die oberen und unteren Bildränder.

Brauchen Sie nur ein seitenfüllendes Foto pro Druckblatt, dann nehmen Sie PRO SEITE EIN FOTO und AN SEITE ANPASSEN. Die ④ Dreieck-Schaltflächen unten rechts zeigen weitere entstehende Druckseiten.

Der nächste Klick auf ⑤ WEITER > bringt Sie in den ⑥ DRUCKEN-Dialog mit der Drucker-Auswahl.

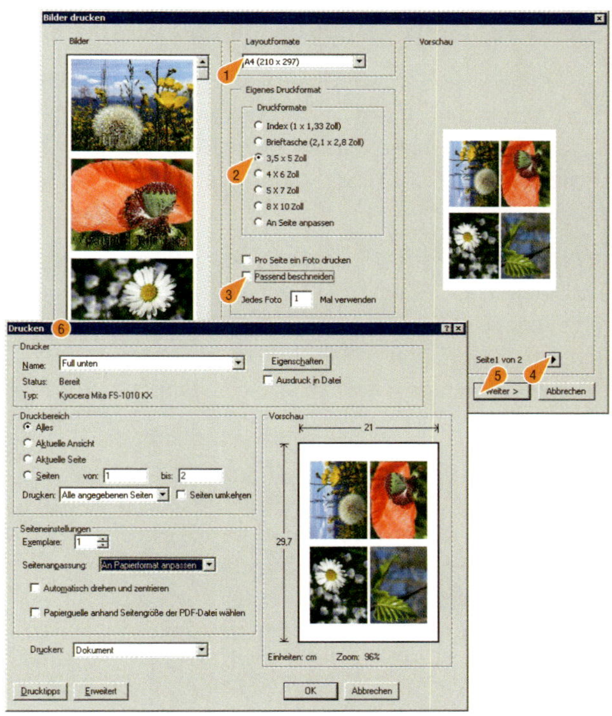

Schritt 11: Entnehmen Sie einzelne Bilddateien

Sie können einzelne Fotos aus der Präsentation herauspicken und als übliche JPEG-Bilddatei speichern. Klicken Sie in der Taskleiste BILDVERARBEITUNG auf das Dreieck und dann auf **Bilder exportieren**.

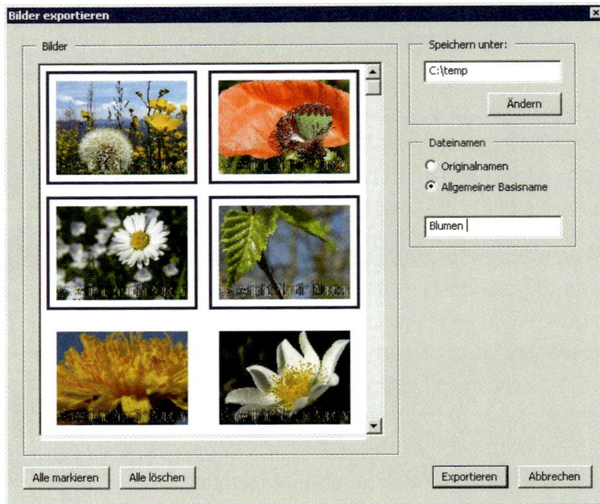

Im Dialogfeld wählen Sie die Pixelschätze durch einfache Klicks ohne [Strg]-Taste aus, so wie in Schritt 9 beschrieben. Im Bereich SPEICHERN UNTER klicken Sie auf ÄNDERN; dann geben Sie ein Verzeichnis an, in dem Ihre Bilder erscheinen sollen.

Photoshop schreibt die Bilder wahlweise mit dem ursprünglichen ORIGINALNAMEN auf die Festplatte. Uns ist hier jedoch ein neuer, ALLGEMEINER BASISNAME lieber: Wir tippen als Basis »Blumen « ins Datenfeld; nach dem Klick auf EXPORTIEREN produziert der Reader Dateien wie »Blumen 1.jpg« und »Blumen 2.jpg« im gewählten Verzeichnis »temp«.

Schritt 12: Fotos herausziehen und bearbeiten

Der Reader kann einzelne Dateien aus der PDF-Datei herausziehen und zur Korrektur an ein Bildprogramm reichen. Klicken Sie im Menü der Leiste BILDVERARBEITUNG auf **Bilder exportieren und bearbeiten**.

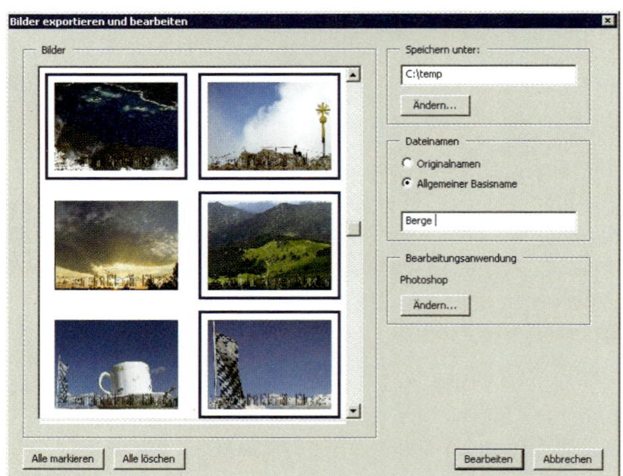

Der Dialog erinnert stark an die Funktion **Bilder exportieren** aus Schritt 11: Sie legen Dateien mit einfachen Klicks fest, geben ein Verzeichnis und bei Bedarf einen Basisnamen an. Auch diese Bilder werden auf Festplatte gespeichert.

Als BEARBEITUNGSANWENDUNG, sprich als Bildprogramm, nennt der Reader zunächst Photoshop. Nach einem Klick auf ÄNDERN legen Sie jedoch ein beliebiges anderes Programm fest. Gehen Sie einfach ins Installationsverzeichnis des Programms und klicken Sie doppelt auf die Programmdatei, unter Windows mit der Endung ».exe«.

Dann ein Klick auf BEARBEITEN – der Reader schreibt die Bilder auf Festplatte und öffnet sie sofort danach im gewünschten Bildprogramm.

Tipps & Tricks

- Möchten Sie den Befehl **PDF-Präsentation** mit einem schnellen Tastendruck aufrufen? Das regeln Sie per **Bearbeiten: Tastaturbefehle** (Seite 78).
- Brauchen Sie nur einige Bilder, und die in einer bestimmten Reihenfolge? Ziehen Sie die Motive im Dateibrowser in die gewünschte Anordnung. Dann markieren Sie die Dateien per [Strg]-Klick und gehen im Dateibrowser-Menü auf **Automatisieren: PDF-Präsentation**.
- Im Modus PRÄSENTATION zeigt das Reader-Programm die Bilder sofort im Vollschirm-Modus. Kleine Dateien auf großen Monitoren wirken dabei pixelig – eine 640x480-Pixel-Datei sieht unschön auf einem 1600x1200-Pixel-Monitor aus. Rechnen Sie die Bilder eventuell vorab hoch, etwa per **Bild: Bildgröße** mit der Interpolationsmethode BIKUBISCH GLATTER. Abhilfe soll auch die PDF-Option BILDINTERPOLATION schaffen, sie verwäscht das Bild aber stark.
- Sie brauchen eine besonders kleine PDF-Datei für den E-Mail-Versand? Rechnen Sie die Dateien vorab auf eine niedrige Pixelzahl herunter, zum Beispiel auf 800 Pixel Breite per **Bild: Bildgröße**. In den PDF-Optionen (Schritt 5) nehmen Sie die JPEG-KODIERUNG mit einer Qualität von nur »5« oder noch weniger.
- Wollen Sie eine Diaschau – also eine automatische Bildfolge – im worldweiten Web zeigen? Das müssen Sie nicht per **PDF-Präsentation** machen. Mit dem Befehl **Datei: Automatisieren: Web-Fotogalerie** baut Photoshop auch HTML-Galerien mit automatischem Bildwechsel; nehmen Sie den Stil HORIZONTALE DIASHOW.
- Vielleicht enthalten Ihre Dateien Copyright-Informationen und andere Bildtexte nach IPTC-Standard (Seite 30). Diese Daten speichert die PDF-Datei nicht, nach dem EXPORTIEREN im Programm Reader enthalten die Dateien weder IPTC-Notizen noch die Exif-Belichtungswerte der Digitalkamera.
- Zum Drucken aus dem Reader heraus, wie in Schritt 9 und 10 beschrieben, gibt es eine Alternative: Markieren Sie die Miniaturen bei gedrückter [Strg]-Taste in der SEITEN-Ansicht, dann wählen Sie im Kontextmenü oder im **Datei**-Menü den **Drucken**-Befehl; der Reader printet dabei jedoch nur eine einzelne Datei auf ein Druckblatt.

Übung 42: Hintergrundmuster per Wolken-Filter

Für die Internetgalerie von Seite 340 brauchen wir ein locker-flockiges Hintergrundmuster. Das zaubert uns Photoshop aus der Retorte: Nutzen Sie den Wolken-Filter – und sichern Sie das Ergebnis nicht nur als JPEG-Datei, sondern auch als Vorgabe in Photoshops Musterbibliothek.

Auf einen Blick

Sie lernen kennen:	**Datei**-Befehl **Neu**; **Filter**-Befehl **Wolken**; Vordergrundfarbe mit Farbwähler ändern; JPEG-Optionen; **Bearbeiten**-Befehl **Muster festlegen**; Muster-Füllebenen
Aufwand:	mittel; höchstens 14 schnelle Schritte
Siehe auch:	Die eigene Internetgalerie, Seite 340 Pinselspitzen & Farbwahl, Seite 365 Richtig speichern, Seite 372
Übungsdateien:	für Muster nicht erforderlich, für Test Freisteller_04
Kommentar:	Zaubern Sie schnell ein luftig-leichtes Hintergrundmuster für Ihre Webseiten – und testen Sie das Ergebnis gleich in Photoshop selbst.

Schritt 1: Eine neue Datei

Gehen Sie auf **Datei: Neu**. Stellen Sie die Maßeinheiten für ❶ BREITE und HÖHE auf PIXEL.

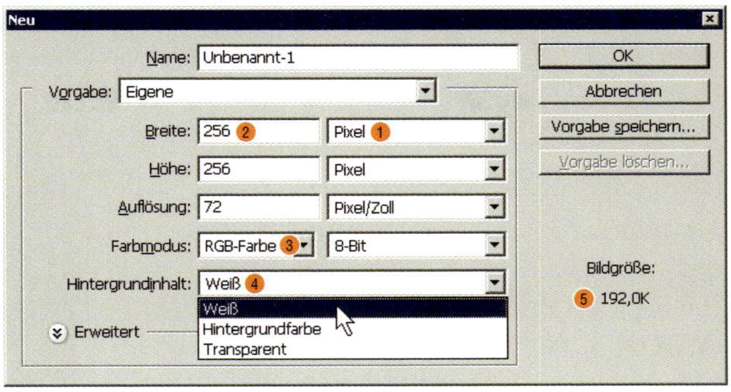

Wir wollen ein Muster mit dem **Wolken**-Filter erzeugen, das sich vielfach nahtlos aneinander setzen lässt. Darum brauchen wir Seitenlängen von 128 Pixeln oder Vielfache davon. Wir verwenden ❷ 256 mal 256 Pixel.

Die AUFLÖSUNG spielt beim Webdesign keine Rolle, wichtig ist aber die Option ❸ RGB-FARBE. Als ❹ HINTERGRUND-Inhalt nehmen Sie WEISS.

Photoshop prognostiziert eine ❺ BILDGRÖSSE von 192 Kbyte. Das ist aber nur der Bedarf im Arbeitsspeicher – als JPEG-Datei verbraucht das Muster viel weniger Kapazität (siehe Schritt 8).

Klicken Sie auf OK.

Schritt 2: Die richtige Farbkombination

Nach dem OK-Klick im **Neu**-Dialog erhalten Sie eine quadratische, 256 mal 256 Pixel große, weiße Datei. Die wollen wir mit dem **Wolken**-Filter füllen. Dieser Befehl webt Gespinste aus der aktuellen Vorder- und Hintergrundfarbe. Drücken Sie zunächst das [D] (für Default Colors). Damit setzen Sie Vorder- und Hintergrundfarbe auf Schwarz und Weiß.

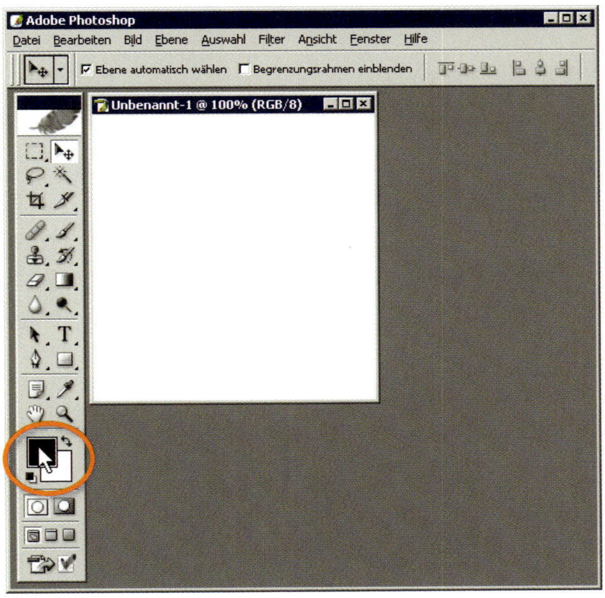

Das Schwarz ändern wir sofort. Klicken Sie einmal auf das vordere, schwarze Farbfeld für die Vordergrundfarbe, um den Farbwähler aufzurufen.

Schritt 3: Der Farbwähler

Im Farbwähler nehmen Sie ein helles Blau. Nach einem Klick auf das ① H (für englisch »Hue«, Farbton) zeigt Photoshop eine Farbton-Leiste. Dort klicken Sie zunächst einen ② Blauton mit dem H-Wert 200 an.

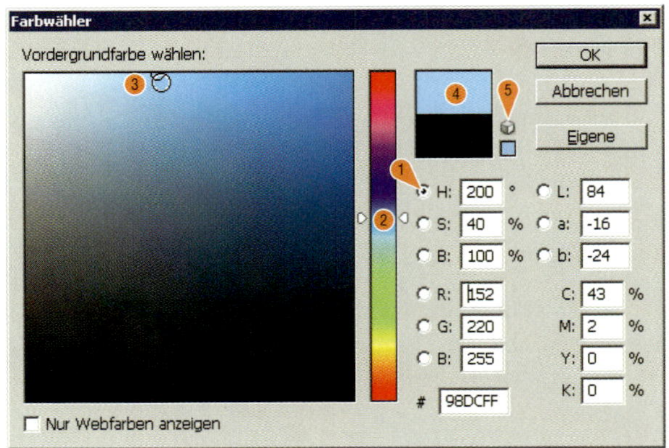

Das große Feld links zeigt Varianten des aktuellen Farbtons mit verschiedenen Werten für Helligkeit (B, für Brightness) und Sättigung (S, für Saturation). Wir ③ klicken ganz oben, der gewählte Wert hat eine Sättigung von 40 Prozent und 100 Prozent Helligkeit.

Rechts oben zeigt Photoshop ④ den neuen und den alten Farbwert untereinander.

Der ⑤ Würfel warnt: Diese Farbe erscheint nicht präzise auf alten Rechnern, die nur 256 unterschiedliche Helligkeits- und Farbtöne anzeigen (Acht-Bit-Farbtiefe). Ein Klick auf den Würfel setzt bei Bedarf einen geeigneteren Farbwert ein. Wir verzichten aber darauf, denn die meisten Rechner zeigen heute alle beliebigen Farben an.

Klicken Sie auf OK.

Schritt 4: Rufen Sie den Filter auf

Nach den Einstellungen im Farbwähler zeigt Photoshop Blau als Vordergrundfarbe, Weiß als Hintergrundfarbe – die richtige Ausgangssituation für den **Wolken**-Filter. Wählen Sie **Filter: Rendering-Filter: Wolken**.

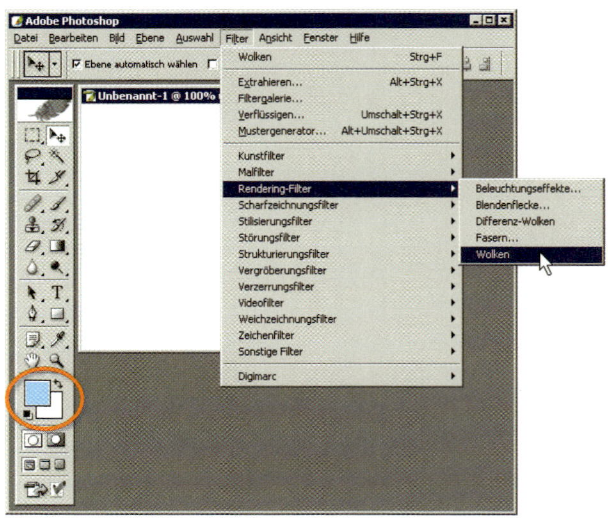

Schritt 5: Das erste Ergebnis

Photoshop macht es kurz: Ein Dialogfeld kriegen Sie gar nicht zu Gesicht, der Filter webt sofort ein luftiges Blau-Weiß-Farbgespinst ins Bildfenster. Doch mit dem ersten Ergebnis sind wir noch nicht zufrieden.

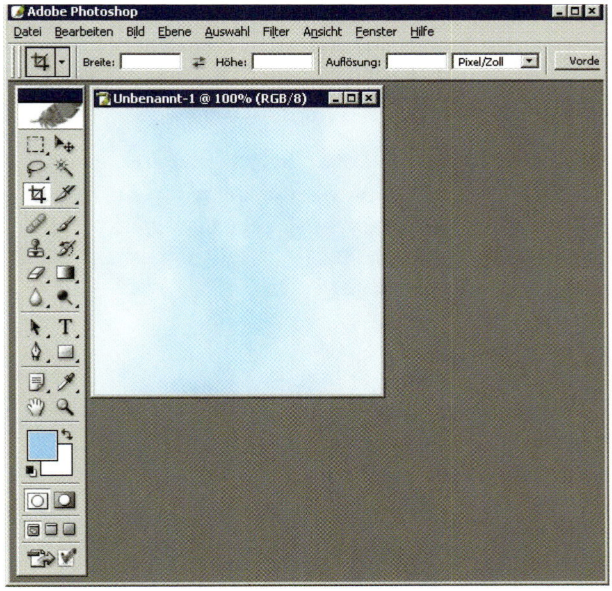

Schritt 6: Variatio delectat

Wiederholen Sie den Filter mehrfach. Dazu drücken Sie immer wieder Strg+F – Photoshop variiert das Muster jedes Mal (am Mac verwenden Sie die ⌘-Taste statt der Strg-Taste). Probieren Sie es so lange aus, bis ein ansprechendes Gebilde entsteht. Bei Bedarf ändern Sie auch die Farbe.

Wir arbeiten mit dem Ergebnis weiter, das Sie hier ganz vorne sehen.

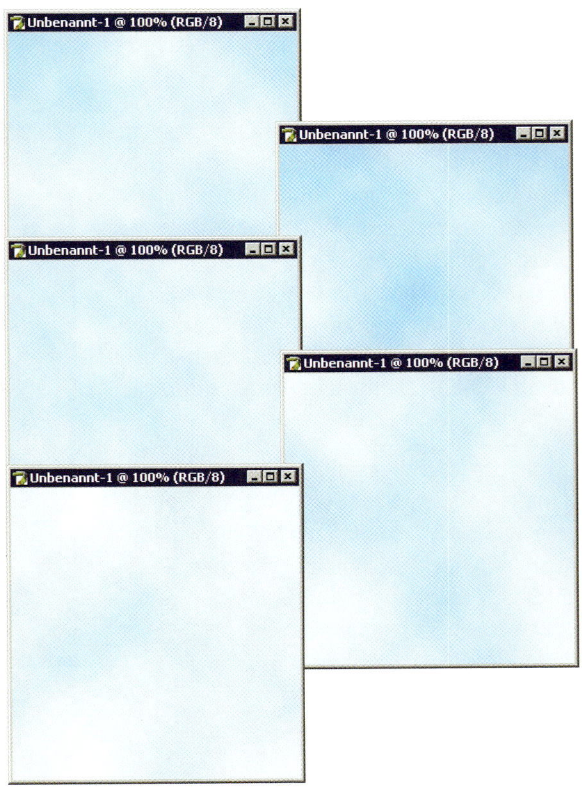

Schritt 7: Speichern als JPEG-Datei

In der Übung 43 verwenden wir das Muster als Hintergrund für eine Internetgalerie (Seite 340). Dafür müssen wir das Bild als JPEG-Datei speichern.

Sie nehmen zunächst **Datei: Speichern unter**. Als 1 DATEINAME tippen wir »Muster-Wolken« ein. Im 2 FORMAT-Klappmenü geben wir den Dateityp 3 JPEG (*.JPG;*.JPEG;*.JPE) an. Danach klicken Sie auf 4 SPEICHERN.

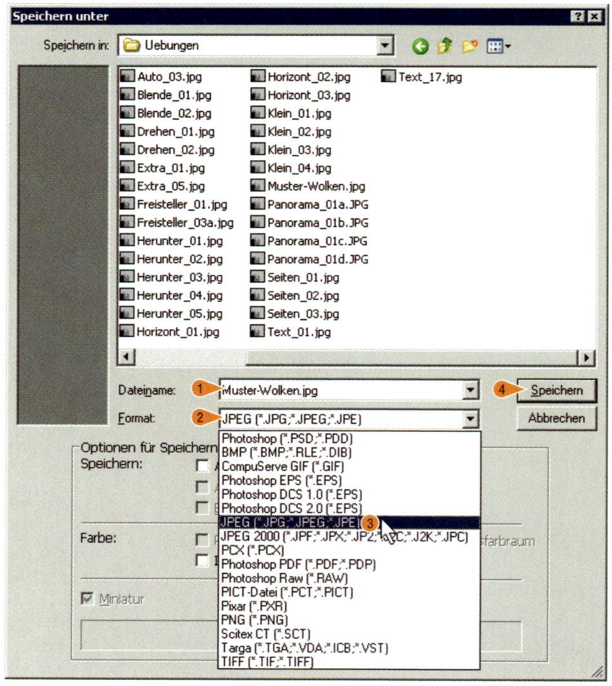

Schritt 8: Die JPEG-Optionen

Photoshop tischt nun die JPEG-OPTIONEN auf (Details ab Seite 372). Wichtig ist eine niedrige Dateigröße, damit das Hintergrundmuster schnell übertragen wird. Wir nehmen hier die 1 Stufe 5. Achten Sie auf die Änderungen im Bildfenster, falls überhaupt zu erkennen: Die Stufe 5 erzeugt kleine Bildfehler; die Störungen wirken jedoch sehr unauffällig und beschädigen vor allem nicht die nahtlosen Übergänge an den Kanten.

Wir lassen es bei der besonders vielseitig lesbaren Einstellung BASELINE (STANDARD), auch wenn die ein paar Byte mehr Speicherplatz kostet. Photoshop meldet, dass die entstehende JPEG-Datei 2 4,6 Kbyte groß wird und 0,81 Sekunden für die Übertragung mit einem 56-KBit-Modem braucht – ein ordentlicher Wert.

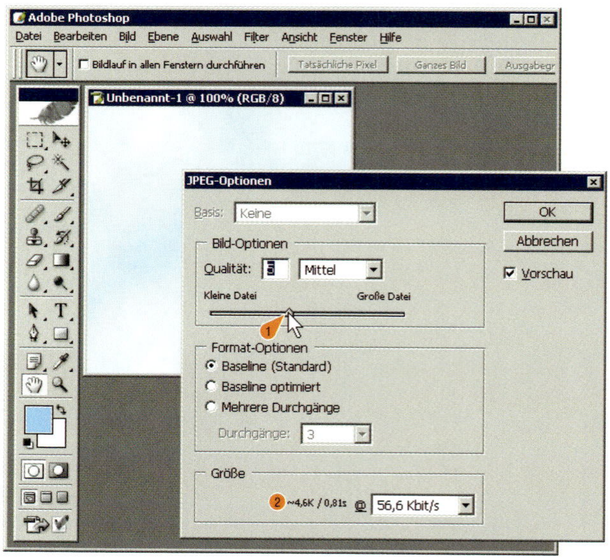

Datei: Muster-Wolken

Schritt 9: Ein Muster festlegen

Nun haben wir zwar die Musterdatei, die wir in unsere Web-Fotogalerie einbauen. Doch wir wollen gleich hier und jetzt mal in einem größeren Bild sehen, wie »nahtlos« der Hintergrund gerät. Der Test kostet nur wenige Klicks.

Drücken Sie zunächst [Strg]+[A]. Damit wählen Sie das gesamte Bild aus, es wird von einer schwarzweiß changierenden Fließmarkierung umgeben. Dann wählen Sie **Bearbeiten: Muster festlegen**.

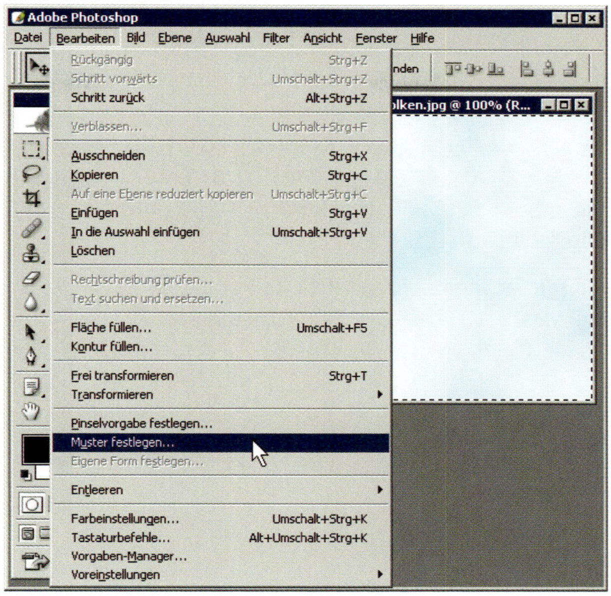

Schritt 10: Das Muster speichern

Photoshop wird das Muster in seiner Muster-Bibliothek speichern. Dafür müssen Sie einen Namen eingeben. Photoshop schlägt hier den aktuellen Dateinamen MUSTER-WOLKEN.JPG vor, dabei lassen wir es auch und klicken auf OK.

Schritt 11: Eine Datei zum Testen

Wie wirkt das Hintergrundmuster im Praxistest? Zur Klärung dieser Frage graben wir eine alte Bekannte aus, die Datei »Freisteller_04« aus der Freistellübung 30 (Seite 228).

Rufen Sie mit der Taste [F7] die Ebenen-Palette auf. Sie erkennen, dass hier zunächst die EBENE 1 ausgewählt ist.

Datei: Freisteller_04

Schritt 12: Bereiten Sie die Musterfüllung vor

Klicken Sie zunächst einmal auf die Miniatur der HINTERGRUND-Ebene, so dass diese Ebene aktiviert ist – erkennbar an der blauen Hervorhebung in der Ebenen-Palette wie auch am Hinweis HINTERGRUND im Dateirahmen. So stellen Sie sicher, dass die neu geplante Ebene mit der Musterfüllung über dem HINTERGRUND, aber unter der EBENE 1 landet.

Klicken Sie in der Ebenen-Palette auf das Symbol NEUE FÜLLEBENE ODER EINSTELLUNGSEBENE. Wählen Sie im Menü das **Muster**.

Schritt 13: Die Musterfüllung

Im Dialogfeld MUSTERFÜLLUNG suchen Sie nun eins der Muster aus der Bibliothek aus. Photoshop schlägt sofort das Muster vor, das wir zuletzt angelegt haben. Klicken Sie auf OK.

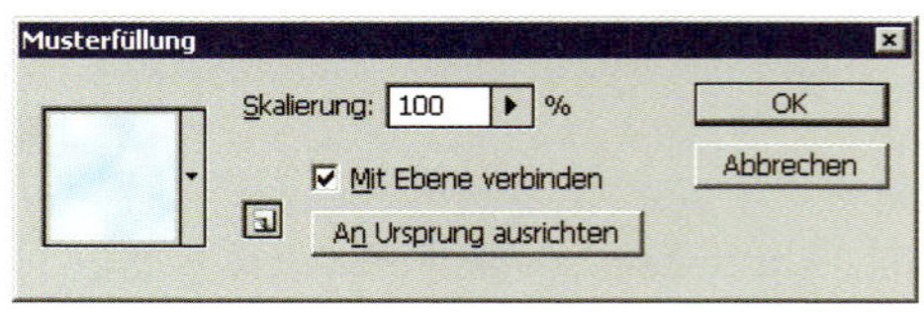

Schritt 14: Das Ergebnis

Ein luftig weiß-blauer Hintergrund umgibt nun die Darstellerin. Wenn Sie genau hinschauen, erkennen Sie die mehrfach wiederkehrende Struktur.

Achten Sie auf die Ebenen-Palette: Hier ist die neue Ebene MUSTERFÜLLUNG 1 entstanden. Sie enthält die Informationen über Ihr Muster. Per Doppelklick auf die Ebenenminiatur können Sie zum Beispiel das Muster vergrößern oder komplett austauschen.

Datei: Muster_02

Tipps & Tricks

- Sie wollen öfter, neue leere Dateien mit derselben Größe anlegen? Tippen Sie die Wunschmaße ins **Neu**-Dialogfeld, dann klicken Sie dort auf VORGABE SPEICHERN.
- Wollen Sie die verschiedenen Ergebnisse des **Wolken**-Filters noch einmal Revue passieren lassen? Dann öffnen Sie die mit dem **Fenster**-Menü die **Protokoll**-Palette und klicken Sie die einzelnen WOLKEN-Balken an.
- Wählen Sie den **Wolken**-Filter bei gedrückter ⇧-Taste an, fällt das Muster etwas kontrastreicher aus. Der Effekt ist nicht sehr deutlich.
- Möchten Sie eine zusätzliche Textur wie LEINWAND oder ZIEGELSTEIN in das Hintergrundmuster weben? Wählen Sie **Filter: Strukturierungsfilter: Mit Struktur versehen**. Das Ergebnis lässt sich meist nahtlos vervielfältigen, sofern die Bilddatei 128 auf 128 Pixel oder ein Vielfaches davon misst.
- Fertige, kostenlose Hintergrundmuster finden Sie unter *www.3d-ressource.de.*

Übung 43: Die eigene Internetgalerie

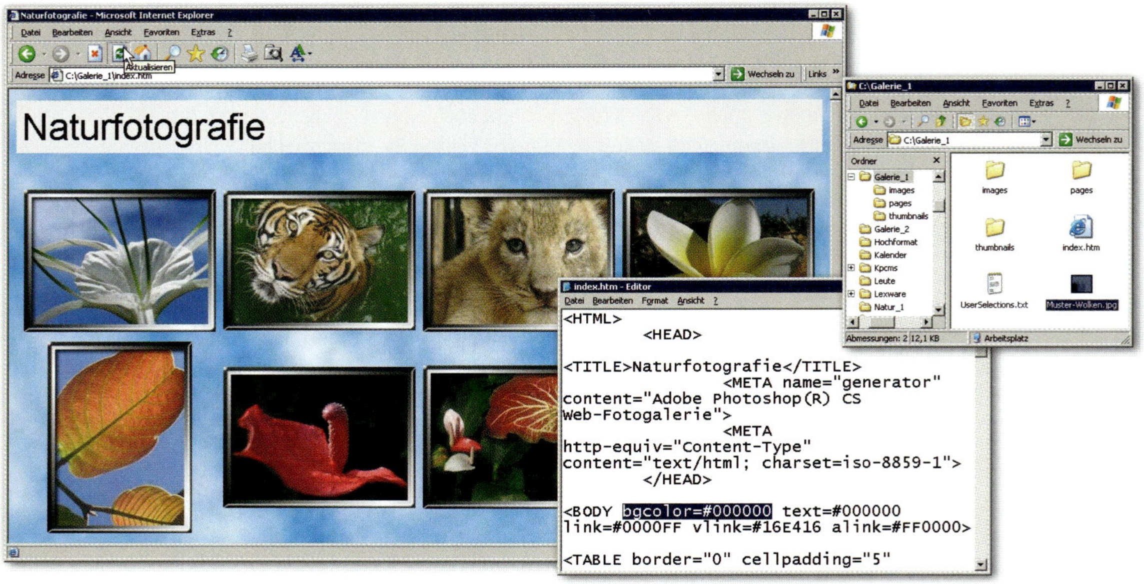

Stellen Sie Ihre besten Bilder ins Internet. Wir zeigen, wie leicht das mit dem Befehl Web-Fotogalerie geht. Und was Photoshop nicht automatisch schafft, das produzieren wir von Hand – schicke Bildrahmen ebenso wie elegante Copyright-Schriftzüge und Hintergrundmuster nach Maß.

Auf einen Blick

Sie lernen kennen:	Befehl **Web-Fotogalerie**
Aufwand:	mittel bis hoch; bis 24 Schritte
Siehe auch:	Stichwörter & Beschreibungen, Seite 30 Befehl auf Tastatur legen, Seite 78 Aktion aufzeichnen – Zuschneiden und Copyright-Schriftzug, Seite 85 Aktionen anpassen, Seite 98 Aktion aufzeichnen – Bildrahmen, Seite 111 Aktionen abspielen, Seite 118 Hintergrundmuster per Wolken-Filter, Seite 332
Übungsdateien:	Verzeichnis »Natur_3«
Kommentar:	Bauen Sie gezielt Internetgalerien nach Ihrer Vorstellung – von Dateigröße bis Hintergrundmuster; korrigieren Sie auch Photoshops Ergebnisse.

Schritt 1: Welcher Stil, welche Dateien

Starten Sie mit dem Befehl **Datei: Automatisieren: Web-Fotogalerie**. Photoshop erzeugt Internetgalerien mit ganz unterschiedlichen Stilen; wir verwenden hier den Stil 1 EINFACH; der lässt sich gut verändern und erlaubt relativ große Miniaturen. Photoshop deutet ein 2 mögliches Ergebnis bereits skizzenhaft an.

Für erste Versuche mit der **Web-Fotogalerie** beschränkt man sich auf wenige Hoch- und Querformate; so berechnet Photoshop die Galerie schneller. Wir haben für diese Übung zehn Dateien aus dem Verzeichnis »Natur_2« ins Verzeichnis »Natur_3« kopiert.

Im Bereich QUELLBILDER geben Sie 3 ORDNER vor; wir präsentieren also sämtliche Fotos aus einem bestimmten Ordner. Nach dem Klick auf 4 DURCHSUCHEN legen Sie im Dialogfeld ORDNER SUCHEN den Ordner fest – wir verwenden hier 5 »Natur_3« von der Buch-CD. Photoshop nennt dieses Verzeichnis nun auch im Dialogfeld.

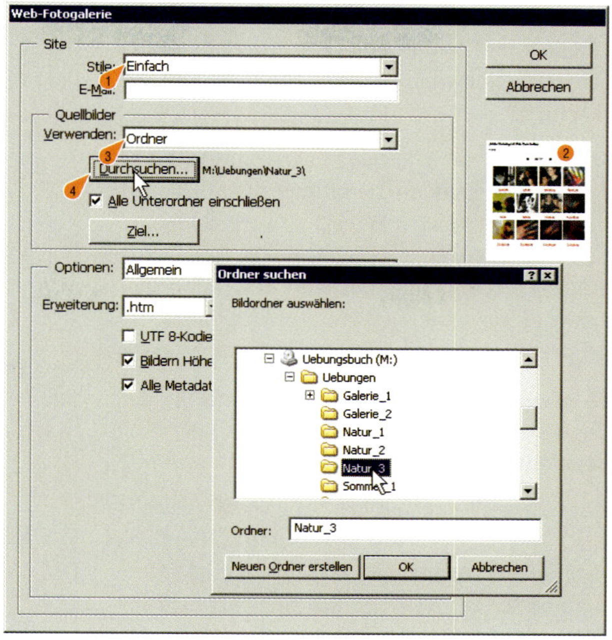

Schritt 2: Wie wird gespeichert

Außerdem brauchen Sie ein ZIEL – ein Verzeichnis, in dem Photoshop die fertige Galerie speichert. Nach dem Klick auf 1 ZIEL geben Sie ein Verzeichnis an, wir speichern hier im Ordner 2 »Galerie_1« auf Laufwerk C. Photoshop nennt das Ziel-Verzeichnis nun auch im Dialogfeld.

Jetzt noch etwas. Die Dateien aus dem Verzeichnis »Natur_3« stecken voller Metadaten: Sie enthalten die Belichtungsinformationen der Digitalkamera. Zudem bergen sie Stichwörter und Beschreibungen, die wir in der Übung 4 ab Seite 30 angelegt haben.

Die Metadaten kosten Speicherplatz und gehen nicht jeden etwas an. Wir wählen also die Option 3 ALLE METADATEN BEIBEHALTEN ab. Ohne Metadaten beansprucht die fertige Galerie 376 Kbyte – mit Metadaten wären es dagegen 592 Kbyte. Und obwohl wir die Metadaten verbannen, lassen sie sich in Schritt 4 noch als TITEL verwenden.

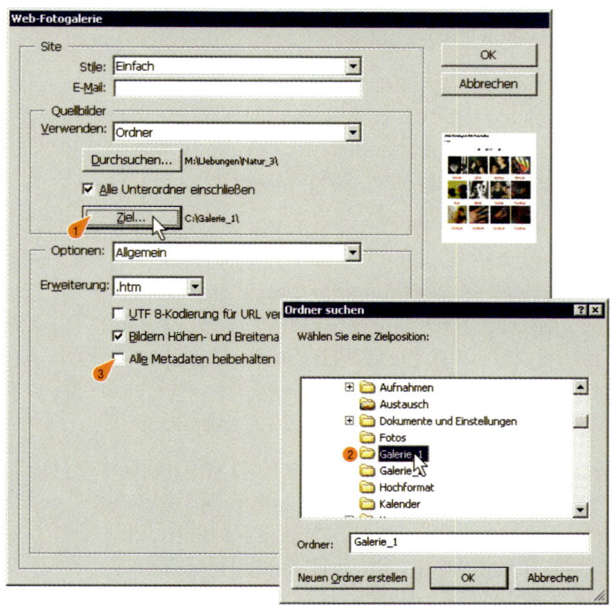

Schritt 3: Die Überschrift

Der Stil Einfach spannt eine Überschriften-Fläche über jede Miniaturen- und Einzelbild-Seite. Diesen Titelbereich gestalten Sie in den Optionen für (1) Banner.

Als (2) Name der Site tippen wir »Naturfotografie« ein. Die Zeile erscheint über dem Bildkatalog wie auch bei den Einzelbildseiten, zudem in der Titelzeile des Internetbrowsers. Die Zeilen Fotograf, Kontaktinformationen und Datum lassen wir leer; das verursacht Leerzeilen im Überschriftenbereich, die wir dann entfernen.

Falls Sie eine (3) E-Mail-Adresse angeben, setzt Photoshop diese Information als klickbaren Link ebenfalls in den Überschriftenbereich.

Wir verwenden den größtmöglichen (4) Schriftgrad 7, er erzeugt 36-Punkt-Schrift. Allerdings kann der Betrachter die Schriftgröße im Internetbrowser mit Befehlen wie **Ansicht: Schriftgrad** oder **Textzoom** verändern.

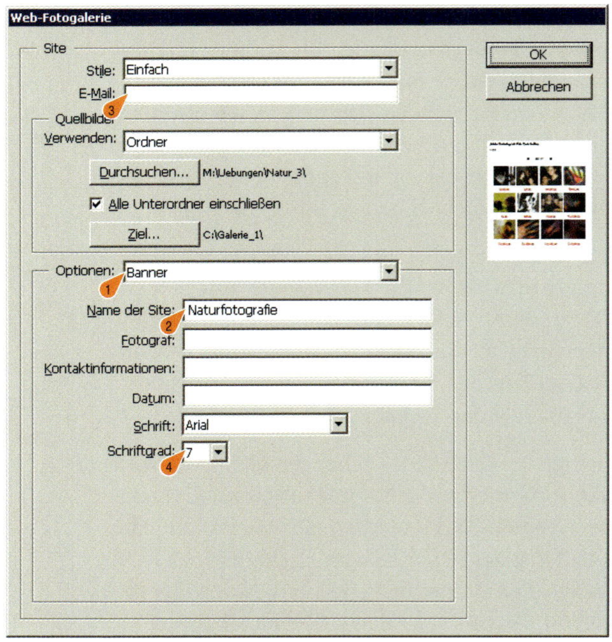

Schritt 4: Die Einzelbilder

Den Auftritt der Einzelbilder gestalten Sie im Bereich (1) Grosse Bilder.

Mit der Option (2) Bilder skalieren rechnet Photoshop auch Großbilder auf niedrigere Pixelzahlen herunter; sie erscheinen in der Galerie nicht mit dem meist zu hohen Originalwert.

Wir wählen eine (3) Größe von 450 Pixel. Beim Beschränken nehmen wir (4) Beide; so messen die Einzelbilder hoch und auch breit nicht mehr als 450 Pixel. Dazu kommt (5) Mittel als JPEG-Qualität (Stufe 5); diese JPEG-Stufe erzeugt unauffällige Bildfehler. Mit diesen Werten werden unsere Bilder sparsame 12 bis 36 Kbyte groß.

Tragen Sie als (6) Randgrösse 0 Pixel ein, damit der Internetbrowser keinen einfarbigen Rand um Ihre Exponate legt. Als Titel verwenden wir die (7) Beschreibung. Die IPTC-Bildbeschreibungen aus der Übung 4 erscheinen also als Bildunterschrift. Für diese Bildtexte wählen wir den niedrigen (8) Schriftgrad 3.

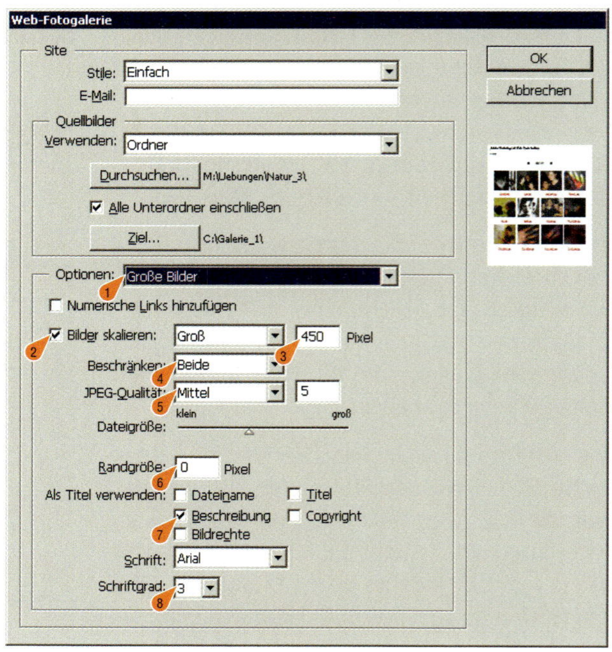

Schritt 5: Wie sehen die Miniaturen aus

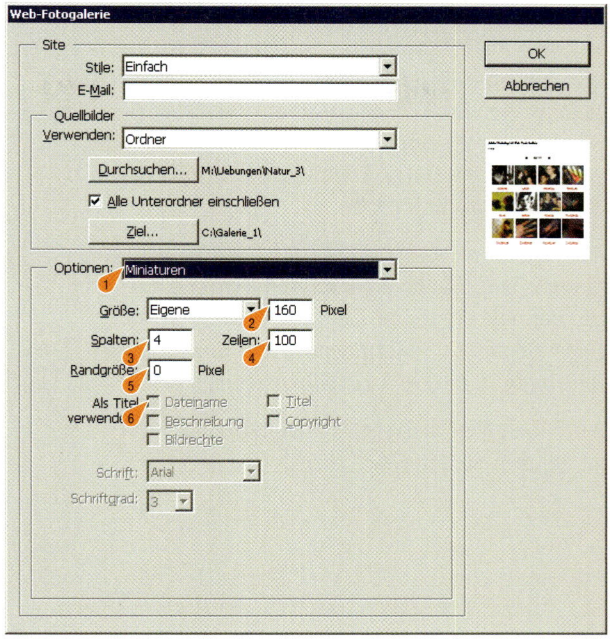

Im Bereich 1 MINIATUREN gestalten Sie die Vorschaubildchen. Wir tippen von Hand 2 »160« Pixel Breite ein; solche Miniaturen wirken auch auf hochauflösenden Schirmen, kosten aber gleichwohl nur 5 Kbyte.

Wir verwenden vier 3 SPALTEN; die Galerie zeigt also vier Miniaturen nebeneinander, dann beginnt die nächste Reihe. Das passt auch auf schmächtige 800-Pixel-Monitore. Wir geben pauschal 4 100 ZEILEN vor: Damit kann die Startseite 100 Reihen à vier Miniaturen zeigen, sprich 400 Miniaturen. Bestellen Sie nur wenige Zeilen, muss der Betrachter nach wenigen Miniaturenreihen eine neue Seite aufrufen.

Die 5 RANDGRÖSSE von 0 Pixel verhindert, dass der Browser die Miniaturen mit einem einfarbigen Rahmen garniert. Bildunterschriften wie 6 DATEINAME oder BESCHREIBUNG bietet Photoshop für den verwendeten Stil EINFACH nicht an.

Schritt 6: Farbenspiele

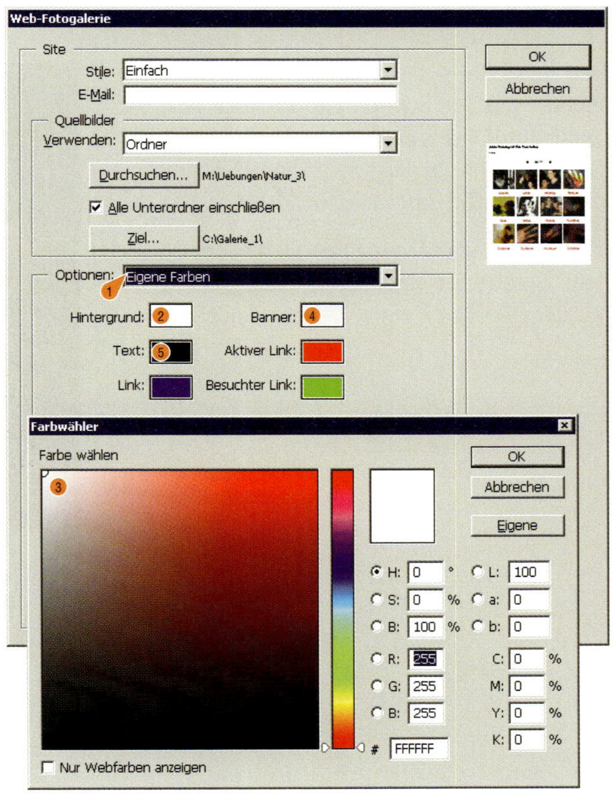

Im Bereich 1 EIGENE FARBEN steht das Farbfeld 2 HINTERGRUND zunächst auf Weiß. Klicken Sie auf das rechteckige Farbfeld; im 3 Farbwähler suchen Sie dann eine andere Hintergrundfarbe für Miniaturen- und Einzelbildseiten.

Den Überschriftenbereich unterlegt Photoshop hellgrau, zu erkennen am 4 BANNER-Farbfeld. Auch diese Farbe ändern Sie nach einem Klick aufs Rechteck.

Den 5 TEXT plant Photoshop in schwarzer Farbe, wie das schwarze Kästchen verrät. Diese Farbe gilt für die BANNER-Überschriften bei Miniaturen- und Einzelbildseiten, aber auch für die Texte unter den Einzelbildern. Wir lassen alle Vorgaben unverändert.

Bildunterschriften mit Links zeigen unterschiedliche Farben für nicht angeklickte und bereits genutzte Links. Auch die Rahmen (RANDGRÖSSE 1 oder höher) verfärben sich nach dem ersten Anklicken. Diese Optionen spielen aber für unser Projekt keine Rolle.

Schritt 7: Datenschutz

Im Bereich SCHUTZ legen Sie einen Schriftzug fest, den Photoshop in das Einzelbild Ihrer Galerie einsetzt – zum Beispiel EIGENEN TEXT, der dann in allen Bildern gleich ist, aber auch DATEINAME, COPYRIGHT oder BESCHREIBUNG, wie Sie es mit dem Befehl **Datei: Datei-Information** oder im Dateibrowser eingeben.

Wir nutzen diese Möglichkeiten jedoch nicht. Längere Texte ragen oft über den Bildrand hinaus und wir prägen ab Schritt 14 automatisch einen eleganten, halbtransparenten Copyright-Schriftzug in unsere Ausstellungsstücke.

Wir haben die Galerie jetzt komplett eingerichtet. Klicken Sie auf OK.

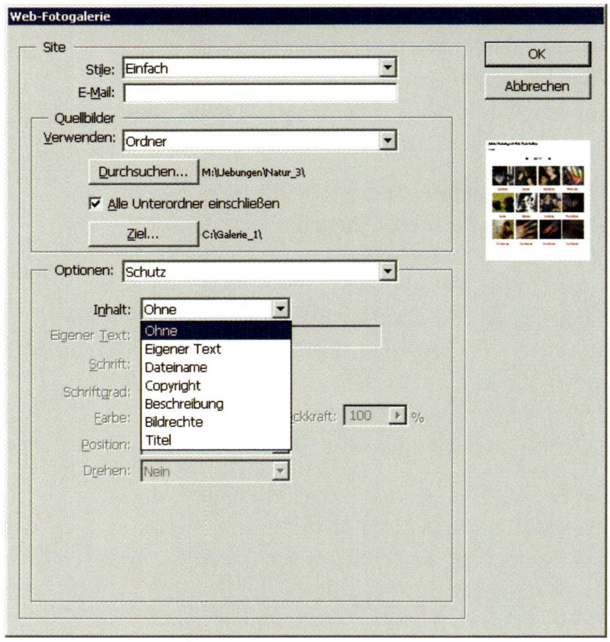

Schritt 8: Der Ablauf

Nach dem OK-Klick schnellt ein Bild nach dem anderen auf den Schirm. Sie erkennen kurz die Originalgröße, dann die neuen Maße für Miniaturen und Einzelbilder, schon knöpft sich Photoshop geschäftig das nächste Motiv vor.

Läuft etwas schief, brauchen Sie andere Optionen? Setzen Sie dem Verarbeitungsmarathon mit der [Esc]-Taste ein vorzeitiges Ende.

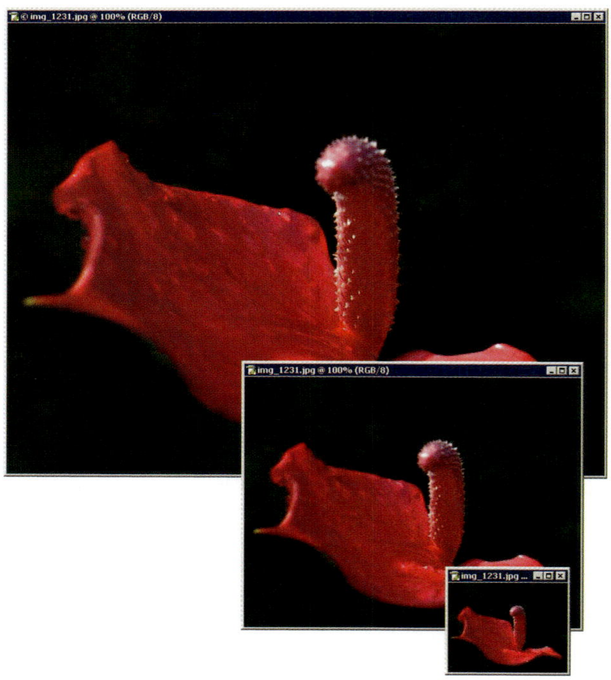

Schritt 9: Das Ergebnis

Photoshop startet sofort den Internetbrowser mit der fertigen Galerie. Die Adressleiste nennt das ① Verzeichnis, »Galerie_1« auf Laufwerk C.

Im BANNER-Bereich in Schritt 3 hatten Sie die Überschrift »Naturfotografie« eingetragen. Der Begriff erscheint hier als ② Seitenüberschrift wie auch in der ③ Titelzeile des Browsers. Rufen Betrachter die Seite über Favoriten- oder Verlauf-Listen auf, taucht ebenfalls »Naturfotografie« auf.

Die BANNER-Zone ist hellgrau, wie in Schritt 6 geplant. Hier im Überschriftenbereich klaffen Leerzeilen – wir hatten BANNER-Felder wie FOTOGRAF oder KONTAKTINFORMATIONEN leer gelassen.

Wie geplant zeigt der Browser vier Miniaturen nebeneinander. Halten Sie den Mauszeiger über eine Miniatur, erscheint der Dateiname als ④ gelbe Einblendmeldung. Klicken Sie auf die Miniatur, um die Seite mit dem größeren Einzelbild zu öffnen.

Verzeichnis: Galerie_1

Schritt 10: Die Einzelbilder

Die Einzelbild-Ansicht beginnt wieder mit der ① Überschrift »Naturfotografie«, diesmal plus Dateiname; der taucht hier auch in der ② Titelzeile des Browsers auf.

Über die ③ WEITER-Pfeile schalten Betrachter zu den benachbarten Einzelbildern. Noch bequemer: Auch ein Klick ins Bild hinein führt zum nächsten Exponat.

Der Pfeil ④ HAUPTSEITE bringt Sie wieder zur Miniaturen-Übersicht; alternativ nehmen Sie den ⑤ ZURÜCK-Pfeil des Internetbrowsers.

Unter dem Foto steht – wie in Schritt 4 geplant – die ⑥ BESCHREIBUNG; wir hatten sie in der Übung 4 angelegt. Bannerüberschrift wie auch Bildunterschrift erscheinen in Schwarz, denn das war unsere TEXT-Farbe in Schritt 6.

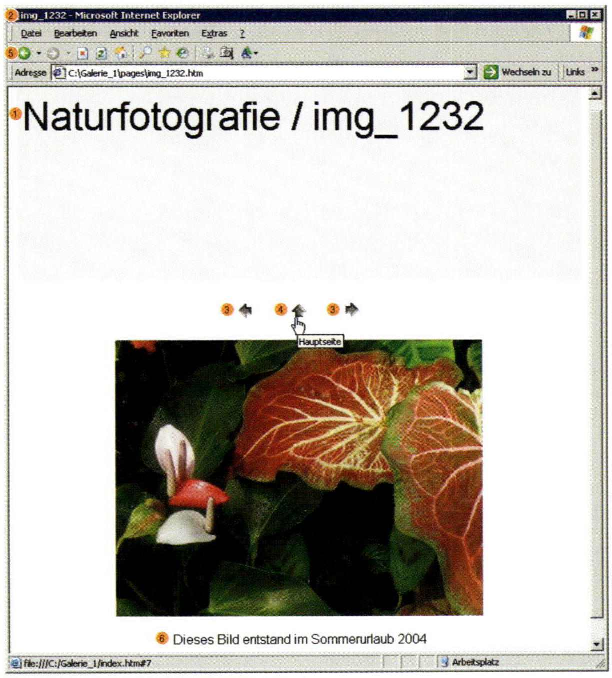

Schritt 11: Was hat Photoshop da angerichtet?

Wir öffnen das Verzeichnis 1 »Galerie_1« im Explorer oder Finder; wie in Schritt 2 geplant, speichert Photoshop die Internetgalerie hier.

Ein Doppelklick auf die Datei 2 »index.htm« öffnet die Internetgalerie. Die 3 Datei »User-Selections.txt« enthält Spannendes wie »160 1 450 5 0 0 36 0 100 0 0 0 0 0« – Ihre Vorgaben für Miniaturengröße etc. Sie müssen diese Datei nicht auf Ihren Internetserver hochladen.

Das neue Verzeichnis »pages« beherbergt die HTML-Dateien für die Seiten mit den Einzelbildern. Die HTML-Dateien enthalten Text, Formatierung und Links. Die Einzelbild-Dateien selbst, heruntergerechnet nach Ihren Vorgaben aus Schritt 4, lagern im Verzeichnis »images«. Diese HTML-Dateien samt JPEG-Bildern erscheinen, sobald der Betrachter eine Miniatur anklickt.

Wir werfen einen Blick ins Verzeichnis 4 »thumbnails« – hier stecken die Miniaturbilder für die Startseite der Galerie.

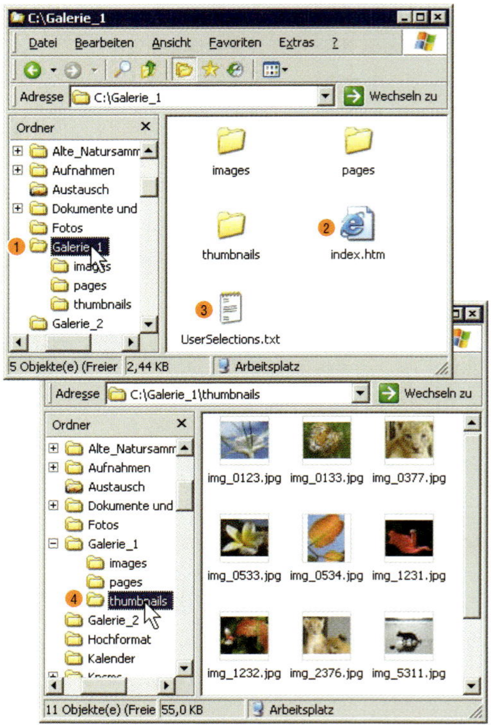

Schritt 12: Der Bildrahmen für die Miniaturen

Am Ergebnis kann man noch drehen: Die Großbilder brauchen einen Copyright-Schriftzug; außerdem testen wir andere Hintergrundfarben und Muster. Und die Miniaturen bekommen einen Bildrahmen.

In Übung 14 (Seite 111) hatten wir die Aktion BILDRAHMEN aufgezeichnet; sie garniert Bilddateien mit einem metallischen Rand. In Übung 15 (Seite 118) haben wir erprobt, wie Photoshop die Befehlsreihe auf Bildsammlungen anwendet. Diese Erfahrung nutzen wir nun:

Gehen Sie auf **Datei: Automatisieren: Stapelverarbeitung**. Wir verwenden die Aktion 1 BILDRAHMEN, geben im QUELLE-Bereich den 2 ORDNER vor, nach einem Klick auf 3 WÄHLEN nehmen wir 4 »C/Galerie_1/thumbnails«. Das ZIEL: 5 SPEICHERN UND SCHLIESSEN; Photoshop verändert die Miniaturendateien also endgültig, kein unverändertes Original bleibt zurück.

Klicken Sie auf OK.

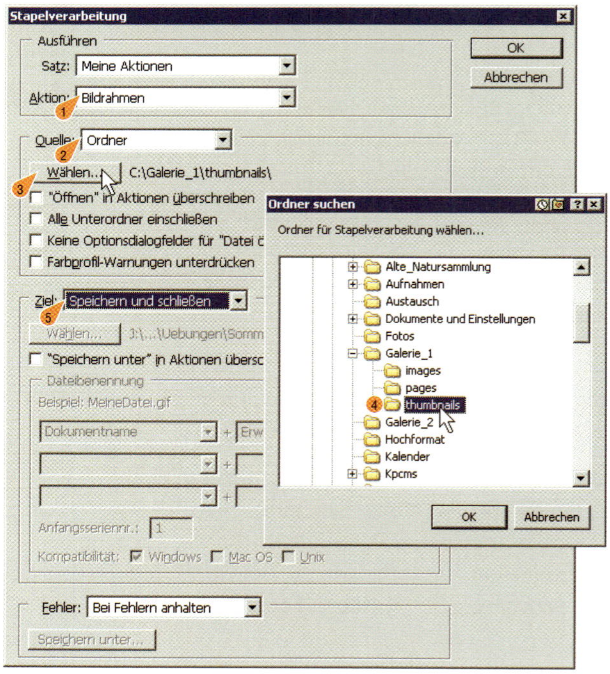

Schritt 13: Das Zwischenergebnis

Photoshop knöpft sich ein Bild nach dem anderen vor und klatscht den Rahmen dran, dann ist der Spuk auch schon wieder vorbei.

Eventuell müssen Sie die JPEG-OPTIONEN bestätigen. Gehen Sie dann auf Qualitätsstufe 5.

Ist Ihre Internetgalerie noch geöffnet? Wenn ja, wählen Sie **Ansicht: Aktualisieren**. Der Browser lädt jetzt alle Dateien neu, die Miniaturen erscheinen nun mit dem Rahmen.

Wenn die Galerie nicht geöffnet ist, klicken Sie doppelt auf die Datei »index.htm«.

Schritt 14: Einzelbilder bearbeiten

Die Einzelbilder stecken im Ordner »images«. Doch wir können unseren Copyright-Schriftzug nicht bequem in alle Bilder des Ordners einstanzen: Der Ordner enthält auch die Pfeil-Grafiken, die dem Betrachter beim Klicken durch die Galerie helfen (siehe Schritt 10). Wir müssen die Fotomotive einzeln auswählen.

Öffnen Sie im Dateibrowser das Verzeichnis 1 »Galerie_1/images« von Ihrer Festplatte. Hier sehen Sie 2 Pfeile und Fotos nebeneinander.

Klicken Sie 3 das erste Fotomotiv einmal an, dann klicken Sie bei gedrückter ⇧-Taste auf 4 das letzte Bild. So wählen Sie die ganze Bildreihe aus. Dann wählen Sie im Menü des Dateibrowsers **Automatisieren: Stapelverarbeitung**.

Schritt 15: Stapelverarbeitung

Im Dialogfeld **Stapelverarbeitung** wählen Sie die Aktion ① NUR SCHRIFTZUG aus; die haben wir ab Seite 98 erstellt und ab Seite 118 bereits erprobt.

Als QUELLE nennt Photoshop bereits den ② DATEIBROWSER. Wir bearbeiten also nur die zuvor gewählten Dateien. Im Klappmenü ZIEL gehen Sie wieder auf ③ SPEICHERN UND SCHLIESSEN – die Einzelbilddateien werden sofort endgültig verändert.

Klicken Sie auf OK.

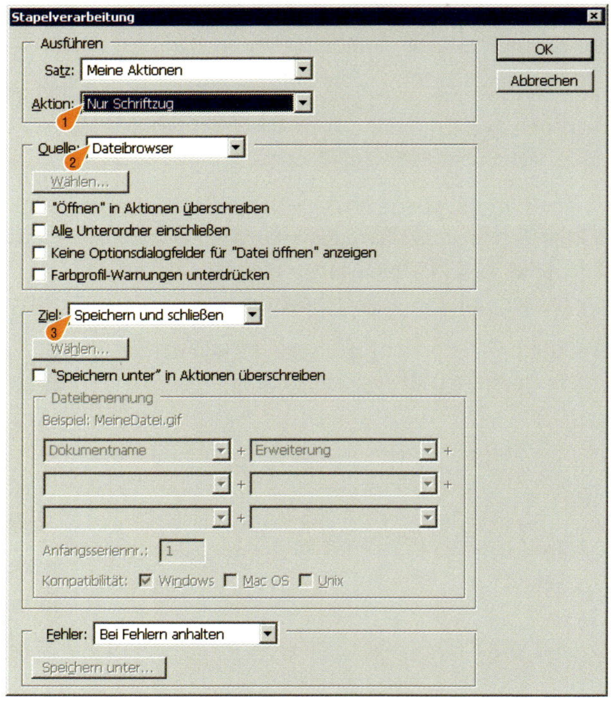

Schritt 16: Das nächste Zwischenergebnis

Photoshop setzt hektisch den Schriftzug in alle gewählten Einzelbilder, beruhigt sich dann aber wieder.

Zeigt der Internetbrowser noch Ihre Galerie? Dann klicken Sie auf **Ansicht: Aktualisieren**, anschließend auf eine Miniatur – und Sie sehen das Einzelbild mit dem neuen Copyright-Schriftzug.

Ist die Galerie nicht geöffnet, klicken Sie doppelt auf »index.htm« und dann auf eine Miniatur.

Schritt 17: Schmaler Überschriftenbereich

Der BANNER-Bereich auf der Startseite zeigt die Überschrift »Naturfotografie« – und dann viel (1) sinnlose leere Fläche. Da specken wir ab – die folgende Anleitung gilt nur für Windows, nicht für den Mac.

Öffnen Sie die Miniaturenseite durch Doppelklick auf »index.htm«. Dann wählen Sie im Internet Explorer **Ansicht: Quelltext**. Jetzt sehen Sie den HTML-Code der Startseite »index.htm« im (2) Textprogramm Editor.

Der Banner-Bereich ist als eigene Tabelle definiert, die mit dem so genannten Tag (3) TABLE border beginnt. Immer wieder taucht dort (4)
 auf – dieser Zeilenumbruch erzeugt die unerwünschten Leerzeilen. Die Zeilenumbrüche machen nur Sinn, wenn Sie im Schritt 3 tatsächlich Felder wie FOTOGRAF oder DATUM verwenden.

Markieren Sie den Bereich wie abgebildet und löschen Sie ihn mit der [Entf]-Taste. Dann gehen Sie im Editor auf **Datei: Speichern**.

Schritt 18: Das nächste Zwischenergebnis

Haben Sie im Editor gespeichert? Dann klicken Sie im Internet Explorer auf die Schaltfläche AKTUALISIEREN. Der Browser lädt jetzt die neueste Fassung der Datei »index.htm«, die Sie in Schritt 17 korrigiert hatten. Die Galerie erscheint mit verkürztem Überschriftenbereich.

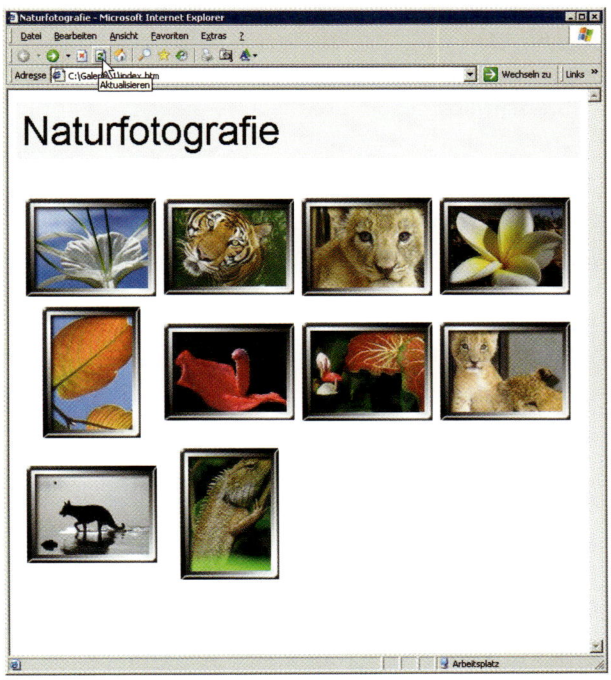

Schritt 19: Bereiten Sie die neue Hintergrundfarbe vor

Wie wirkt die Galerie, wenn wir sie mit Schwarz unterlegen? Probieren wir es kurz aus.

Zuerst brauchen wir den Code für schwarze Farbe. Klicken Sie auf ein ① Farbfeld in der Werkzeugleiste. Im Farbwähler stellen Sie ② schwarze Farbe ein. Photoshop zeigt für Schwarz den ③ Code 000000 rechts unten.

Markieren Sie die Zeichen mit der Maus, nach einem Rechtsklick ④ **Kopieren** Sie den Code in die Zwischenablage. (Am Mac wie immer statt Rechtsklick ein Klick bei gedrückter [ctrl]-Taste.)

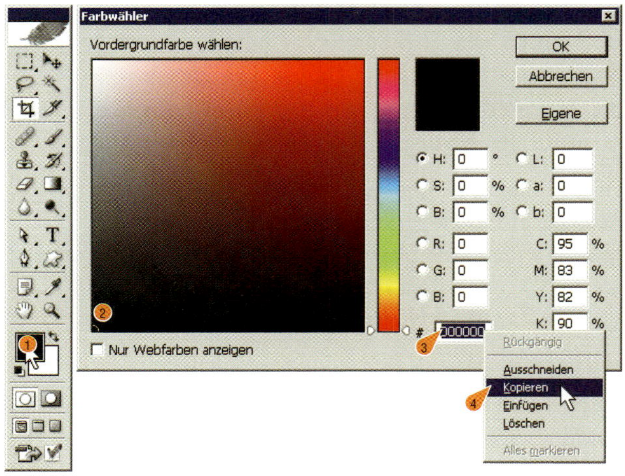

Schritt 20: Änderungen im HTML-Code

Wie schon in Schritt 17 praktiziert: Wir öffnen wieder die Miniaturenseite »index.htm« unserer Galerie, den HTML-Code laden wir per **Ansicht: Quelltext** im Internet Explorer.

Die Grundeigenschaften der Seite – etwa Hintergrund- und Textfarbe – erscheinen oben im Bereich ① Body. Den Code der Hintergrundfarbe sehen Sie nach dem Tag ② bgcolor (»background color«). Hier ist es FFFFFF für Weiß.

Markieren Sie ③ FFFFFF mit der Maus. Dann drücken Sie [Strg]+[V]; so ersetzen Sie den Code, Sie fügen ④ 000000 ein – die Zeichenfolge für Schwarz, die Sie in Schritt 19 aus dem Farbwähler kopiert haben.

Sichern Sie diese Änderung im Editor-Textprogramm per **Datei: Speichern**.

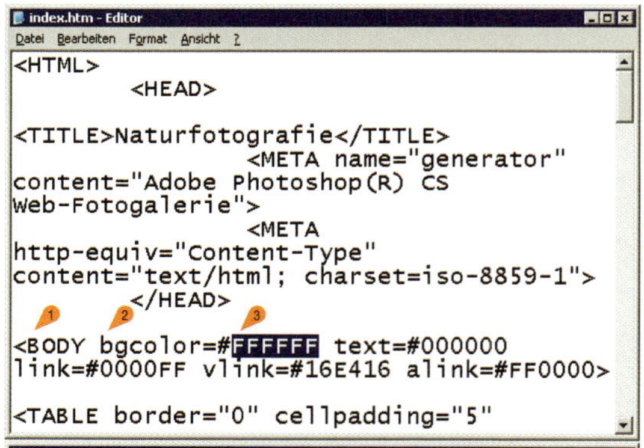

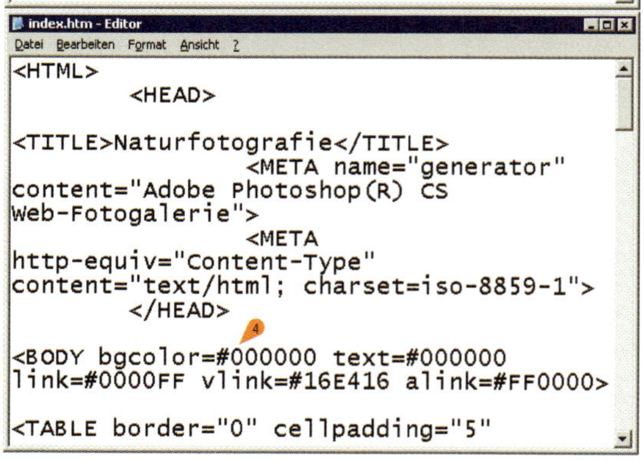

Schritt 21: Schwarz-Malerei

Im Internet Explorer klicken Sie wieder auf AKTUALISIEREN. Der Browser führt sich die Datei »index.htm« neu zu Gemüt, das Programm stößt auf den Code für schwarzen Hintergrund und unterlegt die Galerie jetzt schwarz.

Ist es das jetzt? Nein. Wir probieren noch etwas anderes – ein Hintergrundmuster.

Schritt 22: Die Datei für das Hintergrundmuster

Da war doch was? In der Übung 42 ab Seite 332 haben wir ein wolkiges Hintergrundmuster produziert, das sich vielfach nahtlos aneinander setzen lässt. Das ziert unsere Galerie gewiss.

Wir hatten die Musterdatei als »Muster-Wolken.jpg« gespeichert, unter diesem Namen liegt sie auch im Verzeichnis »Uebungen« auf der Buch-CD. Wichtig für unsere Galerie: Die Datei »Muster-Wolken.jpg« muss im selben Verzeichnis liegen wie die Galeriedatei »index.htm«. Wie Sie gesehen haben, steuert die Datei »index.htm« das Aussehen der Galerie und wird hier Schritt für Schritt verändert.

Öffnen Sie das Verzeichnis »Uebungen« von der Buch-CD mit einem Dateiverwalter wie Windows-Explorer oder Mac-Finder. Öffnen Sie in einem zweiten Fenster das Verzeichnis »C/Galerie_1« mit der Internetgalerie.

Ziehen Sie die Datei »Muster-Wolken.jpg« in das Verzeichnis »C/Galerie_1«.

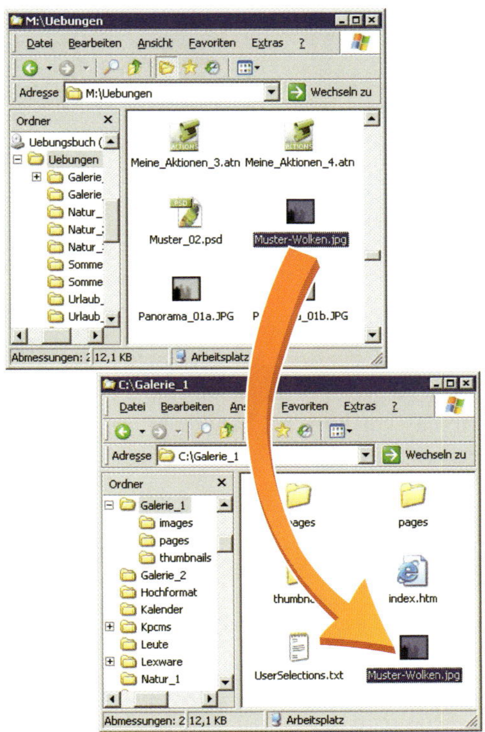

Schritt 23: Der Code für das Hintergrundmuster

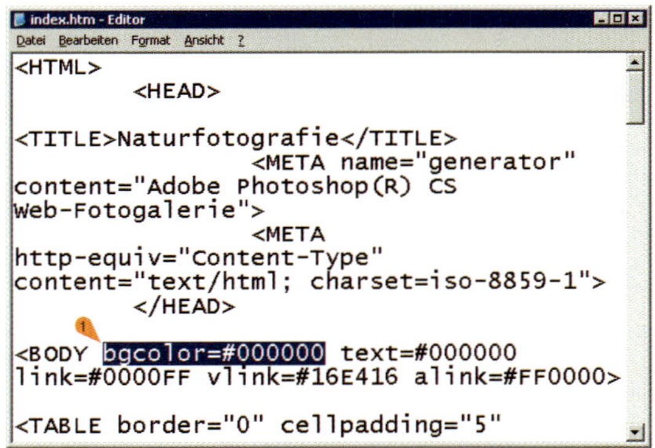

```
index.htm - Editor
Datei Bearbeiten Format Ansicht ?
<HTML>
        <HEAD>

<TITLE>Naturfotografie</TITLE>
                <META name="generator"
content="Adobe Photoshop(R) CS
Web-Fotogalerie">
                <META
http-equiv="Content-Type"
content="text/html; charset=iso-8859-1">
        </HEAD>

<BODY bgcolor=#000000 text=#000000
link=#0000FF vlink=#16E416 alink=#FF0000>

<TABLE border="0" cellpadding="5"
```

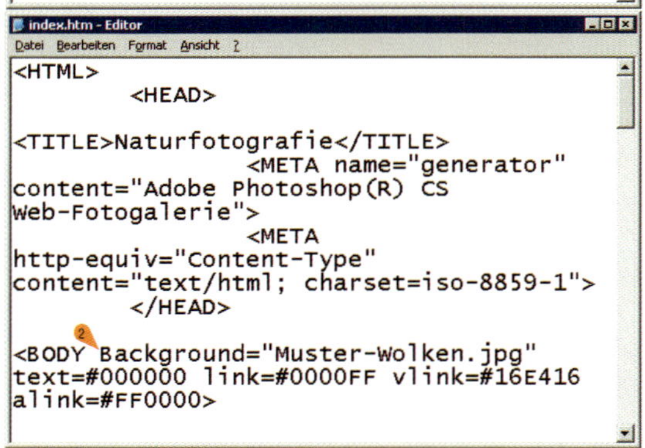

```
index.htm - Editor
Datei Bearbeiten Format Ansicht ?
<HTML>
        <HEAD>

<TITLE>Naturfotografie</TITLE>
                <META name="generator"
content="Adobe Photoshop(R) CS
Web-Fotogalerie">
                <META
http-equiv="Content-Type"
content="text/html; charset=iso-8859-1">
        </HEAD>

<BODY Background="Muster-Wolken.jpg"
text=#000000 link=#0000FF vlink=#16E416
alink=#FF0000>
```

Falls noch nicht auf Ihrem Schirm zu sehen: Wir brauchen wieder unsere Galerie. Öffnen Sie die Bilderschau also bei Bedarf noch einmal per Doppelklick auf »index.htm«. Und wir bearbeiten wieder den Quellcode, wählen also im Internetbrowser **Ansicht: Quelltext**.

So zeigt das Textprogramm Editor wieder den HTML-Quellcode. Diesmal werfen wir die Hintergrundfarbe komplett heraus und setzen stattdessen ein Hintergrundmuster ein.

Markieren Sie den Bereich ① `bgcolor= #000000` mit der Maus. Dieser Abschnitt wird ersetzt, wir tippen also:

② `Background="Muster-Wolken.jpg"`

Geben Sie den Dateinamen exakt in der zutreffenden Groß-Klein-Schreibung an – je nach Internetserver gibt es sonst Probleme. Vergessen Sie auch die Anführungszeichen nicht. **Speichern** Sie diesen Eingriff.

Schritt 24: Das Ergebnis

Im Browser folgt der Klick auf AKTUALISIEREN. Der Browser lädt die soeben korrigierte Datei »index.htm« und stößt auf den Verweis zur Musterdatei. Unsere kleine, nur 256 Pixel breite Bilddatei »Muster-Wolken.jpg« setzt der Browser nun so oft nebeneinander, bis das Programmfenster voll ist. Die Galerie zeigt einen luftig-leichten, hellblau-weißen Hintergrund.

Fertig! Wir speichern die Ausstellung im Verzeichnis »Galerie_2«. Klicken Sie auf der Buch-CD im Verzeichnis »Galerie_2« auf »index.htm«; dann sehen Sie das Ergebnis aus Schritt 24 in Ihrem Internetbrowser.

Sie haben gesehen, wie Sie Internetgalerien planvoll anlegen und wie Sie die Ergebnisse vielseitig umgestalten. Stöbern Sie noch ein bisschen im Quelltext – Sie erkennen schnell, wie Sie auch Schriftgrößen, Bildtexte oder Einblendtexte ändern.

Verzeichnis: Galerie_2

Tipps & Tricks

- Möchten Sie den Befehl **Web-Fotogalerie** mit einem schnellen Tastendruck aufrufen? Das regeln Sie per **Bearbeiten: Tastaturbefehle** (Seite 78).
- Der Befehl **Web-Fotogalerie** verwendet zunächst alle Bilder eines Verzeichnisses in alphabetischer Reihenfolge. Mehr Gestaltungsmöglichkeiten bietet der Dateibrowser: Ziehen Sie die Bilder in die gewünschte Reihenfolge, dann wählen Sie die Motive für Ihre Galerie per [Strg]-Klick aus und gehen im Dateibrowser-Menü auf **Automatisieren: Web-Fotogalerie**.
- Geben Sie Internetgalerien auch auf CD oder DVD weiter – dann auch mit größeren Einzelbildern, denn es kommt nicht mehr so auf niedrige Datenmengen an. Ein Doppelklick auf »index.htm« startet die Bilderschau.
- Photoshop verwendet bei der Internetgalerie die Originalnamen Ihrer Datei. Diese Namen erscheinen beim hier verwendeten Stil EINFACH auch in der Überschrift der Einzelbildseiten und als gelbe Einblenderklärung. Möchten Sie andere Namen verwenden, benennen Sie Ihre Dateien um, bevor Sie den Befehl **Web-Fotogalerie** starten. Nehmen Sie zum Beispiel den Befehl **Automatisieren: Stapel umbenennen** aus dem Hauptmenü des Dateibrowsers (Seite 28).
- Wahrscheinlich schreiben Sie beim Experimentieren mehrere Galerievarianten hintereinander in dasselbe Verzeichnis. Das ist prinzipiell machbar: Photoshop überschreibt vorhandene Dateien, löscht allerdings Überflüssiges nicht weg. Spätestens bevor Sie die endgültige Version fertig stellen, löschen Sie das ZIEL-Verzeichnis leer; nur dann erhalten Sie unverfälschte Ergebnisse ohne überflüssige Dateien.
- Werfen Sie die Metadaten heraus, verschwindet auch der COPYRIGHT-STATUS aus dem IPTC-Bereich (Seite 36). Rechnen Sie ihn bei Bedarf nachträglich in die Bilder wieder hinein, indem Sie die Dateien aus dem Galerieverzeichnis »images« öffnen. Das kostet nicht viel Speicherplatz, wenn Sie auf die anderen Bildtexte verzichten; die Exif-Belichtungsdaten der Digitalkamera sind ohnehin schon weg.
- Nach dem OK-Klick merkt sich Photoshop Einstellungen, die Sie im Dialog **Web-Fotogalerie** machen, und bietet sie beim nächsten Aufruf wieder an. Allerdings: Auch wenn Sie es jedes Mal löschen, das Programm schreibt hartnäckig wieder das aktuelle Datum in die DATUM-Zeile im Bereich BANNER. Möchten Sie das Datum stets löschen, öffnen Sie unmittelbar vor dem OK-Klick den BANNER-Bereich. Dann zeigt das Dialogfeld beim nächsten Aufruf diesen Bereich zuerst – und Sie vergessen nicht, das lästige Datum erneut zu verbanne(r)n.
- Möchten Sie in mehreren HTML-Dateien Code, Dateinamen oder Text ändern? Das kostenlose Windows-Programm »Suchen und Ersetzen für HTML« erledigt dies für mehrere HTML-Dateien auf einmal – zum Beispiel für die Einzelseiten einer Galerie (http://toolsandmore.de).

Service

Welche Übungen aus dem Buch funktionieren nicht nur mit Photoshop CS, sondern auch mit Photoshop 7, Photoshop Elements 2 und 3? Diese Frage beantwortet die folgende Tabelle.

Außerdem hier im »Service«-Teil: Wir besprechen Essentials, die Sie immer wieder brauchen, etwa beim Speichern, beim Zoomen oder beim Malen und Retuschieren. Ein Glossar und das ausführliche Stichwortverzeichnis schließen das Buch ab.

Was geht mit welcher Version?

Viele Übungen funktionieren nicht nur mit Photoshop CS – Sie können auch Photoshop 7, Photoshop Elements 2 oder 3 verwenden. Die folgende Tabelle zeigt, was mit welcher Version geht. Teilweise gibt es Einschränkungen oder andere Menübezeichnungen, dann finden Sie kurze Tipps in den Anmerkungen unter der Tabelle.

Übung Nummer	Teil, Übung	Seite	Photoshop 7	Photoshop Elements 3	Photoshop Elements 2
	Dateibrowser				
1	Aussehen nach Maß	16	🔴	🟢	🔴
2	Rang, Markierung, Drehen, Kopieren	20	🔴	🟢	🔴
3	Sortieren & Umbenennen	26	🔴	🟢	🔴
4	Stichwörter & Beschreibungen	30	🔴	🟢	🔴
5	Favoriten & Suchfunktion	38	🔴	🟢	🔴
	Bildausschnitt & Dateigröße				
6	Horizont geraderücken mit Messwerkzeug	46	🟢	🔴	🔴
7	Horizont geraderücken mit Freistellwerkzeug	52	🟢	🟢	🟢
8	Seitenverhältnis und Größencheck für Fotodruckdienst	56	🟢	🟢	🟢
9	Zu große Datei auf Druckgröße kleinrechnen	63	🟢	🟢	🟢
10	Übergroße Datei auf Pixelzahl herunterrechnen	71	🟢	🟢	🟢

🟢 geht 🟡 geht eingeschränkt 🔴 geht nicht

Übung Nummer	Teil, Übung	Seite	Photoshop 7	Photoshop Elements 3	Photoshop Elements 2
	Befehle aufzeichnen & abspielen				
11	Befehl auf Tastatur legen	78	🔴	🔴	🔴
12	Aktion aufzeichnen – Zuschneiden und Copyright-Schriftzug	85	🟢	🔴	🔴
13	Aktionen anpassen	98	🟢	🔴	🔴
14	Aktion aufzeichnen – Bildrahmen	111	🟢	🔴	🔴
15	Aktionen abspielen	118	🟢 1)	🔴	🔴
	Kontrast & Farbton				
16	Typische Korrekturreihe	130	🟢 2)	🔴	🔴
17	Kontrastkorrektur mit Einstellungsebene	136	🟢 2)	🟡 6)	🟡 6)
18	Kontrastkorrektur mit Automatik	142	🟢 2)	🟢 7)	🟡 8)
19	Kontrastkorrektur mit Weißpunkt	150	🟢	🟢 9)	🟢 9)
20	Kontrastkorrektur mit »Tonwertangleichung«	155	🟢	🔴	🟢 10)
21	Kontrastkorrektur mit Ebenentechnik	160	🟢 3)	🟡 11)	🟡 11)
22	Starke Unterbelichtung	166	🔴	🔴	🟡 12)
	Bildfehler retuschieren				
23	Produkt umfärben	174	🟢	🟢 14)	🟢
24	Porträtfoto glätten	180	🟢	🟢	🟢
25	Gesichtsretusche	185	🟢 4)	🟡	🟡
26	Urlaubsbild auffrischen	197	🟢	🟡 13)	🟡 13)
27	Himmel austauschen per Montage	203	🟢	🟡 15)	🟡 15)
28	Himmel durch Farbverlauf ersetzen	210	🟢	🟢 16)	🟢
29	Scharfzeichnen	221	🟢	🟢	🟢
	Auswählen & Montieren				
30	Auswahl mit Zauberstab & Maskenretusche	228	🟢	🟡 17)	🟡 17)
31	Produktfoto freistellen und aufpeppen	238	🟢	🟡 18)	🟡 19)
32	Einen Lockenkopf ausschneiden	256	🟢	🔴	🔴
33	Weiche Überblendung	263	🟢	🟡 20)	🟡 20)
34	Ein Panorama montieren	267	🔴	🟡 21)	🟡 22)
35	Doppelgänger-Porträt	274	🟢	🟡 23)	🟡 23)

🟢 geht 🟡 geht eingeschränkt 🔴 geht nicht

Übung Nummer	Teil, Übung	Seite	Photoshop 7	Photoshop Elements 3	Photoshop Elements 2
	Effekte				
36	Text als Schnittmaske	282	geht	geht	geht
37	Bild in Form-Ausschnitt	295	geht	geht eingeschränkt 24)	geht 25)
38	Gezielt unscharfer Hintergrund	303	geht eingeschränkt 5)	geht nicht	geht nicht
39	Vielseitiger Nostalgie-Effekt	310	geht	geht	geht
	Präsentation am Monitor				
40	Diaschau, schnell und unkompliziert	318	geht	geht eingeschränkt	geht eingeschränkt
41	Diaschau per PDF-Präsentation	324	geht nicht	geht	geht
42	Hintergrundmuster per Wolken-Filter	332	geht	geht	geht
43	Die eigene Internetgalerie	340	geht	geht	geht

● geht ● geht eingeschränkt ● geht nicht

Anmerkungen zu Photoshop 7

1) nicht per Dateibrowser;
2) keine Histogramm-Palette;
3) Füllmethode heißt hier NEGATIV MULTIPLIZIEREN;
4) kein Reparaturpinsel, Alternative Kopierstempel;
5) nicht mit **Verwackeln**, höchstens mit **Gaußscher Weichzeichner**.

Anmerkungen zu Photoshop Elements 2 und 3

Von Photoshop Elements 3 kannten wir bei Manuskriptabgabe nur die englische Vorserienversion.

6) Schaltfläche über, nicht unter Ebenenminiatur, aber keine **Gradationskurven**, Alternative **Tonwertkorrektur** mit grauem, mittlerem Regler;
7) Histogramm-Palette zeigt keine Einzelfarben;
8) **Auto-Kontrast** und **Auto-Tonwertkorrektur** per **Quickfix**-Befehl, keine Histogramm-Palette;
9) aber kein Farbaufnahme-Werkzeug;
10) kein **Fläche füllen** mit PROTOKOLL;
11) kein Protokollpinsel, kein **Verblassen**, Füllmethode heißt bei Photoshop Elements 2 NEGATIV MULTIPLIZIEREN;
12) **Aufhellblitz**-Befehl, kaum Einstellmöglichkeiten;
13) statt Gradationskurve **Aufhellblitz** oder **Tonwertkorrektur** verwenden, Füllmethode ÜBERLAGERN heißt bei Photoshop Elements 2 INEINANDERKOPIEREN;
14) Schaltfläche über, nicht unter Ebenenminiatur
15) in Auswahl eingefügte Pixel verschmelzen mit Hintergrund;
16) Auswählen, dann **Ebene: Neue Füllebene: Verlauf**;
17) kein Maskierungsmodus, kein Befehl **Ebene: Basis: Weiß**;
18) Verlauf per **Ebene: Neue Füllebene: Verlauf**, Ebeneneffekte über Palette EBENENSTILE;
19) kein Wechsel Pfad-Auswahl, Ebeneneffekte über Palette EBENENSTILE;
20) statt Ebenenmaske »gruppierte Ebenen« (Schnittmaske) verwenden, statt Pinsel Radiergummi;

21) Ebenenretusche nicht per Ebenenmaske, sondern mit Radiergummi ;
22) Ebenen werden sofort verschmolzen;
23) statt Ebenenmaske linke Hälfte von EBENE 1 mit Auswahlrechteck und weicher Kante auswählen und mit [Entf]- oder [←]-Taste leerlöschen;
24) einfacheres Werkzeug für Form-Ausschnitte, aber keine präzise Korrektur von Pfaden;
25) Objekt mit Eigene-Form-Werkzeug zeichnen, Bildebene darüber legen, wenn Bildebene aktiviert ist [Strg]+[G] drücken

Dieses Know-how brauchen Sie immer wieder

Manches Know-how brauchen Sie fast für jede Übung: Wie richte ich Photoshop besonders speicherschonend und schnell ein? Wie ändere ich die **Voreinstellungen**? Wie speichere ich eine Datei so, dass sie klein wird, ohne Information zu verlieren? Um diese Fragen geht es hier.

Große Datenmengen verarbeiten

Photoshop verlangt Ihrer Hardware einiges ab. Digitalisierte Bilder brauchen viel mehr Speicherplatz als Textdateien. Selbst einzelne Fotos aus diesem Buch beanspruchen mehr Arbeitsspeicher als das komplette Buchmanuskript mit seinen über 80.000 Wörtern – und große Montagen benötigen leicht mehr als 100 Mbyte Speicherplatz. Um solche Datenmengen auf dem Rechner überhaupt öffnen und manipulieren zu können, reicht ein PC von der Stange nicht immer.

Wie viel Arbeitsspeicher?

Adobe nennt als Systemanforderung 192 Mbyte Arbeitsspeicher. Wenn Sie jedoch regelmäßig mit Photoshop arbeiten und nicht nur kleine Bildchen fürs Internet öffnen, sollten Sie weit mehr als die empfohlenen 128 Mbyte Arbeitsspeicher verwenden – zum Beispiel 1 oder 2 Gbyte. Dies gilt besonders dann, wenn Sie viel mit großen Montagen und mit 16 Bit Farbtiefe pro Grundfarbe arbeiten. Generell gilt: Mehr Arbeitsspeicher bringt Photoshop eher auf Trab als ein schnellerer Prozessor.

Die Festplatte aufräumen (Windows)

Je besser Ihr Rechner eingerichtet ist, desto flotter legt Photoshop los. So brauchen Sie Festplatte bis zur Oberkante Unterlippe – nicht nur für die riesigen Dateien, die bei der digitalen Bildverarbeitung entstehen, sondern auch als Reserve-Arbeitsspeicher oder Virtuellen Speicher. Mit zwei Schritten sorgen Sie für Ordnung:

Suchen Sie nach verlorenen Zuordnungseinheiten (»lost clusters«). Das sind Dateisplitter, die nach Abstürzen sinnlos übrig bleiben. Solche Relikte erscheinen nicht in den üblichen Dateilisten. In Windows XP klicken Sie mit rechts auf einen Laufwerksbuchstaben, wählen **Eigenschaften**, dann EXTRAS und JETZT PRÜFEN. Oder wählen Sie **Start/Programme/Zubehör/Datenträgerbereinigung**.

Forschen Sie auch nach vollständig erhaltenen Temporärdateien, zum Beispiel mit einer Dateisuche nach »*.tmp ~*.*«. Photoshop hinterlässt eventuell riesige Temporärdateien, wenn das Programm nicht ordnungsgemäß geschlossen wird.

Defragmentieren Sie die Festplatte, unter Windows zum Beispiel per **Start/Programme/Zubehör/Systemprogramme/Defragmentierung**. Sie verhindern damit, dass sich Dateien in kleinen Krümeln über verschiedene Teile des Festspeichers verteilen. Photoshop kann dann nicht auf größere Speicherblöcke am Stück zugreifen.

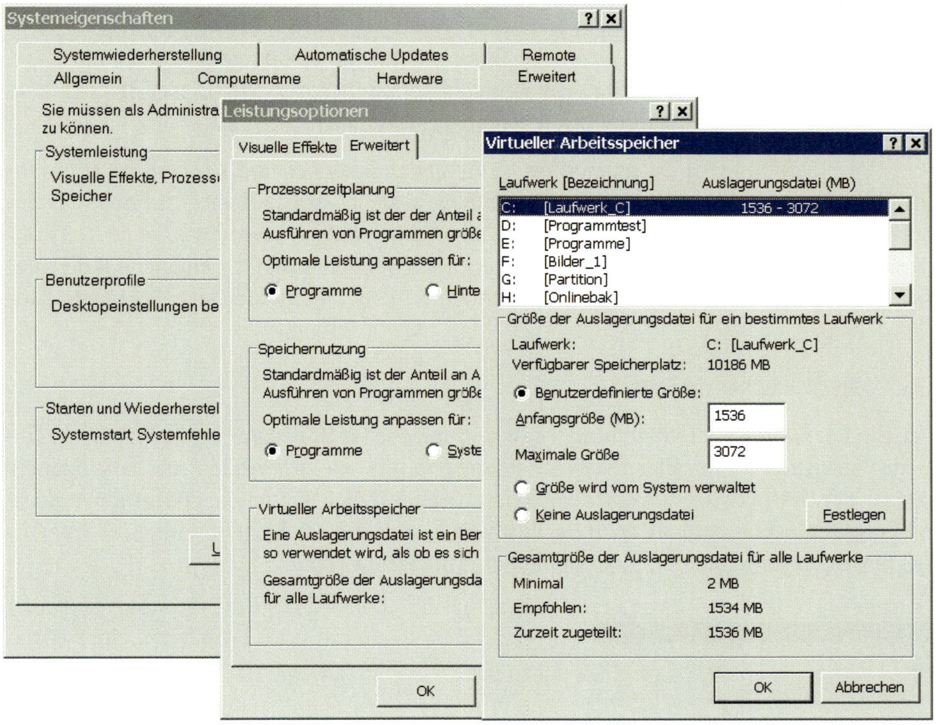

Abbildung 1: Mit den Systemeigenschaften organisieren Sie den Auslagerungsspeicher für Windows XP.

Windows XP: Virtuellen Speicher einrichten

Um den Rechner für datenschwere Pixeldateien fit zu machen, sorgen Sie vor allem für virtuellen Arbeitsspeicher – einen Platz auf der Festplatte, der Daten aufnimmt, die nicht mehr in den überlasteten Arbeitsspeicher (RAM) passen. Dieser Reservebereich heißt auch »Auslagerungsspeicher« oder »Swap-File«. Sie richten virtuellen Speicher einerseits innerhalb von Photoshop und andererseits für Windows ein.

Sie sollten Windows eine große Auslagerungsdatei geben. Klicken Sie in der START-Leiste auf EINSTELLUNGEN, dann wählen Sie in der SYSTEMSTEUERUNG das SYSTEM, ziehen dort die Registerkarte ERWEITERT, klicken im Bereich SYSTEMLEISTUNG auf EINSTELLUNGEN, dann auf ERWEITERT und ganz unten auf ÄNDERN.

In der Regel sollten Sie eine feste Größe für den virtuellen Speicher vorgeben, in den Feldern ANFANGSGRÖSSE und MAXIMUM tragen Sie identische Werte wie zum Beispiel »256« ein. Diese starre Einstellung verhindert, dass Windows permanent den Auslagerungsbedarf neu zusammenstellt.

Microsoft empfiehlt in diesem Zusammenhang:

- Windows XP sollte eineinhalb mal so viel virtuellen Speicher wie physikalischen Arbeitsspeicher haben. Haben Sie zum Beispiel 1 Gbyte Arbeitsspeicher installiert, teilen Sie dem System 1,5 Mbyte Auslagerungsplatz zu.
- Der Auslagerungsspeicher sollte nicht auf dem Windows-Laufwerk stattfinden, sondern auf einer anderen Partition oder Festplatte. (Allerdings ist es nützlich, im Laufwerk C etwas freie Festplatte zu haben, um die Wiederherstellung nach einem Systemproblem zu erleichtern.)

Arbeitsvolumes

Bildteile, die nicht mehr in die Arbeitsspeicher-Chips passen, bringt Photoshop vorübergehend in einem so genannten virtuellen Speicher auf der Festplatte unter – unabhängig vom Betriebssystem. Dieser Bereich heißt ARBEITSVOLUME. Das klingt praktisch, doch es verlängert die Rechenzeit erheblich.

Wählen Sie **Bearbeiten: Voreinstellungen: Zusatzmodule & Virtueller Speicher** und nennen Sie dem Programm bis zu vier Festplattenlaufwerke zum Auslagern. Das STARTVOLUME ist das Laufwerk, auf dem das Betriebssystem läuft. Geben Sie schnelle, freie, lokale Laufwerke an – keine Laufwerke im Netz, keine Wechselspeicher. Vermeiden Sie Laufwerke, auf denen große Dateien aus Ihrer aktuellen Arbeit liegen oder auf die auch das Betriebssystem auslagert. Das Arbeitsvolume sollte defragmentiert sein und mindestens 100 Mbyte Platz bieten.

Windows und Mac OS X: physikalischer Speicher

Unter Windows wählen Sie **Bearbeiten: Voreinstellungen: Arbeitsspeicher & Bildcache**, unter Mac OS 10 finden Sie die Funktion im **Photoshop**-Menü. Hier teilen Sie Photoshop mit, wie viel Prozent vom verfügbaren physikalischen Arbeitsspeicher (RAM) er für sich reservieren darf. Grundsätzlich sollten Sie Photoshop mindestens 75 Prozent gewähren, Photoshop beginnt nach der Installation nur mit 50 Prozent. Eine 100-Prozent-Speicherzuteilung für Photoshop kann anderen Programmen die Luft wegnehmen.

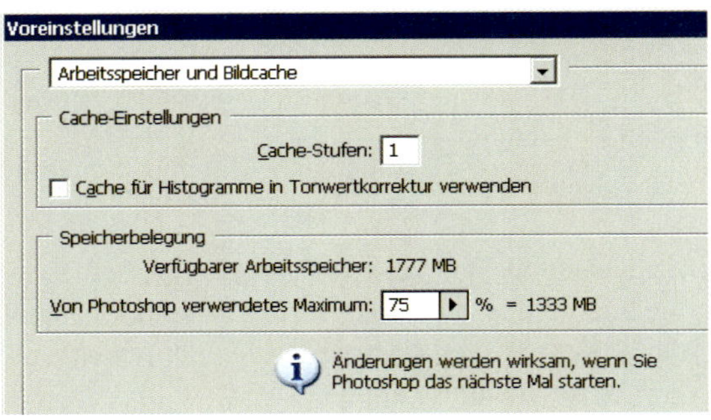

Abbildung 2:
Im Bereich »Arbeitsspeicher und Bildcache« teilen Sie Photoshop Arbeitsspeicher zu.

So halten Sie den Arbeitsspeicher frei

Halten Sie den Arbeitsspeicherbedarf Ihres Gesamtsystems so klein wie möglich, damit Photoshop schneller arbeitet und weniger Daten auf die Festplatte auslagert. Folgende Maßnahmen liegen nah:

- Sie schließen oder löschen überflüssige Bilder und Programme.
- Sie löschen nutzlose Ebenen, Ebenenmasken und Alphakanäle oder verschmelzen Ebenen.
- Sie schneiden überschüssigen Rand weg.
- Sie deinstallieren überflüssige Schriftarten und Farbprofile.
- Sie begrenzen die Zahl der Rücknahmeschritte mit den Optionen zur Protokoll-Palette.

All das spart erheblich Arbeitsspeicher und macht Ihre Arbeit schneller.

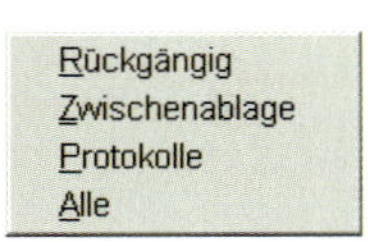

Abbildung 3:
Das Untermenü »Bearbeiten: Entleeren« schafft Platz im Arbeitsspeicher.

Zwischenablage löschen oder vermeiden

Jedes Mal, wenn Sie durch **Kopieren** oder **Ausschneiden** einen größeren Bildteil in die Zwischenablage befördern, pflastern Sie damit Arbeitsspeicher zu. Um Platz zu schaffen, nutzen Sie das Untermenü **Bearbeiten: Entleeren.** Alternativ markieren Sie einen sehr kleinen Bildteil oder ein Stück Text und kopieren das in die Zwischenablage.

Wollen Sie einen Bildausschnitt nicht gerade mehrfach übertragen, verzichten Sie ganz auf die Zwischenablage – ziehen Sie den ausgewählten Bildbereich, eine Ebene oder auch eine ganze »Hintergrund«-Ebene einfach mit dem Verschieben-Werkzeug in eine andere Datei; dieser Transfer strapaziert Ihre Zwischenablage gar nicht. Auch die Miniaturen aus der Ebenen-Palette oder Kanäle-Palette können Sie in das gewünschte Bild ziehen; dieser Weg umgeht die Zwischenablage ebenfalls.

Die Statusleiste

Den unteren Programmfensterrahmen bildet bei Photoshop für Windows die Statusleiste, sofern Sie diese mit dem **Fenster**-Befehl **Statusleiste** hervorholen. Am Mac erscheint dieser Bereich unten im Einzelbildfenster.

Das kleine Dreieck in der Statusleiste öffnet ein Minimenü; hier entscheiden Sie, welche Informationen Photoshop links nebenan ausgeben soll: Die Option **Dokumentprofil** verrät das aktuelle Farbprofil, **Dokumentmaße** nennt die Pixelmaße und **Timing** zeigt den Zeitbedarf für den letzten Befehl.

Mit der Vorwahl **Effizienz** zeigt Photoshop an, wie viel Prozent seiner Operationen im schnellen Arbeitsspeicher ablaufen. Liegt der Wert unter 100 Prozent, erkennen Sie, dass Photoshop auf die langsame Festplatte, auf ein »Arbeitsvolume«, auslagern muss – sehr zu Lasten der Geschwindigkeit. Besonders interessant sind die Optionen **Dateigrößen** und **Arbeitsdatei-Größen**:

»Dateigrößen«

Entscheiden Sie sich in der Statusleiste für **Dateigrößen**, beziehen sich die Werte nur auf die aktive Datei. Der linke Wert nennt die Größe der Datei im Arbeitsspeicher so, als ob es sich um ein Bild ohne separate Ebenen, Alphakanäle oder Ebenenmasken handeln würde. Rechts neben dem Schrägstrich lesen Sie den tatsächlich verlangten Speicherplatz für dieses Bild; er ist größer als der linke Wert, wenn über dem Untergrund zusätzliche Objekte schweben, wenn Sie Auswahlkanäle einsetzen oder der tatsächliche Bildrand über den sichtbaren Bereich hinausgeht.

Ein Beispiel: Sie öffnen die Datei »Panorama_06.psd« aus dem »Uebungen«-Verzeichnis von der Buch-CD. Dieses Bild enthält fünf separate Montageebenen.

Links vom Schrägstrich steht »5,60M«, rechts »16,9M«. Das bedeutet: Die Datei »Panorama_06.psd« beansprucht mit ihren fünf Ebenen 16,9 Mbyte Arbeitsspeicher. Verschmilzt man jedoch alle Ebenen zu einer einzigen »Hintergrund«-Ebene, so dass alle verborgenen, unten liegenden Bildpunkte gelöscht sind, benötigt das Bild nur noch 5,6 Mbyte Arbeitsspeicher. Etwa der gleiche Wert kommt zustande, wenn Sie das Bild unkomprimiert und ohne Ebenen oder Alphakanäle auf Festplatte speichern, zum Beispiel im Format TIFF unkomprimiert.

Ziehen Sie nun die Ebene »Panorama_01a« in den Mülleimer der Ebenen-Palette, lesen Sie in der »Dateigrößen«-Anzeige: »5,60M/14,0M«. Der linke Wert bleibt also gleich: Denn für die »flache« Version des Bilds, wenn alle Ebenen verschmolzen sind, braucht Photoshop ja stets denselben Arbeitsspeicher. Nicht der Bildinhalt entscheidet hier, sondern allein die Pixelfläche und der Farbmodus – und daran haben Sie nichts geändert. Doch der Wert rechts vom Querstrich ist gesunken, denn Sie haben eine Ebene gelöscht.

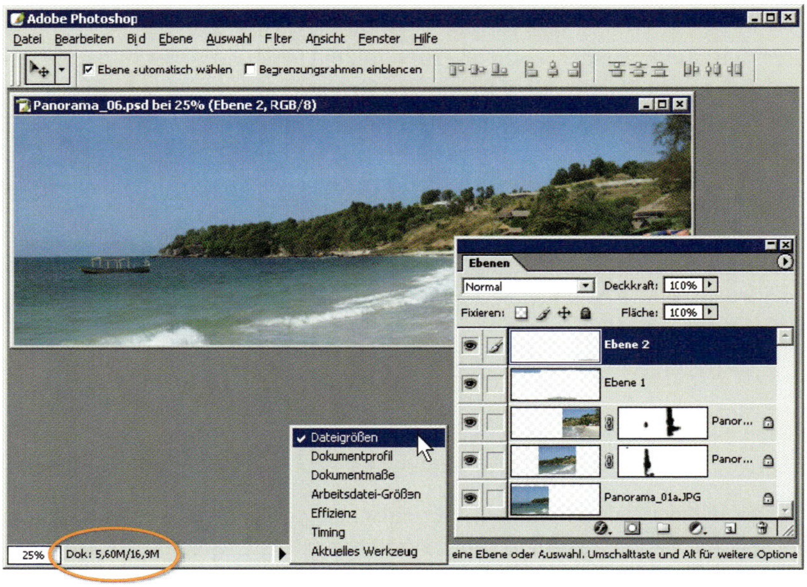

Abbildung 4:
Die Option »Dateigrößen« links unten in der Statusleiste verrät, wie viel Arbeitsspeicher die Datei ohne separate Ebenen beansprucht und wie viel Speicher die Gesamtdatei mit Einzelebenen braucht.

»Arbeitsdatei-Größen«

Klicken Sie die **Arbeitsdatei-Größen** an, dann entnehmen Sie der ersten Zahl, wie viel Speicherplatz Photoshop für alle geöffneten Bilder benötigt. Der zweite Wert verrät, wie viel Arbeitsspeicher dem Programm überhaupt zur Verfügung steht. Ist die linke Zahl höher als die rechte, so heißt dies: Photoshop benötigt mehr Arbeitsspeicherkapazität, als ihm zur Verfügung steht. Dann muss das Programm Dateien auf die Festplatte, auf ein »Arbeitsvolume« auslagern – und das kostet viel Zeit.

Zu unserer Abbildung: Photoshop zeigt links »111,9M« an; das Programm braucht also für sich und alle geöffneten Bilder 111,9 Mbyte Arbeitsspeicher. Rechts steht »448,2M«; Photoshop hat also insgesamt 448,2 Mbyte Arbeitsspeicher zur eigenen Verfügung – für die aktuelle Aufgabe reicht das einstweilen.

Öffnen Sie weitere Bilder, vergrößert sich der linke Wert, also die Angabe für den tatsächlichen Arbeitsspeicherbedarf. Hier erkennen Sie auch, wie sich Photoshop nach der Ausführung von Befehlen oder nach dem **Kopieren** mehr Arbeitsspeicher genehmigt.

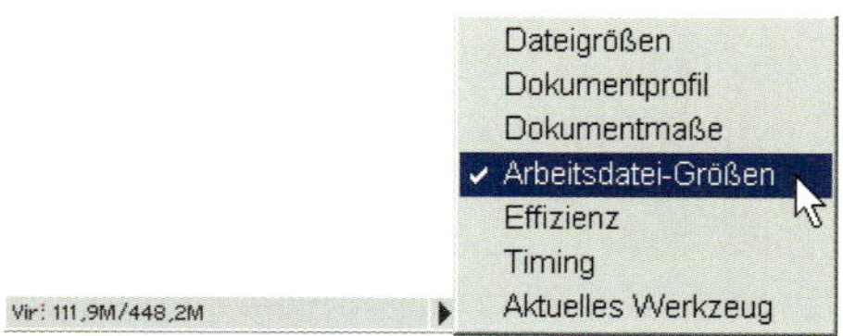

Abbildung 5:
Mit der Option »Arbeitsdatei-Größen« meldet Photoshop, wie viel Arbeitsspeicher gebraucht wird und wie viel vorhanden ist.

Schnell & präzise zoomen

Zum flotten Vorankommen sollten Sie die rasche Veränderung der Bilddarstellung beherrschen. Die erforderlichen Befehle finden Sie im Menü **Ansicht**, schneller geht es mit Tastaturkürzeln. Zuvor müssen Sie sich darüber klar sein, was es mit Abbildungsmaßstäben wie »100%« auf sich hat.

Der Abbildungsmaßstab

Der Abbildungsmaßstab »100%« hat nichts mit der späteren Druckgröße zu tun. »100%« bedeutet: Jeder Bildpunkt erscheint exakt auf einem Monitorpunkt. Nur in der 100-Prozent-Darstellung sehen Sie sämtliche Originalpixel naturbelassen; so, wie sie in der Bilddatei tatsächlich vorliegen. In allen anderen Darstellungsweisen rechnet das Programm die Originalpixel erst für die Wiedergabe am Schirm um. Das Programm muss zum Beispiel 1,38 oder 0,71 Bildpixel auf einem Monitorpixel anbieten; dazu wirft es einzelne Bildpunktreihen Ihres Fotos heraus, feine Details werden verschluckt.

Besonders ungenau gerät die Darstellung bei krummen Maßstäben wie 53,46 Prozent. Die 50-Prozent-Ansicht verzerrt weniger als die 67-Prozent-Ansicht, die 25-Prozent-Darstellung verzerrt weniger als die 33-Prozent-Darstellung.

Insbesondere nach Interpolationen mit dem Befehl **Bild: Bildgröße** und nach dem **Transformieren** sollten Sie in die Zoomstufe 100 Prozent wechseln. 100 Prozent ist die angesagte Zoomstufe auch nach der Scharfzeichnung.

Wechsel zum Abbildungsmaßstab 100,00 Prozent

Besonders schnell und vielseitig wechselt Photoshop zum wichtigen Abbildungsmaßstab 100,00 Prozent:

- Per Doppelklick auf die Lupe in der Werkzeugleiste
- Per **Ansicht: Tatsächliche Pixel** und per Kontextmenü
- Mit der Schaltfläche TATSÄCHLICHE PIXEL in den Optionen zu Lupe und Hand
- Mit dem Klammergriff [Alt]+[Strg]+[0] (am Mac die [⌘]-Taste statt der [Strg]-Taste)

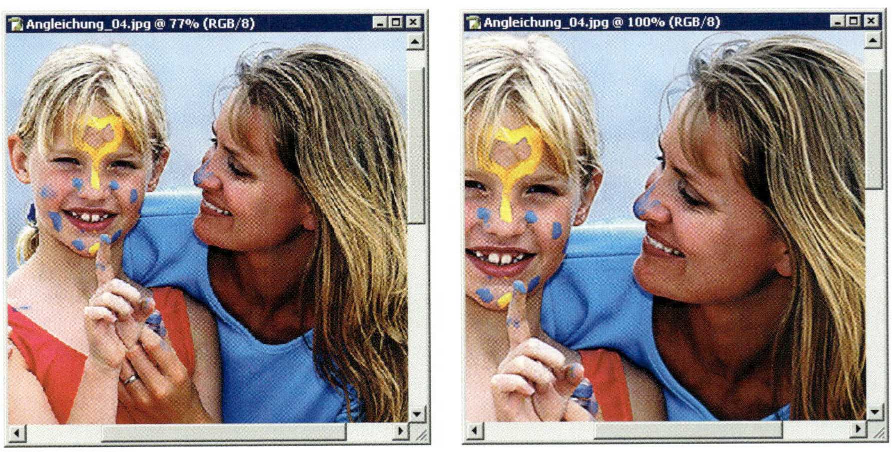

Abbildung 6:
Links: Verkleinernde Maßstäbe wie 77 Prozent zeigen zwar mehr vom Foto bei gleich bleibender Größe des Bildfensters – doch feine Linien erscheinen verzerrt, hier Haarsträhnen und die Konturen der Kleidung. Rechts: Der Abbildungsmaßstab 100 Prozent zeigt die Bilddatei mit voller Präzision. Datei: Angleichung_03

Die Lupe

Mit der Lupe wechseln Sie die Zoomstufe bequem. So vergrößern Sie den Abbildungsmaßstab:

- Klicken Sie links unten ins Bild. Photoshop stellt jetzt einen Bildbereich links unten vergrößert dar.
- Ziehen Sie mit der Lupe einen Rahmen um den Bildteil, den Sie vergrößert sehen möchten.

Die Option ALLE FENSTER oben in den Werkzeugoptionen ändert die Zoomstufe in allen offenen Fenstern gleichzeitig. Der Befehl **Fenster: Anordnen: Gleiche Zoomstufe** bringt alle Motive auf denselben Abbildungsmaßstab. Den aktuellen Zoomfaktor nennt Photoshop in der Titelleiste des Bilds und unten in der Statusleiste.

Abbildungsmaßstab verändern

So ändern Sie den Abbildungsmaßstab:

- Halten Sie bei eingeschalteter Lupe die [Alt]-Taste gedrückt, verkleinern Sie das Bild schrittweise. Sie sehen dann statt des Pluszeichens ein Minus im Lupenzeiger.
- Den Wechsel der Zoomstufe erlauben auch das Kontextmenü zur Lupe und die **Ansicht**-Befehle **Einzoomen** (vergrößerte Darstellung) und **Auszoomen**.
- Zügige Maßstabsveränderung bieten zudem die Griffe [Strg]+[+] beziehungsweise [Strg]+[-]. Wenn sich dabei die Fenstergröße nicht ändern soll, drücken Sie zusätzlich die [⇧]-Taste.
- Tippen Sie bei Photoshop eine neue Zoomstufe ganz unten links in die Statusleiste ein (am Mac links unten im Bildfenster); im Bildfenster von ImageReady bietet ein Klappmenü unten links verschiedene Zoomstufen.
- Ändern Sie die Zoomstufe im Navigator.
- Drehen Sie am Mausrad; Drehen bei gedrückter [⇧]-Taste vergrößert die Intervalle.

»Ganzes Bild«

So zoomen Sie das Gesamtbild schnell größtmöglich auf den Schirm:

- Klicken Sie doppelt auf das Hand-Werkzeug in der Werkzeugleiste.
- Drücken Sie [Strg]+[0].
- Verwenden Sie den Befehl **Ganzes Bild** aus dem **Ansicht**-Menü oder die gleichnamige Schaltfläche in den Werkzeugoptionen.

Nutzen Sie unter Windows die Option PALETTEN IGNORIEREN in den Werkzeugoptionen, wenn Photoshop beim Hochvergrößern das Bild auch unter Paletten schieben soll.

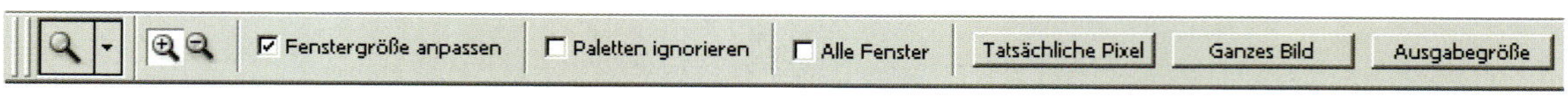

Abbildung 7: Mit den Optionen zur Lupe regeln Sie die Bilddarstellung.

Schneller Wechsel zu Zoomfunktionen

Die Zoomfunktion erreichen Sie auch, wenn Sie andere Werkzeuge in Gebrauch haben. Durch längeres Drücken von Tastenkombinationen wechseln Sie vorübergehend zu den Zoomtechniken; Photoshop bietet wieder das ursprüngliche Werkzeug an, wenn Sie die Tasten loslassen:

- [Strg]+Leertaste beschert Ihnen bei jedem beliebigen Werkzeug die Vergrößerungslupe, [Alt]+Leertaste bringt die Verkleinerungslupe her. Die Leertaste allein ist für die Verschiebehand gut. Diese Griffe funktionieren oft sogar bei geöffnetem Dialogfeld.
- [Strg]+[+] und [Strg]+[-] ändern die Zoomstufe schrittweise. Nehmen Sie die [Alt]-Taste hinzu, um die Option FENSTERGRÖSSE ANPASSEN vorübergehend umzuschalten.
- [Strg]+[0] zoomt das Gesamtbild maximal hoch.
- [Strg]+[Alt]+[0] erzeugt sofort eine 100-Prozent-Ansicht.

Diese Handgriffe funktionieren auch in den Vorschaufenstern vieler Dialogfelder – so etwa beim **Extrahieren** (Seite 256) und beim **Verwackeln** (Seite 303).

Hand-Werkzeug

Mit dem Hand-Werkzeug (Kurztaste H, für Hand) verschieben Sie den sichtbaren Bildteil innerhalb des Dateirahmens. Ein Doppelklick auf das Hand-Werkzeug in der Werkzeugleiste zeigt das Gesamtbild in größtmöglicher Zoomstufe – der gleiche Effekt wie **Ansicht: Ganzes Bild** oder [Strg]+[0].

Egal, welches Werkzeug gerade aktiviert ist – mit der Leertaste erhalten Sie jederzeit die Hand. Schieben Sie Ihr Bild zurecht und lassen Sie die Leertaste wieder los, um zum vorherigen Werkzeug zurückzukehren. Sogar bei geöffnetem Dialogfeld funktioniert das.

Verwenden Sie einen Vollschirm-Modus mit der Kurztaste [F], dann zeigt Photoshop nur ein einziges Bild vor grauer oder schwarzer Fläche. Mit der Hand schieben Sie das Bild in die gewünschte Bildschirmzone.

Eine komfortable Alternative zu Lupe und Hand gleichermaßen bietet die **Navigator**-Palette, die Photoshop im **Fenster**-Menü anbietet. Groß hochgezoomte Bilddetails werden hier besonders leicht innerhalb des Dateifensters bewegt. Die Navigator-Palette zeigt Ihnen stets das Gesamtbild – auch dann, wenn im Dateifenster nur ein kleines, hoch vergrößertes Detail erscheint. Ein Rahmen innerhalb der Navigator-Anzeige markiert den Bildteil aus dem Dateifenster (Seite 210).

Abbildung 8:
Der Navigator ändert Bildausschnitt und Vergrößerungsmaßstab besonders bequem.

Pinselspitzen & Farbwahl

Selbst wenn Sie mit Photoshops Pinsel-Werkzeug weder Cartoons noch Seidenschlipsdesigns kreieren wollen – Pinsel und Pinselspitzen brauchen Sie doch oft, um Ebenenmasken und Alphakanäle zu retuschieren; sie spielen in vielen Übungen eine Rolle.

Wie dick oder dünn sich die Mal- und Retuschewerkzeuge in der Bilddatei auswirken, zum Beispiel Pinsel oder Kopierstempel, das regeln Sie mit den Pinselvorgaben.

Pinselvorgaben auswählen

So blenden Sie die Bibliothek mit den Pinselvorgaben ein, um eine neue Pinselvorgabe für das aktive Mal- oder Retuschewerkzeug festzulegen:

- Klicken Sie auf das Symbol für die aktuelle Pinselvorgabe in der Optionenleiste zu Mal- und Retuschewerkzeugen; so erhalten Sie eine einfache Form der Pinsel-Palette.
- Klicken Sie bei eingeschaltetem Mal- oder Retuschewerkzeug mit rechts ins Bild (am Mac [ctrl]-Klick), um dieselbe abgespeckte Version der Pinsel-Palette zu sehen.
- Wählen Sie **Fenster: Pinsel** oder klicken Sie in der Optionenleiste auf die Schaltfläche PINSEL-PALETTE EINBLENDEN/AUSBLENDEN. Hier haben Sie alle Kontrollen.

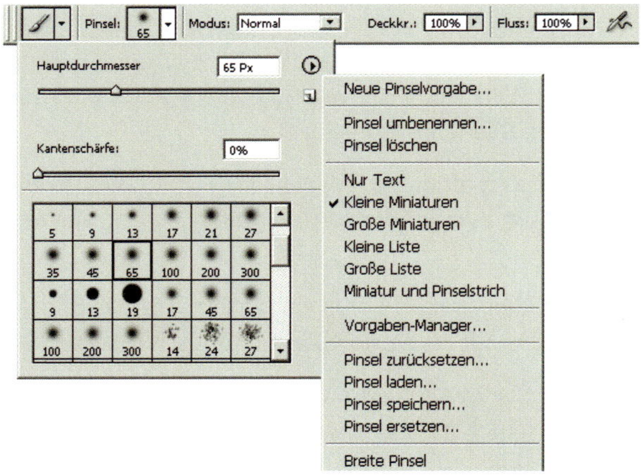

Abbildung 9:
In den Optionen zum Pinsel und zu anderen Mal- und Retuschewerkzeugen legen Sie die gewünschte Pinselform fest.

Weil Photoshop direkt nach der Installation wenig »natürliche«, »rauhe« Werkzeugspitzen anbietet, wählen Sie unten im Palettenmenü neue so genannte Bibliotheken wie NATÜRLICHE SPITZEN dazu; bei der anschließenden Frage klicken Sie auf ANFÜGEN – die bereits vorhandenen Pinselspitzen werden also nicht gelöscht, Sie hängen die neuen Spitzen lediglich an die aktuelle Sammlung an.

Das [Ö] vergrößert die Werkzeugspitze, per [#] schrumpft sie. Mit den Zifferntasten senken Sie die Deckkraft – [7] steht für 70 Prozent, [3][3] für 33 Prozent und [0] für 100 Prozent. Mit [.] und [,] wechseln Sie vorwärts und rückwärts durch die Auswahl der Pinselspitzen.

Vordergrund- und Hintergrundfarbe

Gemalt wird mit der Vordergrundfarbe – der vorderen von zwei Farbflächen unten in der Werkzeugleiste. Sie steht zunächst auf Schwarz. Als Standardfarben gelten: Schwarz als Vordergrundfarbe, Weiß als Hintergrundfarbe. Schwarz und Weiß sind die am häufigsten benötigten Farben, vor allem, wenn Sie Korrekturen in Alphakanälen oder Ebenenmasken anbringen wollen.

Die Hintergrundfarbe ist in der Werkzeugleiste als untere Farbe zunächst auf Weiß gestellt. Bei der Arbeit mit dem Verlaufswerkzeug können Sie diesen Tonwert einplanen.

Praktische Kurztasten und Schaltflächen verschaffen Zugriff auf die wichtigsten Farbwahlfunktionen:

- Die Taste [X] (für Exchange) vertauscht Hintergrund- und Vordergrundfarbe. Alternative: ein Klick auf den Doppelpfeil.
- Die Taste [D] (für Default Colors) setzt die Vordergrundfarbe auf Schwarz und die Hintergrundfarbe auf Weiß – dies sind die so genannten Standardfarben. Alternative: ein Klick auf die Standardfarben-Schaltfläche.

Mit der Tastenfolge [D][X] richten Sie folglich die Vordergrundfarbe Weiß ein.

Ausnahme: Bei Alphakanälen und Ebenenmasken ist Weiß die Standard-Vordergrundfarbe, Schwarz die Standard-Hintergrundfarbe.

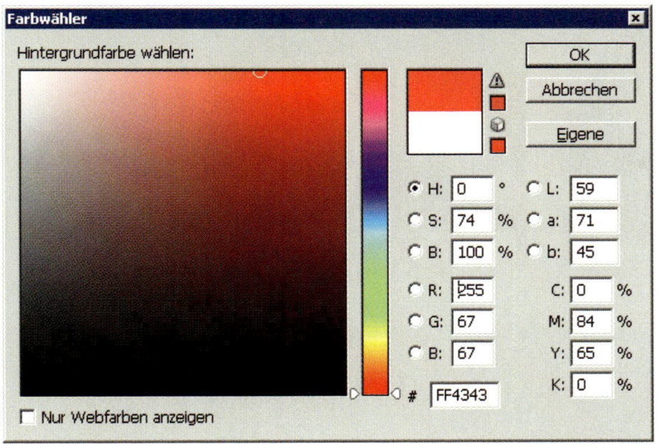

Abbildung 10:
Klicken Sie auf die Farbfelder in der Werkzeugleiste, um den Farbwähler zu öffnen.

Pipette

Mit der Pipette nehmen Sie eine neue Farbe direkt aus dem Bild auf. Klicken Sie die Pipette in der Werkzeugleiste an und führen Sie das Instrument auf einen Bildpunkt, dessen Farbe Sie benötigen. Ein Klick lädt den Tonwert unter dem Zeiger als Vordergrundfarbe. [Alt]-Klick lädt diesen Tonwert als Hintergrundfarbe. Sind Sie mit dem Pinsel oder einem anderen Malwerkzeug beschäftigt, schaltet die [Alt]-Taste vorübergehend zur Pipette um. Nehmen Sie mit der Pipette auch Farben aus einem nicht aktiven Bild auf; es wird dadurch nicht aktiviert.

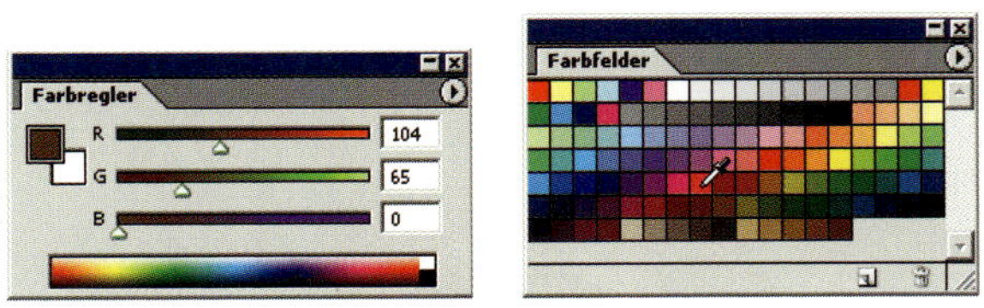

Abbildung 11:
Bequem ist die Farbwahl mit Farbregler- und Farbfelder-Palette.

Dialogfelder zur Farbwahl

Per Klick auf die Felder für Vorder- oder Hintergrundfarbe in der Werkzeugleiste öffnen Sie den FARBWÄHLER, in dem Sie alle möglichen Farben anmischen können. Bequemer wirken aber die Paletten FARBREGLER und FARBFELDER, die Sie auch über das **Fenster**-Menü aufrufen können – anders als der Farbwähler müssen Sie diese Paletten vor dem Weiterarbeiten nicht schließen und sie schlucken nicht viel Platz.

Interpolationsmethoden

In manchen Situationen rechnen Sie Bildpunkte ins Bild oder es fliegen Bildpunkte heraus; das gilt vor allem für den Befehl **Bild: Bildgröße**, sofern Sie die Option NEU BERECHNEN MIT verwenden (zum Beispiel im Teil »Bildausschnitt & Dateigröße« ab Seite 46).

Aber auch in anderen Situationen werden Pixel neu berechnet, insbesondere beim **Transformieren** von Einzelebenen, also etwa beim Drehen, Verkleinern oder Verzerren, auch beim Drehen per Freistellwerkzeug.

Für diese Aufgaben legen Sie das Interpolationsverfahren in den **Voreinstellungen** fest ([Strg]+[K]). Jedes Mal, wenn Sie die **Bildgröße** neu starten, zeigt Photoshop zunächst die Interpolationsmethode, die Sie in den **Voreinstellungen** gewählt haben. Aber Sie können hier das Verfahren noch wechseln, während Sie beim **Transformieren** oder Drehen per Freistellwerkzeug stets das Verfahren aus den Voreinstellungen nehmen.

Abbildung 12:
Die Vorlage links rechnen wir auf grobe 100 dpi herunter, um die Interpolationsverfahren zu erklären. Die Pixelwiederholung in der Mitte sorgt für Treppen, die bilineare Interpolation rechts wirkt weicher.

Diese Interpolationsmethoden bietet Photoshop:

- Das Verfahren PIXELWIEDERHOLUNG verdoppelt oder entfernt vorhandene Pixel ohne weitere Finesse; diese Methode spart Rechnerzeit, erzeugt aber schnell Treppen und Zacken im Bild. Sie eignet sich eher für harte Grafiken oder Schriften, die ohne Kantenglättung entstanden sind.
- BILINEAR, dieses Verfahren errechnet aus den Farbübergängen zwischen darüber und darunter liegenden Pixeln die neuen Bildpunkte; im Zweifelsfall ist auch hier noch ein leichter Wiederholungseffekt zu erkennen.
- BIKUBISCH ist noch genauer – und langsamer – als BILINEAR. Generell sollten Sie dieses Verfahren für übliche Farbfotos verwenden, auch wenn es eine leichte Weichzeichnung verursachen kann. Wenn Sie eine Datei verkleinern, testen Sie zunächst BIKUBISCH SCHÄRFER. Wirkt die eingebaute Scharfzeichnung jedoch zu stark, nehmen Sie BIKUBISCH und verwenden Sie anschließend zum Beispiel **Filter: Scharfzeichnungsfilter: Unscharf maskieren** (Seite 221).

Abbildung 13:
Die bikubische Interpolation gilt als hochwertig, bewirkt aber eine leichte Weichzeichnung. Von links nach rechts: Bikubisch, Bikubisch glatter, Bikubisch schärfer.

Transformieren (Vergrößern, Drehen, Verzerren)

Vergrößern und Verkleinern (Skalieren), gleichmäßiges Verzerren oder Drehen – diese Korrekturen bietet Photoshop mit dem Befehl **Bearbeiten: Frei transformieren** (Strg+T) an; meist bearbeitet man eine einzelne Ebene, aber Sie können auch Auswahlumrisse oder Pfade transformieren. Nur einige **Transformieren**-Techniken funktionieren auch mit Textebenen. Haben Sie mehrere Ebenen verbunden, so werden diese Ebenen auch gemeinsam verzerrt.

Auf verschiedene Arten nehmen Sie die Veränderungen in Angriff:

- Veränderung durch Eingabe von Zahlen oder Befehlen, geboten bei Ebenen, Auswahlbereichen, Pfaden und, eingeschränkt, bei Gesamtbildern;

- Veränderung durch Ziehen an Griffpunkten bei Ebenen und Auswahlinhalten sowie bei Pfaden und Auswahlkonturen.

Wohlgemerkt: Wollen Sie Einzelebenen, Auswahlinhalte oder Pfade **Transformieren**, nehmen Sie das **Bearbeiten**-Menü. Wollen Sie aber das Gesamtbild mit allen Ebenen gemeinsam verändern, gehen Sie über **Bild: Arbeitsfläche drehen**. Möchten Sie nur einen Auswahlumriss ohne die Bildpunkte verändern, verwenden Sie den Befehl **Auswahl: Auswahl Transformieren**.

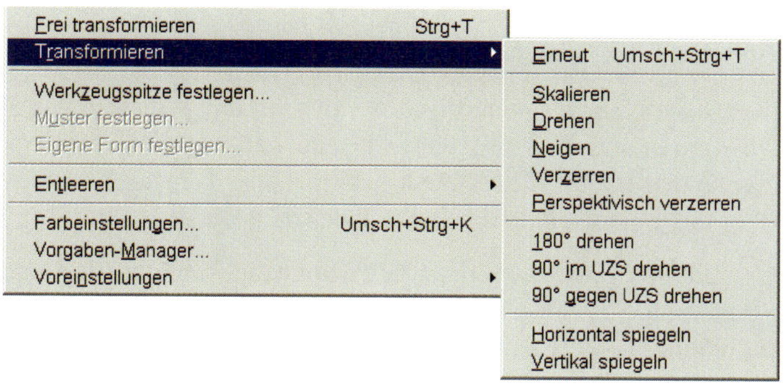

Abbildung 14:
Sie können Ebenen verzerren, vergrößern und drehen. Der Befehl »Frei transformieren« bietet alle Funktionen gleichzeitig.

So funktioniert »Frei transformieren«

So arbeiten Sie mit den **Transformieren**-Funktionen (hier am Beispiel einer Ebene):

1. Aktivieren Sie die gewünschte Ebene.
2. Wählen Sie **Bearbeiten: Frei transformieren** (Strg+T). Um die Ebene herum erscheint nun ein Rechteckrahmen mit Griffpunkten. Durch Ziehen verändern Sie die Proportionen. Gleichzeitig können Sie das Objekt durch Zahleneingabe oben in der Optionenleiste verändern. Photoshop stellt alle Veränderungen sofort in einer Grobvorschau dar. Strg+Z annulliert Ihren letzten Zug an den Griffpunkten. Solange die Begrenzungsbox erscheint, können Sie nichts anderes unternehmen, etwa eine neue Datei laden oder eine Kontrastkorrektur beginnen.
3. Um die Veränderung dauerhaft anzuwenden, klicken Sie entweder doppelt in die Rechteckbox, einmal oben auf die OK-Schaltfläche ✔ oder drücken Sie die ↵-Taste. Um den Begrenzungsrahmen folgenlos zu entfernen, drücken Sie Esc – damit bleibt alles beim Alten, die Vorschau für die Veränderungen springt zurück.

Besonders einfach: Mit den Optionen zum Verschieben-Werkzeug können Sie den BEGRENZUNGSRAHMEN EINBLENDEN. Dieser Rahmen bleibt dauerhaft sichtbar und gibt Ihnen jederzeit Zugriff auf die **Transformieren**-Funktionen, ohne dass Sie erst den Menübefehl oder den Tastaturbefehl wählen müssen.

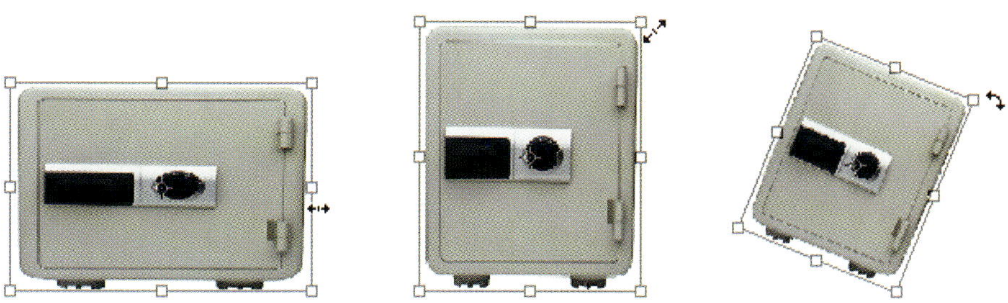

Abbildung 15:
Von links nach rechts: Per »Frei transformieren« können Sie die Ebene unproportional vergrößern, proportional vergrößern oder drehen.

Funktionen im Einzelnen

Die folgenden Funktionen gelten hier für Ebenen, aber sinngemäß auch für die Umformung von Auswahlen mit dem Befehl **Auswahl: Auswahl transformieren** und für die Umformung von Pfaden mit dem Befehl **Bearbeiten: Pfad frei transformieren**, sofern ein Pfad aktiviert ist. Diese Möglichkeiten bieten Ihnen die **Transformieren**-Funktionen:

- Sie bewegen das Objekt, indem Sie innerhalb der Box mit dem Mauszeiger ziehen oder die Pfeiltasten nutzen.
- Sie positionieren das Objekt neu durch Angaben für X- und Y-Achse oben in der Optionenleiste.
- Sie vergrößern oder verkleinern ein Element, indem Sie an einem Griffpunkt ziehen. Um bei diesem so genannten Skalieren das Seitenverhältnis zu wahren und die Proportionen beizubehalten, drücken Sie erst die [⇧]-Taste, dann ziehen Sie. Lassen Sie danach erst die Maustaste los, dann die [⇧]-Taste. Alternativ klicken Sie auf die Schaltfläche SEITENVERHÄLTNIS ERHALTEN in der Optionenleiste.
- Um Auswahl oder Ebene zu drehen, setzen Sie den Zeiger außerhalb des Begrenzungsrechtecks an und ziehen. Mit der [⇧]-Taste legen Sie die Umdrehung auf 15-Grad-Schritte fest. Verschieben Sie das Zentrierstück, das zunächst in der Mitte liegt, wenn Sie die Ebene um einen bestimmten Fleck in der Datei drehen möchten.
- Um nur an einer einzelnen Ecke zu verzerren, drücken Sie die [Strg]-Taste beim Ziehen eines Eckgriffs – also kein Griff in der Mitte einer Seite.
- Sie verzerren Auswahl oder Ebene symmetrisch von der Mitte ausgehend, wenn Sie die [Alt]-Taste drücken.
- Um eine Auswahl oder Ebene zu neigen, ziehen Sie an einem Seitengriff – nicht an einem Eckgriff – und drücken [Strg]+[⇧]-Taste. Dabei verzerrt Photoshop gegenüberliegende Seiten parallel.
- Um eine Auswahl oder Ebene perspektivisch zu verzerren, drücken Sie [Strg]+[Alt]+[⇧]-Taste und ziehen Sie an einem Eckgriff.

Der Rahmen der Begrenzungsbox lässt sich auch über die Bildgrenzen hinausziehen. Am übersichtlichsten ist das im Vollbildmodus (Kurztaste [F], für Full screen). Auch Bildpunkte, die außerhalb des sichtbaren Bereichs liegen, werden in Formaten wie Photoshop gespeichert und lassen sich später wieder ins Bild hineinziehen. Der Befehl **Bild: Alles einblenden** erweitert die Arbeitsfläche so, dass alle Außenstände sichtbar werden.

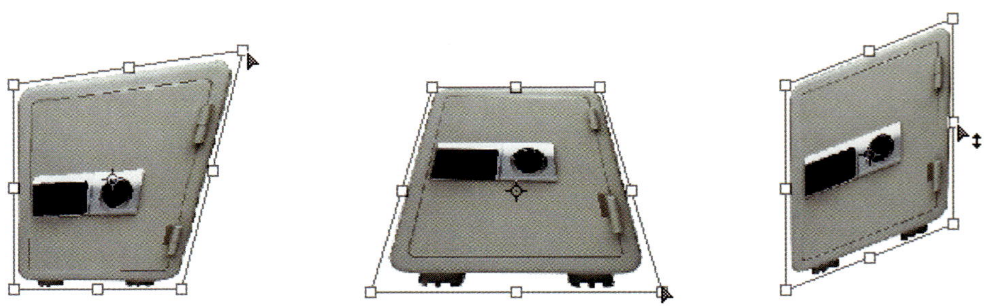

Abbildung 16: Per »Frei transformieren« können Sie die Ebene auch frei verzerren, perspektivisch verzerren oder neigen.

Drehen, Neigen, Skalieren, Verzerren

Sie müssen die Tastaturkombinationen für den Befehl **Frei Transformieren** nicht im Kopf haben. Verwenden Sie das Untermenü **Ebene: Transformieren** und dort einen der Einzelbefehle wie **Drehen, Neigen, Skalieren** oder **Verzerren**. Photoshop zeigt die Begrenzungsbox, erlaubt Ihrer Maus aber zunächst nur die jeweils gewählte Veränderung sowie das Verschieben. Sie haben jedoch, noch bevor Sie mit der ↵-Taste bestätigen, die Möglichkeit, den Befehl **Frei Transformieren** zu wählen oder Strg+T zu drücken; dann sind alle anderen Veränderungen auch möglich. Ebenso können Sie zu einem anderen Einzelbefehl wechseln.

Verzerrungen wiederholen

Eine gelungene Verzerrung lässt sich leicht auf andere Ebenen übertragen – und genauso gut auch von einer Ebene auf einen Pfad oder umgekehrt. Aktivieren Sie die gewünschte Ebene und wählen Sie den Befehl **Bearbeiten: Transformieren: Erneut** (⇧+Strg+T). Es ist in Ordnung, wenn Sie zwischenzeitlich andere Werkzeuge benutzt oder das erste Verzerren widerrufen haben. Sie können auch in andere Dateien wechseln und dort Ebenen oder Pfade »erneut« verzerren. Wollen Sie eine erfolgreiche Verzerrung auf Dauer behalten, speichern Sie den Vorgang mit der Aktionen-Palette.

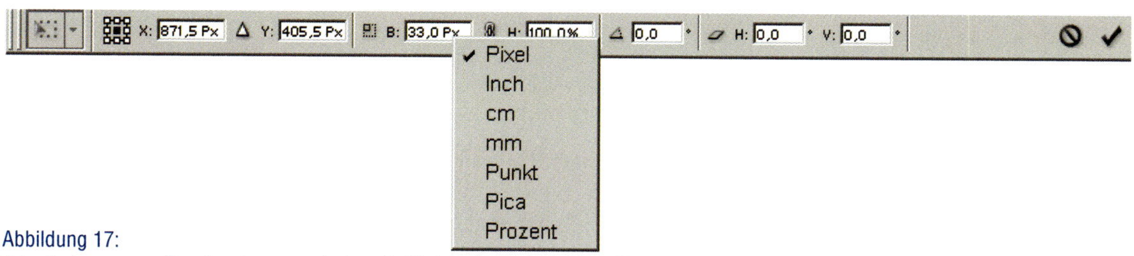

Abbildung 17:
Beim Umformen per »Transformieren« erscheinen die Werte in der Optionenleiste. Sie können hier direkt neue Einstellungen eintippen.

Qualitätsprobleme beim Drehen, Skalieren und Verzerren

Beim Drehen, Skalieren oder Verzerren muss Photoshop Bildpunkte hinzurechnen, neu berechnen oder rauswerfen. Das geschieht nicht ohne Qualitätsverluste. Daraus folgt, Sie sollten eine Ebene möglichst nur einmal »transformieren«. Erledigen Sie alle Veränderungen in einem Rutsch im Vorschaumodus – Drehen, Verzerren, Skalieren – und bestätigen Sie das erst zum Schluss. Beginnen Sie das **Transformieren** erneut, gerät das Bild noch unsauberer als nach der ersten Transformation. Darum macht es eher Sinn, eine bereits bestätigte Transformation schnell aufzuheben und die Ebene komplett neu zurechtzurücken. Alternativ spielen Sie die Verzerrung testhalber an einer duplizierten Ebene durch. (Reines Verschieben ist harmlos.)

Abbildung 18:
In der Vorschau erscheint die Drehung grob, nach der Bestätigung besser, rechts wurde noch scharfgezeichnet.

Entscheidend für die entstehende Qualität ist die BILDINTERPOLATION, die Sie in den **Voreinstellungen** (Strg+K) festlegen. Beim Transformieren nutzt Photoshop das von Ihnen voreingestellte Interpolationsverfahren (Seite 367). In der Regel sollte es BIKUBISCH oder BIKUBISCH SCHÄRFER sein, anschließend sollten Sie eventuell scharfzeichnen. Nur bei Bildschirmfotos (Screenshots) oder harten Grafiken kommt die PIXELWIEDERHOLUNG in Frage.

Richtig speichern

In der Regel brauchen Sie nur drei Dateitypen, um Ihre Ergebnisse zu speichern: JPEG, TIFF und Photoshop-PSD. Details besprechen wir anschließend, die Tabelle fasst die Unterschiede zusammen:

JPEG	spart viel Speicherplatz durch Komprimierung mit kontrollierbarem Qualitätsverlust, nimmt keine Ebenen oder Alphakanäle auf, problemlos bei Weitergabe und im WWW
TIFF	spart etwas Speicherplatz durch verlustfreie Komprimierung, nimmt auch Alphakanäle auf
Photoshop-PSD	speichert sämtliche Ebenen, Masken und Alphakanäle mit – wenn Sie dieses Format nehmen, verlieren Sie keine Information

Eventuell brauchen Sie noch EPS, EPS-DCS oder PDF für die Druckvorstufe. Alle anderen Formate wie BMP, TGA, PCX, Pict und so weiter kommen zwar vor, bieten aber keine besonderen Vorteile.

Ein Beispiel für unterschiedliche Dateiformate: Sie laden eine JPEG-Datei und fügen einen neuen Bildteil ein. Wenn Sie jetzt wieder als JPEG speichern, verschmilzt der neue Bildteil dauerhaft mit dem Hintergrund, Sie können sie nicht mehr umarrangieren. Sichern Sie als Photoshop-PSD, bleibt die neue Ebene auf Wunsch eigenständig erhalten, sie lässt sich auch später noch verschieben oder entfernen, der Hintergrund bleibt da.

Das JPEG-Dateiformat

JPEG speichert zwar nicht verlustfrei, aber in kontrollierbar guter Qualität sehr platzsparend Fotos im Computer. Die JPEG-Fehler erscheinen als Farbblöcke oder Geisterschatten. JPEGs kann man problemlos auf WWW-Seiten stellen oder an Freunde schicken – wohl jeder beliebige Rechner zeigt JPEG-Bilder an. Zudem können Sie JPEGs eventuell auch mit Digitalkameras und DVD-Playern am Fernseher vorführen.

JPEG-Dateien haben die Endung ».jpg«. Wohlgemerkt, wir besprechen JPEG hier als Dateiformat. Die JPEG-Komprimierungsmethode verwenden auf Wunsch auch andere Dokumenttypen, zum Beispiel PDF, TIFF und EPS. Das Dateiformat JPEG 2000 wiederum komprimiert zwar auch mit Verlust, aber nach einem anderen Verfahren. Es ist nicht mit JPEG-Dateien kompatibel.

JPEG kann ein 30-Mbyte-Titelbild ohne sichtbaren Qualitätsverlust auf 1 Mbyte reduzieren. Sie verdichten das Werk mit einer Komprimierungsstufe Ihrer Wahl – je kleiner die Datei, desto deutlicher treten Qualitätsverluste hervor. Gleichgroße Bilder lassen sich unterschiedlich gut komprimieren: Je härter die Kontraste, je schärfer die Details, desto mehr Speicherplatz braucht das Motiv; flächige Hintergründe, diffuse Hauttöne beanspruchen dagegen weniger Speicherplatz.

JPEG-Dateien unterstützen auch CMYK, Pfade, 16-Bit-Farbtiefen und IPTC-Texte. Allerdings: Alphakanäle, Montageebenen und mehrseitige Dokumente beherrscht JPEG nicht.

Wollen Sie in Photoshop mehrere JPEG-Varianten nebeneinander sehen, nehmen Sie den Befehl **Datei: Für Web speichern**. Doch auch Photoshops üblicher Befehl **Datei: Speichern unter** gibt eine bequeme Vorschau auf die entstehende Qualität noch vor dem endgültigen Sichern.

Abbildung 19:
Die Vorlage links hat 346 x 335 Bildpunkte. Das RGB-Bild beansprucht als unkomprimiertes TIFF-Datei rund 360 Kbyte.
Die Verkleinerung auf 10 Kilobyte in der Mitte mit JPEG-Stufe 0 führt zu kleineren Qualitätseinbußen. Mit 4,2 Kilobyte rechts ist das Bild entstellt.

Generell ist beim wiederholten Speichern im JPEG-Format Vorsicht geboten: In Bildteilen, die Sie zuvor bearbeitet haben, drohen weitere Verluste. Und Datenschwund entsteht ebenfalls in den nicht manipulierten Zonen, wenn die JPEG-Qualität geändert wird. Details gehen auch verloren beim Sichern eines gekappten JPEG-Bilds: Der Algorithmus teilt das Bild in neue Segmente ein und interpoliert die Farben anders; ebenso sollte man nicht die Pixelauflösung einer JPEG-Datei umrechnen. Damit eignet sich das JPEG-Format nicht zum Zwischensichern während der Arbeit an einem Bild. Indes stimmte Adobe seinen JPEG-Filter so ab, dass eine Bilddatei kaum je tatsächlich sichtbar verdirbt. In der Praxis verkraften viele Motive auch zwei- oder dreimaliges JPEG-Speichern mit zwischenzeitlicher Bearbeitung. Aber Sie wurden hiermit gewarnt.

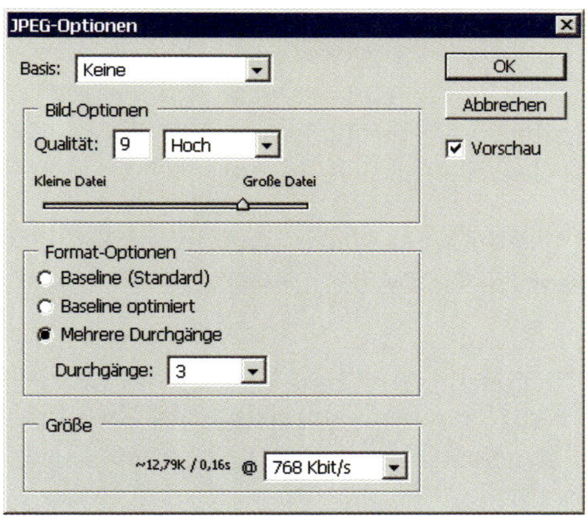

Abbildung 20:
Photoshops JPEG-Optionen bieten zwölf Qualitätsstufen an.

Zu den weiteren JPEG-Optionen zählen:

- BASELINE (STANDARD) kann jedes Programm darstellen.
- BASELINE OPTIMIERT spart geringfügig Speicherplatz und bringt angeblich bessere Farben, lässt sich aber nicht unbedingt mit jedem Programm öffnen – verzichten Sie darauf.
- MEHRERE DURCHGÄNGE spult das Bild nicht Zeile für Zeile auf den Schirm; stattdessen sehen Sie sofort stark verschwommen eine Grob-Vorschau des Gesamtbilds, die schrittweise klarer wird – visuell vage vergleichbar dem INTERLACED-Aufbau bei GIF. Die Zahl der Durchläufe können Sie in ImageReady nicht angeben, flexibler zeigt sich jedoch Photoshop per **Datei: Speichern unter**. Die Datenmenge ändert sich gegenüber dem konventionellen JPEG kaum, die Qualität nur unwesentlich. Dieser JPEG-Typ heißt oft

auch »Progressive JPEG«. JPEG-Bilder mit dieser Option werden von vielen älteren Programmen nicht geöffnet – meiden Sie die Vorgabe nach Möglichkeit. Sie können den geänderten Bildaufbau nicht auf dem heimischen Rechner testen.

- Klicken Sie in Photoshops JPEG-Optionen auf VORSCHAU, um noch bei geöffneter Datei den entstehenden Qualitätsverlust zu erkennen. Schalten Sie die Vorschau vorübergehend aus, um den Unterschied zum Ausgangsbild zu beurteilen. Wählen Sie auch bei geöffnetem Dialogfeld **Ansicht: Tatsächliche Pixel**, um das Bild in der einzig verlässlichen Zoomstufe 100,0 Prozent zu beurteilen.

TIFF-Dateiformat

Ein Standard-TIFF lässt sich an fast jeden Belichtungsdienst, jedes Programm und diverse Betriebssysteme weitergeben. Zusätzlich zu RGB oder Graustufen akzeptiert TIFF auch Bilder mit 16-Bit-Farbtiefe pro Grundfarbe, CMYK- oder Lab-Farbmodell. Alphakanäle – auch mehrere – werden ohne Rückfrage mitgespeichert. Sie sollten entfernt werden, wenn das Bild in ein Grafik- oder Layoutprogramm weiterwandert, zum Beispiel mit den entsprechenden Optionen des Befehls **Datei: Speichern unter** (Strg+⇧+S).

Zwei Hauptzwecke hat der TIFF-Dateityp für Photoshopper:

- Problemlose Weitergabe von Bildern ohne Ebenen an verschiedenste Programme
- Platzsparendes Speichern von Bildern mit Ebenen als Alternative zum Photoshop-Dateityp

TIFF ist neben PDF und JPEG das gebräuchlichste Format zum Austausch von Pixeldateien und fast immer eine sichere Wahl – sofern Sie reines Standard-TIFF speichern. So unterscheiden sich die TIFF-Typen:

- Gängige Standard-TIFFs haben nur eine einzige HINTERGRUND-Ebene, also keine weiteren Montageebenen, und verwenden entweder keine Bildkomprimierung oder das verlustfreie LZW-Verfahren. Nur mit diesen Einstellungen lässt sich das Bild wirklich universell nutzen.
- Einige TIFF-Spezialitäten von Photoshop sind mit anderen Programmen nicht nutzbar: Ebenen, CMYK-Farbmodus, Alphakanäle, Pfade, Komprimierung mit Zip- oder RLE-Methode, Bildpyramide. Teilweise lassen sich die Dateien in anderen Programmen noch öffnen, sie erscheinen aber entstellt.
- Wollen Sie auf Nummer Sicher bei der Weitergabe gehen, speichern Sie die Bilder mit Acht-Bit-Farbtiefe pro Grundfarbe und verwenden Sie die Farbmodi RGB, Graustufen oder eventuell Indiziert. Diese Einstellungen nehmen Sie im Untermenü **Bild: Modus** vor.

Es kann passieren, dass Sie zu einem reinen Hintergrundbild Ebenen hinzufügen und das Ergebnis aus Versehen als TIFF-Datei mit Ebenen speichern – ein Ablauf, den kaum ein anderes Bildprogramm zulässt. Diese TIFF-Datei mit Ebenen lässt sich außerhalb von Photoshop kaum verwenden. So gehen Sie sicher, dass eingefügte Ebenen bei Bedarf zu einer einzigen »Hintergrund«-Ebene verschmolzen werden:

- Wählen Sie **Bearbeiten: Voreinstellungen: Dateien verarbeiten**. Die Option VOR DEM SPEICHERN VON TIFF-DATEIEN MIT EBENEN FRAGEN sollte eingeschaltet sein. (Bei unserem Photoshop war sie direkt nach der Installation eingeschaltet.) Sofern Sie diese Vorgabe einschalten, blendet Photoshop beim **Speichern** einer TIFF-Datei die TIFF-Optionen ein. Dort verwenden Sie die Option EBENEN VERWERFEN UND EINE KOPIE SPEICHERN.
- Sichern Sie das Bild mit **Datei: Speichern unter** und schalten Sie die EBENEN ab.
- Verwenden Sie vor dem **Speichern** den Befehl **Ebene: Auf Hintergrundebene reduzieren**.

Wenn Sie eine Montage erst beim **Speichern** auf eine »Hintergrund«-Ebene reduzieren, zwingt Photoshop Sie zum Speichern ALS KOPIE. Das heißt, Sie speichern Datei A unter dem Namen B, auf der Programmfläche arbeiten Sie aber weiter an Datei A und nicht etwa an dem neu gespeicherten Werk B.

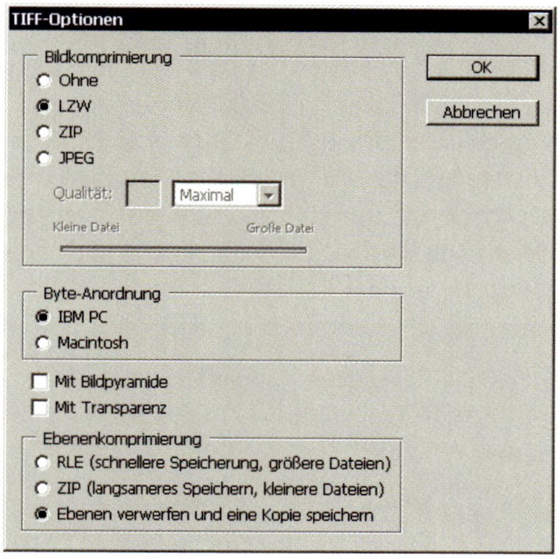

Abbildung 21:
Das TIFF-Dateiformat bietet mehrere Arten der Komprimierung an und speichert Alphakanäle automatisch mit.

Die Angaben im Bereich Bildkomprimierung beziehen sich nur auf die Hintergrund-Ebene einer TIFF-Datei.

- Die LZW-Komprimierung spart völlig ohne Qualitätsverlust 20 oder 30 Prozent Festplattenplatz gegenüber dem Arbeitsspeicherbedarf des Bilds und lässt sich mit vielen, aber nicht mit allen Programmen öffnen.
- Die ZIP-Komprimierung spart etwas mehr Speicherplatz als LZW, ist aber kaum in anderen Programmen zu öffnen.
- Die JPEG-Komprimierung spart drastisch Speicherplatz mit Qualitätsverlust nach dem JPEG-Schema, ist aber kaum mit anderen Programmen zu öffnen.

Sofern Sie unabhängige Ebenen mitspeichern wollen, verwenden Sie die besonders platzsparende ZIP-Komprimierung. Die Datei benötigt meist weniger Festplattenplatz als eine Photoshop-Datei mit dem gleichen Inhalt.

Achten Sie auf die TIFF-Optionen: Bei unseren Tests mit zahlreichen aktuellen Programmen ließen sich reine »Hintergrund«-TIFFs mit Bildkomprimierung nach JPEG- oder ZIP-Vorgabe generell nicht öffnen. LZW-TIFFs mit Ebenen wurden meist, aber nicht immer geöffnet – allerdings als reine »Hintergrund«-Ebene ohne weitere Montageobjekte.

Sie haben diese weiteren Möglichkeiten:

- Ob Sie IBM PC oder Macintosh vorwählen, spielt meist keine Rolle.
- Mit der Option Bildpyramide speichern Sie das TIFF-Bild in mehreren Auflösungen innerhalb einer einzigen Datei. Dies ist nützlich, um schnell eine verkleinerte Ansicht von sehr großen Dateien zu erhalten. Allerdings öffnet Photoshop selbst stets die höchstauflösende Version einer Bildpyramide, also das Original – innerhalb von Photoshop nützt Ihnen die Bildpyramide also nichts. Sinnvoll ist sie jedoch für einige Bild-Server oder Layoutprogramme wie InDesign. Die Dateigröße steigt erheblich.

Das TIFF-Format nimmt Beschneidungspfade auf; nicht alle Layoutprogramme machen davon jedoch Gebrauch. Andere Programme interpretieren selbst sonstige Pfade innerhalb der TIFF-Datei als Beschneidungspfad und unterdrücken den Bildinhalt außerhalb des Pfads. Entfernen Sie im Zweifelsfall alle Pfade aus dem Bild: Öffnen Sie die **Pfade**-Palette mit dem **Fenster**-Menü und ziehen Sie vorhandene Pfade in den Mülleimer.

Photoshop-Dateiformate (PSD, PDD, PSB)

Das Format Photoshop (PSD) lässt sich problemlos zwischen Photoshop auf Windows- und auf Mac-Rechnern austauschen. Mit dem weiter verbreiteten TIFF gelingt das oft auch. PSD-Dateien eignen sich auch gut zur Weitergabe an andere Adobe-Programme wie GoLive oder InDesign, die zum Beispiel Ebenen oder Überblendmethoden übernehmen. Als fast einziger Dokumenttyp verkraftet das Photoshop-Format sämtliche Photoshop-Spezialitäten wie Duplex-, LAB- und Mehrkanalmodus, Pfade, mehrere Alphakanäle (auch bei TIFF möglich), Ebenentechnik samt Textebenen und Ebeneneffekten. Allerdings sind auch TIFF und PDF je nach Einstellung sehr vielseitig. Zudem nimmt das Photoshop-Format Merkmale aus der WWW-Gestaltung auf, darunter Slices, Imagemaps, Rollover-Effekte, Hyperlinks und Animationen.

Neue Zusatzkanäle, Pfade und Ebenen speichert Photoshop ohne lästige Rückfrage mit und dabei wird verlustfrei komprimiert, allerdings nur schwach. Das Photoshop-Format lässt sich in Photoshop extrem schnell öffnen und speichern und eignet sich darum bestens zum Zwischensichern.

Um Photoshop-Montagen in möglichst vielen Programmen zumindest anzeigen zu können, nicht zuletzt auch in anderen Adobe-Programmen wie GoLive oder InDesign, gehen Sie in den **Voreinstellungen** im Bereich Dateien verarbeiten ins Klappmenü Kompatibilität für Photoshop-PSD-Dateien maximieren und verwenden Immer. Bei unserer Photoshop-Version war die Option direkt nach dem Installieren eingeschaltet. Damit schreibt Photoshop zusätzlich zu den Ebenen noch eine »flache« Version des sichtbaren Gesamtbilds in die Datei. Dies kostet bei großen Dateien viel Zeit und Speicherplatz.

Wählen Sie in den **Voreinstellungen** die Option Fragen, präsentiert Photoshop für Windows beim Speichern die Photoshop-Formatoptionen als eigenes Dialogfeld. Dort können Sie immer noch die Kompatibilität maximieren.

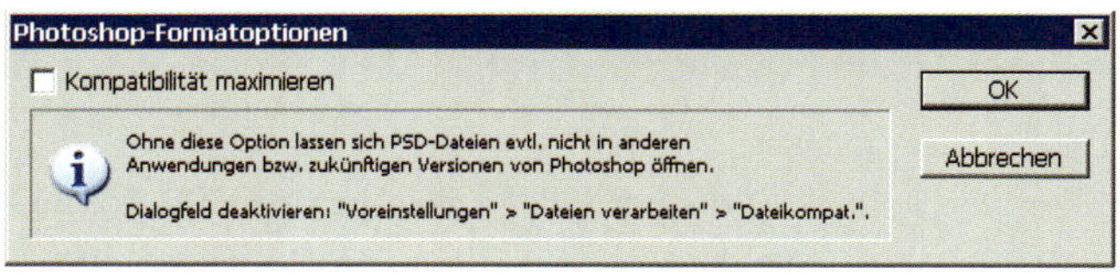

Abbildung 22:
Photoshop zeigt die Formatoptionen beim Speichern im PSD-Format, wenn Sie die Frage nach der Kompatibilität in den »Voreinstellungen« gewählt haben.

Einige andere Bildprogramme schreiben und öffnen Photoshop-Dateien mit Ebenen – in einigen Fällen auch korrekt. Zu den talentierteren Anwendungen zählen Corel PhotoPaint aus dem CorelDRAW-Paket, Paint Shop Pro von Jasc und PhotoLine 32 von ComputerInsel. Dazu kommt natürlich Photoshop Elements, das Einsteigerprogramm des Photoshop-Herstellers Adobe.

Dabei gilt: Kein anderes Programm unterstützt alle Photoshop-Spezialitäten. Schnittmaske und Einstellungsebene können die wenigsten; Ebenenmaske und die wichtigsten Füllmethoden beherrschen sie schon eher. Photoshop-Dateien, die ein Fremdprogramm überfordern, werden in der Regel gleichwohl geöffnet. Das Programm ignoriert einfach die entsprechenden Einstellungen.

Zwei weniger verbreitete Dateitypen stammen vom Photoshop-Dateiformat ab:

- Das PDD-Dateiformat gehört zu Photoshops Hobby-Ableger Photoshop Deluxe, es ähnelt weitgehend dem üblichen PSD – nur dass Photoshop Deluxe viele Photoshop-Spezialitäten nicht beherrscht.
- PSB ist Photoshops neues Dateiformat ohne jede Beschränkung bezüglich Dateigröße oder Pixelzahl. Es erlaubt sämtliche von Photoshop bekannten Spezialitäten und lässt sich kaum mit anderen Programmen öffnen. Sie müssen das Format, wenn Sie es wirklich brauchen, in den **Voreinstellungen**, Bereich Dateien verarbeiten, erst aktivieren.

Lexikon

Alphakanal

Alphakanäle werden in Photoshop zusätzlich zu den Kanälen für die Grundfarben Schwarz, RGB oder CMYK eingerichtet. Bildprogramme legen Alphakanäle an, wenn eine Auswahl gespeichert wird. Weiße Flächen im Alphakanal repräsentieren zum Beispiel ausgewählte Bildbereiche, schwarze Flächen nicht ausgewählte. Die Informationstiefe je Bildpunkt beträgt acht Bit, so dass 256 unterschiedliche Auswahlintensitäten je Bildpunkt gespeichert werden können. Die Kanäle werden über die Kanäle-Palette kontrolliert; auf diesem Schaltfeld werden Kanäle unabhängig voneinander zur Ansicht und/oder zur Bearbeitung freigegeben. Ein Alphakanal erhöht die Dateigröße im Arbeitsspeicher um den Betrag einer Graustufenversion des Bilds.

Aktion

Eine gespeicherte Abfolge mit verschiedenen Befehlen. Die Befehlsreihe kann auf einzelne Dateien oder ganze Dateisammlungen angewendet werden.

Arbeitsspeicher

Der Arbeitsspeicher enthält die Daten, die vom geöffneten Programm unmittelbar bearbeitet werden. Weitere Bezeichnungen für Arbeitsspeicher sind Hauptspeicher oder RAM (Random Access Memory). Die Daten im Arbeitsspeicher (RAM) sind flüchtig, das heißt, sie gehen bei Ausschalten des Geräts verloren. Sie müssen also zum Beispiel auf der Festplatte gespeichert werden. Da der Zugriff auf einen Arbeitsspeicher auf Halbleiterbasis viel schneller ist als auf einen elektromagnetischen Speicher (also zum Beispiel eine Festplatte), wird heute mit Arbeitsspeicherchips auf Halbleiterbasis gearbeitet. Wenn Sie mehr Arbeitsspeicher installieren, können Sie größere Bilder bearbeiten oder Photoshop muss weniger auf die Festplatte auslagern – der Rechner wird entlastet.

Artefakte

Abbildungsfehler in Bilddateien, zum Beispiel grobe Farbblöcke, die bei sehr hoher, nicht verlustfreier JPEG-Komprimierung entstehen.

Aufhellblitz

Einsatz des Blitzgeräts, wenn eigentlich das vorhandene Tageslicht ausreicht. Zum Beispiel wirkt die Landschaft im Hintergrund hell und gut durchgezeichnet, die abgeschatteten Personen im Vordergrund erscheinen zu dunkel. Hier hilft ein Aufhellblitz, um die Darsteller kontrastreich und mit einer Helligkeit abzubilden, die nicht gegen die Umgebung abfällt.

Beschneidung

Im Photoshop-Sprachgebrauch meint »Beschneidung« eine Veränderung des Tonwertumfangs, wobei Differenzierung verloren geht, weil unterschiedliche vorhandene Tonwerte auf einen einzigen Tonwert, zum Beispiel Schwarz oder Weiß, gesetzt werden. Zum Beispiel heben Sie zur Kontraststeigerung alle Helligkeitswerte zwischen 220 und 255 auf 255, also reines Weiß, an; die Unterschiede zwischen den vorhandenen Helligkeitswerten 220 bis 255 gehen also verloren – das ist Beschneidung. Zu Beschneidung kann es etwa bei den Photoshop-Befehlen »Variationen« oder »Tonwertkorrektur« kommen, aber auch bei der Farbseparation. Der Photoshop-Befehl **Variationen** bietet die Option »Beschneidung anzeigen«.

Bézierkurve

Eine durch Ankerpunkte kontrollierte Kurve in einem Pfad. Die Formen einer Bézierkurve werden verändert durch Verschieben von vier Kontrollpunkten, die sich jeweils an den Enden von zwei geraden, variabel langen Linien befinden; jede Linie geht von einem Ankerpunkt aus. Ein Verschieben dieser Linien drückt die Kurve in eine andere Richtung. Der Ingenieur Pierre Bézier entwickelte diese Art der Kurvenbeschreibung bei Renault, um die Rundungen an einem Autochassis korrekt zu beschreiben. Bézierkurven werden vor allem von objektorientierten Grafikprogrammen wie Adobe Illustrator oder CorelDRAW verwendet, aber auch Photoshops Pfadtechnik arbeitet mit Bézierkurven.

Browser

In der Softwaretechnik allgemein ein Programm, mit dem verschiedene Angebote durchstöbert werden, etwa Bildsammlungen oder Internetseiten. Die eingebaute Bilddatenbank bei Photoshop heißt **Dateibrowser**, Programme zur Darstellung von WWW-Seiten heißen oft Webbrowser oder Internetbrowser.

Cache

Im EDV-Bereich meint Cache allgemein einen Zwischenspeicher, der häufig benutzte Daten besonders schnell zugänglich macht. Internet-Browser legen Cache-Speicher auf der Festplatte an, Prozessoren haben Cache-Speicher. Photoshop verwendet einen »Bild-Cache«, der verkleinerte Versionen des Bilds parat hält, um die Vorschau und das Errechnen der Histogramme zu beschleunigen.

CMYK-Farbmodell

CMYK ist das Farbmodell der Druckvorstufe. Offset-Druckmaschinen arbeiten mit den deckenden, subtraktiven Grundfarben, die übereinander gedruckt Schwarz ergeben. Dabei handelt es sich um die Farben Grünblau, Gelb und Purpur sowie Schwarz (Cyan, Yellow, Magenta, Black, CMYK). Gelb, Grünblau und Magenta entstehen durch Mischung von jeweils zwei der additiven Primärfarben Rot, Grün und Blau zu gleichen Teilen. Grünblau, Gelb und Purpur übereinander ergeben theoretisch bereits Schwarz, aus drucktechnischen Gründen jedoch ein dunkles Grau oder Braun. Die eigene Druckfarbe Schwarz verstärkt deshalb den Tiefeeindruck; außerdem spart es Druckfarbe und macht den Druckprozess stabiler, wenn statt der drei Druckfarben Cyan, Yellow und Magenta übereinander lediglich ein gleichwertiger Schwarzanteil gedruckt wird.

Abbildung 23:
Die CMYK-Farben ergeben übereinander gelegt Schwarz.

Ebenenmaske

Verbirgt Teile einer eingefügten Montageebene, ohne sie dauerhaft zu löschen. Basiert auf Helligkeitswerten: Schwarz in der Ebenenmaske versteckt den zugeordneten Bildpunkt vollständig, Weiß macht ihn komplett sichtbar, graue Zwischentöne sorgen für halbtransparente Einblendung. Die Ebenenmaske kann abgeschaltet werden, so dass das Objekt wieder vollständig sichtbar wird; sie kann mit Pinsel, Füllfunktionen, Kontrastkorrekturen oder Filtern verändert werden. Alternativen: Vektormaske oder Schnittmaske.

Einstellungsebene

Zeigt ein Bild mit geänderter Kontrast- oder Farbeinstellung, doch die Originalpixel bleiben noch erhalten. Die Einstellungsebene erscheint als eigenes Objekt in der Ebenen-Palette; die Wirkung kann geändert, gedämpft oder abgeschaltet werden.

Exif

Nach dem Exif-Standard schreiben Digitalkameras bestimmte Informationen in Bilddateien – darunter Kameradaten wie Aufnahmezeitpunkt, Belichtungszeit, Blitzverwendung, Weißabgleich, Blende oder Kameramodell.

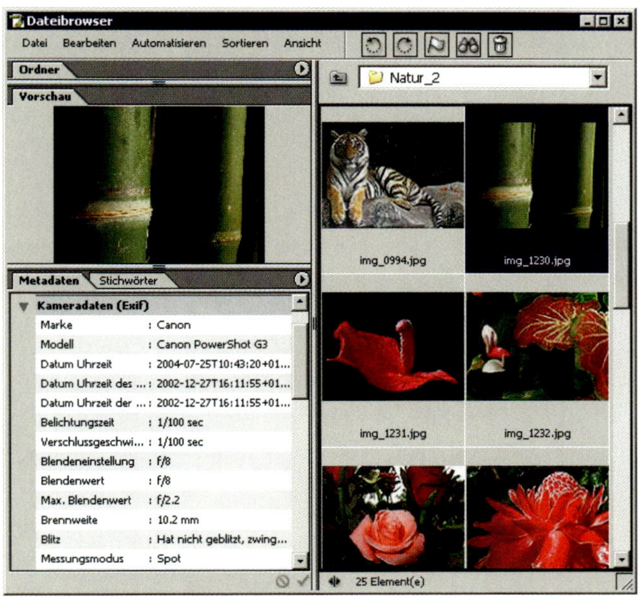

Abbildung 24:
Die Exif-Werte können Sie im Dateibrowser oder mit dem Befehl »Datei: Datei-Information« anzeigen.

Farbtiefe

Die Farbtiefe bezeichnet die Anzahl von Bits, mit der die Farbinformationen eines einzelnen Bildpunkts kodiert werden. Je mehr Bits pro Bildpunkt, umso differenziertere Bildergebnisse sind möglich, umso mehr steigt aber auch der Speicherbedarf. Im Desktop-Bereich gilt 24 Bit als Standard (2^8 = 16,7 Mio. Farben, so genanntes Truecolor). Doch Scanner und Digitalkameras bieten teilweise auch höhere Farbtiefen, zum Beispiel 3x16 gleich 48-Bit-RGB, um vor allem eine noch präzisere Schattendurchzeichnung zu erreichen.

Füllebene

Die Füllebene belegt die komplette Ebene mit einer Einzelfarbe, mit einem Muster oder einem Verlauf. Die Eigenschaften der Füllung lassen sich jederzeit bearbeiten. Sie können hier zum Beispiel die Wirkung von Nahtlosmustern oder Verläufen testen. Füllebenen entstehen auch in Verbindung mit Formebenen (siehe dort).

Formebene

Die Formebene kombiniert eine Füllebene (siehe dort) mit der Vektormaske. Das heißt, die Füllung der Ebene ist nur in dem Teilbereich sichtbar, den die Vektormaske freigibt. Formebenen entstehen automatisch, wenn Sie ein Formwerkzeug wie Linienzeichner, Abgerundetes Rechteck oder Eigene Form mit der Option NEUE FORMEBENE einsetzen. Umriss wie Füllung der Figur lassen sich jederzeit völlig verlustfrei ändern.

Glätten

Die Photoshop-Option GLÄTTEN erstellt einen weicheren Übergang unmittelbar am Rand einer Auswahl. GLÄTTEN verhindert Treppeneffekte oder harte Kanten beim Einsetzen von Pixelbereichen in Montagen. Dabei werden zum Beispiel harte Übergänge zwischen einem montierten Bildteil und dem Hintergrund halbtransparent gefüllt; nur die äußersten Randpixel erhalten zu 50 Prozent den Wert der unmittelbar benachbarten nicht ausgewählten Bildpunkte. Das ist meist die ideale Einstellung, um Schnittkanten bei Montagen zu vermeiden.

Gradationskurve

Die Gradationskurve zeigt das Verhältnis zwischen vorhandener Lichtmenge und durch Bearbeitung erzeugter Schwärzung. Eine Gerade in einem Winkel von 45° zeigt, dass Ein- und Ausgabewerte unverändert bleiben. Durch Manipulation der Kurve werden die Dichten des Bilds in erster Linie nicht erweitert, sondern umverteilt. Die Gradationskurve stellt über ihren Graphen dar, welche ursprünglichen Tonwerte (»Eingabe«) auf welche neuen Werte (»Ausgabewerte«) angehoben oder gesenkt werden. Ein spezieller Fall ist die Gamma-Kurve, die nur die mittleren Tonwerte anhebt oder senkt, ohne die wichtigen Lichter oder Schatten zu verschieben.

Graustufen

GRAUSTUFEN ist in der digitalen Bildbearbeitung ein Farbmodus, in dem die Pixel eines Bilds zum Beispiel 256 Zwischentöne zwischen Schwarz und Weiß darstellen können. Davon zu unterscheiden ist beispielsweise der »Bitmap«-Modus, der nur zwei Tonwerte trennt: Schwarz und Weiß.

Histogramm

Das Histogramm stellt in einer Balkengrafik die Häufigkeit bestimmter Helligkeitswerte innerhalb eines Bilds dar. Jeder Balken steht für eine der meist 256 Dichtestufen eines Bilds; je höher der Balken, umso mehr Pixel dieser Dichte sind vorhanden. Das Histogramm gibt Aufschlüsse darüber, ob neue Schwarz- und Weißpunkte gesetzt werden sollten.

HSB-Farbmodell

Das HSB-Farbmodell definiert Farben über die drei Eigenschaften Farbton (Hue), Sättigung (Saturation) und Helligkeit (Brightness). Der Farbton nennt die genaue Lage im Farbspektrum, gedacht als 360-Grad-Kreis: Rot liegt bei 0 Grad, Blau bei 120, Cyan bei 180, Grün bei 240. Die Sättigung wird auf einer Skala von Grau bis zur Reinfarbe gemessen. Ein auf Null reduzierter Sättigungsgrad führt zu Grau; ein hoher Sättigungsgrad lässt Farben leuchtend wirken. Helligkeit gibt die sichtbare Helligkeit verglichen mit einer Grauskala an, anders ausgedrückt, den Anteil an Licht, den wir bei einer Farbe wahrnehmen. 100 Prozent steht für Weiß, 0 Prozent für Schwarz; der reine Farbton hat 50 Prozent. Das HSB-Modell gilt als eingängigste Farbbeschreibung.

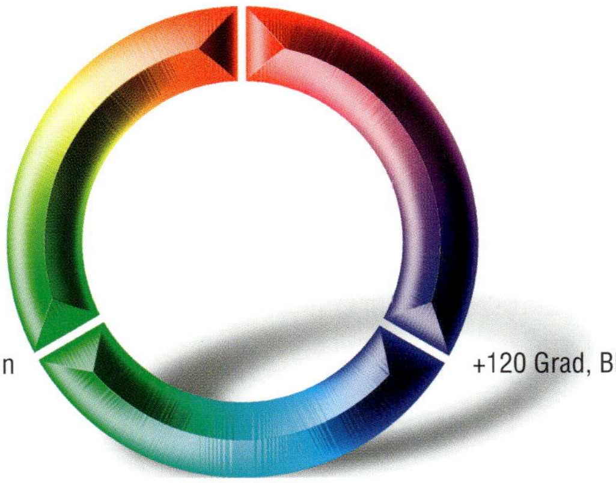

Abbildung 25:
Die Farbwerte liegen im HSB-Modell auf einem Rad. Denkt man sich Rot bei 0 Grad, dann sind Grün und Blau jeweils 120 Grad weit entfernt.

HTML

Hypertext Markup Language (HTML) ist die Seitenbeschreibungssprache für Angebote im World-Wide-Web-Bereich des Internets. Prinzipiell lässt sich HTML mit jedem Textprogramm schreiben, wenn man den Code beherrscht, einfacher machen es jedoch Programme für Internetgestaltung. Die HTML-Datei enthält den Text, die Textformatierung, Hyperlinks (siehe dort), JavaScript und Platzierungshinweise für die Bilder. Die Bilddateien selbst werden separat übertragen.

IPTC

Standard zum Speichern von Textinformationen innerhalb einer Bilddatei. Es gibt unter anderem Felder für Copyright, Bildtitel, Stichwörter und Bildbeschreibung. Photoshop schreibt IPTC-Einträge mit dem Befehl **Datei: Datei-Information** oder per Dateibrowser.

JPEG

Das JPEG-Dateiformat (Joint Photographic Experts Group) spart drastisch Speicherplatz, indem es feine Farbinformationen entfernt und erst beim Öffnen des Bildes durch Mittelwertberechnung wieder erzeugt.

Kontextmenü

An verschiedenen Stellen im Programmfenster, zum Beispiel über Paletten oder in Auswahlbereichen, kann man das Kontextmenü mit zur Arbeitssituation passenden Befehlen öffnen. Sie müssen also nicht unbedingt Hauptmenüs, Tastenkürzel oder Schaltflächen verwenden. Unter Windows erscheint das Kontextmenü mit einem Rechtsklick, am Mac per [ctrl]-Klick.

Messwertspeicher

Bei Kameras: Sie können den Lichtwert eines bestimmten Bildbereichs anmessen und speichern; dann ändern Sie den Bildausschnitt, ohne dass die Kamera neue Messwerte aufnimmt. Stattdessen belichten Sie das Foto mit den zuvor gemessenen und gespeicherten Werten für Zeit und Blende.

Metadaten

In der Bildbearbeitung: Informationen innerhalb einer Bilddatei, die nicht zur eigentlichen Bilddarstellung erforderlich sind, die das vorhandene Bild aber näher beschreiben – zum Beispiel Dateiname, Änderungsdatum oder Dateigröße. Auch die Exif-Belichtungsdaten der Digitalkameras und die Textnotizen nach IPTC-Standard gehören zu den Metadaten.

Pfad

In Illustrationsprogrammen setzt sich die Linie eines Pfads nicht aus einzelnen Pixeln zusammen, sondern aus Ankerpunkten und den Kurvenzügen dazwischen. Diese Bézierkurven werden durch Geraden kontrolliert, die die Ankerpunkte wie Tangenten schneiden. Eine Bewegung dieser Geraden verändert die Kurvenform. Pfade in Photoshop können als Maske, Beschneidungspfad oder gemalte Linie genutzt werden.

Pixel

Ein Pixel (picture element, Bildpunkt) ist die kleinste Einheit in einem digitalisierten Foto. Durch stark vergrößerte Darstellung auf dem Monitor können die quadratischen Pixel einzeln beurteilt und korrigiert werden. Je höher die Auflösung eines Scanners, desto höher die Zahl der Pixel pro Inch (ppi) und desto detailreicher die Darstellung.

Raw-Dateien (Camera Raw)

JPEG- oder TIFF-Dateien aus der Digitalkamera sind bereits manipuliert: Die Kamera prägt das Bild per Weißabgleich, zudem korrigiert sie womöglich Pixelzahl, Farbtiefe, Schärfe, Sättigung und Kontrast. Die ursprünglich vom Kamerasensor aufgezeichneten Daten sehen ganz anders aus: Übliche 1-Chip-Kameras schreiben zunächst nur eine einzige Grundfarbe mit zum Beispiel zwölf Bit Farbtiefe. Rot-, grün- und blauempfindliche Sensorelemente sind nach dem Bayer-Muster wechselweise angeordnet. So entsteht erst einmal ein 12-Bit-Graustufenbild, das dann durch Rechenverfahren zu RGB mutiert und als JPEG- oder TIFF-Datei ankommt. Viele Kameras speichern ihre Dateien jedoch auch »roh« – naturbelassen so, wie sie vom Chip kommen. Dieses Format heißt auch »Camera Raw«. Mit Photoshop und anderen Programmen können Sie solche Dateien öffnen; dabei können Sie die 16-Bit-Farbtiefe verwenden und haben beim Korrigieren mehr Spielraum als mit normalen 8-Bit-RGB-Dateien. Nicht zu verwechseln mit dem Dateiformat »RAW«.

RGB-Farbmodell

Wenn die additiven Leuchtfarben Rot, Grün und Blau mit gleicher, voller Stärke übereinander projiziert werden, addieren sie sich zu Weiß. Nach diesem Prinzip arbeiten Farbmonitore. Eine Nulldichte von Rot, Grün und Blau führt zu Schwarz; jeder mittlere Gleichstand der drei Grundfarben zeigt einen reinen Grauwert dazwischen an. Auch Farbdateien in PC-Bildverarbeitungsprogrammen sind oft nach dem RGB-Schema aufgebaut, in Photoshop sind aber auch CMYK oder Lab möglich. Dia- und Fotopapierbelichter arbeiten nach dem RGB-Schema, indem sie nacheinander den Diafilm mit den Grundfarben Rot, Grün und Blau bestrahlen.

Abbildung 26:
Das RGB-Farbmodell arbeitet mit der additiven Farbmischung: Zwei übereinander strahlende Farben hellen sich auf – Rot, Grün und Blau bei voller Intensität mischen sich zu Weiß.

Schnittmaske

Technik, bei der Photoshop mehrere Montage-Objekte nur innerhalb der Umrisse eines bestimmten Montage-Objekts zeigt. Zum Beispiel sehen Sie mehrere Objekte nur innerhalb der Buchstaben eines Schriftzugs, sie reichen im sichtbaren Bild nicht darüber hinaus.

Spotmessung

Technik, bei der die Kamera nicht den Lichtwert im gesamten Sucherbild misst; stattdessen wird nur ein sehr kleiner Teil des Gesamtbilds angemessen. So kann gezielt ein repräsentativer (mittelheller) Bildteil angemessen werden, Gegenlicht oder große Schattenzonen führen nicht zu unerwünschten Ergebnissen.

Statusleiste

Erscheint bei Photoshop für Windows im unteren Programmfenster-Rahmen, am Mac unten in jedem Bildfenster. Enthält je nach Einstellungen Angaben zum Speicherbedarf, zur Zoomstufe und zum aktuellen Werkzeug.

Vektormaske

Verbirgt Teile eines Montage-Objekts, ohne sie dauerhaft zu löschen. Vektormasken werden mit Pfadtechnik geformt, eignen sich also besonders für homogene Umrisse und ermöglichen keine weichen Übergänge.

Virtueller Speicher

Der virtuelle Speicher (auch swap file, page file, Auslagerungsspeicher) simuliert einen größeren Arbeitsspeicher (RAM), als physikalisch tatsächlich vorhanden ist. Der physikalisch vorhandene Arbeitsspeicher wird dabei zum Beispiel durch Teile der Festplatte erweitert. Photoshop verwendet unabhängig vom Betriebssystem einen eigenen virtuellen Speicher (Arbeitsvolume), der in den Voreinstellungen festgelegt wird. Muss Photoshop den virtuellen Speicher verwenden, wird das Programm langsamer.

Zwischenablage

Über die Zwischenablage des Betriebssystems werden markierte Dateiausschnitte von einem Programm ins andere oder von einer Datei in die andere übertragen. Der Befehl **Kopieren** überträgt den markierten Bereich, ohne dass die Datei im aktiven Fenster verändert wird. Der Befehl **Ausschneiden** entfernt dagegen den markierten Teil aus der Ursprungsdatei. Mit dem Befehl **Einfügen** wird der Inhalt der Zwischenablage in eine neue Datei eingesetzt. Photoshop verwendet eine programmeigene Zwischenablage unabhängig vom Betriebssystem. Beim Wechsel zu einem anderen Programm kann Photoshop die Daten aus der Photoshop-Zwischenablage an die Zwischenablage des Betriebssystems übergeben.

Stichwortverzeichnis

B

C

D

E

R

S

T

U

V

W

KOMPENDIUM

Adobe Photoshop CS Übungsbuch